U0907722

恩施市

EN SHI SHI

人物录

REN WU LU

《恩施市人物录》编纂委员会　编

经济日报出版社

图书在版编目（CIP）数据

恩施市人物录 /《恩施市人物录》编纂委员会编
. —北京：经济日报出版社，2019. 8
ISBN 978 - 7 - 5196 - 0594 - 0

Ⅰ. ①恩…　Ⅱ. ①恩…　Ⅲ. ①人物—列传—恩施
Ⅳ. ①K820. 863. 4

中国版本图书馆 CIP 数据核字（2019）第 194656 号

恩施市人物录

作　　者	《恩施市人物录》编纂委员会
责任编辑	门　睿
出版发行	经济日报出版社
地　　址	北京市西城区白纸坊东街 2 号（邮政编码：100054）
电　　话	010 - 63567684（编辑部）　63538621（发行部）
网　　址	www. edpbook. com. cn
E - mail	edpbook@ 126. com
经　　销	全国新华书店
印　　刷	三河市华东印刷有限公司
开　　本	787 × 1092 毫米　1/16
印　　张	34. 5
字　　数	563 千字
版　　次	2019 年 11 月第一版
印　　次	2019 年 11 月第一次印刷
书　　号	ISBN 978 - 7 - 5196 - 0594 - 0
定　　价	88. 00 元

恩施市地方志编纂委员会成员名单

恩市办文〔2016〕11号

监　修　向前进

主　任　苏　勇

副主任　郑晓斌　张渊平　李　君　杨局成　黎昔品　董　高
邵永政　张献宏（女）　崔显琦

委　员　刘天宝　徐　卫　李明国　吴　萍（女）　肖极峰
陈立辉　刘　斌　邱　凌　陈　斌　张　云　石国伟
王玉玲（女）　李正文　向极怀　李晓玲（女）
张思楚　陈启富　谭大会　李在寅　杨昌福
周雁飞（女）　黄　兴　胡　兵　万亨东　陈　宁
沈维珩　刘　彬　汪业民　黄贵森　胡祖华　赵树峰
滕松柏　张　玲　魏顺军　官伟立　龙世俊　杨　帆
丁　娟（女）　徐贵尧（女）　刘永坤　田天龙
周　勇　陈光平　荣万福　吴秀忠　曾　伟　吴先锋
尹国民　冉景钊　伍功勋　潘　超　朱显龙　唐洪波
查忠铭　李　琼　朱诗斌　谭　贤　丁清传　陈轶丹
崔　谊（女）　王胜江　覃登春　明　渊　王永照
潘贤勇　张泽武

办公室主任　张思楚（兼）

副　主　任　戴　平（兼）　何克伦（兼）　兰远辉（兼）
赵明权（兼）

恩施市地方志编纂委员会（调整）

恩市办文〔2017〕14号

监　修　向前进

主　任　苏　勇

副主任　吴卫平　黄　波　谢　奎　董　高　金德钧
张献宏（女）　蔡万高　曹　云

委　员　周海枝　赵树峰　冉景钊　吴　萍（女）　肖极峰
吕祖贵　邱　凌　陈　斌　袁芹武　章云峰
王玉玲（女）　徐志刚　潘贤勇　向文政　胡　咏
张远虑　刘　斌　陈　凯　赵书拉　张　玲
周燕飞（女）　黄　兴　胡　兵　易发斌　陈启富
沈维珩　刘　彬　蒲　武　廖平玥　董晓明　胡祖华
刘建林　丁　娟（女）　李晓玲（女）　魏顺军
官伟立　龙世俊　刘世怀　徐贵尧（女）　汪　涛
滕松柏　田天龙　周　勇　陈光平　朱胜武　吴秀忠
曾　伟　刘永昆　尹国民　张　凤（女）　李　琼
覃登春　潘　超　朱显龙　唐宏波　陈轶丹
甘　艳（女）　刘迪海　李华武　明　渊　翟朝庆
甘志明　伍功勋　胡　琳　朱诗斌　刘伯韬　林　忠

办公室主任　张远虑（兼）

副　主　任　何克伦（兼）　兰远辉（兼）　赵明权（兼）

《恩施市人物录》编辑部成员名单

主　　编　张远虑　汪盛松

执行主编　张思楚

副 主 编　何克伦　兰远辉　赵明权　郑孝凤（女）

编　　务　刘武成　戴　平　黄泽桃（女）　李诚红（女）
何　群（女）　张　进（女）　刘龙凤（女）
熊　璞（女）　沈江鸿　姚懿予（女）
陈万勇　陈　静（女）　袁庆玲（女）
李仁龙　王　涛　张爱梅（女）　周伦碧（女）

特聘编辑　崔显实

统　　稿　谭光平　陈佐汉

终审定稿　张思楚

《恩施市人物录》评审委员会名单

主　　任　刘诗伟

副 主 任　张远虑

委　　员　蒲元忠　郑世孝　杜北平　张思楚　赵明权　张明达
谭光平　熊　璞（女）

《恩施市人物录》资料提供人员名单

胡魁锡　柯兴盛　易思奇　黄　妮（女）　王　洲　向天明
崔创辉　姜维志　何　平（女）　黄　慧（女）　杨全宇
周雪梅（女）　丁官庭　郑从本　别富祥　刘甫权　李　广
郑胜芳（女）　杨承佳　李方黎（女）　杜北平　向　华
吴柏松　马　莉（女）　张　婷（女）　张　瑶（女）
张　伟　张金涛　向兴柏　谭伟明　杨宗秀　帅玉坤　刘　盾
陈华东　朱华春　胡　伟　罗　观　曹象梅（女）　龚仁革（女）
谭许晶（女）　张婷婷（女）　胡芳芳（女）
何厚英（女）　王晓同　陈佐汉

序

“以铜为镜，可以正衣冠；以古为镜，可以知兴替；以人为镜，可以明得失。”《恩施市人物录》跨越历史2000年余，今汇众人之力，耗时三载，数易其稿，终付梓出版。一则为修史补缺，锦上添花；二来告慰先贤，启示后人。这是全市人民政治、文化生活中的一件大事，可喜可贺。

恩施市历史悠久，钟灵毓秀，物华天宝，人杰地灵。在漫长的历史长河中，一代代勤劳勇敢、朴实善良的恩施各族儿女，为家乡的经济和社会发展做出了积极贡献。《恩施市人物录》较为系统地收录了恩施市历史上的民族先贤、革命先烈、爱国志士、军政显要、文化名流、科教医疗精英、民间艺术大师以及历代在恩施市从政的外籍官宦、名流的主要经历、贡献、学术成果，旨在为恩施市的建设与发展营造良好的人文环境。

清道光二十年（1840年），爱国将领陈连升，在虎门镇守沙角炮台，率部六次打退数倍于己的英军袭击，为抗击英军全力拼杀而血洒疆场，他的故事至今广为流传。晚清民族英雄向燮堂，在施南教案中愤起反抗，杀死洋教恶人，为民除害。辛亥革命志士李济臣，在武昌起义中率部攻打总督府，首义成功后，被委以重任，后被清政府所害。革命党人朱光钦，在董必武的影响下，走上革命道路，返回恩施从事革命活动。在国民党第二次反共高潮中，中共南方局鄂西特委书记何功伟、特委妇女部长刘惠馨在恩施领导地下党开展革命活动，不幸被捕，慷慨就义。

1911年到1949年，恩施各族人民在中国共产党的领导下，有近10万青壮年参军参战，12000多位先烈作战在一线。他们用血肉之躯，塑造了一个个鲜活的英雄人物，锤炼出辉煌恩施红色历史。

新中国成立初期，在中国共产党领导下，各族干部群众积极参与清匪反霸、土地改革、减租减息、镇压反革命等一系列革命运动，捍卫了新生红色政权，维护了社会安定。更有大批有志青年积极响应中共中央和毛泽东主席抗美援朝号召，纷纷应征入伍，投入到保家卫国的战斗，其中至今还有百余名烈士长眠异国他乡，一腔热血化为忠魂。

在社会主义建设中，各族人民群众积极投身于经济建设，各行各业涌现出大批英雄模范，为改变山区落后面貌，推动恩施经济社会发展作出了重大贡献。

中共十一届三中全会以来，恩施市（县）委坚持四项基本原则、坚持改革开放，带领各族人民奋发图强，锐意进取，全市经济社会进入快速发展轨道。在恩施工作的历任党政军领导、各行各业的优秀人物，在各自岗位上恪尽职守，勤奋工作，为恩施市人民脱贫致富奔小康作出了积极贡献。还有一批批在外地工作的恩施籍人士，在各个领域顽强拼搏，建功立业，成为社会精英，为国家出力，为家乡争光！

我们编纂《恩施市人物录》，就是弘扬先辈的光荣传统，传播正能量，弘扬主旋律，坚定不移地贯彻执行以习近平总书记为核心的党中央的决策部署，不忘初心，牢记使命，以新气象、新作为，意气风发地步入决胜全面建成小康社会的新征程，为实现“两个一百年”奋斗目标、实现中华民族伟大复兴的中国梦续写新篇章！

诚观此志，片言感悟，聊作为序。

苏勇

2019 年 12 月 4 日

（作者苏勇系中共恩施市委副书记、恩施市人民政府市长）

凡 例

一、《恩施市人物录》以马克思列宁主义、毛泽东思想、邓小平理论、“三个代表”重要思想、科学发展观、习近平新时代中国特色社会主义思想为指导，坚持辩证唯物主义和历史唯物主义的立场、观点和方法，以实事求是的态度正确对待和准确记载恩施市（县）各个历史时期正反两个方面历史人物的经历、现状、主要成就及影响。

二、本人物录上限为古代（唐虞时代），下限为2015年12月31日，个别人物下限适当顺延。

三、本人物录坚持实事求是、综述史实、生不立传和自愿入志的原则，将恩施市（县）有史以来的民族先贤、革命先烈、爱国志士、军政先要、科技教育精英、文学艺术大师，以及历代在恩施做官的外籍官宦、社会名流等分类按个人整理成篇。

四、本人物录分篇章归类，逝世人物以卒年先后排序，在世人物以出生年月先后排序。古代历届知县与各位先烈以名录出现。

五、本人物录以人物录、人物名录为主题，以历史发展脉络时间为节点，分类立卷，首设序言、凡例、概述，正文分六篇及附录，末附后记。

六、本人物录新中国成立（1949年）前实行国号纪年，括注公元纪年。新中国成立（1949年）后实行公元纪年。

七、本人物录所用的称谓，包括人名、地名、管制、党派、社团、机构、行政区域名称均沿用历史正称，必要时加注今名，使用简称时首次出现全称后以括号注明。

八、本人物录一律采用简化字，语言力求严谨、朴实、流畅、规范。

九、本人物录资料主要来源于各类历史文献、档案资料，本书收录人物资料由单位或个人本人提供，一般不注明出处。

十、凡入录人物属男性者，则不予标注其性别，属女性者则标注“女”；属汉族者，则不予标注，属少数民族者，则标注其相应民族。

目　录
CONTENTS

概　　述

一

翻开恩施千百年的演变史、发展史，悠久厚重的历史文化与独特灿烂的民族文化，沉淀积累，相互交织、交相辉映、异彩纷呈。勤劳、智慧、勇敢、淳朴的土家族、苗族、侗族等少数民族人民与汉族同胞一道，于境内繁衍生息，团结融和，辛勤劳作，开拓发展，推动恩施市（县）社会和经济向前发展。

恩施有着特殊的历史地位和源远流长的历史文化。西周属夔子国地，春秋属巴子国地，战国属楚巫郡，秦属黔中郡，汉为巫县地；三国时吴置沙渠县，北周武帝始置施州，唐宋因之，元为施州清江县，明洪武十四年（1831 年）置施州卫，清雍正六年（1728 年）废卫置施县，次年更名恩施县。1982 年，划城关镇及近郊置恩施市。1984 年，恩施市、县并，名恩施市。1998 年，被列为国家对外开放城市，系湖北省九大历史文化名城之一。因拥用举世罕见的硒资源而被誉为“世界硒都”。2015 年末，全市辖 10 乡、3 镇、3 个街道及 1 个办事处（临时建制），总人口 87 万余人。境内居住着土家、苗族和汉族等 28 个常居民族，土家族为境内世居民族。

二

恩施物华天宝，人杰地灵。恩施人忠勇义烈，疾恶好善，朴实无华，刻苦耐劳。在各个历史时期，各族儿女积极投身历史变革浪潮，谱写出一部部可歌可泣的壮美篇章。

道光二十年（1840 年），爱国将领陈连升从恩施崔家坝第五任把总位置，抗击外辱的道路，在虎门担任镇守沙角炮台的将领，率部队同数于已的侵略军力战，拼杀而死，成为近代史第一位为国捐躯的少数民族英雄。滚龙坝向氏先祖向大发为避战祸，携眷迁徙此地，其子孙注重耕读武备，终成当地望族，也为国家输送了昭武都尉向正书、候选儒学正堂向致道，有参加武昌首义的土家族英雄向炯等人才。

道光二十一年（1841 年），芭蕉富商吴光华于芭蕉下街和恩施城内北门关内丁字街创立“吴永兴”商号，将恩施玉露茶推向外界。同治元年（1862 年），杉木坝人尹寿衡，中举后中进士，钦点主事，任职刑部。光绪十年（1884 年），尹寿衡因母丧回籍，应知府王庭桢所聘，主纂《续施南府志》，经年书成刊行。较旧志多有创新，主张“方志不宜志天文，人物不唯重科名，艺文必确有可据，缺而不滥。”为保存恩施历史典籍做出了重大贡献。

同治六年（1867 年），樊增祥考中进士，官至两江总督。其一生酷爱诗词骈文，写作勤敏，遗诗三万余首，著有上百万言骈文，为我国近代文学史上一位不可多得的高产诗人。其遗著《樊山集二十一卷》《樊山续集二十八卷》《樊山批判十四卷》《樊山公牍二卷》《樊山时文》（不分卷）刻本完成；存五十六卷（樊山集一至二十一，樊山续集一至十七、二十五至二十八，樊山批判一至十二，樊山公牍一至二），为恩施文学留下浓墨重彩的一笔。光绪三十三年（1907 年），王维藩赞助开办甲种农业学堂，为恩施县职业教育学校之始。

光绪七年（1881 年），知府王庭桢规划由庆潭口引水至崔家坝方案，捐廉委巡检王迺斌督工实施。光绪十年（1884 年）春竣工，渠长 5 公里，名以“王公渠”。写下恩施人利用自然、战天斗地的创造精神。知府王庭桢还先后募集资金，修建太阳河文昌、武圣二庙，于碧波峰之麓增修“月波楼”、白衣庵，并令湖南会馆改造大渡船一只，置于清江渡运行人，为恩施的发展做出了贡献。

三

1911年到1949年，恩施各族人民在中国共产党的领导下，有近10万青壮年参军参战，数以千计的先烈作战在一线。他们用血肉之躯，锤炼出辉煌恩施红色历史。

1911年，恩施县人崔旭远、崔视远、刘养吾为首的热血男儿，积极参加辛亥革命武昌首义。后有董必武在恩施领导革命活动，朱光钦等革命党人在恩施建立革命政权，宣传中国共产党的革命道理，为推翻封建帝制起到了重要作用。

土地革命时期，中国共产党领导的工农红军于恩施开展游击斗争。贺龙、周逸群、关向应等老一辈无产阶级革命家曾在这里领导人民前仆后继，浴血奋战，先后建立巴兴归革命根据地、湘鄂边革命根据地、湘鄂西革命根据地和湘鄂川黔革命根据地；建立联县苏维埃政府1个、县级苏维埃政府7个。大批恩施民众义无反顾参加土地革命斗争，程海波等数百位英雄献出宝贵生命。

抗日战争时期，武汉沦陷，国民政府湖北省会从武汉迁至恩施县，恩施成为湖北省政府和第六战区司令部所在地，大批军政机关、学校等集中至此，人口骤增至10万人以上。恩施一度成为湖北省抗战的政治、文化、军事中心。与此同时，中共各级组织为建立抗日统一战线，遏制反动派投降卖国，深入恩施城乡宣传党的抗日主张，发动群众抗日救亡。陈诚坐镇恩施，紧步“皖南事变”后尘，逮捕和杀害中共“鄂西特委”领导何功伟、刘惠馨等一大批共产党人和进步人士，恩施党组织遭到严重破坏。在残酷的斗争环境中，何功伟、刘惠馨等数位革命先烈在恩施人民心中留下了永恒的记忆。为夺取全面抗战胜利和解放全中国，一批批恩施籍志士踊跃奔赴战场，300余英雄血洒疆场，献出了宝贵生命。

1949年9月，中共恩施县委成立，王英先任书记。1949年10月下旬，中国人民解放军发起以解放恩施为中心目标的鄂西南战役。经过连日作战，11月6日，湖北军区独立二师解放恩施县城，鄂西南政治、军事中心——恩施宣告解放。翌日，恩施县人民政府正式成立，湖北省人民政府任命张树林为县长。苦难深重的恩施人民从此站起来，当家做了主人。

四

新中国成立初期，在中国共产党领导下，各族人民积极参与清匪反霸、土地革命、减租减息、镇压反革命、抗美援朝等一系列革命运动，平息数起反革命暴乱，捍卫了新生红色政权，维护了社会安定。“减租减息”工作队员邱英杰等数名干部惨遭土匪杀害，壮烈牺牲。1950 年 6 月 27 日，美国出兵朝鲜，直接威胁我国领土安全，中共中央做出出兵抗美援朝的重大决策。恩施县各族人民积极响应党中央号召，踊跃捐款支援抗美援朝前线；大批有志青年纷纷应征入伍，投入保家卫国的战斗；百余名烈士长眠异国他乡，一腔热血化为忠魂。

在社会主义建设中，全县各族人民在县委、县政府的正确领导下，自力更生，艰苦奋斗，积极投身于社会主义建设事业，各行各业涌现出的大批英雄模范，为改变山区落后面貌，推动恩施经济和社会发展作出了重大贡献。恩施城郊灯塔大队党支部书记史代富，带领干部群众自力更生、艰苦奋斗，将乱石山岗的五峰山改造成“花果山”，被评为全国劳动模范。恩施县高桥乡张才万等 10 户农民组建全县第一个农业互助组，翌年互助组率先转为农业生产合作社，张万才被湖北省委、省政府授予省级劳动模范称号。民办教师李绍南积极投身扫盲活动，做出显著成绩，被评为省级劳动模范，并出席全国文教群英会，受到毛泽东等党和国家领导人的接见。

1978 年 12 月，中共十一届三中全会以来，恩施市（县）委把工作重心转到全面以经济建设为中心，坚持四项基本原则、坚持改革开放，积极带领各族人民奋发图强，锐意进取，大力发展生产力，全市（县）经济和社会进入快速发展轨道。无论是在恩施工作过的历任党政军领导、各行各业的优秀人物，还是在外地工作的恩施籍社会各界精英、拔尖人才，他（她）们在各自岗位上各自恪尽职守，勤奋工作，为恩施人民脱贫致富奔小康献计献策，出汗出力。恩施市检察院监所监察科副科长黄光耀，长期超负荷工作，积劳成疾，牺牲在工作岗位上，被最高人民检察院追记一等功。恩施市公安局红土派出所所长卢在武，赤诚为民，不惧邪恶，在执行出警任务时牺牲，被湖北省人民政府追认为革命烈士，被公安部追授全国公安系统二级英雄模范。水电工程专家潘安民，被湖北省水利厅确定为“全省水利专业技术拔尖人才”。恩施市环卫处车队队长李纯斌，被省委、省政府授予“湖北省劳动模范”称号。湖北民族学院原副校长、教授谭志松，卸任领导职务后，被聘为中央民族大学、华中师范大学、西英格兰大学兼职博士生导师，主持完成国家社会科学基金项目，教育部、国家民委和省级重点项目 11 项。恩施州中心医院原党委书记、院长廖康恕，先后担任武汉大学硕士生导师、美国加州 MBA、香港国际医学科学研究院教授，被香港国际医学科学研究院授予“国际医学成就奖”。恩施州民间艺术大师、“恩施傩戏”第 27 代传承人谭学朝，协助湖北民院完成恩施傩戏二十四堂法事全部资料录制工作，为恩施研究非遗文化留下宝贵资料。恩施籍中国跳伞队女教练兼运动员王珂青，先后 4 次获得世界跳伞锦标赛冠、亚军，被国家体育总局授予“国际级运动健将”。谭荣华、赵先然、孙豳（女）等优秀人士留学海外，在多个领域取得突出成就，为恩施人文发展增添浓墨重彩。

进入中国特色社会主义新时代，中共恩施市委、恩施市人民政府坚定不移地贯彻执行以习近平总书记为核心的党中央的决策部署，不忘初心，牢记使命，带领广大干部群众以新气象、新作为，全力开启决胜全面建成小康社会的新征程，以实际行动推进各项事业发展迈上新台阶，为夺取新时代中国特色社会主义伟大胜利，实现中华民族伟大复兴的中国梦不懈奋斗，谱写新篇章！

第一篇　民国前各历史时期

恩施是一块具有悠久历史文明的土地，人杰地灵，文人武才，代不乏人。东汉未覃传至南宋时施州行军总管覃伯坚数代人英雄辈出。清朝期间，恩施记录在案的知县有的勤政爱民，有的嫉恶如仇，为恩施的稳定和发展做出了贡献；抗英名将陈连升，奉命镇守“虎门第一隘“用生命和献血筑起“第二长城”。辛亥革命时，李济臣等一批志士参加武昌首义，功勋卓绝；新民主主义革命时期，朱光钦等人受进步思潮影响，加入共产党，毅然投身革命……

千百年来，勤劳、智慧、勇敢、淳朴的土家族、苗族、侗族等少数民族于境内繁衍生息，辛勤劳作，推动社会经济向前发展，并与汉族同胞一道，多次参加抵御外侮的民族斗争和民族革命运动，谱写出众多可歌可泣的壮美篇章。

一、清朝历任知县、教谕、训导名录

马昉义　河南唐县贡生，雍正七年（1729 年）任知县。

张承尧　湖北黄陂举人，雍正七年（1729 年）任教谕。

纽正纪　江苏吴县人，雍政十年（1732 年）特疏任知县。

吴宁咨　湖南善化举人，雍正十年（1732 年）任教谕。

解泽洪　湖北钟详岁贡，雍正十年（1732 年）任教谕。

鹿聰豫　直隶唐县贡生，乾隆元年（1736 年）任知县。

陈欲珍　蕲州廪生，乾隆元年（1736 年）任训导。

岳尔藩　四川南江岁贡，乾隆元年（1736 年）任训导。

彭雷翼　湖南零陵举人，乾隆二年（1737 年）任教谕。

余光然　湖北大冶岁贡，乾隆三年（1738 年）任训导。
陶肇曙　湖北黄冈举人，乾隆六年（1741 年）任教谕。
孙祚颢　湖北黄岗举人，乾隆六年（1741 年）任训导。
严济宽　山西荣河举人，乾隆八年（1743 年）任知县。
魏荣南　湖北荆门举人，乾隆八年任训导。
赵云龙　四川荣昌举人，乾隆十年（1745 年）任知县。
范汝轼　河南南阳进士，乾隆十一年（1746 年）任知县。
宋　鳌　湖北黄冈进士，乾隆十一年（1746 年）任训导。
常青岳　直隶交河举人，乾隆十二年（1747 年）任知县。
葛　炜　江南新阳举人，乾隆十五年（1750 年）任知县。
贾六奇　直隶故城副榜，乾隆二十二年（1757 年）任知县。
孙维祖　四川长寿举人，乾隆二十四年（1759 年）任知县。
施士卓　湖北黄冈举人，乾隆二十四年（1759 年）任教谕。
李汝逊　四川长寿举人，乾隆二十五年（1760 年）任知县。
张其耀　又名张其辉，湖北武昌举人，乾隆二十六年（1761 年）任训导。
左修绪　湖南清泉举人，乾隆二十七年（1762 年）任知县。
陈文光　湖北广济举人，乾隆二十七年（1762 年）任教谕。
崔绪振　山西阳高举人，乾隆二十九年（1764 年）任知县。
曹复彬　湖北汉阳举人，乾隆二十九年（1764 年）任教谕。
姜起滢　贵州贵阳举人，乾隆三十年（1765 年）任知县。
黎慕莲　湖北黄梅举人，乾隆三十年（1765 年）任教谕。
梅毓仁　贵州安顺举人，乾隆三十二年（1767 年）任知县。
王鸿典　直隶举人，乾隆三十三年（1768 年）任知县。
陈　范　湖北汉阳举人，乾隆三十三年（1768 年）任教谕。
刘　芳　直隶新安举人，乾隆三十四年（1769 年）任知县。
刘永华　湖南益阳举人，乾隆三十四年（1769 年）任知县。
李沛云　云南蒙自举人，乾隆三十五年（1770 年）任知县。
刘　洽　山东临青举人，乾隆三十五年（1770 年）任知县。
李蛟腾　江西广昌廪贡，乾隆三十六年（1771 年）任知县。
吴　森　江西南丰进士，乾隆三十七年（1772 年）署知县。

吴昭煜 湖北江陵举人，乾隆三十七年（1772 年）任教谕。
汪延炎 安徽休宁举人，乾隆三十八年（1773 年）任知县。
史延标 浙江会稽监生，乾隆三十九年（1774 年）署知县。
刘毓蟠 广东陆丰举人，乾隆四十年（1775 年）任知县。
李孝澍 江西临川举人，乾隆四十二年（1777 年）任知县。
韩悦曾 江苏长洲监生，乾隆四十四年（1779 年）任知县。
李宗芬 湖北汉阳廪贡，乾隆四十四年（1779 年）任教谕。
贾思谟 四川长寿举人，乾隆四十五年（1780 年）署知县。
李　清 湖北广济举人，乾隆四十五年（1780 年）任教谕。
陈维恒 四川金堂举人，乾隆四十六年（1781 年）署知县。
史伟烈 河南商丘举人，乾隆四十七年（1782 年）任知县。
林赞盛 湖南巴陵监生，乾隆四十九年（1784 年）署知县。
范道立 河南虞城举人，乾隆五十年（1785 年）任知县。
刘学琏 湖北钟祥举人，乾隆五十一年（1786 年）任教谕。
余　章 湖北钟祥举人，乾隆五十一年（1786 年）任教谕。
胡裕春 湖北孝感举人，乾隆五十一年（1786 年）任教谕。
张曾敕 安徽桐城举人，乾隆五十三年（1788 年）署知县。
汤　诰 浙江钱塘进士，乾隆五十四年（1789 年）任知县。
尹英图 字北窗，云南蒙自进士，乾隆五十七年（1792 年）任知县。
王三锡 河南沱阳拔贡，乾隆五十七年（1792 年）署知县。
蒋遇春 江苏宜兴供事，由贡士授经历，嘉庆三年（1798 年）署知县。
高德政 湖北江陵举人，嘉庆四年（1799 年）教谕。
李　钟 江西泸溪举人，嘉庆六年（1801 年）任知县。
刘　澍 顺天通州进士，嘉庆八年（1803 年）任知县。
陶成葆 湖北钟祥举人，嘉庆八年（1803 年）任训导。
赵秉淳 江苏上海举人，嘉庆十一年（1806 年）署知县。
张家槐 湖南湘潭举人，嘉庆十二年（1807 年）十月任知县。
彭人檀 湖北长阳举人，嘉庆十二年（1807 年）任教谕。
毛　鸿 湖北应山举人，嘉庆十四年（1809 年）任教谕。
詹应甲 安徽婺源举人，嘉庆十六年（1811 年）十月任知县。

张复中 云南举人，嘉庆二十一年（1816 年）任知县。
石时和 江西兴国举人，嘉庆二十一年（1816 年）任教谕。
蓝绍芬 广东河源举人，嘉庆二十二年（1817 年）任知县。
黄承仪 江西浮梁进士，嘉庆二十三年（1819 年）任知县。
耿赐椴 江苏甘泉进士，嘉庆二十三年（1819 年）任知县。
王令仪 江苏金匮监生，嘉庆二十四年（1820 年）任知县。
龚焕枝 江西南昌进士，嘉庆二十四年（1820 年）任知县。
王本立 河南罗山进士，嘉庆二十四年（1820 年）任知县。
李景颐 山东邵平举人，嘉庆二十四年（1820 年）任知县。
左章炳 云南蒙化进士，道光元年（1821 年）任知县。
罗德昆 籍贯不详，道光八年（1828 年）任训导。
陈肖仪 字琴泉，江西弋阳监生，道光十四年（1834 年）任知县。
杨松磐 云南浪穹进士，道光二十四年（1844 年）任知县。
刘兆玉 湖北钟祥举人，道光二十四年（1844 年任教谕。
李嘉瑞 顺天大兴举人，道光二十七年（1847 年）任知县。
廖华国 湖北武昌举人，道光二十七年（1847 年）任教谕。
任海晏 河南阳武拔贡，咸丰元年（1851 年）任知县。
王甲曾 江苏江都举人，咸丰四年（1854 年）任知县。
陈丙甲 郸州举人，咸丰四年（1854 年）任教谕。
倪英颐 云南昆明进士，咸丰八年（1858）任知县。
多　寿 蒙古镶兰旗附生，咸丰八年（1858 年）任知县。
万脩墉 应山举人，咸丰年间教谕。
许光曙 湖南沅陵举人，同治元年（1862 年）任知县。
翁　键 湖南湘潭举人，同治二年（1863 年）任知县。
刘之彬 湖北孝感举人，同治二年（1863 年）任教谕。
罗凌汉 湖南澧州监生，同治四年（1865 年）任知县。
朱三烙 四川长寿监生，同治五年（1866 年）任知县。
李　瀛 湖北江夏举人，同治七年（1868 年）任教谕。
雷登蟾 陕西邰阳举人，同治八年（1869 年）任知县。
周文濂 河南商城附贡生，同治九年（1870 年）以府经历代理恩施县。

彭　燮　籍贯不详，字济臣，湖南巴陵廪生。同治九年（1870 年）由军功保恩施知县。

蔡炳荣　浙江德清监生，同治十二年（1873 年）任知县。

张恒泰　湖北谷城举人，同治十二年（1873 年）任教谕。

许德履　浙江德清监生，光绪二年（1876 年）署知县。

周　益　广西临桂进士，光绪二年（1876 年）任知县。

李增荣　广东信宜优贡，光绪四年（1878 年）署知县。

刘　鉴　四川新都拔贡，光绪六年（1880 年）任知县。

雷春昭　湖北黄冈举人，光绪八年（1882 年）任教谕。

程燮奎　湖北孝感举人，光绪九年（1883 年）任教谕。

易仲衡　湖北汉阳廪贡，光绪二十四年（1898 年）任教谕。

欧阳明　籍贯不详，光绪三十一年（1905 年）任教谕。

倪敏楠　籍贯不详，宣统元年（1909 年）任教谕兼县视学。

龚树勋　籍贯不详，宣统二年（1910 年）任教谕兼县视学。

二、辛亥革命前著名人士

覃万传

覃万传　汉中南郑人，三国时，蜀国总兵，因军功封为武陵君，镇抚五溪（今武陵山区的雄溪、樠溪、巫溪、酉溪、辰溪一带少数民族聚居地），深受土民爱戴，后被各峒酋长推举为总酋长。

李　超

李　超　字仲举，陇西人，生卒不详。隋大业年间（605—618 年）恩施（清江）县令，治绩懋著，为当时最，民尸祝之。

覃如夏

覃如夏　唐朝中叶，发生“安史之乱”时，覃如夏（覃万传十世孙）率部1000多人北上保驾，直到成都。因保驾有功，天宝十五年（756年）唐玄宗封覃为“行军总管”兼“左仆射光禄大夫”，并调往施州镇抚十八峒，子孙世袭其职。覃到施州上任后，在柳州城（椅子山）上据险建立军事驻地。身故后葬于柳州城。覃如夏之后，其子孙先后十多世承袭其职。

覃汝先

覃汝先　覃如夏第十世裔孙，袭行军总管，居柳州城。为官公正廉明，节俭朴素，诚实勤政，开创施州经济社会发展的新局面，被施州地区覃氏后裔公认为始祖。覃汝先卒后葬在施州柳州城，被称为将军坟。其坟墓于1958年修建水库时被毁，现仅存遗址。

向通汉

向通汉（生卒不详）　籍贯不详。土家族。宋代五溪少数（湘鄂西诸少数民族）民族首领。淳化二年（991年），以五溪诸州统军、为鹤州、富州刺史。至道二年（996年）上言：五溪诸州连接10洞，控西南诸民族之地，而王民安居，以勤王之诚请功，诏加官至检校司徒，进封河内郡侯。咸平元年（998年），请定租税，宋真宗以荒服不征，未许。景德元年（1004年），遣使潭州营佛事，以报朝廷存恤之惠。三年（1007年），晋升为五溪都防御使，并追赠其父母。天禧元年（1017年），率所部入朝，贡名马、丹砂、银装剑槊、兜鍪、彩牌等，诏赐袭衣、金带等，特许其可5日一朝。逾月，献五溪地理图，特授检校太傅、本州防御使，赐疆土。

詹邈

詹 邈（1054—？年） 字器之，利川都亭镇铜锣坝人，后迁居恩施县北乡金子桥（现耿家坪板桥）。詹自幼父母双亡，与78岁祖父母相依为命，家境贫寒。祖父节衣省食，送其读书。詹胸怀大志，勤奋好学，博览群书，才艺超群，机敏过人，乡人无不称赞。宋元祐三年（1088年）中进士。元祐四年（1089年），获博学宏词科状元称号。

覃伯坚

覃伯坚（1132—1206年） 恩施县柳州城人。系覃如夏第十一代孙，为恩施、巴东、宣恩、来凤、利川等地覃氏家族直系先祖。庆元三年（1197年），征"蜀吴曦乱"有功，南宋时封受行军总管施州，亦称"覃将军"，驻柳州城军事营地。覃受职时年60余，后落籍施州。南宋开禧二年（1206年）卒，葬于柳州城，享年75岁。

任伯雨

任伯雨 字德翁，四川眉山人，宋进士，宋恩施（清江）县主簿，事戾于民者必极言于令，邑赖以治州守檄使莅公库，公不往，历谏议大夫，谥忠敏。

张朝宝

张朝宝（生卒不详） 又名张宝臣，宋咸淳元年（1265年），任施州知州，坐镇柳州城。张上任后，坚持抗元，固修柳州城军事寨堡，完善各项军事设施。柳州城有四门，唯一径可上。东门最险峻，可以瞭远；南门通畅，为行人往来之道。此道为张任上所筑。南门隘口石壁尚存有"大宋咸淳丙寅季冬（1266年）郡守张朝宝平削险巇，拓砌此路，以便行役"摩岩石刻。《恩施县志》载："张宝臣，咸淳初知施州，开拓险径，人皆便之。"后升任西安都统。

李 周

李 周（生卒不详） 字纯之，冯翊人，宋进士，通判施州，州界群獠，不习服牛之利，为辟田数千亩，选摘戍知田者，市牛使耕，军食赖以足。

向 艮

向 艮（？—1276年） 土家族，宋代施州道政乡（今恩施双河）人，南宋都统，施州柳州城守帅，抗元英雄，在柳州城立有战功。向艮少时勤奋好学，性格刚毅，机智勇敢，成人后立志报国。初署参军，苦练武功，军功显著，历升为都统，镇守州治首府柳州城。为防御地方豪强势力袭扰，抗击元蒙军侵略，率军筑固柳州城军事寨堡，加修炮台、碉堡、烽火台、防箭垛、擂鼓台、八阵图数十余处防卫设施。其中"八阵图"被土家人称之为谜魂阵，令元蒙军望而生畏。元世祖至元十三年（南宋端宗景炎元年，公元1276年），元军分兵侵略施州，守将向艮率军凭险抗敌，多次击败蒙军。蒙军久攻不下，伤亡惨重，便采取围而不攻战术，以图困死守军。后蒙军乘一风雪交加之夜，突袭寨堡，炸开西门垒石，一举攻入城内。向艮率军奋力抵抗，最后仅剩15位将士，仍与元军展开肉搏，终因寡不敌众，全部壮烈牺牲。人们为纪念壮烈殉国民族英雄，在柳州城云台观北侧修建"向艮将军暨十五义士墓"，以传后世颂扬。《恩施县志》载："初署参军，历任都统，景炎年（1276年）间，元兵袭州城，破亡，不屈死。"

谢昌元

谢昌元（1213—1292年） 字叔敬，号敬斋，四川资州资阳（今四川资中县）人。登进士第，累官至秘书少监。谢少时聪颖，曾拜著名词人刘光祖为师，应对敏捷，深得刘氏喜欢。又曾拜见南宋后期著名的理学家和进步思想家魏了翁，被视为奇人。宋淳祐四年（1244年）乡试四川第一，授任绍庆府教授。宋理宗开庆初年（1259 年），任施州知府。其时，施州情势非常复杂，元蒙军南下，施州及川黔已陷包围之中。为加强防御，朝廷“诏施州创筑土城及关隘六十余所”。土城即古宋城，在现六角亭象牙山瑞狮岩，因山为之。宝祐六年（1258 年），蒙军大举伐宋，四川辖区内战争吃紧。谢恰在此时到位，根据当时情势，决定移州城于椅子山（今周家河柳州城）。《宋史・理宗本纪》载：“谢昌元自备百万缗，米麦千石，创筑城壁于倚子（椅子）口，合与推赏；诏进官一等。”谢因知施州筑城有功，除太学博士，迁太常博士，知封州（今广州封开县），为沿海参仪官。德祐元年（1275 年），以著作郎迁秘书少监。一生为官清廉，注重德行。早期谢昌元倡行周孔之道、人伦之本，论文谈兵，济时捐俸，为时人所仰。至元二十九年（1292 年）病逝，享年 79 岁。

向寿福

向寿福（生卒不详） 恩施邑人，土家族。元至正年间从征襄阳，以功授行枢密院，同枢密院守铁筑城时，明玉珍据蜀，其子升遣伪丞相戴寿攻城，向力不支死之。

向绍荣

向绍荣（生卒不详） 恩施邑人，土家族。元末招聚乡人守州城，大将刘应贤奏署元帅府事，明玉珍屡召之不应，乃遣吕万户来攻，公击败之，执万户时副元帅谭登私释万户，以城降，向绍荣怒走蛮中不知所终。

向国宾

向国宾（1480—1564 年） 明成化十六年（1480 年）出生，恩施县鸦鹊水滚龙坝茅坎山人，贡生学位，崇宁里长职，向氏宗族族长，曾在大垭门立有族长碑。卒于嘉靖四十三年（1564 年），享年 84 岁，葬于茅坎山。

向大旺

向大旺（生卒不详） 原名向大发，字八斗。随父投衙，明皇赐军饷膳食职。明末年间（1634—1644 年）携眷征战，更名向大旺，字云峰，战败后领其子孙落籍恩施县滚龙坝，奠基立业。

向霖龙

向霖龙（生卒不详） 恩施县鸦鹊水滚龙坝人。《恩施县志》载：“向霖龙，明崇祯七年（1634 年）投义勇，以功授守备。崇祯九年（1636 年）剿安陆池太光，固勒黄等处，擢都督指挥。十二年（1639 年）东虏犯阙，奉旨擒王，加升副总兵。”向霖龙官至川湖五省总兵职。

向霈龙

向霈龙（生卒不详） 恩施县鸦鹊水滚龙坝人。《恩施县志》载：“向霈龙，明崇祯七年（1634 年）随兄向霖龙投义勇，以功授游击职。”向霈龙后因功封凤卫伯爵。属五品武官职。

向云龙

向云龙（生卒不详） 恩施县鸦鹊水滚龙坝人。《恩施县志》载：“向云龙，明崇祯七年（1634 年）随兄向霖龙投义勇，以功授标旗鼓游击。”后官至南直安庆协助剿寇军门游击。属五品武官职。

向日葵

向日葵（生卒不详） 字光玉，恩施县鸦鹊水滚龙坝人。向霈龙之子，明封副府之职。

陈世凯

陈世凯（1629—1689 年） 恩施县都亭里人，生于明崇祯二年（1629 年）。清顺治二年（1645 年）袭外家黄氏百户世职。顺治十一年（1654 年），李自成余部刘二虎率众入利川劫走陈世凯的父亲，百般折磨，陈父不屈而死。顺治十四年（1657 年），世凯以民怨家仇率乡勇与刘二虎激战，斩劫刘父头颅后回堰水驻防。刘二虎率众兵追陈，陈负伤而退，落入枯井，挨饿三日，得以逃生。敌退后，陈携家迁往万县，为明忠州副总兵。顺治十六年（1659 年），陈偕兄陈世麒、妻弟牟大寅等向清川陕总督李国英请降，被授副将衔。康熙十年（1671 年），刘二虎、郝摇旗、袁崇弟等占据川鄂相连山寨，聚众数万围攻巫山。陈世凯固守县城，击退刘二虎等数万众。尔后随李国英和西安将军富哈禅乘胜追剿，平息刘等进犯，论功提升为总兵。康熙十一年（1672 年），授陈为杭州副将。康熙十三年（1674 年）三月，蕃王耿精忠于福建起兵附吴三桂起事，浙江总督李之芳统兵驻衢州，令陈赴金华支援围剿，陈连续 5 个月追击龙游、阎徐、徐福龙等逃敌，生擒凌汝经等，战果辉煌。陈因功授温州总兵，加封都督佥事衔。其时，温州、处州实为敌军占领，陈处境艰难。十一月，明都督徐尚朝纠集部众数万，逼进金华。陈在城南十二里庄，趁来敌尚未聚拢之时猛击徐部，斩杀敌前锋叶应龙、徐有功等数将，徐尚朝大败。陈又率众追击十余里，歼敌过半。不久，徐尚朝与明总兵冯公辅踞积道山，立木城，垒石寨，屯兵 5 万余，伺机反扑。陈趁大雾天进军，破木城，分兵三路攻击，斩首万余，徐尚朝弃寨潜逃。康熙十四年至十六年（1675—1677 年），陈世凯同玛哈达、李荣收复处州后，先后击败陈潭头、斩参将郭美才、擒参军陈亮、破明总兵陈得功等，顺利镇守温州，被提为左都督。接着，陈乘胜招降海上反清势力郑锦之的部将林麒、詹天枢、都督陈彬等。康熙十七年（1678 年）正月，陈叙功授云骑尉世职。十九年（1680 年）十一月，署浙江陆路提督兼黄岩镇总兵，降服明将军刘天福。二十二年（1683 年），晋世职骑都尉，十二月，奉诏入觐，康熙帝赐鞍马、貂裘、朝服，温谕再三。二十三年（1684 年）正月，升任浙江提督。康熙二十八年（1689 年）十一月，陈再入觐，受命回任，因疾发作未行，十二月四日卒于北京，享年 60 岁。康熙帝闻知陈世凯病逝，叹道："效力行间，茂著劳绩；简任提督，官居素优。忽闻溘逝，深为珍念，下部议叙。"着派领侍卫内大臣佟国维、侍卫马武奠茶酒，按朝庭旧例赐厚葬，谥号"襄敏"。

陈天植

陈天植（1657—1722 年）　字戴公，又名陈天略，恩施县都亭里人，清顺治九年（1652 年）生。浙江提督陈世凯之侄。顺治十七年（1660 年），其父陈世麟随陈世凯在川陕总督李国英麾下征战阵亡。痛失父庇后十岁寄私塾苦读，康熙十年（1872 年）中秀才，二十年（1682 年）迁施南城北定居，其伯父陈世凯于康熙二十八年（1890 年）入觐，病逝于北京，朝庭照例赐厚葬。清道光丁酉版《施南府志》卷二十二载"瑜旨褒嘉，恩赉装铅弹子鱼袋一个，花大荷包一对，小荷包四个，三年升浙江镇总兵积劳成疾，卒葬施南，其子孙遂入恩施县籍，次弟之子从典继袭任宜昌镇中营游击，侄从銮恩施县庠生。"陈天植奉旨任宜昌镇中营游击，加都督佥事。

覃寿椿

覃寿椿（生卒不详）　恩施县东乡人，生卒不详，土家族。清道光丁酉版《施南府志》卷二十一载："五路安抚土司覃寿椿递袭至，雍政十三年归诚改流其地入於恩施县城。"

向必正

向必正（生卒不详）　恩施县鸦鹊水滚龙坝人，清乾隆贡生。

向允柱

向允柱（1736—1799 年）　字维松，恩施县鸦鹊水滚龙坝人，邑庠生，义勇禄功，奖六品顶戴，委授戎部府例赠武赠德佐骑之职。嘉庆四年（1799 年）

九月逝世，享年63岁。

周宗范

周宗范（1755—1829年） 字尚文，祖籍湖南石首澧泗坦。清乾隆三十二（1757年）因水灾，其祖父周世爵携家迁居恩施县沙地黄广田水井湾。周少时聪慧，10余岁入学，学识大进。由于家境艰难，未入仕途，拜师学医。一生行医，医术高超，擅治危难病症，往往应于而愈。每遇瘟疫流行，周往往昼夜奔波，把许多人从死亡线救回而拒受别人的酬谢，乡邻百姓交口称颂。行医之余，酷爱读经史。家庭贫困，但时常捐助公益事业，遇别人急事，即使只有一升米也会分一半与别人，故家中常欠隔夜之粮，但从无怨色。教育后代，注重品德，多习诗句。道光九年（1829年）五月逝世，享年74岁。

李纬光

李纬光（生卒不详） 恩施县白杨坪麂子渡人，清嘉庆丁卯（1806年）中武举，嘉庆十三年（1808年）武进士，江苏徐州卫守备。

向正书

向正书（生卒不详） 字玉麟，恩施县鸦鹊水滚龙坝人，邑诸生，性刚直，严正不阿，生平敦笃实行，事继母极孝，毋瞽，躬亲侍养，至老无间。其仁心义质，恩德颂于三闾，子三，长子存道、次子发道（元魁）、三子致道（奎文），经科考入仕途，孙入胶庠者八。道光二十五年（1845年），被朝廷诰封昭武都尉。

向存道

向存道（生卒不详） 恩施县鸦鹊水滚龙坝人，向正书长子，清道光二十九年（1849年），中武举第二十四名，后官至施南府千总。

向发道

向发道（1805—1847 年）　又名元魁，恩施县鸦鹊水滚龙坝人，向正书之次子，清嘉庆十年（1805 年）二月出生。少年时期读私塾，道光元年（1821 年）入胶庠，道光二年（1822 年），乡试经魁。道光七年（1827 年），会试进士，钦点营守府，分省湖南。围剿捕狙徭匪有功，朝廷赏领，部选直隶正定镇守备，旋因海防，调任天津葛沽开补密镇白石口都闲府，兰湖都司，屡经征战，不畏艰险。道光二十七（1847 年）九月逝世，终年 42 岁。

向致道

向致道（？—1859 年）　又名奎文，恩施县鸦鹊水滚龙坝人，向正书之三子，清咸丰九年（1859 年），中文科进士，官至侯选学正堂。

向夔龙

向夔龙（生卒不详）　恩施县鸦鹊水滚龙坝人，清嘉庆年间卫政大夫。

许光曙

许光曙（生卒不详）　字晓东，湖南沅陵县人，举人。道光二十九年（1849 年）己酉科拔贡。同治二年（1863 年）知恩施县，“精吏治，悉民情”，倡修麟溪书院（今恩施城南门外麒麟溪旁），置田产储集经费，资助贫寒学子。《恩施县志》辑录其《创修麒麟溪书院碑记》和《兴建宾兴碑记》两文。

向万杰

向万杰（生卒不详）　恩施县鸦鹊水滚龙坝人。清同治年间广东盐运使司经历，侯选知府。

陈连升

陈连升（1775—1841年） 又名连陲，湖北鹤峰县邬阳关人，土家族。陈行伍出身，是“久历川楚戎行之老将”。嘉庆十年（1805年）至十二年（1807年），在崔家坝担任第五任把总。嘉庆十三年（1808年）晋升为“千总”，驻守宣恩。嘉庆十五年（1810年），调离施南，任保康营守备。道光年间先后任广西左江镇都司，广东连阳营游击，增城营参将。道光十九年（1839年）一月，湖广总督林则徐任钦差大臣，赴广东禁烟，陈率长子长鹏到广东，任九龙官涌营参将。七月，中国水师巡逻船3艘在九龙海面巡弋遭英国船队袭击，陈从望远镜里看到中国水师奋勇还击逐渐不支，便下令发炮支援，从清晨到黄昏，激战10多个小时，英军伤亡惨重，一艘双桅飞船被击沉，其余船只狼狈逃窜。道光帝闻捷大喜，降旨嘉奖，陈晋升为三江协副将，调守“虎门第一隘”——沙角炮台。此台是林则徐加强广东防务、在虎门口外修建的10座炮台之一，它和大角两炮台是进出虎门的第一重门户，位置十分重要。林则徐除派陈率兵防守炮台外，还派兵屯驻炮台后山，形成10个炮台可以互相支援的立体式防御火网，被称为祖国南大门的“金锁铜关”“第二长城”。翌年八月，英舰侵入磨刀洋。陈受命率5艘战船3000水兵与英舰激战，7次打得英军舰沉人亡。英军称沙角炮台“是一个很坚强而又很可怕的阵地”。英军见广东防守严密，屡战不胜，乃北上攻占定海，窜扰天津。清廷惊慌失措，将林则徐革职，派琦善为钦差大臣南下主和。琦善到广东后，给陈戴上“擅开边衅”罪名，欲处分以讨好英军，激起广东军民无比义愤，数千人到钦差衙门请愿。琦善难犯众怒，只得收回成命，但仍下令遣散民众抗英武装，拆除沿海防御工事，裁减三分之一兵船，不准对英军挑衅还击。一次，英军船到沙角炮台附近窥测，陈率兵痛击，琦善严厉追查“何人先开炮”，杀敌有功的陈几乎被问成斩罪，水师提督关天培挺身相护，陈仍回任三江协副将。道光二十年（1840年）十二月十五日，在琦善卑躬屈节与英方谈判求和之际，侵华英军头子义律派少校伯麦为司令，指挥兵船20多艘，陆战队2000多人，从穿鼻湾登陆，分兵进攻沙角和大角炮台，被陈一次又一次击退。英军正面进攻失败，便利用汉奸带路，登越后山。后山守军早被琦善下令撤走，陈腹背受敌，孤立无援，毫不畏惧，率600余官兵同5倍于己的英军死战竟日，伤亡惨重，“火药告罄”，琦善拒发援军。英军迫近阵地，陈跨上战马，抽出腰刀，率先冲入敌群，一气斩杀30多个英兵。官兵们随之而上，与英兵肉搏。陈胸中数弹壮烈牺牲，其子长鹏挺戟大呼，跃杀数敌，全身受伤10余处，力竭投海身亡。英军攻占沙角炮台后，因伤亡惨重，恼羞成怒，将陈父子遗体剁成肉泥，并将陈坐骑黄骠马掳去香港。此马竟和它的主人一样坚贞不屈，“饲之不食，近则蹄击，跨则坠摇，忍饿骨立”，“刀砍不从”，每日北向大陆嘶鸣，绝食而死。广东人民对陈连升等爱国官兵怀念崇敬，并集资为陈连升等建造“昭忠祠”“节兵义坟”“节马碑”。恩施市硒都广场塑有陈连升铜像。

田成亮

田成亮（1801—1862年） 恩施县市廓里人，居车蓼坝黄家坪。早年课耕课读，务农谋生。娶妻宋氏，生育五子二女。夫妻二人勤扒苦做，碌理农耕，精打细算，崇尚节俭。逐渐发迹，积累白银万余两，置田产数顷，跨恩宣咸边界，成为当地赫赫有名大户。晚年志行善事，仗义疏财，倾产作东，为宣咸民间大道十二泉河段修建龙滨桥。历时六年，耗尽全部家财未果。后得黄显银及四邻解囊相助，集腋成裘，续建落成。所建龙滨桥长52．1米，宽5．6米，距离河面19米，全由人工打造墩石砌成。桥下河水湍流，奔腾不息。自龙滨桥建成，行人过往，免涉水沉溺之患，除倾舟之险。当地民众对其舍财建桥事绩广泛传颂。清同治元年（1862年）逝世，享年61岁。

周远杰

周远杰（1796—1863年） 号伟堂，恩施县沙地黄广田人。其父周宗范，饱读经书，终生行医，家境贫困。远杰少年聪慧，虽家贫，好学，工文词，拔道光二十五年（1825年）乙酉岁年贡生。府县学训导教谕，慕先生文章，常勉督生员诵习效法。周执教40余年，受益者遍及施州，颇负盛誉。恩施科贡出类拔萃者如饶应琪、崔德章、彭光炼、向奎文、周远梅等均出自先生门下。后选训导向奎文为先生墓碑联云：“数门下，点穿一百余人；看眼前，树立四代维绪”，并在碑铭上颂之为恩施的“一代文宗”。同治二年（1863 年）逝世，享年 69 年。

向云新

向云新（1776—1868 年） 字如龙，恩施县鸦鹊水尖龙坪人。少年习武，会试夺魁，文武兼备，清嘉庆元年（1796 年），川楚教匪滋事，贝子福督师剿贼，向云新义勇集少壮数百人从军，屡建殊勋，奏将六品顶戴。守备胡万超阵亡，即命云新分带兵管，实授宜镇右营千总。后因母亲看成，告老还乡，养居甚有德厚，且九旬五世同堂。同治七年（1868 年）逝世，享年 92 岁。

黄开榜

黄开榜（？—1871 年） 恩施县舞阳坝阳鹊坝人。黄略识文字，体魄健壮，性极彪悍。少时随人当差役到武昌，适逢湘军悍将塔齐布招募乡勇，黄应募入塔齐布部下当兵，攻击太平军，转战武阳夏三镇及黄州蕲州等地。因作战勇敢，凶猛卖命，后升为都司游击副将。咸丰七年（1857 年），随胜保在皖北驰骋，征战捻军，攻击捻首韩狼子有功，升为游击副将。咸丰十年（1860 年）率部助袁甲三攻下捻军所占凤阳府等地，诱杀捻军 300 余人。后驻防江苏清江浦，屡与太平军作战。同治二年（1863 年），太平军 10 余万人自金陵渡过淮河，江淮一带告急。黄受命率水军战船 100 余艘，驶入淮河，援救凤阳临淮，同时又“助剿”苗练和捻军。同治三年（1864 年），黄参加曾国藩指挥的“南京合围”之战，奉命在天长汉涧七里洲、九洑洲等地攻击太平军。太平军大败，南京城被攻破。至此，长江中下游地区战事稍缓。同治四年（1865 年），回九江任水师营提督。因作战功勋卓著，清朝廷授九江镇总兵，加提督衔，赏穿黄马褂，并赏以“勤勇巴图鲁”称号。其父黄占魁、祖父黄光辉、曾祖父黄锡春俱诰封“振威将军”。

李正崇

李正崇（1791—1875 年） 字逢春，祖籍广东，恩施县白杨坪鹿子渡人。

嘉庆四年（1799 年）李在武当山学习“内家功夫”，不到四年，年仅十二岁，十八般武艺样样通晓。嘉庆十六年（1811 年），被破格选为武举，准其参加殿试。嘉庆十九年（1814 年），李进京殿试，喜中武进士（甲戌科），授职山西得胜路守备。李在守备任上，忠于职守，严于律己，严肃带兵。嘉庆二十二年（1817 年）春，因救驾有功，嘉庆帝饮赐李黄马褂，赏花翎侍卫之职，担任御前虾。嘉庆二十三年（1818 年）春，陪嘉庆帝微服到西郊踏青。李护驾有功，赏蓝翎加二级，不久又升任御前虾卫千总。嘉庆二十四年（1819 年）正月初一，嘉庆帝赐李母虎头碑（为恩施、建始唯一的钦赐虎头碑。此碑现坐落在建始邺州镇猫儿坪南山脚，基本完好）。嘉庆二十五年（1820 年），为道光帝护驾。道光七年（1827 年）夏，遭贬回麂子渡，娶妻许氏，不久迁居建始县猫儿坪，育有二子。清光绪元年（1875 年）因病逝世，享年 84 岁。

田耀先

田耀先（1802—1876 年）　恩施县三岔鸦沐羽人，贡生。幼年入私塾读四书五经，精通音律，善写诗文，不慕仕途，设馆办学教育当地农家子弟。他教学有方，指导得法，曾率 8 名学生参加乡试，5 中秀才，1 举贡生。田家中老母双目失明，他侍奉茶水饮食，事必躬亲。冬天为其暖被，夏天为其凉席，言听计从，毕恭毕敬，数十年如一日。其孝道远近称颂，当地官府感其孝行，特报请朝廷为其赐予“恩进士”匾额，以资嘉奖。

孙永桂

孙永桂（1803—1879 年）　女，恩施县沙地花被人。自幼聪明贤淑，值豆蔻年华，见自家佣工刘维高年少英俊，精明能干，与之相恋，成年得父母允许完婚，并将土地塘数庄及长水路水源作陪嫁。夫妇迁土地塘成家立业，持家有方，数十年即成当地富裕首户。育二子望科，望明。迄中道丧偶，孀居孤幼，守正行义，乐善好施。孙先后为修建二蹬岩，沙地入川盐大路等公益事业捐款参物，捐资修建土地塘干沟、塘井、拖鱼坝、花被街后等 4 座石拱桥。上方褒奖其为巾帼丈夫敕封安人，民众呼之为“活菩萨”。《恩施县志》将其收录为烈女。

易光福

易光福（1796—1899 年） 又名易明德，因留有白胡子，故外号易白胡子。恩施县白果瓦场坝人。清同治年间武进士，曾任施南府卫、贵州省丰州府佑卫等职。家富有，无嗣。光绪二十五（1899 年）逝世，享年 104 岁。除将少量遗产赠予其侄子外，其余全部捐赠武圣宫。

向允修

向允修（1819—？年） 土家族，号梅村，字茂德，恩施县沙地花被人。7 岁发蒙，颖悟过人，日诵数百言，后因家道贫寒而辍学。旋得益于土地塘一开明富户资助，继续入学苦读，而立之年考中秀才。乡人慕其文章行谊，争相礼聘，坐馆授徒。先后在楠木园、麦子淌等地任教数十年，对地方师资培养和文化传播很有贡献，桃李遍及沙地、新塘、红土。先生二子，皆中秀才，继其父之业，出于蓝而胜于蓝。长子名艺新，号春芳，道光十八年（1838 年）出生，同治元年（1862 年）考中秀才，入府学深造举子业，后执教 20 余年；擅文词，有诗集出版。次子桂新，榜名瑜，道光二十三年（1843 年）出生，22 岁中秀才，在府学外廪。允修父子三人均中秀才，誉满东乡。

王协梦

王协梦（生卒不详） 字渭畋，号松庐，江西德化县人，清道光年间任施南府知府，留有《舆中口占》《五峰山建塔记》等诗文。王协梦为清嘉庆甲戌年（1814 年）进士，曾任陕西岳阳县令。道光十二年（1832 年），出任施南府知府。他下车伊始，即召遗老耆旧“首询疆域之毗连，版籍之息耗”。得知府学训导罗德琨有府志稿本，即索取通览。该稿虽略古详今，但还不能算一部完整的志书。于是王协梦传檄施属各县县令及学导，遴先当地文士，广为采辑史料，于道光十三年（1833 年）秋开局编纂，委任罗德琨负责编校成《施南府志》。道光十七年（1837 年），王携带志稿到吴中雕版成书。

王庭桢

王庭桢（生卒不详）　字子泉，江苏无锡人。清光绪三年（1877 年）任施南知府。其任上编府志，建义仓，办学校，兴水利，政绩卓著。光绪七年（1881 年），王捐廉五十金，督率军民于恩施崔家坝修成一条长 10 里引水渠，解除当地多年饮水不足之苦，地方百姓称该渠为“王公渠”。光绪十年（1884 年）王庭桢会同署施南府李谦督修《施南府志续编》。

饶应祺

饶应祺（1837—1903 年）　字子维，号春山，恩施县城关东正街人。饶自小聪明好学，12 岁入县学，14 岁中秀才，入选贡生，荐为国子监学正。清同治元年（1862 年）中举人，以知县选用，授刑部主事，因父丧回乡未赴任。后入湖广总督李鸿章幕僚，随军赴陕。同治六年（1867 年）转入陕甘总督左宗棠部供职，随左攻克金积堡、巴燕戎格等地，屡立军功，擢升知府。光绪三年（1877 年），任同州（即大荔）知府，任内竭力赈灾，救济灾民 70 余万，组织百姓兴修水利。光绪十年（1884 年），调任甘州（即张掖）知府。捐俸银设纺织局于府署内，以妻妾教民纺织，后于全府各县推广。复监造水车，引黄河水灌田，兴水利农垦，人民衣食可自足。翌年，调任兰州道台，整顿财税，奖励工商，主张“严以驭吏，宽以裕商”，促进地方经济恢复。光绪十二年（1886 年）和十四年（1888 年），两度受任甘肃按察使，肃整吏治，纠察贪污，查处署中积恶差弁，清理全省积案，释冤狱数百人，并严革抢夺寡妇恶习。光绪十五年（1889 年），调任新疆喀什噶尔道，旋改任镇迪（乌鲁木齐）道台兼新疆按察使。光绪十七年（1891 年），升任新疆布政使。光绪二十一年（1895 年），升任新疆巡抚，兼兵部侍郎都察院右副都御使总理各国事务大臣等衔。经营新疆 10 余年，全疆和平统一。安屯降卒万余人，开垦罗布淖尔及孔雀河沿岸良田近 20 万亩。在伊犁地区实行军队屯垦，兴水利，农牧并举，生齿日繁。并扶植工商，于南北两路要地创设海关及分卡，规定洋商与华人同等，一律纳税。整顿金融，改革币制，严禁洋币通行。从内地购回新式造币机，铸造银铜质新币发行流通。同时招商开办塔城金矿，开采于田等地金玉银铁锡煤等矿。数年间，除上缴对日赔款白银40万两和开支本省军政经费外，库存白银200余万两。改全疆军队旧制，实行常备兵和预备兵制，编制改称镇协标营等，左右两翼马队改编为游击师，设置巡警营，战略要地编组民团，巩固边防。开办新疆讲武堂，培训新军干部。从德国购回新式毛瑟步枪1万支，大炮多门，改进军队装备。同时，在乌鲁木齐开办兵工厂，制造枪炮弹。光绪二十八年（1902年），奏准清廷，就西四城（即克孜勒苏柯尔克孜自治州）各新兴要冲地区增设官治，厚实边防。计增设府三直隶厅二县九通判一县丞二。光绪十七年（1891年）十二月，沙俄出兵侵占帕米尔地区，英军亦侵占我格拉尔和坎巨提地区，时饶已擢新疆布政使，受命与两国使节交涉，以帕米尔向为我国疆土，早有乾隆皇帝制平寇碑屹立于苏满（在乌孜别里山口西南）为铁证，据理辩争，俄人理穷乃退，饶任总督，随即派兵驻镇该地。俄人翻悔失策，要求总督撤兵。饶坚持不许，英方见势不利，亦撤兵。光绪二十年（1894年），沙俄塔什干总督派马队一帮，侵入伊西库尔一带，制造国界混乱，饶据理向俄方抗议，并派骑兵劲旅两队前往该地区巡察，迫使俄人撤离。巴尔鲁克山区，素为塔城赴伊犁必经孔道，前被俄方强行借住过冬，约期10年，届期俄方推顿不还，饶知会俄领事坚不延期，派干员多人前往将该地收还，哈萨克居民700余户一并回归。光绪二十六年（1900年），沙俄乘八国联军之乱，由萨马地区出兵，侵入我境，意图叵测，饶急调重兵，部署防御，一面联络两江两湖陕甘诸省，效“东南互保”之法，与两江两湖陕甘诸省实行“互保”；一面照会俄方，谓我国有足够实力，保护境内国民及各国侨民安全，务请俄军速即撤出国境，免生意外事端。俄方见我边备严密，乃如约撤军。光绪二十八年（1902年），饶调任安徽巡抚，翌年一月十六日，于哈密赴任途中病逝，享年66岁。

连念均

连念均（生卒不详） 恩施县太阳河金峰山人，清科举廪生，曾任河北巡抚等职。

连念铣

连念铣（生卒不详） 字泽之，恩施县太阳河金峰山人，清奉仪大夫，曾任贡生侯补州判。

黄慕陶

黄慕陶（1825—1904 年） 派名黄朝艳，恩施县沙地秋木人。少时家贫，入塾读书，甚为刻苦。15 岁练笔，诗文出众，20 岁时三考皆居榜首。后二年，连补廪贡。府学教谕常令其属文，以作生员示范，一时名满施州。名宦饶应琪聘黄为“西席”，教授子女饶凤璜等人。饶凤璜中举后，兄妹数人留学日本。饶应琪特送先生“南州师表”金字匾一块。另一弟子，沙地廪生向登浦敬献“义动云天”一匾。高足比比，荣极一方。黄一生清贫自守，不慕名利，治教之余，博览诸子百家之书，学识渊博。教学 30 余年，恩施城关及东乡诸区学子，负笈求教、深造举业者，常立雪程门。学业声望，为名流折服。光绪三十年（1904 年）逝世，享年 80 岁。

向燮堂

向燮堂（1866—1904 年） 又名协堂，恩施县沙地花被人，土家族，世代务农。有勇力，行侠好义，喜打抱不平，乡人皆乐与交道。其时汉流会帮盛行，向被沙子地汉流组织推为“大哥”。光绪十五年（1889 年）法国传教士于沙子地开设天主教堂之后，教士教民仗势横行霸道，欺压乡里，百姓深恨，怒不敢言。光绪三十年（1904 年）六月初五日，法国天主教鄂西南教区主教德希圣，带同司铎德希贤、董明德，华人通事贾澄清等至沙子地“视察”，仪仗舆马，声势煊赫，当日住息该地绅士李家炳家。农民向元新等数人至李家观看洋人，遭到贾澄清当场呵斥，众教徒亦随之起哄，不许向等进门。向与之讲理，遭到贾的耳光，口鼻被打破，被斥责为亵渎主教，如不赔礼道歉，定要送府衙门法办。经向姓族首出面求情，德希圣命向元新次日在李家炳家中办上等酒席8席，放鞭炮6万响，当众叩头赔罪。向元新忍辱照办。德希圣初七起程前，贾澄清派人宣称昨放鞭炮未足数，勒令向再放10万响，且须通街爆放。向不允，据理争辩，围观乡民皆以街窄天热，恐茅屋失火遭灾，亦拒不应承。德希圣等咆哮不已，叫嚷要施南府派兵抓人。众人气愤不平，怒吼喊打，顿时怒潮沸腾。部分乡民向饮酒观阵的向燮堂请求："大哥出头""洋人欺人太甚，把他们搞哒算哒！"向燮堂愤恨不已，将酒碗往桌上用力一顿："搞哒就搞哒！"随手掣出腰刀，将德贾等4人杀死，民愤极大的教堂会长黄朝炳，教民何登玉、黄张氏等亦被杀死。向燮堂率众焚毁教堂，并将仗势欺人的教徒蔡先谦、陈汉科两家住宅焚毁，世称"施南教案"。案发，清廷大震，两湖总督张之洞调派试用道左元麟至施南府查办，于宜昌等地调兵前来镇压。同时，法国驻中国大使吕班派参赞贾沙纳至湖北，法国驻汉口领事费亨禄委派驻宜昌荷兰籍教士田国庆至施南府督办此案。清兵在沙子地搜捕半月，一无所获，遂将当事人家小逮捕，总计50余人，严刑拷打，限期交出杀人凶手。向燮堂避祸于红土后塘坝赵家村亲戚家中，乡人拒不揭发，又有汉流弟兄探报情况，处境安全。官府抓不到向燮堂，便酷刑拷打其父和妻子及涉嫌人等，并扬言以父老抵罪。汉流朋友劝其远走，待事息再回。向摇头说："好汉做事好汉当，而今父老乡亲大仇已报，若贪生怕死，让父老乡亲替我受罪，于心何忍？纵然逃脱，也只会落得千古骂名。一定自去报案。"官府得报，派兵进围赵家村，捕头畏惧燮堂声威，不敢轻进。向燮堂凭楼窗大声喝问："你们是朝廷派来的，还是洋人派来的？若是洋人派来的，我素来不做蚀本生意，若是朝廷派来的，就不用你们动手。"捕头躬身作答："是奉施南府派遣，不是洋人的差使。"向燮堂向楼外审视，提出不许兵丁骚扰百姓，捕头应允。向将头上盘辫放下，从容下楼与主人拜别，走出就捕。向被解押至施南府衙门审理，湖北试用道左元麟监堂，施南知府施纪云主审，荷兰籍教士田国庆、恩施县知县王佑应会审。燮堂见有洋人坐堂，挺立不跪。武士强之，终不屈。当堂怒目直射田国庆，愤慨控诉洋教士欺压中国百姓的种种罪行，田国庆惊慌尴尬，失神改色，口中连说："好厉害！"光绪三十年（1904年）农历九月十五日，向燮堂被杀害于恩施东门外刑场，终年39岁。向燮堂死后，当地流传《十唱向燮堂》歌谣，缅怀这位民族英雄。

吴光华

吴光华（1836—1908 年）　号吴永兴，恩施县芭蕉集镇下街人。清同治年间战事频繁，民心紊乱，百业萧条。吴相机在芭蕉购买白茶数担，运往武汉出售获利。同时经营麻桐漆等土特产，将地方土特产运出去购回食盐棉纱布匹等生活必需品。又组建马帮队，专事货物运输。清同治五年（1866 年）于恩施城立商号——吴永兴。光绪二十七年（1901 年）在武汉立商号，后又在武汉、重庆、上海、广州等地立商号 20 多家。民国二年（1913 年）前后，青年时的贺龙（字云卿，新中国元帅），曾在川湘鄂黔等地赶马队做运输生意，常给吴永兴号驮运茶麻、桐油、生漆等货物，交往甚深。贺龙在湘鄂西闹革命，时出入境内，加入吴家马帮队伍，利用马帮队作掩护，往来顺利。贺龙多次带部队路过芭蕉，出入吴家大院，得到吴家在经济物资（粮食）等方面大力支持。三十二年（1906 年），吴光华在外经商，议定由家父吴烈灿在家投资办学，芭蕉有史以来第一所私塾学校诞生，时芭蕉青少年不少到该校学习文化知识。吴烈灿、吴光华后被清政府封为“登仕郎”。此后，又创办“郎山义校”，免费供穷人子弟读书。为接通南北通道，吴光华出资，在芭蕉上街 500 米处莲花塘河上建石拱桥 1 座。光绪三十四年（1908 年）因病逝世，享年 72 岁。

尹家楣

尹家楣（生卒不详）　字芷田，恩施县杉木坝人。尹克墨之子，清光绪二十四年（1898 年）进士，翰林院编修，时有“父子翰林”之称。曾任邮传部主事，直隶州知州、侯补道等。因非议慈禧太后移海军经费造颐和园之嫌，被处死。著有《庚子避乱记》一书。

刘明坤

刘明坤（生卒不详）　清光绪三十四年（1908 年）中进士，皇帝钦赐玉带。

第二篇　中华民国时期

1911年10月10日，孙中山领导爱国志士和有识之士率先打响辛亥革命第一枪，推翻了清朝统治，宣告结束了几千年的封建帝制，建立中华民国。

在武昌首义中，恩施多名热血青年参加首义，参与“北伐”和“讨袁”运动的战斗；后回恩施进行护法运动，为推翻中国封建帝制做出了卓越的贡献。

民国时期，恩施知县（知事、县长）达49任，平均任期不足10个月，其时局危艰可见一斑。

新中国成立以前，多位民主人士或从军、从政，除暴安良，维护地方稳定，或者支援资助红军，积极抗日救亡，对恩施发展做出了贡献。

一、武昌首义恩施籍人物

李济臣

李济臣（1890—1912年）　恩施县舞阳坝金子坝人，后迁居城区鼓楼街张家巷，为辛亥革命志士。济臣幼读私塾，学习勤奋，尤喜读《说唐》《水浒》一类武侠小说，受侠义人物影响，故性情刚烈。平日喜欢舞棍弄拳，至十四五岁时，其身材魁伟，已有大丈夫气概。15岁时，因痛打知府恶少，只身逃往武汉，后进武昌日新学堂东路小学堂读书。时值武昌民主革命高潮，济臣受革命思想影响，立志投身推翻清朝统治的革命事业，小学未毕业就入湖北新军第八镇二十九标当兵，不久又加入湖北新军秘密团体“群治学社”，后转入湖北讲武堂学习，毕业后即赴江阴进行革命活动。宣统三年（1911 年）八月初三，湖北各革命团体代表集聚武昌胭脂路策划起义，济臣被推为新政府的参谋和军事筹备员。辛亥革命前夕，济臣奉命运送武器给杨洪胜，返程中突逢清廷军警搜捕，遂安然脱险。武昌起义当晚，李济臣率部由金水闸进攻总督署，途中遭到清军消防队的狙击，立即联络炮队实行两面夹击，身先士卒率队冲锋，将消防队击溃逃逸，随即又率部攻击总督衙门，在与友邻各部紧密配合下，奋力猛攻。天未明，总督瑞澄统制张彪挖墙洞潜逃，总督署被攻克。而后又率队紧随大军转攻藩司衙门。藩司闻风逃遁，又克藩署。10 月，军政府成立，济臣被推举为军政府督察处督察，当日晚与蔡济民、张鹏程、高尚志等同赴武昌府监狱，迎接同志胡瑛出狱。军政府又派他任军政府参谋。13 日，同党人刘英、刘铁、杨玉如等在京山永隆河树旗起义，号称万人之众。刘自称副都督，并出师光复京山天门两城，设总部于天门。刘等报请军政府派干员协助整编所部，并要求补充枪弹。军政府派济臣及张鹏程、郑桂芳等 30 余人，带快枪 300 支子弹 20 万发前往支援。刘英委任李济臣为参谋长并坐镇天门，整编部队，积极开展军事训练。是时京钟天沔一带地方，局面混乱，匪首金明洪乘机聚集游勇散兵，奸掳烧杀，危害地方。绅商百姓纷纷到司令部控诉，要求惩办。济臣奉命带兵进剿，并将匪首金明洪拿获处决，地方得以安宁。金明洪胞弟金明汉，防守汉阳赫山时，临阵私自放弃阵地，率部逃到天门，因人械俱强，刘英遂将其收编，并委为统带，所部仍由他带兵，驻扎天门城外。明汉知其兄被济臣捕杀，仇恨如骨，时刻阴谋报复，表面却佯装不知。一天，金明汉假意设宴款待李济臣、郑桂芳等 6 位军政府派来的军官。济臣心地磊落，坦然不加戒备，欣偕郑桂芳等赴宴。既至，对险恶环境亦不加细察，及入席，金明汉举杯为号，四下伏兵齐出，济臣等悉被捕缚。金明汉骂李济臣不该杀死其兄，济臣大义凛然，厉声道：“除害安民，公事公办，有何不该！”并怒斥金明汉：“无耻汉奸，甘为满清走狗！”金明汉羞惶无地，命凶手先割掉李的舌头，后用乱刀刺杀后割下李的首级，供于其兄灵牌之前祭灵。同去军官 6 人亦同时遇害。李济臣就义时年仅 22 岁，军政府追授济臣为陆军中校，优予褒恤。灵柩运送回故乡，葬于原籍金子坝。

崔视远

崔视远（？—1930年） 恩施县崔家坝人，早年就读于湖北陆军特别学堂，辛亥年（1911年）10月10日参加武昌首义，曾任鄂军教导团排长，黎元洪都督奖以武功匾额。

向 炯

向 炯（1884—1930年） 原名向兴科，字明斋，土家族，恩施县崔家坝滚龙坝人。湖北省方言学堂毕业，早年积极参加辛亥革命活动，与同乡青年组织“文学社”，加入革命秘密团体“共进会”。武昌首义时立有功绩，民国二年（1913年）被选为湖北省议会议员。袁世凯称帝期间，向明斋被推为恩施县议会议长，后曾任来凤县知事、汉口公安局行政科长等职。在“讨袁”运动中，曾回恩施进行革命活动。民国十九年（1930年）因病逝世，终年54岁。

王 莲

王 莲（1876—1940年） 女，原姓尹，与王璟芳结婚后改随夫姓，恩施县龙凤杉木坝人。祖父两代均以进士入仕，王幼能诗文，略通经史。光绪二十八年（1902年），赴日本留学，入东京女子工艺学校，习绘画，为清末湖北第一位女子留日学生，曾参加日本“帝国妇人协会”。光绪二十九年（1903年），参加东京留学生“拒俄义勇队”。光绪三十年（1904年），随夫回国。辛亥革命时，武昌首义旗帜设计者之一。民国二十九年（1940年）于北京病逝，享年64岁。

刘养吾

刘养吾（1887—1949年） 恩施县崔家坝人。1911年（辛亥年）10月10

日与崔旭远、崔视远三人一起参加武昌首义。后回恩施组织清末官员反正，在崔坝逼迫巡检王勋交出鹞子印，后以自由职业为生。

王鸿猷

王鸿猷（1885—1950年）　字吉三，派名成功，恩施县沙地白果坝人，清末秀才。光绪三十一年（1905年），入湖北新军步兵第十六协三十二标三营。宣统元年（1909年）加入共进会，宣统二年（1900年）任新军李营司务长，随军驻防恩施。武昌首义之前，吕大森、康健唐曾在施南接纳会党，与王等有策动新军反正之意。首义后，来凤革命党人向炳焜，秉承上级派遣，回到恩施。同时宜昌唐牺支司令已电劝驻施新军三营管带李汝魁反正，并派稽查张渭滨来施招抚。张于农历八月十五到施，与吕康向王等党人组成联合行动会党，动员李汝魁反正。正在李不明真相举旗难定之时，向吕康等写信反正，李方毅然与驻施另两个营的管带会商决定反正。农历九月七日集合施城绅商学各界公开宣布，自即日起脱离清朝，归顺湖北军政府，随即枪毙营中5名旗兵，扯掉清王朝龙旗，升起武昌起义星旗。首义成功，局势安稳，为武昌起义建立殊勋。民国六年（1917年），王辞职南下广州，任孙中山大元帅府副官，传达室主任。民国八年（1919年）任滇、川、黔、鄂靖国军宣抚使，回鄂西组建护法力量。北伐后，由孙科介绍安置在湖北财政厅工作，抗战前夕任樊口湖荒赋税征收处主任。民国二十八年（1939年）任建始县税务局长，抗日战争胜利后任恩施县参议员。新中国成立后回乡务农，为开明绅士。1950年1月10日，应邀出席恩施县首届第一次第二次各界人民代表会议。同年冬，王离家出走，下落不明。

崔旭远

崔旭远（1880—1953年）　恩施县崔家坝人。光绪三十二年（1906年），考入湖北省陆军特别学堂学军事，辛亥年（1911年）10月10日参加武昌首义。

张鹏程

张鹏程（1884—1963 年） 字翼州，恩施县六角亭西后街张家巷人。光绪三十二（1904 年），投本地防营当兵，翌年去武昌铁路学堂。后投入湖北新军第八镇（相当师）第十五协（相当旅）二十九标（相当团）一营前队当兵。以后考入湖北陆军讲武堂，先后加入日知会、同盟会、将校研究团、文学社等组织，成为文学社代表人物之一。武昌起义时，与马荣等率部占领楚望台军械库，自告奋勇率部分同志奔赴南湖迎接炮队进城，随即率队参加进攻总督衙门。清军负隅顽抗，民军损失惨重。时因夜黑天又下雨，总督署目标不清，炮兵难于命中。张潜入总督署左边的乾记衣庄，与店主商议好，用煤油洒在所有存放的衣服上点着，瞬间烈火冲天，总督署目标大显，炮队发炮连中，清总督瑞澄惊惶万状，挖墙洞逃遁，总督府衙被占领。湖北军政府成立，张任参谋。后奉命到京山、天门一带协助义军刘英整训队伍，先后充任总教练官、参谋长等职，率主力攻取潜江、监利等县，牵制南下清军。辛亥年（1911 年）十一月，刘英部并入襄郧荆招讨使季雨霖部，为第一团，刘英任团长，张任团管带。清将张楚材与叛军金明汉占据钟祥，拒不受命，张与刘英、阙龙等率军进攻，收复钟祥。民国元年（1912 年）三月，招讨军继续北伐，张任全军前卫，攻克新野，俘获敌兵多人，敌将南阳总兵谢宝胜请降，被季雨霖部改编成第八镇，张继任管带，驻防钟祥。民国二年（1913 年）七月，讨袁军兴起，刘英在沙洋，张鹏程在钟祥，分别宣布独立，组成“鄂西讨袁军”，刘任总司令，张任参谋长。联合攻打荆州未成告败，逃往长沙，辗转去日本，加入中华革命党，并研制炸弹、地雷等近战武器。后回国参加革命。民国四年（1915 年），孙中山将湖北划为 5 个军区，刘英任二军区司令员，张任参谋长，在襄河一带组织“讨袁”运动。民国六年（1917 年），孙中山在广州建立军政府，张鹏程等人组成“湖北护法军”，张任第一军第一梯团参谋长代理梯团长，进驻天门。12 月 20 日夜，张因故受伤，昏迷十余日，经抢救得以复苏。翌年随西进部队回原籍休养，任恩施护法总指挥柏文蔚的顾问。民国十年（1921 年）5 月，张奔赴广州拜见孙中山，孙中山赞赏其志气，遂派为总统府咨议。后由国民政府派人送回原籍休养，回恩施后曾任县救济院院长、恩施县抗战经理委员会委员、难民救济委员会委员、国民党恩施县党部监察委员，并充当恩施汉流“同胞会”龙头大爷。1963 年病故，享年 78 岁。

二、民国恩施县历任县长（知事）名录

李风高　民国元年（1912 年）任知事。
石　苏　民国二年（1913 年）任知事。
尹孟班　民国三年（1914 年）任知事。
金泽先　民国四年（1915 年）任知事。
郑渭川　民国五年（1916 年）任知事。
吴良棻　民国六年（1917 年）任知事。
何复周　民国七年（1918 年）任知事。
王海东　民国九年（1920 年）任知事。
杨某某　民国十年（1921 年）任知事。
王特拙　民国十一年（1922 年）任知事。
望鸿观　民国十一年（1922 年）任知事。
沈　霈　民国十二年（1923 年）任知事。
程作霖　民国十二年（1923 年）任知事。
沈继先　民国十三年（1924 年）任知事。
李竟成　民国十五年（1926 年）任知事。
李清尘　民国十五年（1926 年）任知事。
金继炬　民国十六年（1927 年）任知事。
丁康年　民国十六年（1927 年）任知事。
沈　霈　民国十七年（1928 年）任县长。
李浠白　民国十七年（1928 年）任县长。
曾恤民　民国十七年（1928 年）任县长。
汪龙瑶　民国十八年（1929 年）任县长。
万文源　民国十八年（1929 年）任县长。
杨少芹　民国十八年（1929 年）任县长。

卢某某 民国十九年（1930 年）任县长。

杨敬曲 民国十九年（1930 年）任县长。

廖化平 民国二十年（1931 年）任县长。

杨 澧 民国二十一年（1932 年）任县长。

蔡继伦 民国二十一年（1932 年）任专员兼县长。

袁济安 民国二十二年（1933 年）任专员兼县长。

范熙绩 民国二十四年（1935 年）任专员兼县长。

傅恒佰 民国二十五年（1936 年）任专员兼县长。

袁济安 民国二十五年（1936 年）任专员兼县长。

余廷襄 民国二十七年（1938 年）任县长。

蔡增耀 民国二十八年（1939 年）任县长。

张皞乐 民国二十八年（1939 年）任县长。

胡先麓 民国二十九年（1940 年）任县长。

刘先云 民国二十九年（1940 年）任县长。

胡建文 民国二十九年（1940 年）任县长。

王开化 民国三十一年（1942 年）任县长。

林渊泉 民国三十一年（1942 年）任县长。

谢咖航 民国三十三年（1944 年）任县长。

何清铭 民国三十四年（1945 年）任县长。

罗瑜宗 民国三十五年（1946 年）任县长。

罗伯农 民国三十五年（1946 年）任县长。

张家训 民国三十六年（1947 年）任县长。

林人俊 民国三十七年（1948 年）任县长。

孙增洼 民国三十八年（1949 年）任县长。

彭时斌 民国三十八年（1949 年）八月至十一月，任县长。

三、民国时期著名社会人士

康建唐

康建唐（1879—1914 年）　亦名朝衡，字秉钧，土家族，恩施县红庙旗峰坝人，清末秀才。辛亥首义前，康曾在武昌参与武昌花园山秘密革命机关等活动。辛亥首义成功后，回恩施参与“施南反正”策划驻军起义。宣统三年（1911 年）辛亥年 10 月 10 日爆发辛亥革命，康建唐、张荣楣、吕大森、朱和中等人，在孙中山的影响和启迪下走上民主革命的道路。他们在湖北武备学堂深造时，筹组活版印刷公司乐群印刷社，专门翻印《警世钟》《猛回头》《黄帝魂》等革命书籍，散发给各军事学校、军队的革命党人，并托人带回施鹤各县传阅。同年 9 月 23 日，武昌革命党人派日知会干事、共进会员向炳焜回施南活动。向于 10 月 13 日抵达恩施城后，马上找到康建唐、曾楚襄等人商议，在恩施县开展施南光复活动。吕大森、康建唐、向炳焜、王鸿猷等革命党人组成联合行动小组，计划在施鹤七县举事。恩施城时有驻军三个营：一为三十二标三营系湖北新军八旗统制张彪的正规部队，管带李汝魁。二为宜防营，管带陈金瑞。三为施防营，管带王泽吾。向炳焜、康建唐等人先做下级军官中本地人的工作，令会党王鸿猷等人做李汝魁的工作，因王是李营司务长，他在武汉入新军李营后，积极参加军内的会党同盟会；后康建唐、吴白云又做施防营的工作。10 月 28 日，向炳焜、李汝魁等召开官兵大会宣布反正，出告示晓谕商人和民众公开宣布起义。公推李汝魁为分司令部长，向炳焜为参谋兼秘书，康代裕（子厚）由鄂军政府新派为民政使。他们发电报向武昌告捷，出安民告示，委派新人接管道、府、县等单位任职。五日之内，兵不血刃，施鹤各县和平反正。民国初年康引退回乡，设馆授徒。民国三年（1914 年）病故，终年 36 岁。

沈尚濂

沈尚濂（1879—1915 年） 字晓溪，又名沈魁南，恩施县太阳河武圣街人，青年时移居鹿子渡。光绪二十五年（1899 年）官费留学日本，在日本士官学校三期炮科毕业。回国后，任江苏道台江阴要塞炮台司令、江苏吴淞道尹等职。宣统年间（1909—1911 年）任陆军总办。辛亥革命时准备反正，被其父跪地制止，后出游日本。民国建立后，定居北平，民国四年（1915 年）逝世，终年 36 岁。

尹克墨

尹克墨（1828—1915 年） 名寿衡，字梦白，号翰楼，恩施县龙凤杉木坝人。出身于书香门第，幼年由父自课，经史文学。16 岁中秀才，清同治元年（1862 年）中举人，同治四年（1865 年）中进士。尹历任刑部代理提牢厅事、江西司主事、总办秋审处兼管司务厅、浙江司主事，后以知县选用。光绪十三年（1887 年）始，先后任四川眉州、资州、茂州等知州 14 年。因其早年曾在刑部任职，故颇重法治，遇案执法严明，不枉不纵，折狱公允，百姓皆称其廉正。为官奖劝文教，时常亲赴各书院义学察看师生勤惰，并为生员讲学。光绪十年（1884 年）春，尹因母丧回籍，适值施南知府王庭桢倡修《续施南府志》，尹欣然应聘入局主纂，经年书成刊行，较旧志体例多所创革。主张“方志不宜志天文，人物不唯重科名，艺文必确有可据，缺而不滥。”光绪二十八年（1902 年），尹退职回家，捐资倡导于杉木坝镇至龙凤坝镇之间的河上修建五孔大石桥一座，起名曰“幸福桥”。旋又捐资倡修杉木坝镇至龙凤坝镇之间约 30 里的石板大路一条，历时两年路成。其子家楣，字芷田，系二甲进士，入翰林院，时人有“父子翰林”之称。民国四年（1915 年）于恩施病逝，享年 88 岁。

汪古珊

汪古珊（1840—1917 年） 字昌美，号改勉，恩施县（详址无考）人。清朝监生，清末施南府名医。汪因家境清贫，青年从军，未遂其志，立誓“不为良相，便为良医”，专心钻研医学。经数年，熟悉阴阳五行仲景学说。广泛采集民间验方，临床施法，观其疗效。50岁左右退隐山林，蛰居宣恩中间河，集30年临诊之见，汇数十家医学之长，编辑成《医学萃精》。该书由姚晓亭（清朝贡生）鉴定，王晓云（清朝贡生）校阅，施南知府翰林院编修施纪云、恩施县正堂黄世崇作序，于光绪二十二年（1896年）刊行于世。全书16卷，约50万字。光绪三十年（1904年）春，湖北护理施鹤兵奉令权守施南，阅读《医学萃精》，惊其造诣极深，于恩施设立施南府医学研究所，聘请汪任主讲。民国六年（1917年）因病逝世，享年77岁。

胡源滨

胡源滨（1844—1922年）　字海楼，号贝易山人，清咸丰四年（1844年）七月出生，恩施县三岔三元坝人。清光绪年间恩科进士出身，翰林院孔目（清翰林院设孔目2人，满汉各1人，文牍官员，从九品衔）。归乡后任保卫团议员、迎恩乡区长等职。因仕途不畅，归隐山林，设书馆教育农家子弟。光绪二十七年（1901年）筹资在三元坝穿孔山太极洞修建庙宇——紫云观，光绪二十九年（1903年）竣工。洞后建留仙阁，为生活起居之所，门前刻对联一副“乡人好之同归于善，贤者乐此且住为家”。洞前建文昌阁，为学生读书学习之所。洞内设有神龛、神位，每天焚香、朝拜。山门前刻有“拨开利锁名缰才算人间高隐士，悟透镜花水月便是山中老神仙”对联。胡源滨在紫云观一面念经修行，一面教授弟子四书五经，讲授儒家人生哲理。其门下出过不少优秀学生，如贡生向东潘、张万献、刘香益，监生伍文治。编有《乡贤局全书·人生必读》六卷。民国十一年（1922年）逝世，享年78岁。

杨印洲

杨印洲（1864—1922年）　字仪廷，恩施县六角亭南正街人。清光绪年间秀才，经史文字颇有造诣。为人诚笃耿介，进学后，无意科场功名，遂潜心于辞赋文章，并在家设馆授徒，终生不倦。辛亥革命期间，杨支持有志青年从事革命活动。光绪三十二年（1906 年），南郡书院改施南府中学堂，杨为首任监学，主持校务。民国四年（1915 年），杨出任恩施县劝学所所长，执掌全县教化，为恩施县教育事业作出贡献。民国十一年（1922 年）于恩施病逝，终年 59 岁。

韩书文

韩书文（1874—1922 年） 号郁轩，恩施县红土溪人。青年时入施南府官立南郡书院（以考课为中心的科举预备学校），后擢秀才。清光绪二十九年（1903 年），入选湖广总督张之洞创办的湖北师范学堂（武汉大学前身之一）就读。光绪三十一年（1905 年）毕业，由张之洞选拔官派留学日本早稻田大学（政科）。光绪三十四年（1908 年）毕业，同年九月，再入日本明治大学专攻政科深造。宣统三年（1911 年）六月毕业，获明法学士称号。学成回京于北洋政府任司法官兼司法教学，住北京王府井。民国五年（1916 年）七月，赴任吉林省长（郭宗熙）助理。民国八年（1919 年）十月，辞吉林省长助理之职，回京仍从事司法官兼司法教学，桃李莘莘。民国十年（1921 年）夏，因公外出被火车车门挂伤右腿，引发败血症。翌年春于北京病逝，终年 48 岁。

王文赞

王文赞（1871—1924 年） 字襄臣，恩施县杉木坝人，祖籍湖北监利。清光绪二十四年（1898 年），与胞弟王文质（仕彬）组股“福和海”，又合股兴建龙凤坝集镇，主营苎麻、生漆等业务，常年居住武汉，数次前往日本考察生漆业务和日本新政。光绪三十一年（1905 年），王捐银 300 两倡修施南府中学（即恩施二中前身）。光绪三十二年（1906 年），王注册候选加捐花翎同知衔。光绪三十四年（1908 年）五月任陕西沔县知县，勤政爱民，清白自持，当地百姓为其立生祠。民国元年（1912 年），回鄂任湖北省民政厅顾问。翌年，弃政从商，与友人在汉组建殖边银行，自任行长。民国八年（1919 年）夏，出任省政府参议。民国十三年（1924 年）因病逝世，终年 53 岁。

樊增祥

樊增祥（1846—1931 年）　原名樊嘉，又名樊增，字嘉父，别字樊山，号云门，晚号天琴老人，恩施县六角亭西正街人。光绪三年（1877 年），樊增祥 32 岁进京会试，考中进士。光绪十年（1884 年），樊增祥任陕西宜川知县，走上仕途。任职 7 个月，调居省府，后赴咸宁（今西安）富平长安任知县。光绪十八年（1892 年），再任咸宁知县。光绪十九年（1893 年）二月至二十四年（1898 年）七月，赴渭南任知县，执政期间，注意严法宅心平恕。“劳形案牍，掌笺幕府，身先群吏”，闲暇时间“结兴篇章，怡情书画”。光绪二十六年（1900 年），八国联军于大沽口登陆，将掠津京，樊适逗留京师，乃密奏慈禧，力请移避长安，樊“愿效犬马，作为前驱”。遂先期赶回长安，全力筹策“迎銮”。慈禧“西京驻辇”时，受到百官“坝上迎銮，万方珍贡”的尊奉。以护驾有功，同年十一月，擢升皖北兵备道，留“行在”（皇帝出行时暂住的地方）办事，充任政务处提调，乃得日近宫廷。当时慈禧曾手谕光绪皇帝：“自今机要文字，可令樊增祥撰拟；仍当秘之，勿招人忌也。”足见慈禧宠爱之深。光绪二十七年（1901 年）六月，樊调升陕西臬司，八月慈禧回京前，再调署陕西布政使，光绪二十八年（1902 年），实授甘肃布政使，后调江宁布政使。宣统二年（1910 年），署理两江总督。辛亥首义后，湖北军政府礼迎樊回鄂任首任民政长，樊固辞不就。及袁世凯篡得总统时，其悄然北上事袁，任“参议员”“参政”等职。袁称帝的前日，在瀛台赐宴奉进诸臣，樊领班即席献诗讴颂。随又上折谢恩，称“圣明笃念老诚，咨询国政，宠锡杖履，免去仪节”“虽安车薄轮之典，弗是过也”。民国七年（1918 年）十月，徐世昌任总统。樊献诗颂扬，徐月馈于薪以酬旧。樊晚年闲居北平，以诗酒自遣，曾为梅兰芳改订京剧台词，经樊增祥修改的《贵妃醉酒》《霸王别姬》《洛神》等京剧的道白与唱词增色不少。曾师事张之洞、李慈铭，特擅诗词骈文，写作勤敏，死后遗诗三万余首，著有上百万言骈文，为我国近代文学史上一位不可多得的高产诗人。晚期所作《彩云曲》为其代表作之一。民国二十年（1931 年）于北平逝世，享年 86 岁。遗著刊行有《樊山诗集》《樊山艳体诗抄》《樊山文集》《樊山全集》《樊山集外》《樊山公牍》《樊山判牍》《广雅堂问答》《苏门日记》及小说《琴楼梦传奇》等。1979年版《辞海》中《樊增祥》条目称樊为近代文学家。

郑永禧

郑永禧（1866—1931年） 字渭川，号纬臣，浙江省衢州府西安县（衢州市柯城区）人，方志学家。光绪十九年（1893年）登上副榜，光绪二十三年（1897年）参加乡试，中解元。衢州发生震惊中外教案，其因主办团练而受牵连，被革去功名并入狱。辛亥革命后，出任衢县参事。民国五年（1916年）冬，郑出任恩施县知事。上任伊始，便搜求清同治版《恩施县志》校读。遍访民间藏本，获得刊印雕版，与民国驻施军事长官商议勘校补缀，"校其脱，勘其讹，或旁采以正之。"经数月，将《恩施县志》补刊完毕。郑在校勘同治版《恩施县志》时，发现原书导源于施州卫《旧志》，所载历史沿革和人物故事缺漏错谬较多，决定续修该志，并对恩施历史有争议或记载失据的山川地理、历史沿革、名人胜迹，参考相关典籍，或补漏剔抉，或实地考察，用实践检验撰成《施州访古录》二卷。刊印时，后任县知事的吴良荼为其更名为《施州考古录》。此书为恩施第一部区域性人文志史书，全书分上下两卷，43篇文章。其内容包括从恩施人文始祖廪君到清末3000余年恩施县历史沿革、山川地理、民族演进、名胜古迹、县域城郭、史迹文化、人物春秋、民间逸闻等10余个方面。《施州考古录》史论结合，富有文采，其中较多篇目为文史故事，如《廪君石穴》《巴蔓子墓》《竹王祠遗址在珍州》《吉王祠缘起》《关庙何督师碑石奇异》等。郑永禧辞官归衢后，倡修《衢县志》，历经15年而成百万字初稿。民国二十年（1931年）因病逝世，享年65岁。

四、其他影响人物

敖正邦

敖正邦（生卒不详） 字子占，恩施县城关六角亭南门外人。1899年，考取官费留学日本，士官学校步科三期毕业。回国后在湖北新军黎元洪部任管带，后任湖北陆军小学校长等。

周国柱

周国柱（1861—1920 年）　字鲲斋，恩施县城四维街（珠市街）人。出生于平民家庭，少年时读书，无意仕途，但对数学课独有深造，清廷特授于算学秀才学位。不久赴省城游学，入武昌于兴图局任职。勤劳实践，师友观摩，数理益精，兼通测绘，旋应聘任汝光道实业大学堂教习（任教）。光绪三十二年（1906 年），应施南知府施纪云之聘，回乡任施南府中学堂数学及理化教习（教师），后二年该学堂改为施鹤道师范学堂，周再任该学堂数理科教员。该校停办后，在家著书，著有《鲲斋算草》1 卷，《代数积拾级设题细草》17 卷。光绪末年，他一腔爱乡热忱，立志勘实清江航道，自备膳食，足穿草鞋，随带一名工人，背负测绘仪器，踏入巉丛峡谷，在石柱（现重庆市的一个县）、利川两县的万水千山之间，找到清江的发源地，纠正以前关于“夷水”（清江）源出于江的错误。他克服暑塞之苦，历时 70 余天，勘完清江流域全程。途中凡重要险滩巨礁，都精心测量绘图，以文说明。还撰成《清江源流道里记》一书，为今日开发清江提供重要可靠的参考资料。清江勘察完后，他循夷陵故道返回，对武陵、巫山两山余脉的走向和分布，作实地观察，著成《山脉记》一文，供地理学科参考。积劳成疾，晚年多病，民国九年（1920 年）逝世，享年 60 岁。

刘尊五

刘尊五（1890—1920 年）　又名刘高美，土家族，恩施县沙地土地塘人。刘所处时代正值民国初年，国家四分五裂，战乱不休，灾荒连年，目睹不平世道，决心效法历代聚义英雄，号召百姓起义造反。民国六年（1917 年），刘在土地塘明以“结伙学戏”为名，暗地打开自家积存多年的粮仓，接纳各地汉流兄弟，立公口，设香坛，发展秘密武装，并提出“打开施南城，与兄弟们坐天下”。起事后，到各地大地主大富豪家行劫，将劫来的钱财少部分留作给养，大部分赈济穷人，因此，前来投奔的穷人络绎不绝，湘西、四川均有。刘将投奔人员编成队，分派得力人员组织操练。同时设置红炉，赶制刀矛，并用枫香树、泡桐树、花栗树做成土大炮 80 多门，自制火药 100 余担。时值冬月，刘尊五率部近千人向恩施进发，因内奸破坏，攻城失败，死伤 200 余人，刘部撤至新塘城墙口、大溪场、五花寨一带隐蔽活动，县府悬赏缉拿刘尊五。翌年春，刘登鹤（恶霸，刘尊武的叔叔）探知刘部在新塘一带，遂贿通官府，县府纠集地主武装至新塘搜捕。刘率部浴血奋战，寡不敌众，撤往鹤峰，转至湘西桑植、川东奉节一带，妻儿被刘登鹤杀害。民国九年（1920 年）初，刘尊五率部返家扩充武装，以新塘山花嘴岩下呐喊洞为据点，囤积粮草火药待机复仇。靖国军营长焦某率三个连围剿 3 个月未能取胜，后改变主意，引诱刘部出洞。六月五日，焦在地方证人陪同下进洞同刘谈判，假意砍香盟誓。次日，刘率 60 余人出洞履约，回城途中焦将刘部 35 人枪杀，余皆被捉拿，后刘尊五被处死，英年 30 岁。

王天钟

王天钟（1884—1926 年） 字子陵，恩施县城关南正街人。少时家贫，就本城名师杨仪廷家馆读书，18 岁中秀才。光绪三十年（1904 年），考取官费留学，入日本帝国大学农科学习林业。其间，于东京谒见孙中山。光绪三十二年（1906 年），加入中国同盟会。学成后回国，先后任山西大学堂和山西农业大学堂教授，恩施乙种农业学堂专任教师、校长。民国十二年（1923 年），任恩施县教育局首任局长。民国十五年（1926 年）因病逝世，终年 43 岁。

卢先悦

卢先悦（1887—1926 年） 字怿之，恩施县舞阳坝七里坪人。湖北政法专门学校毕业。卢先悦无意于官场生涯，独羡慕景德镇陶瓷之美，意图改良恩施陶瓷，自民国四年（1915 年）开始，雇人将七里坪映马池的陶土挑到湖南醴陵县和江西景德镇烧验。通过检验，认定映马池一带陶土质地优良，可制细瓷器。卢从景德镇聘雇技工到恩施传授技艺、设色绘画，制出菜蝶、痰盂、茶杯、酒壶、灯盏等日用器具，将坛、盆、缸、钵改良样式。执着研究，数年不舍。民国十五年（1926 年）逝世，终年 39 岁。

王维藩

王维藩（1874—1927 年）　字介卿，恩施县六角亭城乡街人。清末廪生，民国初，任恩施县商会会长、城市团防总董、恩施县商团总指挥等职。因大小军阀盘踞施南，造成一片混乱，地方秩序多靠其出面周旋维持，百姓未遭大殃。后随北洋军将领张光明（克斋）赴上海，任上海护军使署秘书长，旋改任上海道尹。民国十六年（1927 年）于宜昌病故，终年 54 岁。

卢冬卿

卢冬卿（1874—1928 年）　名先成，清光绪庠生，恩施县七里坪人。祖业有 3000 余石课田，发迹后，自慈竹淌迁辖区内七里坪街建豪宅大院，成为七里坪一方首富。卢自幼读书，学有成就，为清代光绪年间庠生。成年后，执掌家业，并在家开设钱庄，自印钱票。民国初年，卢仗家大业大，有钱有势，开始涉足政要，攫取七里坪乡团总职位。家中养有团丁，设有监狱，把驱匪防盗保境安民的团防武装变成欺压人民的工具，自成“土皇帝”。为显杀生之威，卢诬陷官坡街居民王文臣为“土匪”，民国二十一年（1932 年）秋，利用七里坪一个赶集日将王枪杀于街头。继而又将与之争夺团总位置的杨金轩阴谋暗杀，从而与杨氏家族结下生杀之仇。卢系恩施地方最大恶势力之一，民国十六年（1927 年），共产党员朱光钦、廖平瑞在七里坪成立农协会，将卢列为恩施惩治的八大土豪劣绅对象之一。民国十三年（1924 年），被官府立案逮捕。民国十七年（1928 年），卢被枪杀于恩施城东门河坝，终年 54 岁。

陈代泉

陈代泉（1857—1935 年）　字钦三，号廉溪，恩施县沙地鸭子塘人，自幼跟私塾勤学 6 年，书法很有成就。成年后，于清光绪初年在施鹤道捕衙当差，从事文书工作。期间作风严谨，吃苦耐劳，在捉拿犯人中勇敢，舍得卖命。在审讯各类犯人时思路明晰，数次立功。清光绪二十四年（1899 年）三月，湖广总督张部堂赏给陈蓝领六品军工，施鹤道改为施南府后，受到施南府知府重用，命其任施南府衙红笔师爷。清光绪三十年（1905 年），调湖广提督夏提督门下任职。清宣统元年（1909 年），率军到襄阳平乱，在降服案犯的过程中，机智、勇敢、善断，故再立军功，遂升为五品顶戴。清宣统二年（1910 年），调任湖广督标，作为把总补缺侍任。辛亥革命时期，陈受湖广提督军夏提督委托到其老家福州当管家，经营 8 年之久。其间，陈将多年积累的薪俸投入当地商号入股分红，获 3 万余银两红利。民国十八年（1928 年），告老还乡，在鸭子塘新塆建新房养老。民国二十四年（1934 年）6 月因病逝世，享年 78 岁。

刘清安

刘清安（1882—1936 年） 恩施县盛家坝人，幼年从学，攻读书文。光绪二十八年（1902 年）科举中秀才。辛亥革命后，受民主主义思想影响，拥护孙中山提出的《建国大纲》，放弃仕途，回乡传授文道，移化民风。民国十一年（1922 年）始，受雇在盛家坝、落坡坝、安乐屯等地学堂施教。民国十六年（1926 年），在小四沟家宅设馆办学。刘以浅俗易懂的《民众识字课本》作教材，采用语体文（白话文）教学，取代“点读背”式古老教学方法；自编“华人种，来东方；号盘古，曰三皇；混沌时，居岩穴；统部落，为酋长”和“大地椭圆，旋转如球，东瓣西瓣，日月黑白”等史地歌诀，供学生习诵。主张“生男栽漆百根，生女种茶百兜”，发展经济作物。其弟子遍布恩利咸边境，大都功成名就。系当地新文化开拓者。民国二十五年（1936 年）病逝，终年 54 岁。

袁国纪

袁国纪（1888—1938 年） 字文焕，号汉南，恩施县太阳河茅湖淌人，两湖师范毕业。光绪三十年（1904 年），加入武汉地区成立的日知会等革命团体，后在汉口加入共进社，追随孙中山从事革命活动。武昌起义前在宜昌等地从事秘密活动，在宜昌反正中有功，后任鄂军第七镇司令副官。民国十二年（1923 年），任田善社社长，民国二十二年（1933 年），任施南府禁烟委员。后任宣恩县、鹤峰县县长。民国二十五年（1936 年），任恩施县崔坝区区长，民国二十七年（1938 年），任宜昌税务局主任。民国二十七年（1938 年）在宜昌逝世，终年 50 岁。

沈尚濮

沈尚濮（1889—1939 年）　字丽生，恩施县太阳河武圣街人。光绪三十年（1904 年）二月，官费赴日本留学，入士官学校四期步科学习，毕业后回国，钦赐举人，历任四川省陆军标统、陆军小学总办教官兼陆军正参领。民国二十五年（1936 年），任陆军大学编译处步兵上校，后任陆军部少将师长、陆军大学教官。抗日战争时期，随校迁湘。民国二十八年（1939 年）于长沙病逝，终年 50 岁。

向正榜

向正榜（1920—1941 年）　号秋潭，恩施县城厢乡人。民国三十年（1941 年）参加湖北省干训团谍报班受训。其时，鄂东、鄂中、鄂南大部沦陷为日战区。同年四月，向被分配到鄂南通山县担负谍报工作，行至通山境内所属藕塘地方时遭敌被擒，搜获证件，知其为我政府谍报人员。敌方百般诱供，然向已报必死决心，终不屈服。敌见其忠坚不屈，遂将向悬树杀害。英年 21 岁。

尹扶一

尹扶一（1887—1941 年）　字仲雅，恩施县龙凤杉木坝人，官宦世家出身。清光绪三十年（1904 年），考取官费留学日本，入日本士官学校六期炮科学习。宣统元年（1909 年）回国，清廷授以举人及副军校衔。与阎锡山友善，回国后任阎部参谋、参议、副旅长等职。民国十七年（1928 年），阎任北伐军第二集团军总司令兼平津卫戍总司令，尹被派为北平交通司令。阎回山西，委尹为晋军驻北平办事处处长。民国十九年（1930 年）秋，尹被青岛市长沈鸿烈委任青岛港务局副局长。民国二十六年（1937 年）七月，日军攻陷北平。尹先后任北平治安维持会委员、中华民国临时政府治安部要职、北京“新民会”训练部长。民国三十年（1941 年），尹自杀身亡，时年 55 岁。

傅卫风

傅卫风（1893—1942 年） 恩施县新塘小古龙人，私塾读书数年，稍识文字。孔武有力，早期在东乡河东团当团丁，被提拔为团丁队长。民国十三年（1924 年），被提升为副团总。翌年被县政府委任为区团总。傅在团防公所内设法堂，其陈设如县衙大堂款式，庄重威严，每经裁决，抗争者少，遇有抢案，坚持追究到底。民国十六年（1927 年），贵州游勇“郭营长”部 30 余人，窜至沙子地一带，裹挟当地民众约百余人，扰害地方。七月，傅调集附近团防，一举予以消灭。冬月，川东股匪国汝洲率部 4000 余众，围攻恩施城，傅应县长秦国达之召，率所部团丁 400 余众驰援解救。嗣后，县政府委任傅为东乡团防总团董。民国二十四年（1935 年），傅卫风团防武装发展到长枪 500 余支，手提式冲锋枪 3 支，驳壳枪 50 余支，鸟枪 500 杆，团丁多时 2000 余人。常与贺龙所领导的红军队伍为敌，于恩、建、宣、鹤四县边境与红军交锋 500 余次。当红军主力转移时，傅便命令团丁搜捕、杀害苏维埃政权干部及红军军属。因其“出剿”有功，恩施行政督察专员袁济安委任傅为恩、宣、建三县区联防总指挥和新塘区长，并赴武昌湖北省区政人员训练所受训。民国三十年（1941 年）一月下旬，新塘区所辖麦淌乡公所上解烟毒人犯，中途被人劫掠，杀死解差数人，傅有唆使嫌疑，省主席陈诚派兵围困新塘，命令严拿，傅到军事指挥所投案就捕，被判刑 6 年，随后假释回家。民国三十一年（1942 年）十二月因病逝世，时年 49 岁。

姚应钊

姚应钊（1892—1946 年） 字叔勉，号勉之，恩施县城关六角亭人。父姚紫岱，于恩施经商，后赴宜昌设馆授徒，姚应钊随父受教。民国七年（1918

年），姚赴北平，经同乡王璟芳引荐，入北洋财政讲习所学习，随入北平证券交易所任职。民国二十五年（1936 年）回湖北，先后任羊楼洞、岳口等地营业税局局长及湖北财政厅驻第七行政区财粮督征员等职。抗日战争时期，于恩施先后受任湖北省银行专员、湖北省政府及第六战区长官司令部参议等职。姚年少时热爱绘画书法，课读之余，潜心习作。年轻时专习山水画，研习古今名家画稿，颇有心得，及到北平就业之后，家计日转宽裕，遂专心致力于绘画创作。同时与正在北平的国画书法篆刻名家齐白石、萧许中、丁佛言、张海若等交游切磋，至为密切，终能取各家之精华，独成一家之风范。40 岁以后姚在北平琉璃厂、荣宝斋等处设“润例”，求其字画者，应接不暇。民国二十四年（1935 年），姚精选山水中堂画两幅，参加南京举行的国画展评会，丹青画作呈千峰万壑，巉崖悬瀑，苍松樵径，幽绝尘寰；水墨画作现苍山崖巍，奇峰起伏，烟波万顷，万里澄碧，获得展评会二等奖，奖“南宗嫡派”朱文石印一方。在鄂时，曾先后应约为张岳军绘制水墨山水册页 12 幅，李德邻、孙仿鲁丹青山水中堂各 1 幅，俱为其晚期代表作品。姚应钊对于书法亦有精深功夫，草书颇得唐代书法家孙过庭的法度。民国三十五年（1946 年）夏于恩施病逝，终年 55 岁。

张荣铭

张荣铭（1884—1949 年）　字益卿，恩施县六角亭西正街人，清末秀才。官费留学日本，在东京帝国大学农科兽医系毕业。历任山西大学教授、辽宁黑山农村实验所正、吉长铁路局和平汉铁路局编译、咨议、陆军部军事科技工等。民国三十八年（1949 年）因病逝世，享年 65 岁。

王琨芳

王琨芳（1884—1949 年）　字珸珊，恩施县六角亭西后街人。年少时在恩施入私塾就读。光绪二十八年（1902 年），考取官费赴日留学，与胞兄同留学日本，王先后肄业同文书院千叶医校，毕业于日本内务省传染病院研究所。毕业后留日期间，深受孙中山革命思想影响。辛亥年武昌首义成功，王束装回国，临行时向同学借款500元，悉数购买医疗器械及必需药品随带回国，备军民之用。同年十一月五日，抵上海，时阳夏战争正紧，汉口失利，汉阳告急，沪上亲友劝其切勿轻蹈险地。王力排众议，毅然赴汉。于汉阳前线见黄兴，被委为总司令部军医部长兼野战医院院长，亲率医护人员上前线抢救伤病员，护送至安全地区。民国元年（1912年）一月一日，南京临时政府成立，黄兴出任陆军总长，商请琨芳任军医局长陆军医院院长。不久，袁世凯篡夺大总统位，王退出军医界，寓居北京。经其兄璟芳推荐任北洋陆军部军医科长，兼北京财政讲习所教务长。民国十三年（1924年），王开设瑞华银号。旋入上海中央银行任职。抗日战争时期，随该行迁重庆工作。民国三十八年（1949年）于上海病逝，享年65岁。

张荣楣

张荣楣（1882—1949年）　字阆村，恩施县六角亭鼓楼街人，家道小康。父张德恕，秀才，境内知名塾师。张6岁入学，由父自课，19岁中秀才。光绪二十九年（1903年），经恩施知县和学官推荐，赴省就读新学。在省城与施南同乡朱和中、吕大森、范腾霄、朱次璋等深相交游，并结识湖北早期革命领袖吴禄贞。在吴的影响下，张的反满意志益趋坚定激进。与李书城、耿观文、张难先、胡瑛、刘静庵、李廉方等革命志士结为知交，并在武昌花园山成立秘密机关，张被推举管理机关财务和对外联络诸事。翌年初夏，张参加刘静庵组织的秘密团体“革命军”和吕大森于武昌创建的“科学补习所”。秋，张考入东京法政大学经济科，于东京谒见孙中山。光绪三十一年（1905年），加入中国同盟会。张学成回国，应阎锡山之聘，任山西法政大学教习及教务长等职。民国四年（1915年），任蒙绥边使署秘书。民国七年（1918年），任湖南省政府政务厅长。未及一年离去，于天津经营长芦盐运。民国九年（1920年）秋，就任内务部高等顾问。民国十二年（1923年）入冯玉祥幕，任国民军总部参议秘书等职，为冯所器重，因冯与蒋战不和，张退居北平。民国十九年（1930年），张主持湖北财政讲习所，训练湖北财税人员，担任湖北省公产清理处长。后应施鹤行政委员潘正道之聘，相偕回施，佐潘治理鄂西政事。著有《施鹤六邑视察记》一书。民国二十二年（1933年），张创办《施鹤日报》，为恩施近代第一家报纸。民国二十五年（1936 年），自费于北平重印《恩施县志》500 部，为《恩施县志》第一次活字铅印本。同年冬，应冀察政务委员会委员长宋哲元电邀赴北平，就任该会高等顾问职。抗日战争初期，日机轰炸恩施城，张荣楣家房屋被毁，家道中落。民国三十八年（1949 年）六月，于恩施病逝，享年 67 岁。遗著《阆村文集》《江汉微言》等刊行。

王光朝

王光朝（约 1895—1949 年） 恩施县板桥大山顶人。清朝光绪年间（约为 1895 年）出生，卒于解放前夕大山顶响板蹊娘娘庙系王所修。王氏家族，为大山顶、板桥乃至恩施县一知名财主，广有田产和金银财宝。被人称之为“王百万”。抗日战争时期，省建设厅为机场建设事宜特邀开明绅士相商，王光朝将上好良田 500 多亩作建设征用。按当时补偿标准，应得补助 1 万 6 千块银元，王仅接受其一半，捐赠一半。新中国成立前，王因病逝世，终年 54 岁。

第三篇　新民主主义革命时期

恩施（县）各族儿女在中国共产党的领导下，用自己的热血和生命谱写了一曲曲惊天地、泣鬼神的赞歌，为中国革命的胜利和民族解放做出了不可磨灭的贡献，为恩施人民留下了宝贵的精神财富。恩施的革命也同全国一样，经历了大革命、土地革命、抗日战争、解放战争四个时期。期间，何功伟、刘惠馨等共产党人在国民党“反共”清剿中抛头颅、洒热血，只为将“革命红旗举得更高”；徐柏坚、朱光钦等热血青年受进步思潮的影响，坚定革命信仰，传播革命火种，在恩施大地成为燎原之势。其间，组建游击队、打土豪分田地，积极抗日救亡不做“亡国奴”，参加解放战争让人民当家做主人的英烈数不胜数……记录先烈，是为了更好地缅怀。只有将今天的恩施建设得更加美好，才能告慰英烈们的在天之灵。

一、“大革命”时期著名活动人物

朱光钦

朱光钦（1903—1928 年）　亦名朱恒，字敬之，恩施县崔家坝人。考入武昌省立二中读书，因施鹤留省同学会关系，与省学联领导人接近，认识董必武，受进步思想影响，革命意识日深。民国十四年（1925 年），“五卅”运动爆发，朱响应党的号召到恩施，于省立第十三中开展学生运动；11 月，组成群众团体“学生自治会”，任党务干事。翌年春，朱赴武昌求学，进入由共产党人主持的中国国民党湖北省党务干部学校，并加入中国共产党。民国十六年（1927 年）2 月，朱受中共湖北领导人董必武派遣，回到恩施，任国民党恩施视察指导员，与同回恩施的恩施籍共青团员徐介如（伯坚）、金裕汉（金石）和国民党左派廖平瑞等组成国民党县党部筹备委员会，任筹备主任。抵施后，解散旧县党部，成立新县党部，发动群众，领导建立工人、农民、青年、妇女、商民协会，开展宣传教育工作；成立审判土豪劣绅委员会，查处土豪劣绅 40 余人。同年，蒋介石发动“四一二”反革命政变，朱主持召开讨蒋大会。因恩施驻军李晓炎部倒戈投蒋，清党捕人，处境逆转，朱随即奉命撤回武汉，转入地下。民国十七年（1928 年）于沙市不幸被捕，英勇牺牲，英年 25 岁。

郑 濂

郑 濂（1911—1928 年） 原名郑盛茗，字乐泉，恩施县城关北门外人。父郑鹤樵，清末廪生、知名书法家。民国十四年（1925 年），郑濂考入省立第十三中学读书，适逢中共党员胡楚藩受省学联派遣，回鄂西发动学生运动，带回《向导》《中国青年》《中国国民党第一次全国代表大会宣言》等进步书刊，受其影响，遂与同学朱光钦等密商，利用学生自治会，发动学生反对贪污腐败的十三中校长邱维新，将邱哄赶离校。同时，组织成立学生宣传队，于城内各地演讲和张贴进步标语，揭露帝国主义侵略我国和国内军阀土豪祸国殃民的罪行，遭逮捕。翌年，郑到省城求学，其时武汉处于大革命高潮时期，郑进见革命领导人董必武、恽代英、陈潭秋等，被选派到省党务干部学校学习，并加入共青团。因革命需要，组织上准许提前毕业，指派郑为湖北省党部特派员到咸丰县筹备县党部，发动群众，开展工作。郑到县后与黄兴武、叶达人等组成新的县党部，成立县农民协会、妇女协会，改组整顿工商会、教育会，并于龙潭司组织成立农民协会。适有新任咸丰县县长秦国达将进城接印，郑闻悉，即与黄兴武率农协会员数十人，于中途袭击，将其驱逐，并另推选地方开明人士蒋叔凡为县长。县府重要职员，均系党部介绍担任，县党部实际控制县政大权。因蒋介石叛变，鄂西形势急转恶劣，郑遂撤回武汉。民国十六年（1927 年）10 月，郑于宜昌参加中共鄂西党团员联席会议，奉命以共青团湖北省委名义，再次回鄂西，策划武装暴动。12 月，鄂西革命的主要负责人齐集郑濂家，召开秘密会议，决定深入农村发展武装，并计划于龙潭司发起暴动，攻占咸丰县城。民国十七年（1928 年）初，郑与何世雄赴来凤策应咸丰暴动。因叛徒告密，遭团防头子向卓安逮捕，受尽酷刑拷讯。郑坚贞不屈，终不吐露一词，并当面痛骂贪官劣行。12 月被团防杀害，英年 17 岁。

程海波

程海波（1900—1930 年） 恩施县红土天落水人，土家族。民国初年，程与余栋立同到巴东拜“神兵”首领张孝斗为师，学习“神兵”操练和作战指挥。民国十五年（1926 年）6 月，二人学成归家，即联络董相臣、董会臣等，秘密设坛于红土董家河董会臣家。程自任坛主。旬日间，投会徒众即有百人，声威益壮。此事为红土团总赵金轩所知，急派团丁前往镇压，勒令取缔。程等迁坛于建始县境竹园坝徐彩臣家中继续操练，徒众扩充至 200 余人。翌年 5 月，赵金轩派团丁头目谭玉庭率领团丁赶赴竹园坝，攻打程海波，程带领“神兵”迎战。谭被击伤，狼狈溃逃，“神兵”声威大震。赵金轩不甘心失败，于 6 月 10 日，再次纠合建始团总刘治武，带领 1000 余团丁，兵分两路，袭击程海波。程寡不敌众，“神兵”溃散，坛门被抄。程投奔鹤峰邬阳关陈连振、陈宗瑜父子。民国十八年（1929 年）1 月，程随陈氏父子一并参加贺龙领导的工农革命军，编入特科大队。嗣后，工农革命军改为中国工农红军第四军，程海波任特科大队四团第一连连长。10 月，程调红四军第五路军四十团任第一营营长，带领红军出入邬阳关、石灰窑、红土溪一带，打击土豪劣绅和反动团防。1930 年 2 月，程海波随红军巴（东）建（始）鹤（峰）边防司令曾贤文，四十团团长陈庆光率领 300 余名红军战士，从邬阳关直插红土溪，次日早上于董家村活捉土豪谭美章、李作善。新塘团总傅卫风派团丁头目黄敬卿、谭纠集团丁 1000 余众，从马尾沟方向两路包抄，红军分三路抗击。26 日清晨，于脚踏坑、张飞槽两地遭团丁伏击，红军终因力量悬殊，团长陈庆光等 8 名红军官兵壮烈牺牲。随后，程海波被任命为红四军第五路军四十团团长。6 月 2 日，程海波带领 60 余人，于石灰窑发动群众，打击土豪劣绅。红土团防头目阮小东纠集 200 余人直扑石灰窑，企图出其不意消灭程海波等。红军布防有利山口，消灭阮小东等部众。13 日，程带领红军 100 余人，游击建始双土地，攻打建始团总刘治武。敌人早有防范，设置重重防御工事。程冲入敌阵，连克三道防线，正当直插敌人巢穴时，不幸中弹牺牲。英年 30 岁。

陶东祥

陶东祥（1884—1930 年）　恩施县济安（双河）头棚（现属宣恩县辖）人，幼读私塾 12 年，青年时代以教书与开办生炉锅厂为业。由于长期生活在劳动人民之中，了解穷苦人疾苦。民国十九年（1930 年）一月，鹤峰县苏维埃政府建立后，受革命影响，宣传发动当地群众，组建白岩溪农民协会。陶系白岩溪农民协会创始人之一，曾任白岩溪农民协会主任，深受当地人民群众的拥护和爱戴。同年七月，国民党宣恩县保安团进攻白岩溪，捣毁农民协会。陶被杀害，终年 46 岁。

向兴奎

向兴奎（1893—1932 年）　恩施县红土平锦人，土家族。民国十三年（1924 年）前后，红土大旱，粮食颗粒无收。地主大户囤积居奇，追租逼债。向兴奎等人自发成立“背篓会”，开展反剥削、反饥饿斗争。地主豪绅恼羞成怒，伺机报复。民国十八年（1929 年）12 月，向遭诬陷被关进牢房，从狱中逃走，杀死黄文太父子后，赴鹤峰投奔红军。民国十九年（1930 年）5 月，向兴奎率 20 余名红军返回红土溪，杀死地主黄文宇夫妇。6 月 2 日，红土团防大队 200 余名团丁，于石灰窑罗家坪围攻红军。向兴奎等 7 名红军绕到敌后夹攻，杀死团防大队长阮小东。民国三十一年（1932 年），向兴奎于建始官店被捕，英勇就义，终年 39 岁。

杨清轩

杨清轩（1906—1932 年）　苗族，恩施县济安（双河）乡头棚（现属宣恩县椿木营乡）人，随母姓。曾读私塾 12 年。民国十九年（1930 年）初，贺龙率红军转战鹤峰中营、宣恩椿木营、恩施新塘等地，杨将 50 担玉米和 3 匹骡马捐献给红军。三月，杨加入中国共产党，任白岩溪农民协会主席。五月，中共鹤峰中心县委特派员杨英来恩施白岩溪张家坪召开干部会议，成立恩（施）宣（恩）鹤（峰）边防司令部，杨清轩任三县边防司令，属中共鹤峰中心县委领导，下辖3个团1个支队，队员1000余人，分别驻守白岩溪中营坪和茅坪等地，构成湘鄂边革命根据地西面屏障。六月初，杨率领游击队夹击宣恩团防唐协成主力，唐兵败长潭河，游击队声威大震。六月十四日，杨与二团团长覃海清（土家族）率领红军和游击队，攻打粟谷湾团防冯玉墀，冯闻讯逃至新塘，勾结团防傅卫风，带领团丁1000余众向边防司令部反扑，被红军游击队击退。七月十日，杨率部100余人，于济安（双河）甘坪攻打冯玉墀，冯部败逃恩施。翌年，红军主力东进，杨率游击队转战鹤峰境内。冯玉墀等团防视杨清轩为“眼中钉”，遂以金钱于游击队中收买叛徒。九月，杨清轩在鹤峰北佳坪羊角堡召开支部会议时，遭叛徒冯秀山开枪杀害，英年26岁。

姚丕臣

姚丕臣（1900—1933年）　又名姚绍书，恩施县盛家坝人，富绅家庭出身，幼年从学，饱读诗书。光绪二十二年（1896年），重庆讲武堂毕业，习武从戎，参加国民军，任陆军64师参谋。民国十五年（1926年），参加“北伐”。“北伐”失败后，返梓营生。因当地匪患猖獗，其率本地青壮男子立团防匪，被推为“团总”。民国二十年（1931年），三县场少数土匪常到盛家坝一带打家劫舍，抢夺民间财物。姚率团防武装多次围剿匪徒，威震四方。民国二十二年（1933年），红军路过大集，派员联系，动员其参加红军。姚推说身体富态，走路困难，犹豫不决。后红军遭土匪袭击，五名红军战士被杀，红军遭袭时，姚听到土匪吆喝，即派出人马救援红军。民国二十二年（1933年）十一月，被土匪抓获，杀于大集场，英年33岁。

康先成

康先成（？—1936年）　恩施县济安（双河）木栗园人。民国二十二年（1933年）5月，贺龙领导红三军于济安（双河）上坝成立恩施县苏维埃政府。康先成因斗争积极、勇敢，被选为木栗园区苏维埃政府主席。嗣后，当选为县苏维埃政府副主席。在县苏维埃存在的两个月时间内，康坚持同反动团防作斗争，打土豪劣绅，组织群众减租减息，支援前线，先后将15吨粮食和食盐送至鹤峰麻水红三军军部，将收缴的45匹洋布缝制成衣服送给红军。7月上旬，国民党宣恩团防总指挥唐协成纠集恩、宣两县边界民团武装突袭木栗园苏区。康先成和红军留守人员带领游击队和赤卫队利用有利地形伏击敌人，取得木栗园红色政权保卫战胜利。7月下旬，新塘，双河被国民党军队占领，红军被迫转移，康先成留下坚持斗争。1936年夏的某一个深夜，大雨滂沱，新塘团总傅卫风的数十团丁包围康先成家。康先成捅开屋顶突围被团丁发现，被枪击中腹部，致肠子流出。康解下头帕，将肠子塞回腹中包扎好，以瓦片回击敌人，被团丁乱枪射击，英勇牺牲。

廖生明

廖生明（1903—1978年）　又名廖平瑞，恩施县红土平锦人。民国十一年（1922年），就读县城教会小学。翌年，保送入汉口路德中学，继送上海神学院肄业，在汉期间参加“施鹤留省学会”。民国十六年（1927年），回恩施协同朱光钦等成立国民党恩施县党部，从事革命活动。“四一二”政变后，朱光钦、廖生明等人主持召开“讨蒋大会”。此后在汉10年，参加邓演达“第三党”组织，与共产党人来往密切，两次被捕，六度任小学教员。民国二十七年（1938年），回恩施任教县立中心小学，参加三青团。民国二十九年（1940年）任该校校长。民国三十一年（1942年），加入国民党，任县政府助理秘书、省教院事务员、省招待所雇员。民国三十三年（1944年），回任县立中心小学校长、县教育会会长、县参议员。民国三十五年（1946年）弃校长职务，创办私立志成小学。1950年，继任志成小学校长，先后任县、专区教联会主席、省教联会委员、省教工筹备委员会委员兼恩施专区办事处主任。1952年，当选省教工代表大会省文教代表大会代表。1955年，“肃反”中受审。1958年，被划为“右派”入狱。1961年释放。1978年11月平反。1978年12月因病逝世，享年75岁。

二、土地革命时期牺牲的革命英烈

张友哲

张友哲（1889—1929年） 恩施县石灰窑彭家垭人。民国十八年（1929年）三月，参加革命，红军战士。六月在宣恩长潭河与敌作战牺牲，英年30岁。1956年12月，经县人民政府批准为革命烈士。

沈绪仁

沈绪仁（1900—1930年） 恩施县石灰窑长岩屋人。民国十八年（1929年）一月，参加革命，任红军炊事员。民国十九年（1930年）三月于鹤峰中营坪被敌杀害，英年33岁。1956年12月，经县人民政府批准为革命烈士。

钟业堂

钟业堂（1901—1930年） 恩施县济安（双河）粟谷湾（现属宣恩县椿木营）人，乡游击队队员。民国十九年（1930年）五月，于当地作战牺牲，英年29岁。1953年1月，经宣恩县人民政府批准为革命烈士。

余维才

余维才（1895—1930年） 恩施县济安（双河）粟谷湾（现属宣恩县椿木营）人，乡游击队队员。民国十九年（1930年）五月，于宣恩长潭河作战牺牲，英年35岁。20世纪50年代初，经宣恩县人民政府批准为革命烈士。

罗远昌

罗远昌（1884—1930 年） 恩施县石灰窑罗家坪人。民国二十年（1931 年）参加革命，任红三军总务员。民国二十二年（1933 年）六月，红军转移后被敌所逼服毒身亡，终年 46 岁。1956 年 11 月，经县人民政府批准为革命烈士。

覃海清

覃海清（1894—1930 年） 恩施县济安（双河）桥肖家河人。民国十九年（1930 年）一月，参加革命，任红军游击队大队长。六月，于宣恩椿木营尖庙被敌杀害，终年 36 岁。1956 年 12 月，经县人民政府批准为革命烈士。

孟庆忠

孟庆忠（1900—1930 年） 恩施县石灰窑漆树坪人。民国十九年（1930 年）一月，参加革命，任红三军炊事员。六月，于石窑大河沟三岔坪被敌杀害，英年 30 岁。1956 年 12 月，经县人民政府批准为革命烈士。

熊烈玉

熊烈玉（1892—1930 年） 恩施县济安（双河）白岩溪（现属宣恩县椿木营）人，乡游击队班长。民国十九年（1930 年）七月，于白岩溪被敌杀害，终年 38 岁。1953 年 1 月，经宣恩县人民政府批准为革命烈士。

熊信柱

熊信柱（1916—1930 年） 恩施县济安（双河）白岩溪（现属宣恩县椿木营）人，乡游击队队员。民国十九年（1930 年）七月，于当地被“团防”

杀害，英年14岁。1953年1月，经宣恩县人民政府批准为革命烈士。

廖光树

廖光树（1885—1932年） 恩施县新塘小古龙人。民国二十一年（1932年）三月，参加革命，任红三军战士。同月于新塘中间河被土匪杀害，终年37岁。1957年9月，经县人民政府批准为革命烈士。

汤文采

汤文采（1910—1931年） 恩施县济安（双河）白岩溪（现属宣恩县椿木营）人，白岩溪乡农民协会成员。民国二十年（1931年）三月，于白岩溪被敌杀害，英年21岁。1953年1月，经宣恩县人民政府批准为革命烈士。

熊烈凤

熊烈凤（1906—1931年） 恩施县济安（双河）白岩溪（现属宣恩县椿木营）人，乡游击队队长。民国二十年（1931年）三月，于白岩溪许家河被团防杀害，英年25岁。1953年1月，经宣恩县人民政府批准为革命烈士。

周明寿

周明寿（1902—1931年） 恩施县石灰窑马富坝人。民国十九年（1930年）参加革命，红三军战士。民国二十年（1931年）四月，于石窑马湖坝大面坡执行任务时遭敌杀害，英年29岁。1956年12月，经县人民政府批准为革命烈士。

张维仁

张维仁（1893—1931年） 恩施县济安（双河）白岩溪（现属宣恩县椿

木营）人，乡游击队队员。民国十九年（1930 年）五月，于长潭河许家桥作战牺牲，终年 37 岁。1953 年 1 月，经宣恩县人民政府批准为革命烈士。

梅宏声

梅宏声（1900—1931 年） 恩施县石灰窑大河沟人。民国二十年（1931 年）一月，参加革命，任石灰窑区大河沟乡苏维埃政府农会主席。六月，于大河沟被土匪杀害，英年 31 岁。1956 年 12 月，经县人民政府批准为革命烈士。

梅开胖

梅开胖（1895—1931 年） 恩施县石灰窑马湖坝人。民国十九年（1930 年）二月，参加革命，任红军游击队通信员。民国二十年（1931 年）六月，于红土茅田与敌战斗牺牲，终年 38 岁。1956 年 12 月，经县人民政府批准为革命烈士。

李家云

李家云（1878—1931 年） 恩施县济安（双河）头棚（现属宣恩县椿木营）人，乡游击队队员。民国二十年（1931 年）六月，于本地作战被俘后牺牲，终年 53 岁。20 世纪 50 年代初，经宣恩县人民政府批准为革命烈士。

黄志先

黄志先（1896—1931 年） 恩施县红土溪笋子淌人。红三军 9 师 25 团战士。民国二十年（1931 年）七月，于鹤峰长坪牺牲，英年 35 岁。

张祖纯

张祖纯（1900—1931 年） 恩施县济安（双河）粟谷湾（现属宣恩县椿

木营）人，任粟谷湾区苏维埃政府主席。民国二十二年（1933 年）七月，于当地被敌杀害，英年 31 岁。1953 年 1 月，经宣恩县人民政府批准为革命烈士。

黄家杨

黄家杨（1901—1931 年） 恩施县红土溪石板场人。民国十九年（1930 年）二月，参加革命，任红三军连长。民国二十年（1931 年）十一月，于鹤峰邬阳关战斗中牺牲，终年 42 岁。1956 年 12 月，经县人民政府批准为革命烈士。

唐春扬

唐春扬（1916—1931 年） 恩施县济安（双河）粟谷湾（现属宣恩县椿木营）人，红三军团警卫员。民国二十年（1931 年）于洪湖作战时牺牲，英年 15 岁。20 世纪 50 年代初，经宣恩县人民政府批准为革命烈士。

宋光琪

宋光琪（1914—1931 年） 恩施县济安（双河）长坪（现属宣恩县椿木营）人，红二军团战士。民国二十年（1931 年）于湖北洪湖作战中牺牲，英年 17 岁。20 世纪 50 年代初，经宣恩县人民政府批准为革命烈士。

毛善国

毛善国（1919—？年） 恩施县红土溪龙洞湾人。民国二十二年（1933 年）三月，参加革命，任红土、石窑两地交通员，随部队向鹤峰转移途中失踪。20 世纪 50 年代初，经县人民政府批准为革命烈士。

龙宗林

龙宗林（1893—1933 年） 恩施县济安（双河）桥人。民国二十二年

（1933 年）三月，参加革命，任红三军战士，同年牺牲于洪湖，终年 40 岁。20 世纪 50 年代初，经县人民政府批准为革命烈士。

周碧远

周碧远（1906—1933 年）　恩施县红土溪老湾冲人。民国二十一年（1932 年）参加革命，任八角庙区石笋坪乡游击（赤卫）队队长。民国二十二年（1933 年）四月，红军转移后，于红土石笋坪被土豪杀害，英年 27 岁。1956 年 12 月，经县人民政府批准为革命烈士。

秦昌业

秦昌业（1904—1933 年）　恩施县红土溪湖坪人。民国二十年（1931 年）一月，参加革命，民国二十二年（1933 年）四月，任八角庙区沙家湾乡农会主席。六月，于红土张家坪被敌杀害，英年 29 岁。1956 年 12 月，经县人民政府批准为革命烈士。

沈绍宗

沈绍宗（1904—1933 年）　恩施县红土溪乌鸦坝人，民国十九年（1930 年）十一月，参加革命。民国二十二年（1933 年）四月，任八角庙区乌鸦坝乡苏维埃政府农会主席。五月三日，于红土新渡坝被反动民团杀害，英年 30 岁。1956 年 12 月，经县人民政府批准为革命烈士。

张登田

张登田（1874—1933 年）　恩施县红土溪董家河人，民国二十一年（1932 年）参加革命。民国二十二年（1933 年）四月，任八角庙区大茶园乡苏维埃政府主席。六月，于新塘马滚坝被敌杀害，终年 59 岁。1956 年 12 月，经县人民政府批准为革命烈士。

彭明才

彭明才（1901—1933 年） 恩施县红土溪金塘水人。民国二十二年（1933 年）二月，参加革命，任八斗田区后塘坝乡游击（赤卫）队班长。五月五日，于红土溪被地方民团杀害，英年 22 岁。1956 年 12 月，经县人民政府批准为革命烈士。

张久锡

张久锡（1889—1933 年） 恩施县沙地偏南人，童年就读私塾，因家贫辍学。清光绪三十三年（1907 年），于当地设塾教学。后到红土曾三湾种佃田，后受聘教私塾多年。民国二十一年（1932 年）二月，参加革命，担任曾三湾乡苏维埃政府主席，组建游击队，打土豪分田地。翌年五月五日，恶霸黄敬卿派团防袭击曾三湾乡苏维埃政府，张久锡及其子张仕朴不幸被俘，被押至清江河畔时，奋力与敌搏斗，终因寡不敌众，被枪杀于红土新渡坝，终年 44 岁。1956 年 12 月，经县人民政府批准为革命烈士。

孙先芝

孙先芝（1908—1933 年） 恩施县济安（双河）桥长岭岗人。民国二十二年（1933 年）二月，参加革命，任红三军七师战士。五月，于鹤峰县麻水作战牺牲，英年 35 岁。1956 年 12 月，经县人民政府批准为革命烈士。

陈国炳

陈国炳（1896—1933 年） 恩施县济安（双河）桥下坝人。民国二十二年（1933 年）二月，参加革命，任上坝区贺家台乡苏维埃政府副主席。五月，于新塘被敌义勇队杀害，终年 37 岁。1956 年 12 月，经县人民政府批准为革命烈士。

廖平忠

廖平忠（1901—1933 年）　恩施县新塘船仓人。民国二十一年（1932 年）五月，参加革命，任红军游击队员。民国二十二年（1933 年）五月，于双河大溪场被土匪杀害，英年 32 岁。1956 年 12 月，经县人民政府批准为革命烈士。

汤玉培

汤玉培（1897—1933 年）　恩施县红土溪茅田人。民国二十一年（1932 年）参加革命，任八角庙区曾三湾乡游击（赤卫）队长，民国二十二年（1933 年）六月，红军转移后，于红土曾三湾被敌杀害，终年 36 岁。1956 年 12 月，经县人民政府批准为革命烈士。

王相成

王相成（1895—1933 年）　恩施县红土溪龙洞人。民国二十一年（1932 年）五月，参加革命，任八角庙区王家台乡苏维埃政府副主席。民国二十二年（1933 年）六月，于红土大茶园被敌杀害，终年 38 岁。1956 年 12 月，经县人民政府批准为革命烈士。

胡知言

胡知言（1895—1933 年）　恩施县红土溪笋子淌人。民国二十二年（1933 年）三月，参加革命，任八角庙区笋淌乡苏维埃政府主席。六月，于龙坪被敌杀害，终年 38 岁。1956 年 12 月，经县人民政府批准为革命烈士。

肖后昌

肖后昌（1913—1933 年） 恩施县济安（双河）桥木栗园人。民国二十一年（1932 年）参加革命，任红三军七师战士。二十二年（1933 年）七月，于湖南西寨街战斗中牺牲，英年 20 岁。

王明礼

王明礼（1897—？年） 恩施县济安（双河）桥人。民国二十二年（1933 年）二月，参加革命。七月随红军转移于鹤峰麻水战场失踪。1956 年 12 月，经县人民政府批准为革命烈士。

祝昌灼

祝昌灼（1894—1933 年） 恩施县红土溪铁厂坝人。民国二十一年（1932 年）在红土参加革命，任乡农会委员。民国二十二年（1933 年）牺牲，终年 39 岁。20 世纪 50 年代初，经县人民政府批准为革命烈士。

谭大炳

谭大炳（1903—1933 年） 恩施县新塘船仓人。民国二十二年（1933 年）五月，参加革命，任红三军游击队长。五月，于红土铁厂坝被土匪杀，英年 30 岁。1956 年 12 月，经县人民政府批准为革命烈士。

侯礼培

侯礼培（1908—1933 年） 恩施县红土溪老湾冲人。民国二十一年（1932 年）参加革命，任八角庙区红土乡农会主席。民国二十二年（1933 年）六月，于红土溪被联保组织杀害英年 25 岁。1956 年 12 月，经县人民政府批准为革命烈士。

谭志远

谭志远（1901—1933 年） 恩施县新塘黄石人。民国二十二年（1933 年）三月，参加革命，任红军游击队分队长。六月于宣恩廖家坪被国民党义勇队杀害，英年 32 岁。1956 年 12 月，经县人民政府批准为革命烈士。

赵介云

赵介云（1902—1933 年） 恩施县新塘青龙垭人。民国二十二年（1933 年）五月，参加革命，任红三军游击队员。六月于新塘新田兔儿坪被国民党义勇队杀害，英年 31 岁。1956 年 12 月，经县人民政府批准为革命烈士。

邓万仲

邓万仲（1917—1933 年） 恩施县新塘青龙垭人。民国二十二年（1933 年）参加革命，任红军游击队通讯员。六月于湖南慈利县执行任务时牺牲，英年 16 岁。20 世纪 50 年代初，经县人民政府批准为革命烈士。

吴绍业

吴绍业（1883—1933 年） 恩施县新塘北界人。民国二十二年（1933 年）一月，参加革命，任红三军通信员。六月于新塘前坪椿木槽（羊角坝）被国民党义勇队杀害，终年 50 岁。1956 年 12 月，经县人民政府批准为革命烈士。

孔庆安

孔庆安（1904—1933 年） 恩施县双河桥大坪人。民国二十二年（1933 年）二月，参加革命，任红蓝溪区红蓝溪乡苏维埃政府文书。六月于双河自生岩被敌义勇队杀害，英年 29 岁。1956 年 12 月，经县人民政府批准为革命烈士。

王祖芝

王祖芝（1898—1933 年） 恩施县新塘新田坪人。民国二十二年（1933 年）三月，参加革命，任红军游击队中队长。六月，于新塘新田兔儿坪被国民党义勇队杀害，英年 35 岁。1956 年 12 月，经县人民政府批准为革命烈士。

郑相阳

郑相阳（1901—1933 年） 恩施县红土溪铁厂坝人。民国二十年（1931 年）二月，参加革命，任八角庙区皮家坝乡游击（赤卫）队长。民国二十二年（1933 年）六月，红军转移后，于红土郑家包被地方民团杀害，英年 22 岁。1956 年 12 月，经县人民政府批准为革命烈士。

田庆饶

田庆饶（1910—1933 年） 恩施县新塘峁子山人。民国二十二年（1933 年）四月，参加革命，任红三军战士。六月，于新塘黄石高乐坝寨坪被国民党义勇队杀害，英年 23 岁。1956 年 12 月，经县人民政府批准为革命烈士。

肖发扬

肖发扬（1912—1933 年） 恩施县新塘小古龙人。民国二十二年（1933 年）二月，参加革命，任红三军游击队员。六月，于新塘三角庄作战牺牲，英年 21 岁。1956 年 4 月，经县人民政府批准为革命烈士。

熊盛金

熊盛金（1898—1933 年） 恩施县济安（双河）桥太山庙人。民国二十二年（1933 年）二月，参加革命。七月，于宣恩县被土豪杀害，英年 35 岁。1956 年 12 月，经县人民政府批准为革命烈士。

邓绍友

邓绍友（1903—1933 年）　恩施县济安（双河）桥河溪人。民国二十二年（1933 年）五月，参加革命，任木栗园区下台乡农会主席。七月，于双河木栗园被敌杀害，英年 30 岁。1956 年 12 月，经县人民政府批准为革命烈士。

冯喜林

冯喜林（1910—1933 年）　恩施县济安（双河）桥太山庙人。民国二十二年（1933 年）二月，参加革命，任上坝区上坝乡苏维埃政府副主席，七月，于双河大风垉被敌义勇队杀害，英年 23 岁。1956 年 12 月，经县人民政府批准为革命烈士。

许大吉

许大吉（1903—1933 年），恩施县济安（双河）桥长岭岗人。民国二十二年（1933 年）二月，参加革命，任红三军七师游击队长。七月，于双河老街祠堂被土匪杀害，英年 30 岁。1956 年 12 月，经县人民政府批准为革命烈士。

李祖瑶

李祖瑶（1915—1933 年）　恩施县双河桥上坝人。民国二十二年（1933 年）四月，参加革命，任红三军七师战士。七月，于双河红蓝溪被土豪捕杀，英年 18 岁。1956 年 12 月，经县人民政府批准为革命烈士。

杨敬忠

杨敬忠（1906—1933 年）　恩施县济安（双河）桥大溪场人。民国二十二年（1933 年）三月，参加革命，任上坝区木成乡农会主席。七月，于杨家台被国民党义勇队杀害，终年 37 岁。1956 年 12 月，经县人民政府批准为革命烈士。

肖昌茂

肖昌茂（1913—1933 年） 恩施县济安（双河）桥木栗园人。民国二十二年（1933 年）参加革命，任红三军七师战士。七月，于宣恩大垭战斗中牺牲，英年 20 岁。20 世纪 50 年代初，经县人民政府批准为革命烈士。

李毕成

李毕成（1911—1933 年） 恩施县济安（双河）桥红蓝溪人。民国二十二年（1933 年）二月，参加革命，任红三军七师游击队大队长。七月，于红蓝溪被敌杀害，英年 22 岁。1956 年 12 月，经县人民政府批准为革命烈士。

张首成

张首成（1903—1933 年） 恩施县济安（双河）桥大坪人。民国二十二年（1933 年）二月，参加革命，任红三军七师战士。七月，于双河红蓝溪被国民党义勇队杀害，英年 30 岁。20 世纪 50 年代初，经县人民政府批准为革命烈士。

陈林风

陈林风（1872—1933 年） 恩施县红土溪人。民国二十二年（1933 年）三月，参加革命，任八角庙区红土乡苏维埃政府主席。七月，于红土溪被敌杀害，终年 59 岁。1956 年 12 月，经县人民政府批准为革命烈士。

冯仕军

冯仕军（1917—1933 年）　恩施县济安（双河）桥肖家河人。民国二十二年（1933 年）二月，参加革命，任红三军七师战士。七月，于双河桥牺牲，英年 16 岁。20 世纪 50 年代初，经县人民政府批准为革命烈士。

董文达

董文达（1914—1933 年）　恩施县红土溪茅田人。民国二十一年（1932 年）二月，参加革命，任八斗田区望月淌乡游击（赤卫）队长。民国二十二年（1933 年）七月，红军转移后，于红土望月淌被地方民团杀害，英年 19 岁。1956 年 12 月，经县人民政府批准为革命烈士。

皮绪登

皮绪登（1914—1933 年）　恩施县红土溪董家河人。民国二十二年（1933 年）二月，参加革命，任八角庙区王家台乡农会干部。七月，于红土花钱庄被反动民团杀害，英年 19 岁。1956 年 12 月，经县人民政府批准为革命烈士。

赵兴早

赵兴早（1891—1933 年）　恩施县红土溪赵村人。民国二十二年（1933 年）三月，参加革命，任八斗田区一乡赤卫队长。七月，于红土马尾沟被土豪杀害，终年 42 岁。1956 年 12 月，经县人民政府批准为革命烈士。

熊德桃

熊德桃（1899—1933 年）　恩施县济安（双河）桥小河湾人。民国二十二年（1933 年）二月，参加革命，任红军上坝区游击队长。七月，于双河老街祠堂被土匪杀害，英年 34 岁。1956 年 12 月，经县人民政府批准为革命烈士。

马开政

马开政（1915—1933 年） 恩施县济安（双河）桥小河湾人。民国二十二年（1933 年）二月，参加革命，任红三军七师战士。七月，于鹤峰县青草坪战斗中牺牲，英年 18 岁。1956 年 12 月，经县人民政府批准为革命烈士。

葛万春

葛万春（1917—1933 年） 恩施县济安（双河）桥车营人。民国二十二年（1933 年）二月，参加革命，任红三军七师战士。七月，于双河桥被敌杀害，英年 16 岁。1956 年 12 月，经县人民政府批准为革命烈士。

周国政

周国政（1896—1933 年） 恩施县济安（双河）桥茶园人。民国二十二年（1933 年）二月，参加革命，任红三军七师战士。七月，于双河桥牺牲，终年 37 岁。

陈显柱

陈显柱（1911—1933 年） 恩施县济安（双河）桥上坝人。民国二十二年（1933 年）三月，参加革命，任上坝区上坝乡苏维埃政府土地委员。八月在双河桥老街被敌杀害，英年 22 岁。1956 年 12 月，经县人民政府批准为革命烈士。

颜泽云

颜泽云（1914—1933 年） 恩施县红土溪天落水人。民国二十一年（1932

年）二月，参加革命，任红四军三十八团一营班长。民国二十二年（1933 年）八月，于建始县竹园双土地与地方团防作战时被捕遇害，英年 19 岁。1956 年 12 月，经县人民政府批准为革命烈士。

周兴进

周兴进（1905—1934 年）　恩施县新塘新田坪人。民国二十二年（1933 年）六月，参加革命，任红三军游击队中队长。民国二十三年（1934 年）九月，于新塘峁子山被敌杀害，终年 39 岁。1956 年 11 月，经县人民政府批准为革命烈士。

胡松林

胡松林（1910—1933 年）　恩施县济安（双河）桥红蓝溪人。民国二十二年（1933 年）二月，参加革命，任上坝区上坝乡苏维埃政府主席。九月于恩施县城清江河坝被敌杀害，英年 23 岁。1956 年 12 月，经县人民政府批准为革命烈士。

金德才

金德才（1911—1933 年）　恩施县济安（双河）桥人。民国二十二年（1933 年）四月，参加革命，任红三军游击队员。十二月牺牲，英年 22 岁。1956 年 12 月，经县人民政府批准为革命烈士。

黄昌琪

黄昌琪（1903—1935 年）　恩施县济安（双河）头棚（现属宣恩县椿木营）人，红二军团战士。民国二十四年（1935 年）于新塘作战牺牲，英年 32 岁。1956 年 12 月，经宣恩县人民政府批准为革命烈士。

三、抗日战争时期著名革命人物

刘惠馨

刘惠馨（1914—1941 年） 女，又名刘一清，江苏淮阴人。民国二十四年（1935 年）年参加“一二·九”爱国学生运动。民国二十六年（1937 年），南京沦陷前夕，刘与马识途一同撤离南京至武汉，经董必武安排至黄安县七里坪参加由方毅主持的党训班学习。翌年 1 月，刘奉命至应城县汤池，参加陶铸主持的农村合作人员训练班学习，同时加入中国共产党。5 月，被分配到鄂西建始县工作，组织成立中共建始县特别支部及部分基层党支部。11 月，调任中共宜都县委书记。民国二十八年（1939 年）10 月，中共恩施中心县委撤销，中共“施巴特委”成立，马识途任书记，刘惠馨调任“特委”委员、民运部长兼秘书，11 月，刘兼任恩施县委副书记、组织部长。为便于掩护“特委”机关工作，组织批准刘惠馨与马识途结婚。民国二十九年（1940 年）3 月，刘任“特委”政治交通员，赴重庆向中共中央南方局汇报和请示工作，并机警地带回中共中央重要文件。此时，刘虽怀身孕，但仍经常奔走山道，因劳累过度，曾多次昏倒。8 月中旬，中共湘鄂西区党委书记何功伟由宜昌抵恩施。刘惠馨由重庆陪同南方局代表钱瑛回到恩施。中共“施巴特委”改组为中共“鄂西特委”（省工委），何功伟任书记，马识途任副书记，刘惠馨任“特委”妇女部长兼“特委”秘书，并负责与中共南方局交通关系。9 月下旬，刘惠馨到重庆红岩嘴向南方局书记周恩来汇报工作情况。当时，陈诚紧继“皖南事变”，于恩施镇压共产党及进步人士。12 月，刘生下一女婴。值此险恶环境，刘不顾个人安危，按“特委”决定，采取紧急措施，隐蔽组织，疏散同志，为党保存一批骨干力量。民国三十年（1941 年）1 月 20 日下午，因叛徒告密，刘与何功伟同时被国民党六战区特务逮捕。刘被捕后，被关押于恩施方家坝集中营。在狱中，刘惠馨大气凛然，坚强不屈，对狱中难友进行气节教育和开展改善待遇的绝食斗争。同时，设法托人将叛徒名单送交重庆南方局。同年 11月 17 日，刘惠馨慷慨就义于恩施北郊方家坝大田垭口刑场，英年 27 岁。1952 年，刘惠馨烈士忠骸迁葬于五峰山革命烈士陵园。

何功伟

何功伟（1915—1941 年） 字超寰，又名何斌、何彬、何伟、何明理，湖北咸宁人。湖北省立高中肄业。民国二十五年（1936 年）8 月，何加入中国共产党。民国二十七年（1938 年）6 月，被选为中共湖北省委委员，曾任中共咸宁中心县委书记，湘鄂西区党委宣传部长，湘鄂西区党委书记。民国二十九年（1940 年）8 月，何奉命调恩施，就任中共“鄂西特委”书记。其时，恩施正处于国民党“反共”高潮，特务密布，处境危险。中共中央南方局曾密令及时转移隐蔽，保全力量，以待后用；但何为应付恩施逆转的形势，重新整顿布置“特委”范围内各级组织，扩大工作范围，置个人生死于度外，坚持暂不转移。翌年 1 月 20 日，因叛徒告密，被敌特跟踪逮捕，将其关押于城内鼓楼街 16 号暗牢。湖北特务头子朱若愚、阎夏阳（绰号活阎王）进行秘密审讯。何当面揭露国民党消极抗日积极反共、迫害进步人士、破坏抗战、破坏建立新中国的种种罪行。2 月中旬被转押于恩施县城北郊方家坝集中营，单独关押于小谷仓内。何于狱中进行绝食斗争，敌人被迫承诺牢房开窗、马桶加盖和读书写字等三项要求。陈诚派国民党湖北省党部主任委员苗培成、民政厅长朱怀冰等人出面劝降，被何一一驳斥。在狱中，何功伟始终坚信党的事业，严守党的秘密，同敌人进行坚决的斗争，严词拒绝敌人高官厚禄、出国留学等所谓“自首”条件，即使父亲被蒋介石电令从石首前来恩施“劝说”“降顺”，仍不为所动。何先后创作《汨罗怨》《狱中歌声》《奴隶恋歌》等歌词，以激励难友，坚持斗争。在《狱中歌声》写道：“我热血似潮水的奔腾，心志似铁石的坚贞。我只要一息尚存，誓为保卫真理而抗争……”在给父亲的信中写道：“儿献身真理，早具决心，苟义之所在，纵刀锯斧钺加诸颈项，父母兄弟环泣于身前，此心亦万不可动，此志亦万不可移。”“当局正促儿‘转变’，或无意必欲置之于死，然揆诸宁死不屈之义，儿除慷慨就死外，绝无他途可循，为天地存正气，为个人全人格，成仁取义，此正其时。”在给妻子的诀别书中写道：“告诉我所有的朋友们，加倍地努力吧！把革命红旗举得更高。好好地教养我们的后代，好继续完成我们未竟的事业。”表现出一个共产党员的坚定信念和为理想、为党的事业献身的浩然正气。民国三十年（1941 年）11 月 17 日晨，何功伟被敌人押至恩施方家坝后山五道涧刑场。至刑场100余级石板路上，敌人放言只要何功伟回一回头就不杀他，但遍体鳞伤、拖着沉重脚镣的何功伟义无反顾，高唱《国际歌》，慷慨就义，英年 26 岁。消息传到延安，翌年 6 月 7 日上午 10 时，中共中央及延安各界为何功伟及同时遇难的刘惠馨（女）举行隆重的追悼大会，《解放日报》以《悼殉难者》为题发表社论。

李　虹

李　虹（1918—1942 年）　原名登瀛，笔名铁鹰，贵州省贵阳市大马槽人，贫民家庭出身。民国二十六年（1937 年），就读省立贵阳高中，参加“学联”活动。民国二十七年（1938 年）六月，加入中国共产党，经中共贵州省工委派往成都国民党航空学校学习。民国二十九年（1940 年），参加沙驼话剧社抗日救亡宣传，任党支部书记。李率领话剧社先后赴柳州、桂林、长沙、重庆等地流动演出，于长沙加入抗敌演剧第八队。民国三十年（1941 年）配属于抗演六队，李随队来到恩施。十月，因叛徒出卖，李被第六战区特务于四川黔州羊角岩逮捕，押往恩施囚禁，后经抗演六队设法营救，获释回队。李虹向抗演六队队长刘斐章汇报，被释放回队是假，而被特务监视是真，他被要求每周向特务机关汇报一次共产党在演出队活动情况，但自己宁死也不能干这样的无耻勾当。民国三十一年（1942 年）十月十一日清晨，李虹昂然站在演出餐厅，面对正在进餐的队员们，高喊：“同志们！我对不起大家！再见！”从容掏出手枪，对准自己的太阳穴，慷慨赴死，英年 24 岁。

王　栋

王　栋（1917—1945 年）　原名王桂爱，学名王高奎，化名王东放、黄松、黄晓云，江苏省丹徒人。民国二十四年（1935 年）十一月，加入中国共产党，任上海工学团党团书记。民国二十六年（1937 年）7 月，抗日战争爆发后，王带领上海工学团千余人从事难民教育，为前线部队运送食品，抢救伤员，防奸锄奸。后随团迁武汉，先后任武昌硚口区委委员、荆沙区委书记、宜昌中心县委委员。民国二十八年（1939 年）九月，被调往恩施，任“施巴特委”组织部长。翌年八月，任“鄂西特委”（省级）组织部长。十一月，在龙凤坝建立工人党支部。在极端恶劣的政治形势下，坚持执行党中央“十六字”方针，协助“特委”书记何功伟建立 5 个地下联络站，安全转移暴露的党员。由于叛徒的出卖，民国三十年（1941 年）一月二十日，“特委”书记何功伟、“特委”妇女部长刘惠馨不幸被捕。王栋知道后，迅速派人潜入叛徒家转移出“特委”的重要文件，并冒险亲自深入实地查清原因，连夜写出调查报告，并撤销各地联络站，会同“特委”宣传部长组织人员撤退转移，为党组织保存有生力量，自己则以难民身份帮助小孩补课为由隐蔽于向家村一农民家中。民国三十一年（1942 年），王栋调任川康“特委”委员。民国三十四年（1945 年）八月，抗战胜利前夕，接南方局通知到成都开会，途中因车祸遇难，英年 28 岁，遗体安葬于八里桥南堍。

徐伯坚

徐伯坚（1905—1969 年）　原名徐东华，字介人，恩施县崔家坝人。贫农出身，少年时曾在恩施城内当学徒，习织布、裁缝、中药铺等。16 岁入恩施教会福音堂充杂工，后入路德小学，随升入汉口路德中学学习。民国十六年（1927 年）1 月，经中共党员朱光钦、陈卫东介绍加入共青团。同年 2 月奉命与朱光钦、廖平瑞（国民党左派）3 人回恩施，开展革命活动，组织成立县农会、县妇女会等。并逮捕公审崔坝镇大土豪吕二哈、建始红岩寺大土豪黄哲仁，革命声势大振。因局势变化，徐等奉命撤回武汉。民国十七年（1928 年）2 月，徐在上海考入劳动大学农学院，又与党组织取得联系，被派任该院团支部书记，后调任上海吴淞、法南、浦东、镇江等区（县）团委书记。翌年调任武汉市团委组织部长兼秘书长，翌年末调任鄂豫皖特区团“特委”书记。民国三十年（1931 年）夏调任红四军第十师党委书记兼政治部主任。民国三十一年（1932 年）调任红四军 31 团团长，旋调英山指挥部任指挥。在皖西金家寨被张国焘误以“改组派”逮捕。徐越狱逃离苏区。翌年，在南京任江宁县小学教师、校长。民国二十七年（1938 年）秋，回恩施县任中心小学校长。

同年由廖平瑞介绍，加入三民主义青年团。民国二十九年（1940 年）考入金陵大学农学院。翌年回恩施任湖北省农业改进所推广组长、技士，铜盆水实验区主任等职。1941 年，恩施处于“白色恐怖”高潮时，曾遭国民党特务机关逮捕审讯，他坚词峻拒，敌毫无所得，遂释放。民国四十四（1945 年）8 月，抗日战争胜利，湖北省农业改进所迁武昌，徐因眷恋乡土，乃留恩施。同年冬，受湖北省幼院聘请，任该院副院长兼教务主任。新中国成立后，徐重新参加革命，任恩施专署建设科副科长，后调任专属农业局副局长兼地区农科所所长，负责全专区农林业布局及各农林场圃建设与科研工作并取得实绩。徐伯坚生平谦虚朴实、勤劳好学、热爱共产党、热爱社会主义事业。1969 年 9 月因病逝世，享年 64 岁。

钱 瑛

钱 瑛（1903—1973 年） 女，湖北咸宁人，曾用名彭友姑、陈萍、陈梦兰。民国十六年（1927 年）3 月加入中国共产主义青年团，同年 4 月转入中国共产党党员。民国十八年（1929 年）钱瑛赴苏联，在莫斯科东方劳动者共产主义大学及列宁学校学习。民国二十年（1931 年）回国后，被派往湘鄂西革命根据地，参加洪湖根据地和中共潜江县委的领导工作。翌年 9 月，随红三军主力撤离洪湖区，化妆突围至上海，任中共江苏省委秘书。后因叛徒出卖被捕入狱，在狱中领导狱中斗争。抗日战争爆发后，由周恩来同志营救出狱，先后任中共湖北省委常委兼组织部长、代理省委书记。民国二十八年（1939 年）2 月，任鄂中区党委书记，3 月，任湘鄂西区党委书记、中共中央南方局党委委员、中共西南工委书记。任职期间，先后派雍文涛、何功伟等 10 余人来恩施动员群众起来参加抗日救亡运动，恢复和重建鄂西地下党组织，并三次亲临恩施指导工作。民国二十九年（1940 年）8 月 16 日，钱瑛随地下交通刘惠馨来到恩施，在城郊五峰山红岩狮“施巴特委”机关召开区党委扩大会议，宣布撤销湘鄂西区党委及所属“施巴特委”，成立中共“鄂西特委”，任命何功伟为“特委”书记。在险恶的政治环境中，她坚决贯彻执行党中央指示，指挥转移撤退党的领导干部、党员和群众运动中的骨干，为党保存有生力量。解放后历任中共中央华中局（后为中南局）委员、常委（1951 年 11 月起）、组织部第一副部长、部长、妇女工作委员会书记、纪律检查委员会副书记，中南军政委员会委员、人事部部长，中南妇联主任、中共中央妇女工作委员会委员、政务院人民监察委员会副主任、党组副书记、中共中央纪律检查委员会委员、副书记、监察部部长、党组书记、内务部部长、党组书记、中共贵州省委第二书记。当选为第三届全国人大常委会委员、中共第八届中央委员。1973 年7 月在北京病逝，享年 70 岁。

四、抗日战争时期阵亡人士

杨子成

杨子成（？—1937 年） 恩施县（详址无考）人。系陆军 15 师 85 团上等兵。民国二十六年（1937 年）九月，于江苏抗日战场阵亡。

廖康卫

廖康卫（？—1937 年） 恩施县（详址无考）人。系陆军 13 师 134 团一等兵。民国二十六年（1937 年）九月，于湖北抗日战场阵亡。

冯渝民

冯渝民（？—1937 年） 恩施县（详址无考）人。系陆军 26 师 156 团中士班长。民国二十六年（1937 年）十月，于上海抗日战场阵亡。

张尧民

张尧民（？—1937 年） 恩施县（详址无考）人。系陆军 11 师 66 团上尉副官。民国二十六年（1937 年）十月，于上海嘉定抗日战场阵亡。

刘宗贵

刘宗贵（？—1937 年） 恩施县（详址无考）人。系陆军 27 师 157 团一等兵。民国二十六年（1937 年）十月，于山西抗日战场阵亡。

吴锦枫

吴锦枫（？—1937 年） 恩施县（详址无考）人。系陆军 48 师 284 团一等兵。民国二十六年（1937 年）十二月，于江苏抗日战场阵亡。

黄汉臣

黄汉臣（？—1937 年） 恩施县（详址无考）人。系陆军 98 师 587 团一等兵。民国二十六年（1937 年）十二月，于江苏抗日战场阵亡。

张开勋

张开勋（？—1937 年） 恩施县（详址无考）人。系陆军防空学校练习队一连下士。民国二十六年（1937 年）十二月，于江苏南京抗日战场阵亡。

刘正清

刘正清（？—1937 年） 恩施县（详址无考）人。系陆军 103 师 618 团上等兵。民国二十六年（1937 年）十二月，于江苏南京抗日战场阵亡。

范果春

范果春（？—1937 年） 恩施县（详址无考）人。系陆军 48 师 283 团二等兵。民国二十六年（1937 年）十二月，于江苏南京抗日战场阵亡。

王亭华

王亭华（？—1937 年） 恩施县（详址无考）人。系陆军 48 师 283 团上等兵。民国二十六年（1937 年）十二月，于江苏南京抗日战场阵亡。

肖节锡

肖节锡（？—1937 年） 恩施县（详址无考）人。系陆军 48 师 283 团上等兵。民国二十六年（1937 年）十二月，于江苏南京抗日战场阵亡。

陈家堂

陈家堂（？—1937 年） 恩施县（详址无考）人。系陆军 48 师 283 团二等兵。民国二十六年（1937 年）十二月，于江苏南京抗日战场阵亡。

汤定鲜

汤定鲜（？—1937 年） 恩施县（详址无考）人。系陆军 48 师 283 团一等兵。民国二十六年（1937 年）十二月，于江苏南京抗日战场阵亡。

胡天慎

胡天慎（？—1937 年） 恩施县（详址无考）人。系陆军 48 师 283 团二等兵。民国二十六年（1937 年）十二月，于江苏南京抗日战场阵亡。

段启富

段启富（？—1937 年） 恩施县（详址无考）人。系陆军 48 师 283 团一等兵。民国二十六年（1937 年）十二月，于江苏南京抗日战场阵亡。

廖光彦

廖光彦（？—1937 年） 恩施县（详址无考）人。系陆军 48 师 283 团一等兵。民国二十六年（1937 年）十二月，于江苏南京抗日战场阵亡。

梁造干

梁造干（？—1937 年） 恩施县（详址无考）人。系陆军 48 师 283 团二等兵。民国二十六年（1937 年）十二月，于江苏南京抗日战场阵亡。

李永清

李永清（？—1937 年） 恩施县（详址无考）人。系陆军 48 师 283 团二等兵。民国二十六年（1937 年）十二月，于江苏南京抗日战场阵亡。

魏顺才

魏顺才（？—1937 年） 恩施县（详址无考）人。系陆军 48 师 283 团一等兵。民国二十六年（1937 年）十二月，于江苏南京抗日战场阵亡。

谢正竹

谢正竹（？—1937 年） 恩施县（详址无考）人。系陆军 48 师 283 团上等兵。民国二十六年（1937 年）十二月，于江苏南京抗日战场阵亡。

向恒德

向恒德（？—1937 年）恩施县（详址无考）人。系陆军 48 师 283 团二等兵。民国二十六年（1937 年）十二月，于江苏南京抗日战场阵亡。

邹海青

邹海青（？—1937 年）　恩施县（详址无考）人。系陆军 48 师 283 团二等兵。民国二十六年（1937 年）十二月，于江苏南京抗日战场阵亡。

袁连锡

袁连锡（？—1937 年）　恩施县（详址无考）人。系陆军 48 师 283 团一等兵。民国二十六年（1937 年）十二月，于江苏南京抗日战场阵亡。

牟锡松

牟锡松（？—1938 年）　恩施县（详址无考）人。系陆军骑兵第三师八团三连上等兵。民国二十七年（1938 年）二月，于山西抗日战场阵亡。

吴云廷

吴云廷（？—1938 年）　恩施县（详址无考）人。系陆军 144 师 859 团下士。民国二十七年（1938 年）五月，于安徽抗日战场阵亡。

陈建荣

陈建荣（？—1938 年）　恩施县（详址无考）人。系陆军 146 师 876 团上等兵。民国二十七年（1938 年）五月，于安徽抗日战场阵亡。

康炳然

康炳然（？—1938 年）　恩施县（详址无考）人。系陆军 48 师 284 团上等兵。民国二十七年（1938 年）五月，于安徽抗日战场阵亡。

张九畴

张九畴（？—1938 年） 恩施县（详址无考）人。系陆军 61 师 366 团上尉连长。民国二十七年（1938 年）五月，于河南和县抗日战场阵亡。

孔少卿

孔少卿（？—1938 年） 恩施县（详址无考）人。系陆军 83 师 494 团二等兵。民国二十七年（1938 年）八月，于山西抗日战场阵亡。

王伯全

王伯全（？—1938 年） 恩施县（详址无考）人。系陆军 83 师 494 团一等兵。民国二十七年（1938 年）八月，于山西抗日战场阵亡。

谭宗臣

谭宗臣（？—1938 年） 恩施县（详址无考）人。系陆军 83 师 498 团一等兵。民国二十七年（1938 年）八月，于山西抗日战场阵亡。

杨光华

杨光华（？—1938 年） 恩施县（详址无考）人。系陆军 8 师 49 团上等兵。民国二十七年（1938 年）八月，于山西抗日战场阵亡。

王玠庭

王玠庭（？—1938 年） 恩施县（详址无考）人。系陆军 19 师 114 团下士。民国二十七年（1938 年）八月，于甘肃兰州抗日战场阵亡。

孟明山

孟明山（？—1938 年） 恩施县（详址无考）人。系陆军 155 师独立营一连一等兵。民国二十七年（1938 年）八月，于山西抗日战场阵亡。

乔子清

乔子清（？—1938 年） 恩施县（详址无考）人。系陆军 103 师上等兵。民国二十七年（1938 年）九月，于湖北广济抗日战场阵亡。

周光寿

周光寿（？—1938 年） 恩施县（详址无考）人。系陆军 13 师一等兵。民国二十七年（1938 年）十月，于湖北咸宁贺胜桥抗日战场阵亡。

许远林

许远林（？—1938 年） 恩施县（详址无考）人。系陆军 95 师 565 团二等兵。民国二十七年（1938 年）十月，于江苏南京抗日战场阵亡。

袁文程

袁文程（？—1938 年） 恩施县（详址无考）人。系陆军 95 师 565 团中士。民国二十七年（1938 年）十月，于江苏南京抗日战场阵亡。

黄兴甫

黄兴甫（？—1938 年） 恩施县（详址无考）人。系陆军 95 师 565 团二等兵。民国二十七年（1938 年）十月，于湖北抗日战场阵亡。

李 奇

李奇（？—1938 年） 恩施县（详址无考）人。系陆军 9 师 25 旅旅部一等兵。民国二十七年（1938 年）十月，于湖北抗日战场阵亡。

瞿定邦

瞿定邦（？—1938 年） 恩施县（详址无考）人。系陆军 27 师 160 团中尉排长。民国二十七年（1938 年）十月，于湖北抗日战场阵亡。

李振芳

李振芳（？—1938 年） 恩施县（详址无考）人。系陆军 95 师 565 团二等兵。民国二十七年（1938 年）十一月，于江苏南京抗日战场阵亡。

李银山

李银山（？—1938 年） 恩施县（详址无考）人。系陆军 95 师 565 团二等兵。民国二十七年（1938 年）十一月，于江苏南京抗日战场阵亡。

卢松秀

卢松秀（？—1938 年） 恩施县（详址无考）人。系陆军 95 师 565 团少校。民国二十七年（1938 年）十一月，于江苏南京抗日战场阵亡。

夏世海

夏世海（？—1938 年） 恩施县（详址无考）人。系陆军新 23 师一团上等兵。民国二十七年（1938 年）十一月，于湖南抗日战场阵亡。

罗远进

罗远进（？—1938年） 恩施县（详址无考）人。系陆军新23师三团上等兵。民国二十七年（1938年）十一月，于湖南抗日战场阵亡。

陈金山

陈金山（？—1938年） 恩施县（详址无考）人。系陆军新23师三团上等兵。民国二十七年（1938年）十一月，于湖南抗日战场阵亡。

汪正发

汪正发（？—1938年） 恩施县（详址无考）人。系陆军23师一团上等兵。民国二十七年（1938年）十一月，于湖南抗日战场阵亡。

潘云良

潘云良（？—1938年） 恩施县（详址无考）人。系陆军23师一团上等兵。民国二十七年（1938年）十一月，于湖南抗日战场阵亡。

杨德贵

杨德贵（？—1938年） 恩施县（详址无考）人。系陆军新23师三团一等兵。民国二十七年（1938年）十一月，于湖南抗日战场阵亡。

黄知海

黄知海（？—1938年） 恩施县（详址无考）人。系陆军新23师三团一等兵。民国二十七年（1938年）十一月，于湖南抗日战场阵亡。

李正清

李正清（？—1938 年） 恩施县（详址无考）人。系陆军 23 师三团二连上等兵。民国二十七年（1938 年）十一月，于湖南抗日战场阵亡。

向修元

向修元（？—1939 年） 恩施县（详址无考）人。系陆军 11 师 680 团中尉排长。民国二十八年（1939 年）三月，于江苏抗日战场阵亡。

刘文华

刘文华（？—1939 年） 恩施县（详址无考）人。系陆军 184 师 552 团一等兵。民国二十八年（1939 年）三月，于江西抗日战场阵亡。

陈显俊

陈显俊（？—1939 年） 恩施县（详址无考）人。系陆军 133 师 397 团二等兵。民国二十八年（1939 年）三月，于江西抗日战场阵亡。

谭海臣

谭海臣（？—1939 年） 恩施县（详址无考）人。系陆军 26 师 76 团二等兵。民国二十八年（1939 年）三月，于江西抗日战场阵亡。

黄文三

黄文三（？—1939 年） 恩施县（详址无考）人。系陆军 26 师 76 团二等兵。民国二十八年（1939 年）三月，于江西抗日战场阵亡。

吴太伯

吴太伯（？—1939年） 恩施县（详址无考）人。系陆军114师一团二等兵。民国二十八年（1939年）三月，于江西抗日战场阵亡。

覃 威

覃 威（？—1939年） 恩施县（详址无考）人。系陆军114师三团一等兵。民国二十八年（1939年）三月，于江西抗日战场阵亡。

崔元佑

崔元佑（？—1939年） 恩施县（详址无考）人。系陆军26师野补团中士。民国二十八年（1939年）三月，于江西抗日战场阵亡。

朱海清

朱海清（？—1939年） 恩施县（详址无考）人。系陆军51师152团中士。民国二十八年（1939年）三月，于江西抗日战场阵亡。

唐宗元

唐宗元（？—1939年） 恩施县（详址无考）人。系陆军114师680团少尉特务长。民国二十八年（1939年）四月，于山东抗日战场阵亡。

陈树昌

陈树昌（？—1939年） 恩施县（详址无考）人。系陆军26师76团六连一等兵。民国二十八年（1939年）四月，于江西太平抗日战场阵亡。

谢金元

谢金元（？—1939年） 恩施县（详址无考）人。系陆军98师上等兵。民国二十八年（1939年）五月，于湖北抗日战场阵亡。

李友光

李友光（？—1939年） 恩施县（详址无考）人。系陆军四预师野补团上等兵。民国二十八年（1939年）五月，于湖北抗日战场阵亡。

谭玉勤

谭玉勤（？—1939年） 恩施县（详址无考）人。系陆军41师122团二等兵。民国二十八年（1939年）五月，于江苏南京抗日战场阵亡。

蒋昌全

蒋昌全（？—1939年） 恩施县（详址无考）人。系陆军98师补充团一等兵。民国二十八年（1939年）五月，于湖北抗日战场阵亡。

刘顺章

刘顺章（？—1939年） 恩施县（详址无考）人。系陆军41师122团上等兵。民国二十八年（1939年）五月，于湖北抗日战场阵亡。

唐元朝

唐元朝（？—1939年） 恩施县（详址无考）人。系陆军197师1137团下士。民国二十八年（1939年）五月，于湖北抗日战场阵亡。

向城之

向城之（？—1939 年）　恩施县（详址无考）人。系陆军 41 师 123 团下士。民国二十八年（1939 年）五月，于湖北抗日战场阵亡。

朱耀宗

朱耀宗（？—1939 年）　恩施县（详址无考）人。系陆军 121 师 750 团一等兵。民国二十八年（1939 年）五月，于湖北抗日战场阵亡。

周述清

周述清（？—1939 年）　恩施县（详址无考）人。系陆军 125 师 750 团二等兵。民国二十八年（1939 年）五月，于湖北抗日战场阵亡。

田云鹏

田云鹏（？—1939 年）　恩施县（详址无考）人。系陆军 41 师 123 团一等兵。民国二十八年（1939 年）九月，于湖北抗日战场阵亡。

王正东

王正东（？—1939 年）　恩施县（详址无考）人。系陆军 41 师 123 团一等兵。民国二十八年（1939 年）九月，于湖北抗日战场阵亡。

秦章华

秦章华（？—1939 年）　恩施县（详址无考）人。系陆军 95 师 566 团二等兵。民国二十八年（1939 年）九月，于湖南抗日战场阵亡。

张保伦

张保伦（？—1939年） 恩施县（详址无考）人。系陆军95师566团二等兵。民国二十八年（1939年）九月，于湖南抗日战场阵亡。

陆正停

陆正停（？—1939年） 恩施县（详址无考）人。系陆军95师565团一等兵。民国二十八年（1939年）九月，于湖南抗日战场阵亡。

向中善

向中善（？—1939年） 恩施县（详址无考）人。系陆军95师565团二等兵。民国二十八年（1939年）九月，于湖南抗日战场阵亡。

雷树益

雷树益（？—1939年） 恩施县（详址无考）人。系陆军95师565团二等兵。民国二十八年（1939年）九月，于湖南抗日战场阵亡。

熊开益

熊开益（？—1939年） 恩施县（详址无考）人。系陆军26师152团上等兵。民国二十八年（1939年）十月，于上海抗日战场阵亡。

陈复春

陈复春（？—1939年） 恩施县（详址无考）人。系陆军98师54团少校。民国二十八年（1939年）十月，于江西抗日战场阵亡。

罗廷春

罗廷春（？—1939 年）　恩施县（详址无考）人。系陆军 26 师 152 团上等兵。民国二十八年（1939 年）十月，于上海抗日战场阵亡。

向克强

向克强（？—1939 年）　恩施县（详址无考）人。系陆军第八预备师 22 团上等兵。民国二十八年（1939 年）十二月，于山西抗日战场阵亡。

伍锡安

伍锡安（？—1939 年）　恩施县（详址无考）人。系陆军 15 师 38 团四连一等兵。民国二十八年（1939 年）十二月，于湖北抗日战场阵亡。

康炳义

康炳义（？—1939 年）　恩施县（详址无考）人。系陆军 44 师 132 团二连二等兵。民国二十八年（1939 年）十二月，于湖北抗日战场阵亡。

向有堂

向有堂（？—1940 年）　恩施县（详址无考）人。系陆军八预师 24 团中士。民国二十九年（1940 年）一月，于山西抗口战场阵亡。

向成寿

向成寿（？—1940 年）　恩施县（详址无考）人。系陆军二预师六团二等兵。民国二十九年（1940 年）一月，于山西抗日战场阵亡。

赵本和

赵本和（？—1940 年） 恩施县（详址无考）人。系陆军 185 师 555 团二等兵。民国二十九年（1940 年）一月，于湖北抗日战场阵亡。

陈善进

陈善进（？—1940 年） 恩施县（详址无考）人。系陆军 185 师 555 团上等兵。民国二十九年（1940 年）一月，于湖北抗日战场阵亡。

詹永惠

詹永惠（？—1940 年） 恩施县（详址无考）人。系陆军 185 师 555 团二等兵。民国二十九年（1940 年）一月，于湖北抗日战场阵亡。

杨启顺

杨启顺（？—1940 年） 恩施县（详址无考）人。系陆军 185 师 555 团一等兵。民国二十九年（1940 年）一月，于湖北抗日战场阵亡。

曾先顺

曾先顺（？—1940 年） 恩施县（详址无考）人。系陆军 185 师 555 团一等兵。民国二十九年（1940 年）一月，于湖北抗日战场阵亡。

罗有松

罗有松（？—1940 年） 恩施县（详址无考）人。系陆军 199 师 565 团一等兵。民国二十九年（1940 年）一月，于湖北抗日战场阵亡。

刘大富

刘大富（？—1940 年）　恩施县（详址无考）人。系陆军 185 师 555 团下士。民国二十九年（1940 年）一月，于湖北抗日战场阵亡。

刘凤池

刘凤池（？—1940 年）　恩施县（详址无考）人。系陆军 41 师 121 团上等兵。民国二十九年（1940 年）一月，于湖北抗日战场阵亡。

向兴顺

向兴顺（？—1940 年）　恩施县（详址无考）人。系陆军 82 师 496 团一等兵。民国二十九年（1940 年）一月，于湖北抗日战场阵亡。

杨明楷

杨明楷（？—1940 年）恩施县（详址无考）人。系陆军 32 师 494 团四连二等兵。民国二十九年（1940 年）二月，于抗日战场阵亡。

赵士先

赵士先（？—1940 年）　恩施县（详址无考）人。系陆军八预师 22 团一等兵。民国二十九年（1940 年）四月，于山西抗日战场阵亡。

孙绪友

孙绪友（？—1939 年）　恩施县（详址无考）人。系陆军 93 师迫击炮营二等兵。民国二十九年（1940 年）五月，于广西抗日战场阵亡。

陈景春

陈景春（？—1940年） 恩施县（详址无考）人。系陆军26师工兵营二连一等兵。民国二十九年（1940年）五月，于江西抗日战场阵亡。

吴化海

吴化海（？—1939年） 恩施县（详址无考）人。系陆军93师277团二等兵。民国二十九年（1940年）五月，于广西抗日战场阵亡。

周文忠

周文忠（？—1940年） 恩施县（详址无考）人。系陆军99师295团一等兵。民国二十九年（1940年）五月，于广西抗日战场阵亡。

向开贵

向开贵（？—1940年） 恩施县（详址无考）人。系陆军26师76团一等兵。民国二十九年（1940年）六月，于江西抗日战场阵亡。

蒋正安

蒋正安（？—1940年） 恩施县（详址无考）人。系陆军26师76团二等兵。民国二十九年（1940年）六月，于江西抗日战场阵亡。

余焯庵

余焯庵（？—1940年） 恩施县（详址无考）人。系陆军183师584团二等兵。民国二十九年（1940年）六月，于江西抗日战场阵亡。

夏青云

夏青云（？—1940年）　恩施县（详址无考）人。系陆军26师76团一等兵。民国二十九年（1940年）六月，于江西抗日战场阵亡。

尹魁文

尹魁文（？—1940年）　恩施县（详址无考）人。系陆军133师398团一等兵。民国二十九年（1940年）六月，于湖北抗日战场阵亡。

杨青贵

杨青贵（？—1940年）　恩施县（详址无考）人。系陆军18师54团五连一等兵。民国二十九年（1940年）六月，于抗日战场阵亡。

向子鹄

向子鹄（？—1940年）　恩施县（详址无考）人。系陆军41师野补团上等兵。民国二十九年（1940年）六月，于湖北抗日战场阵亡。

唐进先

唐进先（？—1940年）　恩施县（详址无考）人。系陆军82师492二中士。民国二十九年（1940年）六月，于湖北抗日战场阵亡。

徐东元

徐东元（？—1940年）　恩施县（详址无考）人。系陆军82师492团一等兵。民国二十九年（1940年）六月，于湖北抗日战场阵亡。

郑朝阶

郑朝阶（？—1940 年） 恩施县（详址无考）人。系陆军 199 师工兵营一等兵。民国二十九年（1940 年）六月，于湖北抗日战场阵亡。

向龙安

向龙安（？—1940 年） 恩施县（详址无考）人。系陆军四预师工兵营上等兵。民国二十九年（1940 年）六月，于湖北抗日战场阵亡。

吴远清

吴远清（？—1940 年） 恩施县（详址无考）人。系陆军 44 师二等兵。民国二十九年（1940 年）六月，于湖北抗日战场阵亡。

胡建山

胡建山（？—1940 年） 恩施县（详址无考）人。系陆军 185 师 554 团上等兵。民国二十九年（1940 年）六月，于湖北抗日战场阵亡。

陈吉山

陈吉山（？—1940 年） 恩施县（详址无考）人。系陆军 82 师 491 团上等兵。民国二十九年（1940 年）六月，于湖北抗日战场阵亡。

周乐柱

周乐柱（？—1940 年） 恩施县（详址无考）人。系陆军 44 师 130 团二等兵。民国二十九年（1940 年）六月，于湖北抗日战场阵亡。

李昌成

李昌成（？—1940年） 恩施县（详址无考）人。系陆军67师野补团少尉排长。民国二十九年（1940年）七月，于浙江抗日战场阵亡。

何焕全

何焕全（？—1940年） 恩施县（详址无考）人。系陆军125师375团上等兵。民国二十九年（1940年）十一月，于湖北抗日战场阵亡。

尹学贵

尹学贵（？—1940年） 恩施县（详址无考）人。系陆军六师16团二等兵。民国二十九年（1940年）十一月，于湖北抗日战场阵亡。

李振运

李振运（？—1940年） 恩施县（详址无考）人。系陆军185师555团上等兵。民国二十九年（1940年）十一月，于湖北抗日战场阵亡。

刘仁富

刘仁富（？—1940年） 恩施县（详址无考）人。系陆军185师55团一连下士。民国二十九年（1940年）十一月，于抗日战场阵亡。

侯金德

侯金德（？—1940年） 恩施县（详址无考）人。系陆军185师555团一等兵。民国二十九年（1940年）十一月，于湖北抗日战场阵亡。

彭新智

彭新智（？—1940年） 恩施县（详址无考）人。系陆军185师555团一等兵。民国二十九年（1940年）十一月，于湖北抗日战场阵亡。

谭洪斌

谭洪斌（？—1940年） 恩施县（详址无考）人。系陆军185师555团一等兵。民国二十九年（1940年）十一月，于湖北抗日战场阵亡。

龚登隆

龚登隆（？—1940年） 恩施县（详址无考）人。系陆军185师555团上等兵。民国二十九年（1940年）十一月，于湖北抗日战场阵亡。

姚玉清

姚玉清（？—1940年） 恩施县（详址无考）人。系陆军独立工兵第五团六连下士。民国二十九年（1940年）十二月，于抗日战场阵亡。

彭名山

彭名山（？—1941年） 恩施县（详址无考）人。系陆军暂126师二团一等兵。民国三十年（1941年）一月，于河南抗日战场阵亡。

向正清

向正清（？—1941年） 恩施县（详址无考）人。系陆军98师293团八连一等兵。民国三十年（1941年）二月，于湖南抗日战场阵亡。

赖云青

赖云青（？—1941 年） 恩施县（详址无考）人。系陆军 26 师 76 团一等兵。民国三十年（1941 年）三月，于江西抗日战场阵亡。

周绪栋

周绪栋（？—1941 年） 恩施县（详址无考）人。系陆军 26 师 76 团一等兵。民国三十年（1941 年）三月，于江西抗日战场阵亡。

宋文斌

宋文斌（？—1941 年） 恩施县（详址无考）人。系陆军十预师 30 团上等兵。民国三十年（1941 年）五月，于山西抗日战场阵亡。

胡识元

胡识元（？—1941 年） 恩施县（详址无考）人。系陆军十预师 28 团中士。民国三十年（1941 年）五月，于山西抗日战场阵亡。

窦义鉷

窦义□（？—1941 年） 恩施县（详址无考）人。系陆军十预师野补团中士。民国三十年（1941 年）五月，于山西抗日战场阵亡。

姚昌星

姚昌星（？—1941 年） 恩施县（详址无考）人。系陆军 141 师 421 团二等兵。民国三十年（1941 年）八月，于湖北抗日战场阵亡。

邱易炳

邱易炳（？—1941年） 恩施县（详址无考）人。系陆军新23师69团一等兵。民国三十年（1941年）八月，于湖北抗日战场阵亡。

冉瑞卿

冉瑞卿（？—1941年） 恩施县（详址无考）人。系陆军43师三营上等兵。民国三十年（1941年）八月，于湖北抗日战场阵亡。

方月成

方月成（？—1941年） 恩施县（详址无考）人。系陆军荣誉一师二团上等兵。民国三十年（1941年）八月，于湖北抗日战场阵亡。

刘连鹏

刘连鹏（？—1941年） 恩施县（详址无考）人。系陆军128师独立团一等兵。民国三十年（1941年）八月，于湖北抗日战场阵亡。

崔俊登

崔俊登（？—1941年） 恩施县（详址无考）人。系陆军185师554团二等兵。民国三十年（1941年）八月，于湖北抗日战场阵亡。

吕　平

吕　平（？—1941年） 恩施县（详址无考）人。系陆军102师306团中士。民国三十年（1941年）九月，于湖南抗日战场阵亡。

向　洪

向　洪（？—1941 年）　恩施县（详址无考）人。系陆军 134 师 400 团一等兵。民国三十年（1941 年）九月，于湖南抗日战场阵亡。

唐少成

唐少成（？—1941 年）　恩施县（详址无考）人。系陆军 134 师 402 团一等兵。民国三十年（1941 年）九月，于湖南抗日战场阵亡。

张云清

张云清（？—1941 年）　恩施县（详址无考）人。系陆军暂六师三团二等兵。民国三十年（1941 年）九月，于湖南抗日战场阵亡。

杨少清

杨少清（？—1941 年）　恩施县（详址无考）人。系陆军 44 师 130 团一等兵。民国三十年（1941 年）九月，于湖南抗日战场阵亡。

谭有福

谭有福（？—1941 年）　恩施县（详址无考）人。系陆军 139 师 417 团一等兵。民国三十年（1941 年）十月，于湖北抗日战场阵亡。

李金波

李金波（？—1941 年）　恩施县（详址无考）人。系陆军新三师 56 团一等兵。民国三十年（1941 年）十月，于湖北抗日战场阵亡。

黄西章

黄西章（？—1941 年） 恩施县（详址无考）人。系陆军 125 师 373 团二等兵。民国三十年（1941 年）十月，于湖北抗日战场阵亡。

邓柱臣

邓柱臣（？—1941 年） 恩施县（详址无考）人。系陆军 121 师 362 团一等兵。民国三十年（1941 年）十月，于湖北抗日战场阵亡。

李云山

李云山（？—1941 年） 恩施县（详址无考）人。系陆军 76 师 228 团上等兵。民国三十年（1941 年）十月，于湖北抗日战场阵亡。

李志强

李志强（？—1941 年） 恩施县（详址无考）人。系陆军 26 师 78 团一等兵。民国三十年（1941 年）十月，于浙江抗日战场阵亡。

李德煊

李德煊（？—1941 年） 恩施县（详址无考）人。系陆军 139 师 417 团五连一等兵。民国三十年（1941 年）十月，于湖北抗日战场阵亡。

姚昌宝

姚昌宝（？—1941 年）恩施县（详址无考）人。系陆军 141 师 421 团五连上等兵。民国三十年（1941 年）十月，于湖北宜昌抗日战场阵亡。

邓桂臣

邓桂臣（？—1942 年） 恩施县（详址无考）人。系陆军 121 师 362 团八连一等兵。民国三十年（1941 年）十月，于湖北抗日战场阵亡。

李海鹏

李海鹏（？—1941 年） 恩施县（详址无考）人。系陆军 61 师司令部谍报队上等兵。民国三十年（1941 年）十一月，于河南抗日战场阵亡。

刘雨晴

刘雨晴（？—1941 年） 恩施县（详址无考）人。系陆军 121 师 363 团机一连一等兵。民国三十年（1941 年）十二月，于河南抗日战场阵亡。

杨来福

杨来福（？—1941 年） 恩施县（详址无考）人。系陆军 125 师 374 团一连一等兵。民国三十年（1941 年）十二月，于湖北抗日战场阵亡。

卢发兴

卢发兴（？—1941 年）恩施县（详址无考）人。系陆军 13 师 34 团三营七连二等兵。民国三十年（1941 年）十二月，于河南抗日战场阵亡。

旦洪山

旦洪山（？—1941 年） 恩施县（详址无考）人。系陆军 113 师 397 团五连上等兵。民国三十年（1941 年）十二月，于湖南抗日战场阵亡。

周荣耀

周荣耀（？—1942 年） 恩施县（详址无考）人。系陆军 134 师 402 团一等兵。民国三十一年（1942 年）一月，于湖南抗日战场阵亡。

姚少福

姚少福（？—1942 年） 恩施县（详址无考）人。系陆军 41 师 121 团上等兵。民国三十一年（1942 年）一月，于湖南抗日战场阵亡。

费华玉

费华玉（？—1942 年） 恩施县（详址无考）人。系陆军 41 师 121 团一等兵。民国三十一年（1942 年）一月，于湖南抗日战场阵亡。

陈青松

陈青松（？—1942 年） 恩施县（详址无考）人。系陆军 98 师 294 团少尉排长。民国三十一年（1942 年）一月，于湖南抗日战场阵亡。

马述青

马述青（？—1942 年） 恩施县（详址无考）人。系陆军 33 师 399 团三连一等兵。民国三十一年（1942 年）一月，于广西抗日战场阵亡。

吴远吸

吴远吸（？—1942 年） 恩施县（详址无考）人。系陆军预六师一等兵。民国三十一年（1942 年）二月，于江西抗日战场阵亡。

王显冬

王显冬（？—1942 年） 恩施县（详址无考）人。系陆军 93 师 277 团上等兵。民国三十一年（1942 年）四月，于缅甸抗日战场阵亡。

雷广颜

雷广颜（？—1942 年） 恩施县（详址无考）人。系陆军新 22 师 64 团下士。民国三十一年（1942 年）四月，于缅甸抗日战场阵亡。

曾升云

曾升云（？—1942 年） 恩施县（详址无考）人。系陆军 128 师 763 团一等兵。民国三十一年（1942 年）五月，于湖北抗日战场阵亡。

杨昌炳

杨昌炳（？—1942 年） 恩施县（详址无考）人。系陆军预四师十团一等兵。民国三十一年（1942 年）五月，于湖北抗日战场阵亡。

刘少端

刘少端（？—1942 年） 恩施县（详址无考）人。系陆军预四师十团二等兵。民国三十一年（1942 年）五月，于湖北抗日战场阵亡。

曾绍云

曾绍云（？—1942 年） 恩施县（详址无考）人。系陆军 128 师 763 团九连一等兵。民国三十一年（1942 年）五月，于湖北抗日战场阵亡。

康长楣

康长楣（？—1942 年） 恩施县（详址无考）人。系陆军 26 军二野战医院中士。民国三十一年（1942 年）六月，于浙江抗日战场阵亡。

吴远发

吴远发（？—1942 年） 恩施县（详址无考）人。系陆军 26 师 77 团一等兵。民国三十一年（1942 年）六月，于江西抗日战场阵亡。

胡其康

胡其康（？—1942 年） 恩施县（详址无考）人。系陆军 26 师 76 团下士。民国三十一年（1942 年）六月，于江西抗日战场阵亡。

黄以清

黄以清（？—1942 年） 恩施县（详址无考）人。系陆军预四师十团一等兵。民国三十一年（1942 年）六月，于湖北抗日战场阵亡。

田　佩

田　佩（？—1942 年） 恩施县（详址无考）人。系陆军预四师十团二等兵。民国三十一年（1942 年）六月，于湖北抗日战场阵亡。

谢守明

谢守明（？—1942 年） 恩施县（详址无考）人。系陆军预四师十团一等兵。民国三十一年（1942 年）六月，于湖北抗日战场阵亡。

万成安

万成安（？—1942 年）　恩施县（详址无考）人。系陆军 41 师 422 团一等兵。民国三十一年（1942 年）六月，于湖北抗日战场阵亡。

皮绪昭

皮绪昭（？—1942 年）　恩施县（详址无考）人。系陆军六师 17 团一等兵。民国三十一年（1942 年）六月，于湖北抗日战场阵亡。

刘　吉

刘　吉（？—1942 年）　恩施县（详址无考）人。系陆军三军司令部准尉谍报员。民国三十一年（1942 年）六月，于湖北抗日战场阵亡。

刘泉长

刘泉长（？—1942 年）　恩施县（详址无考）人。系陆军 58 师 174 团六连一等兵。民国三十一年（1942 年）六月，于浙江抗日战场阵亡。

吴永安

吴永安（？—1942 年）　恩施县（详址无考）人。系陆军 13 师 39 团七连二等兵，于民国三十一年（1942 年）八月，于宜昌抗日战场阵亡。

周荣孝

周荣孝（？—1942 年）　恩施县（详址无考）人。系陆军 144 师 402 团七连一等兵。民国三十一年（1942 年）十月，于湖北抗日战场阵亡。

杨庆周

杨庆周（？—1943 年） 恩施县（详址无考）人。系陆军二预师五团中士。民国三十二年（1943 年）二月，于云西抗日战场阵亡。

柳德汉

柳德汉（？—1943 年） 恩施县（详址无考）人。系陆军二预师五团中士。民国三十二年（1943 年）二月，于云南抗日战场阵亡。

姚耀子

姚耀子（？—1943 年） 恩施县（详址无考）人。系陆军预四师 10 团一等兵。民国三十二年（1943 年）三月，于湖北抗日战场阵亡。

梁德明

梁德明（？—1943 年） 恩施县（详址无考）人。系陆军预四师 10 团二等兵。民国三十二年（1943 年）三月，于湖北抗日战场阵亡。

宋守恒

宋守恒（？—1943 年） 恩施县（详址无考）人。系陆军预四师 10 团一等兵。民国三十二年（1943 年）三月，于湖北抗日战场阵亡。

许仲森

许仲森（？—1943 年） 恩施县（详址无考）人。系陆军预四师 11 团一等兵。民国三十二年（1943 年）三月，于湖北抗日战场阵亡。

黄德武

黄德武（？—1943 年） 恩施县（详址无考）人。系陆军预四师 11 团一等兵。民国三十二年（1943 年）三月，于湖北抗日战场阵亡。

黄振誉

黄振誉（？—1943 年） 恩施县（详址无考）人。系陆军预四师 11 团一等兵。民国三十二年（1943 年）三月，于湖北抗日战场阵亡。

傅泽家

傅泽家（？—1943 年） 恩施县（详址无考）人。系陆军六师 16 团一等兵。民国三十二年（1943 年）三月，于湖北抗日战场阵亡。

冯选品

冯选品（？—1943 年） 恩施县（详址无考）人。系陆军六师 16 团一等兵。民国三十二年（1943 年）三月，于湖北抗日战场阵亡。

文福才

文福才（？—1943 年） 恩施县（详址无考）人。系陆军 28 师 17 团一等兵。民国三十二年（1943 年）四月，于湖北宜昌抗日战场阵亡。

廖其明

廖其明（？—1943 年） 恩施县（详址无考）人。系陆军六师 17 团一等兵。民国三十二年（1943 年）四月，于湖北宜昌抗日战场阵亡。

廖龚明

廖龚明（？—1943年） 恩施县（详址无考）人。系陆军六师17团二营四连一等兵。民国三十二年（1943年）四月，于抗日战场阵亡。

张先之

张先之（？—1943年）恩施县（详址无考）人。系陆军55师165团上等兵。民国三十二年（1943年）五月，于湖北松滋抗日战场阵亡。

梁治兴

梁治兴（？—1943年） 恩施县（详址无考）人。系陆军55师163团上等兵。民国三十二年（1943年）五月，于湖北松滋抗日战场阵亡。

黄文学

黄文学（？—1943年） 恩施县（详址无考）人。系陆军55师164团二等兵。民国三十二年（1943年）五月，于湖北松滋梅溪河抗日战场阵亡。

蒋德芳

蒋德芳（？—1943年） 恩施县（详址无考）人。系陆军13师37团二等兵。民国三十二年（1943年）五月，于湖北抗日战场阵亡。

黄永阳

黄永阳（？—1943年） 恩施县（详址无考）人。系陆军13师38团一等兵。民国三十二年（1943年）五月，于湖北抗日战场阵亡。

杨宗望

杨宗望（？—1943 年）　恩施县（详址无考）人。系陆军 13 师 39 团二等兵。民国三十二年（1943 年）五月，于湖北抗日战场阵亡。

刘炳坤

刘炳坤（？—1943 年）　恩施县（详址无考）人。系陆军 13 师 39 团二等兵。民国三十二年（1943 年）五月，于湖北抗日战场阵亡。

吴国建

吴国建（？—1943 年）　恩施县（详址无考）人。系陆军二师 14 团中士。民国三十二年（1943 年）五月，于湖北抗日战场阵亡。

崔良玉

崔良玉（？—1943 年）　恩施县（详址无考）人。系陆军二师 14 团一等兵。民国三十二年（1943 年）五月，于湖北抗日战场阵亡。

李传治

李传治（？—1943 年）　恩施县（详址无考）人。系陆军二师 14 团上等兵。民国三十二年（1943 年）五月，于湖北抗日战场阵亡。

阎荣凤

阎荣凤（？—1943 年）　恩施县（详址无考）人。系陆军六师 18 团一等兵。民国三十二年（1943 年）五月，于湖北抗日战场阵亡。

郑忠富

郑忠富（？—1943 年） 恩施县（详址无考）人。系陆军 18 师 54 团二等兵。民国三十二年（1943 年）五月，于湖北抗日战场阵亡。

向洪兴

向洪兴（？—1943 年） 恩施县（详址无考）人。系陆军 18 师 54 团一等兵。民国三十二年（1943 年）五月，于湖北荆门天台观抗日战场阵亡。

黄忠一

黄忠一（？—1943 年） 恩施县（详址无考）人。系陆军 15 师 43 团二等兵。民国三十二年（1943 年）五月，于湖南安乡抗日战场阵亡。

雷发兴

雷发兴（？—1943 年） 恩施县（详址无考）人。系陆军 18 师 44 团三营七连上等兵。民国三十二年（1943 年）五月，于抗日战场阵亡。

袁召发

袁召发（？—1943 年） 恩施县（详址无考）人。系陆军 55 师 165 团三营五连一等兵。民国三十二年（1943 年）六月，于湖北长阳抗日战场阵亡。

柯代玉

柯代玉（？—1943 年） 恩施县（详址无考）人。系陆军 55 师 165 团一等兵。民国三十二年（1943 年）六月，于湖北长阳抗日战场阵亡。

李盛登

李盛登（？—1943 年）　恩施县（详址无考）人。系陆军 98 师 292 团上等兵。民国三十二年（1943 年）六月，于安徽安庆罗镇岭抗日战场阵亡。

万化禹

万化禹（？—1943 年）　恩施县（详址无考）人。系陆军 88 师 262 团上等兵。民国三十二年（1943 年）九月，于云南抗日战场阵亡。

徐超美

徐超美（？—1943 年）　恩施县（详址无考）人。系陆军新 20 师辎重团一等兵。民国三十二年（1943 年）九月，于湖南抗日战场阵亡。

易炳狼

易炳狼（？—1943 年）　恩施县（详址无考）人。系陆军新 30 师上等兵。民国三十二年（1943 年）十月，于云南滇西抗日战场阵亡。

严林全

严林全（？—1943 年）　恩施县（详址无考）人。系陆军 13 师 49 团三营机枪连上等兵。民国三十二年（1943 年）十一月，于湖北五峰抗日战场阵亡。

夏金山

夏金山（？—1943 年）　恩施县（详址无考）人。系陆军 77 师 221 团上士班长。民国三十二年（1943 年）十一月，于四川南山抗日战场阵亡。

胡兴顺

胡兴顺（？—1943年） 恩施县（详址无考）人。系陆军13师39团上等兵。民国三十二年（1943年）十一月，于湖北抗日战场阵亡。

任兴发

任兴发（？—1943年） 恩施县（详址无考）人。系陆军13师39团一等兵。民国三十二年（1943年）十一月，于湖北抗日战场阵亡。

陈友祥

陈友祥（？—1943年） 恩施县（详址无考）人。系陆军13师39团一等兵。民国三十二年（1943年）十一月，于湖北抗日战场阵亡。

谭光华

谭光华（？—1943年） 恩施县（详址无考）人。系陆军13师127团一等兵。民国三十二年（1943年）十一月，于江西武宁王家老屋抗日战场阵亡。

颜泽光

颜泽光（1915—1943年） 四川省西康雅江人。民国二十六年（1937年），万县空军军官学校毕业。任空军第28队飞行员，参与“重庆领空保卫战”、桂林湘鄂会战，作战有功，升为空军第11大队分队长。民国三十二年（1943年）十一月二十一日，与30余架敌机遭遇于恩施领空，奋勇搏斗，因寡不敌众，以身殉国。英年28岁。

周福心

周福心（1919—1943 年）　江苏省南汇县人。上海中华职业学校毕业。民国二十九年（1940 年）在空军军士学校毕业后，服务于第 122 队 41 中队，屡建战绩勋功。民国三十二年（1943 年）十一月二十一日，在恩施领空与敌机鏖战，奋不顾身，壮烈殉职。英年 24 岁。

张传伟

张传伟（1920—1943 年）　安徽省郎濮县人。民国二十九年（1940 年），空军军士学校毕业，在空军第 116 队 414 分队服役，历时四战，屡获战功。民国三十二年（1943 年）十一月二十一日，参加恩施领空保卫战，奋勇杀敌，以身殉国。英年 23 岁。

庞林全

庞林全（？—1943 年）　恩施县（详址无考）人。系陆军 13 师 39 团上等兵。民国三十二年（1943 年）十一月，于湖北五峰抗日战场阵亡。

向朝禄

向朝禄（？—1943 年）　恩施县（详址无考）人。系陆军六师 16 团二等兵。民国三十二年（1943 年）十一月，于湖北抗日战场阵亡。

邓克科

邓克科（？—1943 年）　恩施县（详址无考）人。系陆军六师 18 团一等兵。民国三十二年（1943 年）十一月，于湖北抗日战场阵亡。

周富有

周富有（？—1943 年） 恩施县（详址无考）人。系陆军六师 18 团一等兵。民国三十二年（1943 年）十一月，于湖北抗日战场阵亡。

姚志成

姚志成（？—1943 年） 恩施县（详址无考）人。系陆军 13 师 39 团一等兵。民国三十二年（1943 年）十一月，于湖北抗日战场阵亡。

刘汝荣

刘汝荣（？—1943 年） 恩施县（详址无考）人。系陆军 13 师 39 团上等兵。民国三十二年（1943 年）十一月，于湖北抗日战场阵亡。

熊光登

熊光登（？—1943 年） 恩施县（详址无考）人。系陆军 13 师 37 团一等兵。民国三十二年（1943 年）十一月，于湖北抗日战场阵亡。

张汉清

张汉清（？—1943 年） 恩施县（详址无考）人。系陆军 18 师 52 团上等兵。民国三十二年（1943 年）十一月，于湖北抗日战场阵亡。

田应生

田应生（？—1943 年） 恩施县（详址无考）人。系陆军 18 师 52 团上等兵。民国三十二年（1943 年）十一月，于湖北抗日战场阵亡。

傅德之

傅德之（？—1943 年）　恩施县（详址无考）人。系陆军 185 师 554 团一等兵。民国三十二年（1943 年）十一月，于湖北抗日战场阵亡。

魏海润

魏海润（？—1943 年）　恩施县（详址无考）人。系陆军 75 军辎重兵团少尉排长。民国三十二年（1943 年）十一月，于湖北抗日战场阵亡。

龚言和

龚言和（？—1943 年）　恩施县（详址无考）人。系陆军 18 师 52 团上等兵。民国三十二年（1943 年）十一月，于湖北抗日战场阵亡。

何国民

何国民（？—1943 年）　恩施县（详址无考）人。系陆军 18 师 52 团一等兵。民国三十二年（1943 年）十一月，于湖北抗日战场阵亡。

向云峰

向云峰（？—1943 年）　恩施县（详址无考）人。系陆军 18 师 53 团上等兵。民国三十二年（1943 年）十一月，于湖北抗日战场阵亡。

郑少英

郑少英（？—1943 年）　恩施县（详址无考）人。系陆军 18 师 53 团一等兵。民国三十二年（1943 年）十一月，于湖南澧县抗日战场阵亡。

谭正同

谭正同（？—1943 年） 恩施县（详址无考）人。系陆军 86 军保安 11 团上等兵。民国三十二年（1943 年）十一月，于湖北抗日战场阵亡。

刘和佩

刘和佩（？—1943 年） 恩施县（详址无考）人。系陆军 86 军保安 11 团上等兵。民国三十二年（1943 年）十一月，于湖北抗日战场阵亡。

刘玉清

刘玉清（？—1943 年） 恩施县（详址无考）人。系陆军 13 师 363 团一等兵。民国三十二年（1943 年）十一月，于湖北抗日战场阵亡。

向国元

向国元（？—1943 年） 恩施县（详址无考）人。系陆军 119 师 597 团上等兵。民国三十二年（1943 年）十一月，于湖北抗日战场阵亡。

向新臣

向新臣（？—1943 年） 恩施县（详址无考）人。系陆军四预师 12 团二等兵。民国三十二年（1943 年）十一月，于湖北抗日战场阵亡。

李云和

李云和（？—1943 年） 恩施县（详址无考）人。系陆军四预师 12 团一等兵。民国三十二年（1943 年）十一月，于湖北抗日战场阵亡。

王　杰

王　杰（？—1943 年）　恩施县（详址无考）人。系陆军暂 51 师一团中尉排长。民国三十二年（1943 年）十一月，于湖北抗日战场阵亡。

田维彬

田维彬（？—1943 年）　恩施县（详址无考）人。系陆军 55 师 165 团一等兵。民国三十二年（1943 年）十一月，于湖北抗日战场阵亡。

常吉山

常吉山（？—1943 年）　恩施县（详址无考）人。系陆军 11 师 32 团一等兵。民国三十二年（1943 年）十一月，于湖北抗日战场阵亡。

谭世遂

谭世遂（？—1943 年）　恩施县（详址无考）人。系陆军六师 16 团二等兵。民国三十二年（1943 年）十一月，于湖北抗日战场阵亡。

谭子谷

谭子谷（？—1943 年）　恩施县（详址无考）人。系陆军六师 16 团一等兵。民国三十二年（1943 年）十一月，于湖北抗日战场阵亡。

苏同祥

苏同祥（？—1943 年）　恩施县（详址无考）人。系陆军 57 师 170 团一等兵。民国三十二年（1943 年）十二月，于常德抗日战场阵亡。

谭良发

谭良发（？—1943 年） 恩施县（详址无考）人。系陆军 15 师 44 团一等兵。民国三十二年（1943 年）十二月，于湖南石门抗日战场阵亡。

曾广云

曾广云（？—1943 年） 恩施县（详址无考）人。系陆军 15 师 44 团上等兵。民国三十二年（1943 年）十二月，于湖南桃源抗日战场阵亡。

邓少英

邓少英（？—1943 年） 恩施县（详址无考）人。系陆军 18 师 53 团一等兵。民国三十二年（1943 年）十二月，于湖南澧县方石坪抗日战场阵亡。

秦文才

秦文才（？—1943 年） 恩施县（详址无考）人。系陆军 13 师 39 团二等兵。民国三十二年（1943 年）十二月，于湖北抗日战场阵亡。

陈天式

陈天式（？—1943 年） 恩施县（详址无考）人。系陆军 67 师 201 团上等兵。民国三十二年（1943 年）十二月，于湖北抗日战场阵亡。

谢茂顺

谢茂顺（？—1943 年） 恩施县（详址无考）人。系陆军 67 师 201 团一等兵。民国三十二年（1943 年）十二月，于湖北抗日战场阵亡。

陈世魁

陈世魁（？—1943 年） 恩施县（详址无考）人。系陆军 18 师 54 团三营炮排二等兵。民国三十二年（1943 年）十二月，于湖北抗日战场阵亡。

谢发顺

谢发顺（？—1943 年） 恩施县（详址无考）人。系陆军 67 师 201 团二营四连一等兵。民国三十二年（1943 年）十二月，于湖北抗日战场阵亡。

姚月禄

姚月禄（？—1944 年） 恩施县（详址无考）人。系陆军 198 师 593 团准尉司号。民国三十三年（1944 年）五月，于桥头抗日战场阵亡。

刘定发

刘定发（？—1944 年） 恩施县（详址无考）人。系陆军新 30 师 88 团二等兵。民国三十三年（1944 年）五月，于云南滇西抗日战场阵亡。

闽荣风

闽荣风（？—1944 年） 恩施县（详址无考）人。系陆军六师 18 团一营八连一等兵。民国三十三年（1944 年）五月，于湖北抗日战场阵亡。

张自清

张自清（？—1944 年） 恩施县（详址无考）人。系陆军 194 师 582 团上等兵。民国三十三年（1944 年）六月，于湖南抗日战场阵亡。

冯锡金

冯锡金（？—1944 年） 恩施县（详址无考）人。系陆军 63 师 199 团一等兵。民国三十三年（1944 年）六月，于湖南抗日战场阵亡。

李树臣

李树臣（？—1944 年） 恩施县（详址无考）人。系陆军 63 师 189 团一等兵。民国三十三年（1944 年）六月，于湖南抗日战场阵亡。

邱炳全

邱炳全（？—1944 年） 恩施县（详址无考）人。系陆军 15 师 45 团二等兵。民国三十三年（1944 年）六月，于湖南抗日战场阵亡。

陈平千

陈平千（？—1944 年） 恩施县（详址无考）人。系陆军 98 师 393 团上等兵。民国三十三年（1944 年）六月，于湖南抗日战场阵亡。

杨云臣

杨云臣（？—1945 年） 恩施县（详址无考）人。系陆军突击一纵队准尉排长。民国三十四年（1945 年）六月，于浙江抗日战场阵亡。

刘代泽

刘代泽（？—1944 年） 恩施县（详址无考）人。系陆军 139 师 433 团一等兵。民国三十三年（1944 年）六月，于湖北抗日战场阵亡。

陈邦盛

陈邦盛（？—1944 年） 恩施县（详址无考）人。系陆军 139 师 423 团一等兵。民国三十三年（1944 年）六月，于湖北抗日战场阵亡。

喻天显

喻天显（？—1944 年） 恩施县（详址无考）人。系陆军预四师二团一等兵。民国三十三年（1944 年）六月，于湖北抗日战场阵亡。

李邦松

李邦松（？—1944 年） 恩施县（详址无考）人。系陆军预四师 11 团一等兵。民国三十三年（1944 年）六月，于湖北抗日战场阵亡。

冉绍元

冉绍元（？—1944 年） 恩施县（详址无考）人。系陆军预四师 11 团上等兵。民国三十三年（1944 年）六月，于湖北抗日战场阵亡。

向凤生

向凤生（？—1944 年） 恩施县（详址无考）人。系陆军预四师 11 团上等兵。民国三十三年（1944 年）六月，于湖北抗日战场阵亡。

郑家燕

郑家燕（？—1944 年） 恩施县（详址无考）人。系陆军预四师 11 团一等兵。民国三十三年（1944 年）六月，于湖北抗日战场阵亡。

彭世才

彭世才（？—1944年） 恩施县（详址无考）人。系陆军26师78团下士。民国三十三年（1944年）六月，于浙江抗日战场阵亡。

赵星宿

赵星宿（？—1944年） 恩施县（详址无考）人。系陆军26师78团下士。民国三十三年（1944年）六月，于浙江抗日战场阵亡。

李才林

李才林（？—1944年） 恩施县（详址无考）人。系陆军26师78团下士班长。民国三十三年（1944年）六月，于浙江抗日战场阵亡。

卢金池

卢金池（？—1944年） 恩施县（详址无考）人。系陆军26师78团一等兵。民国三十三年（1944年）六月，于浙江抗日战场阵亡。

罗兴贤

罗兴贤（？—1944年） 恩施县（详址无考）人。系陆军预四师11团一等兵。民国三十三年（1944年）六月，于湖北抗日战场阵亡。

魏子平

魏子平（？—1944年） 恩施县（详址无考）人。系陆军16师四16团中尉代连长。民国三十三年（1944年）七月，于湖南抗日战场阵亡。

吴玉涛

吴玉涛（？—1944年） 恩施县（详址无考）人。系陆军59师175团下士。民国三十三年（1944年）七月，于湖南抗日战场阵亡。

龚成茂

龚成茂（？—1944年） 恩施县（详址无考）人。系陆军194师580团上等兵。民国三十三年（1944年）七月，于湖南抗日战场阵亡。

谢烟怀

谢烟怀（？—1944年） 恩施县（详址无考）人。系陆军134师402团中士。民国三十三年（1944年）七月，于湖南抗日战场阵亡。

徐福光

徐福光（？—1944年） 恩施县（详址无考）人。系陆军116师346团上等兵。民国三十三年（1944年）七月，于云南腾冲江苴街抗日战场阵亡。

郑必海

郑必海（？—1944年） 恩施县（详址无考）人。系陆军18师53团一等兵。民国三十三年（1944年）九月，于湖北抗日战场阵亡。

黄胜美

黄胜美（？—1944年） 恩施县（详址无考）人。系陆军预四师10团一等兵。民国三十三年（1944年）九月，于湖北抗日战场阵亡。

张承受

张承受（？—1944 年） 恩施县（详址无考）人。系陆军预四师 10 团一等兵。民国三十三年（1944 年）九月，于湖北抗日战场阵亡。

聂祖平

聂祖平（？—1944 年） 恩施县（详址无考）人。系陆军预四师 11 团一等兵。民国三十三年（1944 年）九月，于湖北抗日战场阵亡。

徐孝弟

徐孝弟（？—1944 年） 恩施县（详址无考）人。系陆军六师 17 团上等兵。民国三十三年（1944 年）九月，于湖北抗日战场阵亡。

易志荣

易志荣（？—1944 年） 恩施县（详址无考）人。系陆军预四师 11 团一等兵。民国三十三年（1944 年）九月，于湖北抗日战场阵亡。

朱吉成

朱吉成（？—1944 年） 恩施县（详址无考）人。系陆军六师 18 团二等兵。民国三十三年（1944 年）九月，于湖北抗日战场阵亡。

何德崇

何德崇（？—1944 年） 恩施县（详址无考）人。系陆军六师 18 团一等兵。民国三十三年（1944 年）九月，于湖北抗日战场阵亡。

李正定

李正定（？—1944 年） 恩施县（详址无考）人。系陆军六师 18 团二等兵。民国三十三年（1944 年）九月，于湖北抗日战场阵亡。

申先元

申先元（？—1944 年） 恩施县（详址无考）人。系陆军六师 18 团上等兵。民国三十三年（1944 年）九月，于湖北抗日战场阵亡。

曾国林

曾国林（？—1944 年） 恩施县（详址无考）人。系陆军六师 18 团上等兵。民国三十三年（1944 年）九月，于湖北抗日战场阵亡。

吕瑶洲

吕瑶洲（？—1944 年） 恩施县（详址无考）人。系陆军 82 师 145 团上尉连长。民国三十三年（1944 年）九月，于云南抗日战场阵亡。

杨树先

杨树先（？—1944 年） 恩施县（详址无考）人。系陆军 53 师 389 团一等兵。民国三十三年（1944 年）九月，于云南抗日战场阵亡。

黄永顺

黄永顺（？—1944 年） 恩施县（详址无考）人。系陆军 76 师 227 团下士。民国三十三年（1944 年）九月，于云南抗日战场阵亡。

张四宝

张四宝（？—1944 年） 恩施县（详址无考）人。系陆军 27 集团军总部特务营上等兵。民国三十三年（1944 年）十月，于广西抗日战场阵亡。

杜宏玉

杜宏玉（？—1945 年） 恩施县（详址无考）人。系陆军六师 17 团一等兵。民国三十四年（1945 年）三月，于湖北抗日战场阵亡。

严华清

严华清（？—1945 年） 恩施县（详址无考）人。系陆军 19 师 56 团中士。民国三十四年（1945 年）四月，于湖南抗日战场阵亡。

任荣槐

任荣槐（？—1945 年） 恩施县（详址无考）人。系陆军 15 师 45 团上士。民国三十四年（1945 年）四月，于湖南抗日战场阵亡。

彭万必

彭万必（？—1945 年） 恩施县（详址无考）人。系陆军 121 师 363 团一等兵。民国三十四年（1945 年）七月，于广西桂林抗日战场阵亡。

谭记松

谭记松（？—1945 年） 恩施县（详址无考）人。系陆军 44 师 130 团中士班长。民国三十四年（1945 年）七月，于广西抗日战场阵亡。

余国明

余国明（？—1945 年）　恩施县（详址无考）人。系陆军 133 师 399 团上等兵。民国三十四年（1945 年）七月，于广西抗日战场阵亡。

李雄恩

李　雄（？—1944 年）　恩施县（详址无考）人。系陆军 30 师 88 团少尉。民国三十三年（1944 年）五月，于云南滇西抗日战场阵亡。

五、解放战争时期牺牲的革命英烈

谭楚云

谭楚云（生卒不详）　恩施县沐抚人。民国三十六年（1947 年）六月，参加革命，中国人民解放军二纵四旅战士。

李建南

李建南（1914—1948 年）　恩施县城关镇人。民国三十六年（1947 年）七月，参加革命，中国人民解放军八旅 22 团战士。民国三十七年（1948 年）一月，在安徽桐城执行任务时牺牲。

曾庆安

曾庆安（1927—1948 年）　恩施县板桥新田人。民国三十六年（1947 年）

十二月，参加革命，二纵六旅 18 团战士。三十七年（1948 年）六月，于河南曹头山战斗中牺牲。

华天商

华天商（1914—1948 年） 恩施县城关镇人。民国三十六年（1947 年）七月，参加革命，中国人民解放军八旅 22 团战士。民国三十七年（1948 年）六月，于山西晋中战役中牺牲。

黄世泽

黄世泽（1926—1948 年） 恩施县红土溪天落水人。民国三十七年（1948 年）参加革命，西南军区二纵队六旅 18 团战士。民国三十七年（1948 年）七月，于河南南召县刘村战斗中牺牲。1950 年，经中国人民解放军总政治部批准为革命烈士。

宋华云

宋华云（1929—1948 年） 恩施县屯堡田湾人。民国三十七年（1948 年）七月，参加革命，西南军区六纵 18 旅 54 团战士。十月于解放四川薛集战斗中牺牲。1950 年，经西南军区政治部批准为革命烈士。

马世安

马世安（1900—1948 年） 恩施县城关镇人。民国三十三年（1944 年），参加革命，中国人民解放军中国人民解放军 47 团二营四连战士。民国三十七年（1948 年）十二月，于淮海战役中牺牲。

邱金山

邱金山（1922—1948 年） 恩施县城关镇五峰山人。任中国人民解放军江汉独立第一师班长。民国三十七年（1948 年）十二月，于湖北孝感执行任务时牺牲。1954 年被批准为革命烈士。

胡 朝

胡 朝（1926—1948 年） 恩施县城关镇人。民国三十七年（1948 年）七月，参加革命，中国人民解放军 164 团三机连战士。十二月，于江苏徐州执行任务时牺牲。

姚祖伦

姚祖伦（1921—1948 年） 恩施县芭蕉苦竹笼人。民国三十七年（1948 年）七月，参加革命。中国人民解放军步兵 19 军 55 师 164 团九连战士，十二月，于淮海战役中牺牲。1951 年 5 月，经中国人民解放军总政治部批准为革命烈士。

向宽珍

向宽珍（1925—1948 年） 恩施县龙凤坝五谷庙人。民国三十六年（1947 年）参加革命。民国三十七年（1948 年）在淮海战役中牺牲。

田时远

田时远（1923—1949 年） 恩施县沙地地人，民国三十七年参加革命，中国人民解放军步兵 264 团卫生队担架员。民国三十八年（1949 年）二月，于解放天门县战争中牺牲，同年被批准为革命烈士。

贺德东

贺德东（1921—1949 年） 恩施县干溪人。民国三十七年（1948 年）参加革命。民国三十八年（1949 年）二月，于解放天门县的战斗中牺牲，当年被批准为革命烈士。

姚文明

姚文明（1927—1949 年） 恩施县新塘天桥人。民国三十八年（1949 年）五月，参加革命，中国人民解放军 15 军 43 师战士。五月，于江西省执行任务时牺牲。

陈万邦

陈万邦（1924—1949 年） 恩施县芭蕉白岩湾人。民国二十七年（1938 年），在芭蕉小学读高年级时，受到中共地下党员沈德枢、张静娴、周慕仪马列主义教育。民国二十八年（1939 年）三月，经张静娴、兰庆钊介绍加入中国共产党，翌年在咸丰初中继续从事地下党活动。民国三十年（1941 年）经党组织同意，考于国民党海军学校读书隐蔽。民国三十七年（1948 年）在上海当海军见习生。翌年 5 月，上海解放前夕，在军舰上起义，被国民党反动派杀害，英年 25 岁。新中国成立后，恩施县人民政府批准为革命烈士。

李宗朝

李宗朝（1931—1949 年） 恩施县崔家坝栀子岭人。民国三十八年（1949 年），初参加革命，中国人民解放军武汉市公安总队二团二营五连战士。七月于云南省执行任务时牺牲。

郑富堂

郑富堂（1924—1949 年）　恩施县红土溪把持人。民国三十六年（1947 年）十一月，参加革命，中国人民解放军步兵 18 兵团炮兵团战士。民国三十八年（1949 年）十月十三日，于解放西北的战斗中牺牲。1950 年，经中国人民解放军总政治部批准为革命烈士。

第四篇　中华人民共和国时期（一）

1949年11月6日，中国人民解放军湖北省军区独立二师部队解放恩施城，推翻了压在恩施人民头上几千年的帝国主义、封建主义、官僚资本主义三座大山，恩施人民开始当家做主人。在建设和发展恩施过程中，李巩一、吕松琴等牺牲自己利益，深明大义，值得永远铭记；抗美援朝，保家卫国，在祖国最需要的时候，无数恩施热血男儿奔赴朝鲜，其中有100余人奉献了宝贵生命，值得永远纪念与牢记；在中越自卫反击战中、在和平时期，都有恩施人民为理想信念奉献出自己宝贵生命的壮丽诗篇……将他们的事迹记录于此，让我们共同缅怀，牢记历史，牢记使命，矢志前行！

一、惨遭土匪和特务杀害的革命英烈

邱英杰

邱英杰（？—1950年）　河南省上蔡人，共青团员。1950年4月9日，率工作队赴车蓼坝开展“减租减息”运动，被以吴三纲为首的土匪杀害。遗体埋葬在恩施县大集场。经县人民政府追认为革命烈士。

邓炼山

邓炼山（？—1950年）　利川县团堡乡人，中国新民主主义青年团员，任

“双减”工作队员。1950 年 4 月 9 日，同邱英杰一道，赴车蓼坝开展“减租减息”运动，被以吴三纲为首的土匪杀害。安葬于恩施县大集场。经省人民政府追认为革命烈士。

陈发扬

陈发扬（？—1950 年）　湖北省枣阳县人，中国新民主主义青年团员。1950 年 4 月 9 日，同邱英杰一道，赴车蓼坝开展“减租减息”运动，被以吴三纲为首的土匪杀害。安葬于恩施县大集场。经县人民政府追认为革命烈士。

安福九

安福九（？—1950 年）　湖北省利川县人，革干毕业，中国新民主主义青年团员、“减租减息”工作队员。1950 年 4 月 9 日，同邱英杰一道，赴车蓼坝开展“减租减息”运动，被以吴三纲为首的土匪杀害。安葬于恩施县大集场。经县人民政府追认为革命烈士。

邓绍基

邓绍基（1931—1950 年）　四川省石柱县人。1947 年 12 月，参加革命，曾服役于湖北恩施军政干校。1950 年 4 月 9 日，同邱英杰一道，赴车蓼坝开展“减租减息”运动，被以吴三刚为首的土匪杀害，英年 19 岁。安葬于恩施县大集场。1950 年 11 月，川东行政公署为其家属颁发《革命牺牲军人家属光荣纪念证》。

康纪纯

康纪纯（1934—1950 年）　恩施城关六角亭人。共青团员，恩施军分区军政干部学员。1950 年 1 月，参加工作。同年 4 月 9 日，同邱英杰一道，赴车蓼坝开展“减租减息”运动，被以吴三纲为首的土匪杀害。安葬于恩施县桅杆堡。经县人民政府追认为革命烈士。

傅德明

傅德明（1924—1951 年） 山东省齐浜县人，恩施县公安局工作人员。1951 年 3 月 21 日，奉命到桅杆、大集一带调查敌社情况，行至土地老，被暴徒盛申堂、杨昌银等杀害，英年 27 岁。安葬于恩施县桅杆堡。经县人民政府追认为革命烈士。

二、抗美援朝战争中牺牲的革命英烈

曹立举

曹立举（1919—1950 年） 恩施县城郊高桥坝人。民国三十八年（1949 年）六月，参加革命，中国人民志愿军第九兵团政治处战士。1950 年 11 月，于抗美援朝咸南战斗中牺牲。1952 年，经中国人民志愿军司令部政治部批准为革命烈士。

陈学柱

陈学柱（1933—1950 年） 恩施县城关六角亭人。1949 年 12 月，参加革命，中国人民志愿军 50 军 149 师战士。1950 年 11 月，于抗美援朝猫头山战斗中牺牲。1951 年 12 月，经中国人民志愿军司令部政治部批准为革命烈士。

谢先益

谢先益（1924—1950 年） 恩施县三岔打断碑人。民国三十八年（1949 年）十月，参加革命，中国人民志愿军 148 师 444 团二营六连战士。1950 年

12 月，于抗美援朝战斗中牺牲。1951 年，经中国人民志愿军总政治部批准为革命烈士。

程文清

程文清（1930—1950 年）　恩施县三岔乡三岔口人。民国三十七年（1948 年）十二月，参加革命，任中国人民志愿军 27 军 81 师 241 团司号员。1950 年 12 月，于抗美援朝新兴里战斗中牺牲。1951 年，经中国人民志愿军总政治部批准为革命烈士。

徐延海

徐延海（1927—1951 年）　恩施县白杨坪白草池人。1950 年 2 月，参加革命，中国人民志愿军 148 师 442 团一连战士。1951 年 1 月，于朝鲜汉城战斗中牺牲。1951 年 9 月，经中国人民志愿军司令部政治部批准为革命烈士。

李仲英

李仲英（1930—1951 年）　恩施城关六角亭中山路人。1949 年 11 月，参加革命，任中国人民志愿军 50 军 150 师 448 团二营四连文化教员，曾记大功 1 次，小功 2 次。1951 年 1 月，于抗美援朝东和山战斗中牺牲。1951 年 12 月，经中国人民志愿军司令部政治部批准为革命烈士。

左世方

左世方（1932—1951 年）　恩施县城关土桥坝人。1949 年 11 月，参加革命，任中国人民志愿军 203 师 609 团二营五连文书。1951 年 1 月，于抗美援朝 6790 高地战斗中牺牲。1951 年 12 月，经中国人民志愿军司令部政治部批准为革命烈士。

陈敏善

陈敏善（1928—1951 年） 恩施县芭蕉人。民国三十八年（1949 年）一月，参加革命，中国人民志愿军 337 团一连战士。1951 年 1 月，于抗美援朝战斗中牺牲。1951 年 10 月，经中国人民志愿军总政治部批准为革命烈士。

许世焕

许世焕（1929—1951 年） 恩施县城郊高桥坝人。1950 年 1 月，参加革命，任中国人民志愿军 50 军 149 师战士。1951 年 1 月，于抗美援朝战斗中牺牲。1953 年 10 月，经中国人民志愿军司令部政治部批准为革命烈士。

谭友成

谭友成（1929—1951 年） 恩施县芭蕉火铺塘人。民国三十八年（1949 年）一月，参加革命，中国人民志愿军 368 团一营一连战士。1951 年 2 月，于抗美援朝战斗中牺牲。1951 年 10 月，经中国人民志愿军总政治部批准为革命烈士。

朱松廷

朱松廷（1923—1951 年） 恩施县城关六角亭人。民国三十六年（1947 年）五月，参加革命，中国人民志愿军 42 军 125 师 378 团三营机炮连炊事员。1951 年 2 月，于抗美援朝战斗中牺牲。

谭泽贵

谭泽贵（1931—1951 年） 恩施县芭蕉石家坡人。民国三十八年（1949 年）十月，参加革命，中国人民志愿军 51 军 510 师 449 团三连战士。1951 年

2 月，于抗美援朝战斗中牺牲。1951 年 10 月，经中国人民志愿军总政治部批准为革命烈士。

卢昌柱

卢昌柱（1926—1951 年）　恩施县城郊金风山人。1950 年 1 月，参加革命，任中国人民志愿军 60 军 197 师 537 团三营二连副班长。1951 年 2 月，于抗美援朝战斗中牺牲。1951 年 12 月，经中国人民志愿军司令部政治部批准为革命烈士。

向和清

向和清（1923—1951 年）　恩施县沙地杨柳池人，民国三十七年（1948 年）一月，参加革命，中国人民志愿军 40 军 119 师 356 团一营三连战士。1951 年 2 月，于抗美援朝战斗中牺牲。1953 年 12 月，经中国人民志愿军司令部政治部批准为革命烈士。

项天明

项天明（1923—1951 年）　恩施县城关六角亭解放路人。民国三十六年（1947 年）三月，参加革命，中国人民志愿军 117 师 351 团一连战士。1951 年 2 月，于抗美援朝战斗中牺牲。1951 年 12 月，经中国人民志愿军司令部政治部批准为革命烈士。

谢德贵

谢德贵（1930—1951 年）　恩施县芭蕉人。民国三十八年（1949 年）十月，参加革命，中国人民志愿军 445 团一营三连战士。1951 年 2 月，于抗美援朝战斗中牺牲。经中国人民志愿军 50 军政治部批准为革命烈士。

许远高

许远高（1930—1951 年） 恩施县屯堡人。1949 年 12 月，参加革命，任中国人民志愿军 60 军后勤部科员。1951 年 3 月，在抗美援朝战斗中牺牲。1954 年，经中国人民志愿军司令部政治部批准为革命烈士。

沈定寿

沈定寿（1929—1951 年） 恩施县龙凤三龙坝人。民国三十八年（1949 年）十月，参加革命，中国人民志愿军 40 军 118 师 353 团三营八连战士。1951 年 4 月，于抗美援朝战斗中牺牲。1952 年 2 月，经中国人民志愿军司令部政治部批准为革命烈士。

黄世海

黄世海（1933—1951 年） 恩施县白果白果坝人。1950 年 7 月，参加革命，任中国人民志愿军 15 军 44 师 103 团二营机枪连卫生员。1951 年 5 月，于抗美援朝春川县大水洞战斗中牺牲，记一等功 1 次。1951 年 12 月，经中国人民志愿军司令部政治部批准为革命烈士。

龚长庆

龚长庆（1922—1951 年） 恩施县太阳河横槽人。民国三十七年（1948 年）十二月，参加革命，任中国人民志愿军 34 师 101 团司令部收发员。1951 年 5 月，于抗美援朝战斗中牺牲。1951 年 12 月，经中国人民志愿军司令部政治部批准为革命烈士。

陈帝卿

陈帝卿（1928—1951 年）　恩施县三岔和湾人。1949 年 12 月，参加革命，中国人民志愿军 12 军 100 团七连战士。1951 年 5 月，于抗美援朝战斗中牺牲。1951 年 10 月，经中国人民志愿军总政治部批准为革命烈士。

甘登扬

甘登扬（1928—1951 年）　恩施县干溪干溪坝人。1949 年 11 月，参加革命，任中国人民志愿军 12 军 31 师汽车技工。1951 年 5 月，于抗美援朝战斗中牺牲。1951 年 9 月，经中国人民志愿军司令部政治部批准为革命烈士。

张昌喜

张昌喜（1926—1951 年）　恩施城关六角亭人。民国三十八年（1949 年）四月，参加革命，任中国人民志愿军 42 军炊事班长。1951 年 5 月，于抗美援朝战斗中牺牲。1951 年 12 月，经中国人民志愿军司令部政治部批准为革命烈士。

张贤义

张贤义（1928—1951 年）　恩施县城郊高桥坝人。1950 年 6 月，参加革命，中国人民志愿军 179 师 357 团六连战士，中共党员。1951 年 6 月，于抗美援朝第五次战斗中牺牲。1951 年 8 月，经中国人民志愿军司令部政治部批准为革命烈士。

刘仁全

刘仁全（1931—1951 年）　恩施县白杨坪人。1949 年 12 月，参加革命，共青团员，中国人民志愿军12军34师101团二营五连战士，立一等功1次。1951年6月，于朝鲜三登里街战斗中牺牲。1951年10月，经中国人民志愿军司令部政治部批准为革命烈士。

向吉祥

向吉祥（1929—1951年） 恩施县崔家坝鸦鹊水人。民国三十六年（1947年）五月，参加革命，任中国人民志愿军29师87团二连排长。1951年6月，于抗美援朝战斗中牺牲。1954年，经中国人民志愿军司令部政治部批准为革命烈士。

张后才

张后才（1921—1951年） 恩施县城关镇人。民国三十七年（1948年）七月，参加革命，任中国人民解放军164团三机枪连班长。1951年7月，于抗美援朝战斗中牺牲。1951年12月，经中国人民志愿军司令部政治部批准为革命烈士。

余以文

余以文（1930—1951年） 恩施县龙马煤泥坝人。1949年12月，参加革命，中国人民志愿军战士。1951年，于抗美援朝战斗中牺牲。1951年9月，经中国人民志愿军司令部政治部批准为革命烈士。

冯应高

冯应高（1930—1951年） 恩施县板桥老鸹石人。1951年5月，参加革命，任中国人民志愿军609团二营二连通讯员。1951年10月，于抗美援朝战斗中牺牲，英年21岁。1953年3月，经中国人民志愿军司令部政治部批准为革命烈士。

叶　森

叶　森（1922—1951 年）　恩施县城关六角亭新民街人。1950 年参加革命，中国人民志愿军战士。1951 年 10 月，于抗美援朝战斗中牺牲。1952 年 12 月，经中国人民志愿军司令部政治部批准为革命烈士。

周仕银

周仕银（1928—1951 年）　恩施县芭蕉三尖龙人。民国三十八年（1949 年）八月，参加革命，中国人民志愿军 47 军 139 师 417 团警卫连战士。1951 年 10 月，于抗美援朝临津江东阻击战中牺牲。1952 年 2 月，经中国人民志愿军司令部政治部批准为革命烈士。

杨旭山

杨旭山（1930—1951 年）　恩施县七里坪瓦庙子人。1949 年 12 月，参加革命，中共党员，中国人民志愿军 35 师 103 团四连战士。1951 年 11 月，于抗美援朝战场上牺牲。1952 年 9 月，经中国人民志愿军司令部政治部批准为革命烈士。

林金山

林金山（1915—1951 年）　恩施县城关小渡船飞机村人。1949 年 12 月，参加革命，中国人民志愿军战士。1951 年，于抗美援朝战场失踪。1951 年 12 月，经中国人民志愿军司令部政治部批准为革命烈士。

田达玉

田达玉（1920—1951 年）　恩施县太阳河白果坪人。民国三十七年（1948

年）十月，参加革命，中国人民志愿军战士。1951 年冬季，于抗美援朝战斗中牺牲。1953 年 10 月，经中国人民志愿军司令部政治部批准为革命烈士。

罗祥胜

罗祥胜（1928—1951 年） 恩施县龙凤长坎人。民国三十八年（1949 年）五月，参加革命，中国人民解放军二野三兵团八军 31 师二营五连战士。1951 年于朝鲜战场失踪。1982 年经县人民政府批准为革命烈士。

向光略

向光略（1928—1952 年） 恩施县沙地柳池人，民国三十八年（1949 年）八月，参加革命，任中国人民志愿军 609 团三营四连战士。1952 年 1 月 30 日于抗美援朝战争中牺牲。1952 年 3 月，经中国人民志愿军司令部政治部批准为革命烈士。

田启林

田启林（1926—1952 年） 恩施县双河小河湾人。民国三十八年（1949 年）一月，参加革命，中国人民志愿军 45 师炮兵连战士。1952 年 5 月，因朝鲜战场负伤回国在华北第二后方医院牺牲。1952 年，经中国人民志愿军司令部政治部批准为革命烈士。

熊开凤

熊开凤（1926—1952 年） 恩施县熊家岩黑林坝人。1951 年 4 月，参加革命，志愿军 203 师 609 团三连战士。1952 年 6 月，于抗美援朝战斗中牺牲。1953 年 6 月，经中国人民志愿军司令部政治部批准为革命烈士。

杨富如

杨富如（1928—1952 年）　恩施县七里坪瓦庙子人。民国三十八年（1949 年）初参加革命，为中国人民志愿军战士。1952 年 6 月，于朝鲜战斗中牺牲。

刘明安

刘明安（1925—1952 年）　恩施县屯堡卢家湾人。民国三十七年（1948 年）十一月，参加革命，任中国人民志愿军 44 师 203 团九连班长。1952 年 7 月，于抗美援朝战斗中牺牲。1952 年 12 月，经中国人民志愿军司令部政治部批准为革命烈士。

袁吉山

袁吉山（1923—1952 年）　恩施县白杨坪香树坪人。1949 年 11 月，参加革命，中国人民志愿军 44 师 130 团警卫连战士。1952 年 7 月，在抗美援朝战斗中牺牲。1952 年 12 月，经中国人民志愿军司令部政治部批准为革命烈士。

刘宪华

刘宪华（1930—1952 年）　恩施县舞阳坝土桥坝人。民国三十八年（1949 年）二月，参加革命，中国人民志愿军 100 团一营三连战士。1952 年 8 月，于抗美援朝战斗中牺牲。1952 年 12 月，经中国人民志愿军司令部政治部批准为革命烈士。

李万树

李万树（1916—1952 年）　恩施县熊家岩白岩头人。民国三十八年（1949 年）四月，参加革命，中国人民志愿军 609 团一营三连战士。1952 年 8 月，在抗美援朝天德山战斗中牺牲。1952 年 12 月，经中国人民志愿军司令部政治部批准为革命烈士。

蒋远清

蒋远清（1925—1952 年） 恩施县芭蕉大鱼龙人。1951 年 5 月，参加革命，中国人民志愿军 609 团二营四连战士。1952 年 9 月，于抗美援朝东线战斗中牺牲。1953 年 3 月，经中国人民志愿军司令部政治部批准为革命烈士。

唐全孝

唐全孝（1928—1952 年） 恩施县白杨坪鹿子渡人。1951 年 5 月，参加革命，中国人民志愿军 609 团二营四连战士。1952 年 9 月，于抗美援朝战斗中牺牲。1952 年 12 月，经中国人民志愿军司令部政治部批准为革命烈士。

常伦贵

常伦贵（1914—1952 年） 恩施县熊家岩黑林坝人。1951 年 5 月，参加革命，中国人民志愿军 609 团一营五连战士。1952 年 9 月，于抗美援朝战斗中牺牲。1952 年，经中国人民志愿军司令部政治部批准为革命烈士。

史家友

史家友（1929—1952 年） 恩施县城关六角亭人。1951 年 6 月，参加革命，中国人民志愿军 609 团一营一连战士。1952 年 9 月，于抗美援朝战斗中牺牲。1952 年 12 月，经中国人民志愿军司令部政治部批准为革命烈士。

聂永华

聂永华（1925—1952 年） 恩施县三岔设塘坪人。1949 年 12 月，参加革命，任中国人民志愿军15师344团六连副班长。1952年9月，于抗美援朝战斗中牺牲。1952年12月，经中国人民志愿军司令部政治部批准为革命烈士。

陈自新

陈自新（1924—1952年） 恩施县七里坪鸭子塘人。1949年12月，参加革命，中共党员，任中国人民志愿军345团三营八连班长。1952年10月，于抗美援朝战斗中牺牲。1952年12月，经中国人民志愿军司令部政治部批准为革命烈士。

黄兴元

黄兴元（1927—1952年），恩施县红土帅家垭人。民国三十八年（1949年）六月，参加革命，任中国人民志愿军38军43师339团一营战士。1952年10月，于抗美援朝战斗中牺牲。

牟炳烈

牟炳烈（1933—1952年） 恩施县龙马猫子山人。1949年12月，参加革命，中国人民志愿军15军警卫营一连战士，荣立二等功1次。1952年10月，于上甘岭战斗中牺牲。1952年12月，经中国人民志愿军司令部政治部批准为革命烈士。

宋傅明

宋傅明（1926—1952年） 恩施县沐抚堰塘村人。民国三十七年（1948年）四月，参加革命，任中国人民志愿军29师87团二连政治指导员，中共党员。1952年11月，于朝鲜上甘岭537.3高地战斗中牺牲。1953年3月，经中国人民志愿军司令部政治部批准为革命烈士。

沈定怀

沈定怀（1931—1952 年） 恩施县熊家岩大转拐人。民国三十八年（1949 年）九月，参加革命，中国人民志愿军 31 师 12 团二营六连战士。1952 年 11 月，于抗美援朝五圣山战斗中牺牲。1953 年 3 月，经中国人民志愿军司令部政治部批准为革命烈士。

胡魁武

胡魁武（1929—1952 年） 恩施县七里坪核桃坝人。1952 年 12 月，参加革命，中国人民志愿军 60 军 544 团二营五连战士。1952 年 11 月，于抗美援朝战斗中牺牲。1953 年 1 月，经中国人民志愿军 60 军政治部批准为革命烈士。

秦　彬

秦　彬（1924—1952 年） 恩施县白杨坪百草池人。1949 年 11 月，参加革命，中国人民志愿军战士。1952 年，于抗美援朝战斗中失踪。1964 年 1 月，经县人民委员会批准为革命烈士。

王昌才

王昌才（1929—1952 年） 恩施县龙凤杜家坝人。1949 年 12 月，参加革命，中国人民志愿军战士。1952 年，于抗美援朝战斗中牺牲。1952 年 12 月，经中国人民志愿军司令部政治部批准为革命烈士。

李天祥

李天祥（1933—1952 年） 恩施县罗针猫儿山人。民国三十八年（1949 年）十月，参加革命，任中国人民志愿军 60 军 180 师 540 团通讯员。1952 年，于抗美援朝战斗中失踪。1952 年 12 月，经中国人民志愿军司令部政治部批准为革命烈士。

崔柏安

崔柏安（1925—1952 年）　曾用名崔忠友，恩施县盛家坝人。民国三十八年（1949 年）初参加革命，中国人民志愿军战士。1952 年于朝鲜失踪。1982 年恩施县人民政府批准为革命烈士。

向东海

向东海（1917—1952 年）　恩施县沐抚高台人。民国三十八年（1949 年）初参加革命，中国人民志愿军战士。1952 年，于抗美援朝战斗中失踪。1963 年 9 月，经县人民委员会批准为革命烈士。

谭永富

谭永富（1921—1952 年）　恩施县沐抚人。民国三十七年（1948 年）参加革命，中国人民志愿军战士。1952 年，在抗美援朝战斗中失踪。1963 年 9 月，经县人民委员会批准为革命烈士。

向兴元

向兴元（1932—？年）　恩施县白果肖家坪人。民国三十八年（1949 年）初参加革命，中国人民志愿军战士。1952 年，于抗美援朝战斗中失踪。经中国人民志愿军司令部政治部批准为革命烈士。

袁钦锡

袁钦锡（1928—？年）　恩施县红土赵家湾人。1951 年参加革命，中国人民志愿军战士，于1952年朝鲜战场失踪。1963年，经县人民委员会批准为革命烈士。

艾笃辕

艾笃辕（1931—1953年） 恩施县屯堡人。1951年3月，参加革命，中国人民志愿军战士。1953年于抗美援朝战斗中失踪。1953年1月，经中国人民志愿军司令部政治部批准为革命烈士。

余 荣

余 荣（1934—1953年） 恩施县太阳河人。1949年12月，参加革命，任中国人民志愿军炮二师31团三营九连观测员。1953年1月，于抗美援朝战场牺牲。1953年10月，经中国人民志愿军司令部政治部批准为革命烈士。

谢先鸿

谢先鸿（1931—1953年） 恩施县太阳河白果坪人。民国三十七年（1948年）八月，参加革命，中国人民志愿军47军139师警卫营工兵二连战士。1953年2月，于抗美援朝战斗中牺牲。1953年10月，经中国人民志愿军司令部政治部批准为革命烈士。

廖祖余

廖祖余（1930—1953年） 恩施县沙地麦子淌人。1952年10月，参加革命，中国人民志愿军136师407团四连战士，共青团员。1953年2月，于抗美援朝战斗中牺牲。1953年5月，经中国人民志愿军司令部政治部批准为革命烈士。

段金武

段金武（1926—1953 年） 恩施县干溪皂角湾人。1950 年参加革命，中共党员，任中国人民志愿军 197 师 537 团三营九连副班长。1953 年 3 月，于抗美援朝战斗中牺牲。1953 年 12 月，经中国人民志愿军司令部政治部批准为革命烈士。

刘景志

刘景志（1934—1963 年） 恩施县屯堡卢家湾人。1951 年 3 月，参加革命，中国人民志愿军 46 军 137 师 410 团五连战士。1953 年 3 月，于抗美援朝战斗中牺牲。1953 年 10 月，经中国人民志愿军司令部政治部批准为革命烈士。

姚祖江

姚祖江（1934—1953 年） 恩施县芭蕉苦竹笼人。1952 年 9 月，参加革命，中国人民志愿军 46 军 136 师 407 团二营四连战士。1953 年 3 月，于抗美援朝战斗中牺牲。1953 年 12 月，经中国人民志愿军司令部政治部批准为革命烈士。

龙显富

龙显富（1931—1953 年） 恩施县龙凤五谷庙人。1952 年 9 月，参加革命，中国人民志愿军 46 军 128 师战士。1953 年 3 月，于抗美援朝战斗中牺牲。1953 年 12 月，经中国人民志愿军司令部政治部批准为革命烈士。

黄永照

黄永照（？—1953 年） 恩施县红土石板场人。民国三十六年（1947 年）

七月，参加革命，任中国人民志愿军46军137师409团二营五连战士。1953年4月，于抗美援朝战斗中牺牲。

李荣富

李荣富（1929—1953年） 恩施县红庙集镇人。1952年9月，参加革命，中国人民志愿军136师407团高机连战士。1953年4月，于抗美援朝黄道海长礼郡战斗中牺牲。1953年9月，经中国人民志愿军司令部政治部批准为革命烈士。

陈家寿

陈家寿（1928—1953年） 恩施县崔家坝香炉坝人。1952年10月，参加革命，中国人民志愿军46军136师407团三营七连战士。1953年5月，于抗美援朝战斗中牺牲。1953年10月，经中国人民志愿军司令部政治部批准为革命烈士。

何光瑞

何光瑞（1924—1953年） 恩施县白杨坪石桥子人。1952年9月，参加革命，中国人民志愿军136师407团二营五连战士。1953年5月，于抗美援朝战斗中牺牲。1953年12月，经中国人民志愿军司令部政治部批准为革命烈士。

侯义差

侯义差（1932—1953年） 恩施县红土笋子淌人。1952年10月，参加革命，中国人民志愿军46军136师407团战士。1953年5月，于抗美援朝战斗中牺牲。1953年10月，经中国人民志愿军司令部政治部批准为革命烈士。

张贤志

张贤志（1924—1953 年）　恩施县城郊高桥坝人。1950 年 11 月，参加革命，中国人民志愿军 60 军 180 师 540 团三营八连战士，中共党员。1953 年 5 月，于抗美援朝战斗中牺牲。1953 年 5 月，经中国人民志愿军司令部政治部批准为革命烈士。

徐光寿

徐光寿（1931—1953 年）　恩施县石窑大河沟人。1952 年 10 月，参加革命，中国人民志愿军 46 军 136 师战士。1953 年 5 月，于抗美援朝战斗中牺牲。1953 年 12 月，经中国人民志愿军司令部政治部批准为革命烈士。

王子华

王子华（1929—1953 年）　恩施县太阳河中河人。1952 年 9 月，参加革命，中国人民志愿军 46 军 136 师三团七连战士。1953 年 6 月，于抗美援朝战斗中牺牲。1953 年 10 月，经中国人民志愿军司令部政治部批准为革命烈士。

范金山

范金山（1920—1953 年）　恩施县沙地秋木大池坝人。1949 年 12 月，参加革命，任中国人民志愿军 98 团一营三连副班长。1953 年 6 月，于抗美援朝战场牺牲。1953 年 11 月，经中国人民志愿军司令部政治部批准为革命烈士。

黄国泰

黄国泰（1927—1953 年）　恩施县大山顶瓦屋坪人。民国三十七年（1948 年）七月，参加革命，任中国人民志愿军 97 团二营六连班长。1953 年 6 月，于抗美援朝鱼隐战斗中牺牲。1953 年 12 月，经中国人民志愿军司令部政治部批准为革命烈士。

曾忠良

曾忠良（1922—1953 年） 恩施县太阳河楠木桥人。民国三十七年（1948 年）一月，参加革命，任中国人民志愿军 33 师 19 团二营七连副指导员。1953 年 6 月，于抗美援朝上甘岭战斗中牺牲。1953 年 11 月，经中国人民志愿军司令部政治部批准为革命烈士。

周先凤

周先凤（1930—1953 年） 恩施县屯堡人。1951 年 5 月，参加革命，中国人民志愿军 203 师 609 团五连战士，中共党员。1953 年 6 月，于抗美援朝东线反击战中牺牲。1953 年 10 月，经中国人民志愿军司令部政治部批准为革命烈士。

唐成文

唐成文（1932—1953 年） 恩施县小渡船飞机村人。1952 年 9 月，参加革命，中国人民志愿军 46 军 136 师 407 团战士。1953 年 6 月，于抗美援朝战斗中牺牲。1953 年 10 月，经中国人民志愿军司令部政治部批准为革命烈士。

向曾荣

向曾荣（1932—1953 年） 恩施县红庙出水洞人。民国三十八年（1949 年）八月，参加工作，任中国人民志愿军一军七师 20 团副班长。1953 年 6 月，于抗美援朝战斗中牺牲。1953 年 12 月，经中国人民志愿军司令部政治部批准为革命烈士。

于和科

于和科（1930—1953 年）　恩施县城郊龙洞人。1950 年 1 月，参加革命，任中国人民志愿军 60 军 197 师 537 团二营卫生班长。1953 年 6 月，于抗美援朝战斗中牺牲。1953 年 11 月，经中国人民志愿军司令部政治部批准为革命烈士。

蒲元珠

蒲元珠（1930—1953 年）　恩施县白果乌池人。民国三十七年（1948 年）七月，参加革命，任中国人民志愿军 33 师 99 团一营三连排长，共青团员。1953 年 6 月，于抗美援朝鱼隐战斗中牺牲。1953 年 10 月，经中国人民志愿军司令部政治部批准为革命烈士。

龚广平

龚广平（1920—1953 年）　恩施县沙地双龙人。民国三十八年（1949 年）十月，参加革命，中国人民志愿军工兵 18 团战士。1953 年 6 月，于抗美援朝战斗中牺牲。1953 年 10 月，经中国人民志愿军司令部政治部批准为革命烈士。

李明福

李明福（1927—1953 年）　恩施县三岔设塘坪人。1952 年 10 月，参加革命，中国人民志愿军 136 师 407 团二营四连战士。1953 年 7 月，于抗美援朝战斗中牺牲。1953 年 9 月，经中国人民志愿军司令部政治部批准为革命烈士。

吕兴贵

吕兴贵（1931—1953 年）　恩施县太阳河羊角山人。1951 年 3 月，参加革命，任中国人民志愿军203师师直通讯连通讯员。1953年7月，于抗美援朝夏季反击战中牺牲。1953年10月，经中国人民志愿军司令部政治部批准为革命烈士。

谭志林

谭志林（1919—1953年） 恩施县龙凤桂花树人。民国三十八年（1949年）初参加革命，中国人民志愿军战士。1953年7月，于抗美援朝战斗中牺牲。1953年10月，经中国人民志愿军司令部政治部批准为革命烈士。

丁春雷

丁春雷（1936—1953年） 恩施城关六角亭解放路人。1950年参加革命，任中国人民志愿军60军179师537团一连副班长，中共党员。1953年7月，于抗美援朝战斗中牺牲。1953年12月，经中国人民志愿军司令部政治部批准为革命烈士。

石世民

石世民（1938—1953年） 恩施县舞阳坝金子坝人。1952年8月，参加革命，共青团员，任中国人民志愿军46军136师407团高机连通讯员。1953年7月，于抗美援朝黄海道长五郡石村里战斗中牺牲。1953年8月，经中国人民志愿军司令部政治部批准为革命烈士。

付年风

付年风（1923—1953年） 恩施县新塘小古龙人。1950年1月，参加革命，任中国人民志愿军60军179师班长。1953年7月，于抗美援朝战斗中牺牲。1953年12月，经中国人民志愿军司令部政治部批准为革命烈士。

杨宏生

杨宏生（1930—1953 年）　恩施县三岔和湾人。1951 年 5 月，参加革命，中国人民志愿军 203 师师直工兵连战士。1953 年 7 月，于抗美援朝夏季反击战中牺牲。1953 年 11 月，经中国人民志愿军司令部政治部批准为革命烈士。

金万林

金万林（1929—1953 年）　恩施县干溪柳树沟人。1952 年 10 月，参加革命，中国人民志愿军 46 军 136 师 407 团二营四连战士。1953 年 7 月，于抗美援朝战斗中牺牲。1953 年 10 月，经中国人民志愿军司令部政治部批准为革命烈士。

陈福坤

陈福坤（1925—1953 年）　恩施县罗针坎家村人。1950 年 12 月，参加革命，中国人民志愿军 46 军 136 师战士。1953 年 8 月，于抗美援朝战斗中牺牲。1953 年 10 月，经中国人民志愿军司令部政治部批准为革命烈士。

徐德平

徐德平（1926—1953 年）　恩施县双河中岭人。1950 年 3 月，参加革命，中国人民志愿军战士。1953 年，于抗美援朝战斗中牺牲。1953 年 10 月，经中国人民志愿军司令部政治部批准为革命烈士。

康忠西

康忠西（1928—1953 年）　恩施县崔家坝腰牌人。民国三十八年（1949 年）初参加革命，中国人民志愿军 31 师 92 团一营二连战士。1953 年 11 月，于抗美援朝战斗中牺牲。1953 年 12 月，经中国人民志愿军司令部政治部批准为革命烈士。

田炳茹

田炳茹（1925—1953 年） 恩施县沙地鹤峰口茶园坡人。1949 年 11 月，参加革命，中国人民志愿军 40 军 148 师 444 团三营九连战士，共青团员。1953 年 11 月，于抗美援朝战斗中牺牲。1953 年 12 月，经中国人民志愿军司令部政治部批准为革命烈士。

余万定

余万定（1930—1953 年） 恩施县板桥长槽人。1950 年 12 月，参加革命，中国人民志愿军 98 团一营三连战士。1953 年 6 月，于抗美援朝战斗中牺牲。1953 年 12 月，经中国人民志愿军司令部政治部批准为革命烈士。

方孝元

方孝元（1932—1953 年） 恩施县沐抚河塘人。民国三十七年（1948 年）参加革命，任中国人民志愿军 60 军 180 师 540 团三营七连班长。1953 年 12 月，于抗美援朝战斗中牺牲。1953 年 12 月，经中国人民志愿军司令部政治部批准为革命烈士。

张德敬

张德敬（1929—1954 年） 恩施县崔家坝中村人。民国三十八年（1949 年）初参加革命，任中国人民志愿军 399 师三营营部电话员。1954 年 2 月，于抗美援朝战斗中牺牲。

周胜凯

周胜凯（1932—1955 年）　恩施县白杨坪白马塘人。1952 年 1 月，参加革命，中国人民志愿军战士。1955 年 7 月，于抗美援朝战斗中牺牲。1955 年，经中国人民志愿军司令部政治部批准为革命烈士。

傅元华

傅元华（1926—？年）　恩施县红土下米坨人。民国三十八年（1949 年）初参加革命，中国人民志愿军战士。于抗美援朝战场失踪。1963 年，经县人民委员会批准为革命烈士。

田逢义

田逢义（1922—1956 年）　恩施县沙地白岩寨人。1949 年 11 月，参加革命，任中国人民志愿军 842 部队电话班长，中共党员。1956 年 9 月，于抗美援朝战场执行公务时牺牲。1956 年 9 月，经中国人民志愿军司令部政治部批准为革命烈士。

三、对越自卫反击战中牺牲的革命英烈

陈永东

陈永东（1958—1979 年）　恩施县三岔二房人。1977 年 1 月，参加革命，中国人民解放军 53645 部队 53 分队战士。1979 年 2 月，于越南中越边境自卫反击战中牺牲。1979 年 4 月，经中国人民解放军 53645 部队政治处批准为革命烈士。

关洪成

关洪成（1960—1979 年） 恩施县新塘峁子山人。1978 年 3 月，参加革命，中国人民解放军 53470 部队 53 分队战士。1979 年 3 月，于对越自卫反击战越南广渊战斗中牺牲。1979 年 4 月，经中国人民解放军总政治部批准为革命烈士。

方进一

方进一（1958—1979 年） 恩施县城关镇栖凤桥人。1978 年 3 月，参加革命，中共党员，中国人民解放军某部特务连战士。1979 年 3 月，于对越自卫反击战中越边境战斗中牺牲。1979 年 3 月，经中国人民解放军 53463 部队批准为革命烈士。

郑万顺

郑万顺（1958—1979 年） 恩施县红庙金子坝人。1978 年 3 月，参加革命，人民解放军步兵 483 团战士，立三等功 1 次。1979 年 3 月，于对越自卫反击战中越边境战斗中牺牲。1979 年 3 月，经中国人民解放军 53463 部队批准为革命烈士。

谭代权

谭代权（1953—1979 年） 恩施县三岔二房人。1978 年 1 月，参加革命，中国人民解放军 53470 部队 51 分队战士，立二等功 1 次。1979 年 3 月，于越南空瓦自卫反击战中牺牲。1979 年 4 月，经中国人民解放军 53470 部队政治处批准为革命烈士。

四、和平时期牺牲的革命英烈

黄先德

黄先德（1926—1949 年）　恩施县龙马保扎人。民国三十七年（1948 年）九月，参加革命，中国人民解放军某部战士。1949 年 11 月，于四川省椿木槽剿匪战斗中牺牲。经西南军区政治部批准为革命烈士。

万常兴

万常兴（1929—1949 年）　恩施县七里坪人。1949 年 11 月，参加革命，步兵 12 军 31 师 92 团战士。1949 年 12 月，于四川新津县执行任务时牺牲。

黄朝贵

黄朝贵（？—1950 年）　恩施县城关六角亭人。1949 年 12 月，参加革命，中国人民解放军 13 军 37 师 109 团战士。1950 年 1 月，因公牺牲。

黄光明

黄光明（1925—1950 年）　恩施县红庙田家湾人。1950 年 2 月，参加革命，中国人民解放军西南军区 60 军 179 师 356 团一营三连战士。1950 年 3 月，于四川省执行任务时牺牲。

余以申

余以申（？—1950 年）　恩施县屯堡马者人。1949 年 12 月，参加革命，恩施革命干部学校学员。1950 年 4 月，于宣恩县晓关执行任务时被土匪杀害。1951 年，经湖北省人民政府批准为革命烈士。

朱元俊

朱元俊（1933—1950 年） 恩施县白杨坪人。1949 年 12 月，参加革命，恩施革命干校学员。1950 年 4 月，于宣恩晓关被土匪杀害。1951 年，经湖北省人民政府批准为革命烈士。

詹厚钱

詹厚钱（1928—1950 年） 湖北省随县人。民国三十六年（1947 年）加入革命队伍，先后为区中队、独立营和恩施县公安局战士。1950 年 12 月，于清江桥头站哨，被反革命分子、土匪杀害。

罗义福

罗义福（？—1950 年） 恩施县红庙田家湾人。民国三十八年（1949 年）入伍。1950 年，于陕西镇压反革命中牺牲。

周应和

周应和（1929—1951 年） 恩施县舞阳坝五峰山人。1950 年参加革命，中国人民解放军 552 团二连战士。1951 年 1 月，于四川盐源县执行任务时牺牲。

王耀银

王耀银（1922—1951 年） 恩施县城关六角亭人。民国三十八年（1949 年）二月，参加革命，中国人民解放军四野 50 军战士。1951 年 3 月，于吉林通化执行任务时牺牲。

李光银

李光银（1931—1951 年）　恩施县七里坪九岭冈人。1949 年 12 月，应征入伍，解放军战士。1951 年 3 月，于河北沧县失踪。1951 年 3 月，中国人民志愿军 60 军政治部批准为革命烈士。

李大辉

李大辉（1923—1951 年）　恩施县七里鸭溪渡人。民国三十八年（1949 年）八月，参加革命，中国人民解放军步兵 22 兵团 640 团一营机枪连战士。1951 年 4 月，于河南蔡欣县剿匪战斗中牺牲。

谭家贤

谭家贤（1931—1951 年）　恩施县三岔鸦沐羽人。1951 年，应征入伍，任中国人民解放军战士。1951 年 6 月，于训练中牺牲。1951 年 6 月，中南军区政治部批准为革命烈士。

袁有楣

袁有楣（生年不详）　恩施县太阳河双河岭人。1950 年，应征入伍，任公安总队通讯员。1952 年 4 月 16 日因公牺牲。

曾友清

曾友清（1933—1952 年）　恩施县太阳河双河岭人。1950 年参加中国人民解放军，任公安总队通讯员。1952 年 4 月 16 日牺牲。

向修荣

向修荣（1929—1953 年） 恩施县七里寨沟人。1950 年 1 月，参加革命，任中国人民解放军步兵四军 12 师 36 团一营三连副班长。1953 年 2 月，于云南丽江县执行任务时牺牲。

黄立甫

黄立甫（1933—1953 年） 恩施县红土乌鸦坝人。1951 年 4 月，参加革命，任中国人民解放军 0148 部队三支队军工一连通讯员。1953 年 9 月，于海南岛文昌县执行任务时牺牲。1953 年 10 月，经中国人民解放军四野司令部政治部批准为革命烈士。

杨应森

杨应森（1933—1954 年） 恩施县芭蕉朱砂溪人。1950 年 12 月，参加革命，中共党员，公安总队二团五连战士。1954 年在武汉抗洪抢险中牺牲。1954 年 6 月，经中国人民解放军总政治部批准为革命烈士。

钱明常

钱明常（1930—1955 年） 恩施县罗针罗针田人。1955 年 3 月，参加革命，公安部队内卫 53 团战士。1955 年 10 月，于湖北武昌军训中牺牲。1955 年 10 月，经中南军区批准为革命烈士。

龚绍恒

龚绍恒（1924—1956 年） 恩施县城关六角亭街道人。1949 年 11 月，参加革命，中南军区 31 师 92 团战士。1956 年 2 月，于四川修建西康铁路失踪。

经中国人民解放军西南军区331师92团批准为革命烈士。

于琴堂

于琴堂（1929—1956年）　恩施县白杨坪人。1949年11月，参加革命，任中国人民解放军二野18军52师155团文书。1956年，在四川牺牲。

陈光宪

陈光宪（1926—1957年）　恩施县红庙集镇人。1950年7月，参加革命，中共党员，任公安部队内卫骑兵团机炮连副班长。1957年5月，于四川金马山执行任务时牺牲。1957年6月，经成都军区司令部批准为革命烈士。

陈能伽

陈能伽（1933—1960年）　恩施县龙凤坝人。1952年11月，参加工作，任城关派出所户籍警察。1960年8月因公牺牲。

蒋德仁

蒋德仁（1940—1963年）　恩施县盛家坝弯田人。1958年11月，参加革命，中共党员，任中国人民解放军步兵85111部队11师给水营二连班长。1963年7月，于吉林省浑江市三岔子军事演习中牺牲。1963年9月，经中国人民解放军总政治部批准为革命烈士。

吴荆华

吴荆华（1929—1965年）　恩施县崔家坝芭蕉园人。1949年12月，参加工作，中共党员，任中国人民解放军成都军区总医院排长。1965年2月，于四川成都执行任务时牺牲。1965年12月，经成都军区批准为革命烈士。

凌兰惠

凌兰惠（1937—1966 年） 女，湖南省衡阳市人。1951 年 3 月，参加工作，任恩施县城郊粮站会计。1966 年 8 月，因从事专案工作被反革命分子杀害。1966 年 10 月，经湖北省人民政府批准为革命烈士。

谭争荣

谭争荣（1948—1967 年） 恩施县白杨坪石楼门人。1965 年 8 月，参加革命，中国人民解放军步兵 6900 部队直属队战士。1967 年 10 月，于湖南长沙市执行任务时牺牲。1967 年 10 月，经中国人民解放军总政治部批准为革命烈士。

黄开玉

黄开玉（1942—1967 年） 恩施县熊家杨蒿枝淌人。1965 年 8 月，参加革命，共青团员，中国人民解放军 130 部队 390 团二营五连战士。1967 年 10 月，于湖南长沙市执行公务时牺牲。1967 年 10 月，经中国人民解放军总政治部批准为革命烈士。

杨顺国

杨顺国（1949—1968 年） 恩施县芭蕉庳口人。1968 年参加革命，武汉空军 2916 部队一营七连战士。1968 年 9 月，于河南鲁山县八六八二工地执行任务时牺牲。1968 年 11 月，经中国人民解放军总政治部批准为革命烈士。

徐仕康

徐仕康（1943—1968 年） 恩施县沙地楠木金盆人。1963 年 10 月，参加革命，中国人民解放军 3335 部队战士。1968 年 11 月因病逝世。1969 年 1 月经中国人民解放军总政治部批准为革命烈士。

胡安明

胡安明（1947—1969 年） 恩施县屯堡花枝山人。1965 年 3 月，参加革命，任中国人民解放军 8226 部队班长。1969 年 6 月，于湖北沙洋农场执行任务时因翻车事故牺牲。1969 年 6 月，经中国人民解放军总政治部批准为革命烈士。

杨顺旺

杨顺旺（1949—1969 年） 恩施县芭蕉人。1968 年 4 月，应征入伍，中国人民解放军某部战士。1969 年 9 月，在某施工过程中牺牲。中国人民解放军总政治部批准为革命烈士。

李垂明

李垂明（1947—1970 年） 恩施县白杨坪大湾人。1969 年 3 月，参加革命，中国人民解放军 9634 部队战士。1970 年 8 月，于江苏徐州执行任务时因公牺牲。1970 年 8 月，经中国人民解放军总政治部批准为革命烈士。

李方建

李方建（1949—1970 年） 恩施县双河下坝人。1969 年 3 月，参加革命，中国人民解放军步兵 9702 部队战士。1970 年 9 月，于山东省青岛执行任务时牺牲。1970 年 9 月，经中国人民解放军总政治部批准为革命烈士。

谭遵福

谭遵福（1949—1971 年） 恩施县沙地黄广田盘龙溪人。1970 年 12 月，参加革命，中国人民解放军452部队战士。1971年1月，于陕西省韩城县因公牺牲。1977年1月，经中国人民解放军总政治部批准为革命烈士。

刘自林

刘自林（1949—1971年） 恩施县七里兴隆槽人。1971年3月，参加革命，共青团员，中国人民解放军陆军7852部队战士。1971年12月，于西藏波密县牺牲。1972年1月，经中国人民解放军总政治部批准为革命烈士。

葛坤登

葛坤登（1950—1972年） 恩施县沐抚新开湾人。1971年1月，参加革命，共青团员，中国人民解放军后勤部332部队战士。1972年8月，在四川省隆昌县军训中牺牲。1972年9月，经中国人民解放军总政治部批准为革命烈士。

傅洪岸

傅洪岸（1951—1974年） 恩施县红土笋子淌人。1971年1月，参加革命，共青团员，中国人民解放军步兵汽车20团战士。1974年7月，于西藏昌都川藏公路线执行公务时因翻车事故牺牲。1974年8月，经中国人民解放军总政治部批准为革命烈士。

李先亚

李先亚（？—1974年） 恩施县七里柳州城人。20世纪60年代参军，任武汉军区后勤部军医。1974年因公殉职，经武汉军区批准为革命烈士。

李大顺

李大顺（1952—1975年） 恩施县沙地楠木园人。1970年1月，参加革命，中共党员，任中国人民解放军 622 部队一分队班长。1975 年 2 月，于西藏执行公务时牺牲。1975 年 2 月，经中国人民解放军总政治部批准为革命烈士。

蔡贻照

蔡贻照（1953—1975 年）　恩施县龙马二岩人。1971 年 1 月，参加革命，人民解放军步兵 998 军三连战士。1975 年 5 月，于四川执行国防施工任务时牺牲。1975 年 5 月，经中国人民解放军总政治部批准为革命烈士。

李大清

李大清（1952—1975 年）　恩施县沙地鹤峰口樟木坝人。1970 年参加革命，中共党员，任中国人民解放军 622 部队一分队班长。1975 年 5 月，在西藏执行公务时牺牲。1975 年 2 月，经中国人民解放军总政治部批准为革命烈士。

黄振海

黄振海（1951—1975 年）　恩施县龙凤太阳坡人。1971 年 6 月，参加革命，7852 部队汽车二十团战士。1975 年 6 月，于川藏公路二郎山 252 公里处因翻车事故牺牲。1975 年 7 月，经中国人民解放军 7852 政治处批准为革命烈士。

付昌远

付昌远（1952—1975 年）　恩施县罗针茶园人。1972 年 12 月，参加工作，中国人民解放军某部战士。1975 年 8 月，于湖北襄樊执行任务时牺牲。1975 年 9 月，中国人民解放军总政治部批准为革命烈士。

杨昌银

杨昌银（1953—1975 年）　恩施县七里周河人。1971 年 1 月，参加革命，中国人民解放军步兵汽车20团六连战士。1975年12月，因执行公务在川藏公路南线乐达山西3公里翻车牺牲。1975年12月，经中国人民解放军总政治部批准为革命烈士。

郑从明

郑从明（1952—1976年） 恩施县红土铁厂坝人。1971年1月，参加革命，中国人民解放军步兵汽车20团二营八连副班长。1976年5月，于四川雅安县执行运输任务时因翻车事故牺牲。1976年5月，经中国人民解放军总政治部批准为革命烈士。

钟文东

钟文东（1959—1976年） 恩施县三岔杨天坪人。1969年4月，参加革命，中国人民解放军8342部队123团二营四连战士，立三等功1次。1976年6月，于四川涪陵县执行公务时牺牲。1976年7月，经中国人民解放军总政治部批准为革命烈士。

刘宏波

刘宏波（？—1976年） 湖北麻城县城关人。1974年，加入中国人民解放军，恩施县公安局刑警中队战士。1976年7月，执行公务时牺牲。

曾凡高

曾凡高（1954—1976年） 湖北天门县彭市人。1975年，应征入伍，恩施县公安局消防中队战士。1976年8月，于宣恩县椒园执行公务时牺牲。

向开富

向开富（1952—1977年） 恩施县红庙高桥人。1970年1月，参加革命，中国人民解放军步兵5603部队汽车驾驶员。1977年7月，于四川雅安执行任务时牺牲。1977年8月，经中国人民解放军总政治部批准为革命烈士。

黄本俊

黄本俊（1958—1978年）　恩施县红土白果坪人。1977年1月，参加革命，共青团员，中国人民解放军34312部队战士。1978年5月，于湖北襄樊市因公牺牲。1978年6月，经中国人民解放军总政治部批准为革命烈士。

罗吉存

罗吉存（1949—1978年）　恩施县崔家坝鸦鹊水人。1971年1月，参加革命，共青团员，任中国人民解放军00423部队602分队副排长，立三等功1次。1978年11月，于陕西韩城县执行任务时牺牲。1978年11月，经中国人民解放军总政治部批准为革命烈士。

许义和

许义和（1955—1978年）　恩施县沙地黄广田黄家垭人。1971年1月，参加革命，中共党员，中国人民解放军0042部队410分队汽车驾驶员。1978年12月，于陕西韩城县执行公务时牺牲。1979年1月5日经中国人民解放军政治部批准革命烈士。

第五篇　中华人民共和国时期（二）

恩施地处鄂西南山区，是湖北西南地区政治、经济、文化的中心。新中国成立之初，百业待兴，在各级党委、政府的正确领导下，在王英先、王长富、方成宽等党政军领导人的带领下，恩施各族人民轰轰烈烈地开展社会主义建设，坚持积极发展生产，保障社会供给，稳定社会局面，提高人民生活水平。特别是中共十一届三中全会以来，坚持改革开放，恩施发生了翻天覆地的变化，公路密如蛛网，“铁（路）、公（路）、机（航空）”立体建设，把恩施与外界紧紧连接在一起，恩施已经成为宜居、宜业、宜乐（旅游）的乐园。人民生活质量、健康水平随着国力的强盛和科技的发展同步提高。恩施各族人民在党和政府的领导下，辛勤奉献，谱写出新时代的传奇。

本篇收录的政界军界、农业交通、科技教育、医疗卫生、文学艺术届的人物，他们或兢兢业业、或深明大义、或忘我无私……是他们，用行动诠释了人民的伟大。

一、政界人物

潘和林

潘和林（1933—1955 年）　民国二十二年（1933 年）3 月出生，恩施县白果金龙坝流横塘人，中共党员。曾任湖北液压电厂党委书记，团级。民国三十八年（1949 年）8 月，白果区见天坝人刘海如在当地招募兵员，潘和林亦前应募，参加国民党部队，开赴四川成都不久被解放，参加中国人民解放军，后入朝参战。停战协定后，转业到湖北液压电厂任党委书记，县团级。1990年7月因病逝世，终年58岁。

石　源

石　源（1923—1963年）　原名邸殿楷，河北涜县人，原恩施县委书记。民国二十八年（1939年）4月，参加革命，同年10月加入中国共产党。抗日战争时期，于涜县坚持敌后斗争，任中共涜县敌工部部长。解放战争中随军南下，于湖北省黄梅县任区委书记、县委副书记。1950年5月，调入恩施专区，任宣恩县委副书记。1952年11月，任恩施县委副书记。1953年7月，任恩施县委书记。1954年1月，任恩施地委委员、地委秘书长，宣传部长。1955年10月，任地委第二书记。1956年7月，任恩施专署专员。1957年4月，任地委副书记。石源调入鄂西后，保持着战争年代的优良作风，处处以身作则，关心干部，联系群众，深入调查研究，为鄂西山区的建设事业鞠躬尽瘁，献出毕生精力。在恩施工作期间，石源经常深入基层，调查研究，提出全县发展思路，要求全县外来干部与山区人民群众建立深厚感情，共同建设新山区。1954年到恩施地委任职后，分管政治、思想理论战线和工农业生产工作。为了解情况，石经常下基层，曾步行到海拔1800多米的椿木营、新塘、齐岳山等高山边远地区。1958年冬，为疏通清江河道，石源不顾天寒地冻，深入工地，与工程人员一道下水劳动。1963年1月14日，石源带病到芭蕉区调查研究，经过几天几夜连续紧张的工作，肝脏疼痛，头晕，不能入睡。他强忍住疼痛，草拟山区发展规划。18日晚回到地委，与有关战线负责人研究。19日不幸病逝，终年40岁。石源在恩施工作13年，坚持实事求是，不搞浮夸，拒绝宣传他个人事迹。生活上克己奉公，艰苦朴素，平易近人，从不搞任何特殊。石源病逝后，其灵柩安葬于五峰山烈士陵园。1963年2月，省民政厅批准石源为革命烈士。

向正凤

向正凤（1930—1971年）　民国十九年（1930年）3月出生，恩施县白果下村坝人，曾任甘肃省交通厅副厅长。民国三十六年（1947 年）被征加入国民党部队，后于成都被解放，转而参加中国人民解放军。1951 年入朝参战。1961 年退伍。曾任甘肃省交通厅副厅长。1971 年 6 月逝世，终年 42 岁。

李巩一

李巩一（1907—1974 年） 恩施市城关镇人，小学文化程度。原县恩施政协副主席。社会知名人士。民国十年（1921 年）开始经商，先后当学徒、店员，自资经管“李钧记”布店，后独资、合资经营花纱布业。1950 年 5 月，在恩施县第一届各界人民代表会上，当选为常务委员会委员、副主席、恩施县人民法庭审判员。1954 年 2 月，在恩施县各界人民代表会议第三届六次会议上，当选为恩施县选举委员会常务委员、副主席。1955 年以后，先后任公私合营黎明布店经理、国营县纺织品公司门市部主任，县商业局副局长，县工商联主委、恩施专区工商联办事处主委、省工商联常委、全国工商联代表大会代表，恩施县人民代表大会第一至第六届人民代表、县人民委员会委员，县政协第一至五届专职驻会副主席。1974 年 8 月因病逝世，享年 67 岁。

尚怀庆

尚怀庆（1919—1977 年） 河北邢台县后河岔人，高中文化程度，中共党员，原恩施县委书记、县长。民国三十二年（1943 年）五月，加入中国共产党。民国三十四年（1945 年）八月，参加革命，在山东省、河南省先后任区武装委员会主任、区长、区委书记、副县长等职。民国三十八年（1949 年）九月，随军南下，先后任恩施专署财政科长、中共宣恩县委书记等职。1956 年，任专署副专员。1958 年 4 月至 1960 年 7 月，兼任中共恩施县委书记处书记、恩施县政府（人委）县长。1977 年于恩施因病逝世，终年 58 岁。

徐成根

徐成根（1933—1977 年） 湖北房县人。中共党员，原恩施县委副书记，县政协副主席。1951 年 1 月，在房县土改训练班学习后分配工作，任五区土改工作队队员、财粮干事、文书。1952 年 6 月，加入中国共产党。同年 8 月调恩施地区工作，历任恩施专署转建委员会财会人员，专署人事科科员、副科长、科长，专署统计科科长。1957 年 11 月至 1966 年 5 月，先后任恩施县芭蕉、沐抚区委书记，县委宣传部部长，县委副书记，县政协第五届副主席。1970 年 1 月任县“革命委员会”副主任。1971 年 1 月调恩施地区工作，先后担任地区“革委会”农林局负责人，地区人民医院“革委会”副主任等领导职务。1977 年 10 月因病逝世，终年 44 岁。

彭自英

彭自英（1925—1983 年） 民国十四年（1925 年）出生，恩施县太阳河金峰山人，大专文化，中共党员。曾任湖北省麻城县县长。民国三十八年（1949 年）入伍。1950 年考入武汉军政大学。1952 年 7 月毕业分配到某军分区任参谋长，转业后任湖北省麻城县县长、麻城县国棉纺织厂党委书记兼行政科长。1983 年 3 月在麻城逝世，终年 54 岁。

王保芝

王保芝（1926—1986 年） 曾用名王宝芝，民国十五年（1926 年）1 月出生，山东省栖霞市人，初中文化，中共党员，原政协鄂西土家族苗族自治州委员会主席。民国三十二年（1943 年）参加革命工作，在房县、龙口、南漳、保康等县区公安战线工作，历任公安局组长、股长、所长，县委副书记等职，后调往湖北省农村工作队任科长、副处长。“文革”期间调入恩施，先后担任中共巴东县委书记、恩施县“革委会”副主任、党的核心领导小组副组长、恩施地区天池山“五七”干校校长、恩施地委副书记、鄂西土家族苗族自治州政协主席等职。1986 年因病逝世，享年 60 岁。

杨荣耀

杨荣耀（1920—1986 年） 重庆万州区人，大专文化。曾当选为恩施县人大常委会副主任、恩施县政协副主席。民国三十一年（1942 年），湖北省立高级护士职业学校毕业。先后在湖北教育学院医务室、省立施南卫生事务所、省立恩施医院、恩施专署人民医院、县人民医院工作，历任护士、护士长、医助、医师、副院长等职。行医 40 年。曾当选为县人民代表，县人民委员会第五、六届委员，县人大常委会第八届副主任。恩施县政协第一至六届委员，第六届副主席，市政协第一届常委。1983 年 12 月退休。1986 年因病逝世，享年 66 岁。

吴定源

吴定源（1919—1989 年） 恩施县（详址无考）人。原恩施县政协副主席。民国三十三年（1944 年），武昌中华大学毕业。民国三十四年（1945 年）后，先后任恩施高中、恩施中学教员、总务主任，恩施高农学校教员、教导主任。恩施县政协第二至六届委员、常委，第六届副主席。鄂西土家族苗族自治州政协第一届常委。1973 年退休。1987 年 3 月主编《恩施市地理史料》。1989 年 2 月因病逝世，享年 70 岁。

申志杨

申志杨（1931—1989 年） 恩施市舞阳坝五峰山人，中共党员，原恩施县委常委、县“革委会”副主任。自幼读私塾，小学文化，成年后，随父耕种课田，以农耕为生。1951 年，在恩施城东门杂货店当营业员。1952 年，调一区（七里）供销合作社任副主任，同年加入中国共产党。1953 年，任太阳河供销合作社副主任。1956 年，调恩施县供销联社工作。1957 年，调恩施县人民法院工作。1958 年，调恩施县公安局任侦察股股长。1959 年，在武汉进修，获大专学历。1960 年，任沙地公社（区）党委副书记。1962 年，调恩施县公安局工作。1963 年，任建始县社教工作队队长。1966 年至 1972 年，任大集区委书记兼“革委会”主任，受到“造反派”的批斗。他把握大局，保持大集区稳定局面。1969 年 10 月 1 日，赴北京参加新中国成立 20 周年国庆观礼。1972 年，任恩施县委委员、县委常委、县“革委会”副主任、县委宣传部部长。1979 年下半年，调湖北省中药材研究所任党委书记，在高寒的长岭岗带领工人建房子，开挖药材基地，呕心沥血，日夜操劳，积劳成疾。1984 年身患肺病，坚守工作一年后病休。1989 年逝世，终年 58 岁。

王英先

王英先（1920—1993 年）　河北栾城人，小学文化，中共党员，水利专家、作家。新中国成立后，中共恩施县委首任书记。王出生于普通农民家庭。民国二十五年（1934 年）读小学时，因受进步教师影响，参加中共地下党组织革命活动。民国二十七年（1938 年）6 月，参加八路军。抗日战争时期，先后担任八路军 129 师 358 旅排长、指导员、教导员和豫西六支队团副政委，嵩南县委书记等职务。民国三十一年（1942 年），获太行六分区“头等战斗英雄”称号。解放战争时期，任陕南军区三九团政委。民国三十八年（1949 年）2 月随军南下，先后任湖北随州、枣阳县委书记、江汉独立二师 11 团政委。后参加解放荆门、宜昌等地的多次战斗，并率部配合四野所属部队解放鄂西。1949 年 11 月 7 日，王英先任恩施县委书记。1952 年 11 月，调任恩施地委组织部长。1953 年 4 月，任地委副书记。同年 9 月，任地委书记兼恩施军分区党委书记。在县委、地委主要领导期间，坚持党的领导，依靠人民群众，圆满完成建立新政权、培训干部、支前运输、剿匪反霸、土地改革、“减租减息”、平息暴乱等各项任务。1956 年 12 月，王英先转入水电战线工作，先后担任黄河三门峡工程局浇筑分局党委书记，工程局副局长党委副书记。1960 年至 1961 年，任水电部水利水电建设总局副局长。1961 年至 1965 年，任广西桂林地委代书记。1965 年至 1981 年，任水电部副部长。1980 年至 1987 年，任水电部顾问。1987 年，任水电部治淮水利委员会主任。1964 年，王英先根据在恩施地区清匪反霸的亲身经历，创作 38 万字的长篇小说《枫香树》出版发行。1990 年，《枫香树》被改编为 10 集电视连续剧《天池山血泪》，荣获中南地区电视剧节目三等奖。1982 年离休。1990 年 2 月，出版描写水电建设改革的长篇小说《春江风雨》。1993 年 9 月在北京逝世，享年 74 岁。

李嘉诲

李嘉诲（1902—1993 年）　字惠民，光绪二十八年（1902 年）出生，湖北省孝感县人，大学文化，地方教育知名人士。原恩施县人民政府副县长。民国十七年（1928 年），国立武昌高等师范学校（武汉大学前身）毕业，先后任湖北省立师范学校主任，襄阳五中主任，湖北联中乡村师范利川分校主任校长，湖北恩施师范学校校长。1957 年，当选为恩施县副县长。任校长期间，以“教师是人类灵魂工程师”为校训治校，带领师生身体力行，形成学风正、考风严、校风好的氛围。聘师按“学高为师，德高为范”的原则，多选聘或接纳武汉大学国立师范学院毕业的优秀生任教，形成阵容整齐，素质较高的教师队伍。教学以“全面发展，学有所长”为标准，要求学生在学好已开设课程的基础上，突出自身特长与爱好，广泛学习。始终坚守讲台，所教数学在当时被公认为湖北省教育界中学教学的“四大金刚”之一。授课思维严密、语言简洁、由浅入深、循序渐进、板书规范；为人温文尔雅，关心教师，爱护学生，有口皆碑。一生淡泊名利，民国时期，几次被推荐担任某县县长，却不为所动。新中国成立后，同行聘请其回武汉出任某大学教授，他婉言谢绝。任恩施师范校长近 20 年，为恩施培养一大批优秀的中小学教师，其治校精神、人格风范影响着恩施教育界几代人。1954 年，当选为省人大代表。1956 年 8 月至 1993 年，先后为恩施县市第二、三、四、五届人民委员会委员、副县长，体育运动委员会主任，科学工作委员会副主任，恩施县政协一至六届副主席，恩施市政协一至三届常委。为政期间，为人正直，为官清廉，做事认真负责，工作成效明显。1993 年逝世，享年 91 岁。

宋光红

宋光红（1945—1996 年） 民国三十四（1945 年）3 月出生，高中文化，恩施市沐抚木贡人，中共党员，恩施州档案局（馆）原局（馆）长。1961 年参加工作。1966 年，加入中国共产党。先后任恩施市沐抚区供销社营业员、沐抚区营上公社党委书记、中共沐抚区委副书记、中共恩施县委副书记、县“革委会”副主任、中共恩施县委副书记兼恩施城关镇党委第一书记、镇“革委会”主任、恩施县人民政府副县长、州粮食局党组书记局长、州农委副主任、州农业战线党委委员，州水产局党组书记、局长，州档案馆馆长、州档案局（馆）党组书记局（馆）长。1996 年 8 月逝世，终年 51 岁。

郑建涛

郑建涛（1921—1997年）　民国十年（1921年）3月出生，河南唐河县毕店人，初中文化程度。恩施市人大常委会原主任。民国三十二年（1943年）2月，参加工作，3月，在太岳四分区轮训队学习。12月至翌年7月，先后任太岳四分区十七团一连文书、文化干事。民国三十三年（1944年）7月，加入中国共产党。民国三十四年（1945年）8月，任山西沁水第四纵队十三旅三十七团一连党支部书记。12月，先后任山西沁水第四纵队十三旅电台见习报务员、报务员。民国三十六年（1947年）11月，任豫西六分区电台报务员、报务主任。1949年10月，任河南南阳军分区电台队长。1950年4月，任河南省军区电台分队长。1950年11月，任中南通信学校中队长。1952年4月至1954年9月，先后在中南空军18师、23师任通信连连长。1954年10月至1958年9月，先后任中南空军19师通信科副科长、科长。1958年9月转业，任恩施专区机电局副局长。1959年3月，任恩施专区交通局总站党委副书记。1963年5月至1980年11月，历任恩施县人民委员会委员、副县长、代理县长、县“革命委员会”副主任、兼任恩施县科学工作委员会副主任、县“革命委员会”生产指挥组组长、县委工交政治部主任、县直工交战线党委副书记、书记。1976年10月，当选为中共恩施县第四、五届委员会委员、常务委员。1980年12月，当选为恩施县第八届人民代表大会常务委员会主任、任党组书记。1983年3月离休，10月享受副专员级待遇。1984年6月至1987年11月，任政协恩施市第一届委员会常务委员。1997年7月因病逝世，享年76岁。

李富云

李富云（1913—1998年）　民国二年（1913年）1月出生，河北省邢台市人，中共党员，原政协恩施县委副主席。民国二十七年（1938年），加入中国共产党，同年10月，参加工作。民国三十六年（1947年）10月，随部队南下，历任财粮助理员、司务长、总务长。1949年11月，任恩施专署财政科科员。1950年4月始，先后任恩施县粮食局局长、财粮科副科长、财政科副科长、科长、供销合作社主任等职。1955 年2 月始，先后任城市工作部部长、财贸部部长、中共恩施县第一至三届委员会委员、常委，组织部部长、恩施县政协第二、三届副主席。1966 年 10 月，任恩施县文化革命领导小组副组长。1972 年离休。1998 年 12 月因病逝世，享年 85 岁。

蒲译滨

蒲译滨（1928—1998 年） 又名蒲心大。民国十七年（1928 年）6 月出生，恩施市白果见天坝人，中共党员，原陕西省计划委员会正处级咨询员。民国三十七年（1948 年）6 月参加中国人民解放军，在华东野战军后勤部汽车团当学员和车务员。民国三十八年（1949 年）4 月加人中国共产党。1950 年以后历任西北野战军后勤部汽车一团排长，连副政治指导员，总后青藏办事处汽车一团连政治指导员，团政治处宣传股长，政治处副主任。1967 年在国务院联合接待站工作，后在青海柴达木运输公司，陕西省“革委会”生产组工作，任陕西省“革委会”生产组政治部宣传组组长。1973 年到陕西省计划委员会工作，先后任政治处副处长，正处级咨询员。1990 年 8 月离休。1998 年 8 月在西安逝世，享年 71 岁。

白俊生

白俊生（1923—1999 年） 民国十二年（1923 年）8 月出生，河北省南和县东三召村人，初中文化程度，中共党员，原县人大常委会副主任。民国三十一年（1942 年）10 月，参加工作，同时加入中国共产党。在东三召村从事民兵工作，任党小组长、民兵指导员。民国三十六年（1947 年）2 月，任河北省十分区南宫补充团一营新兵连连长。4 月，任二野二纵四旅十团二营机枪连副排长。民国三十六年（1947 年）11 月，任湖北省黄冈军分区十三团二连副排长。民国三十八年（1949 年）至 1951 年，先后任湖北省圻春县大队一连副排长、副指导员。1951 年在湖北省委党校学习。1951 年 11 月至 1953 年 2 月，先后任恩施行署人事民政科科员、森林工业局秘书股股长。1953 年 3 月至 1954 年 11 月，在省委党校文化速成中学学习。1954 年 12 月，任恩施地委监察委员会工作员、监察员。1959 年 7 月，任恩施县监察委员会副书记。1968 年任恩施地区车坝水电站指挥部副指挥长。1970 年至 1973 年 2 月，先后任恩施县“革命委员会”政工组副组长、县计划委员会副主任。1973 年 2 月至 1979 年 8 月，任中共恩施县委组织部副部长，兼任县直党政群战线党委副书记、书记。1979 年 8 月至 1981 年 5 月，任中共恩施县纪律检查委员会副书记。1979 年 7 月，当选为中共恩施县第五届委员会委员。1980 年 12 月，当选为恩施县第八届人民代表大会常务委员会副主任，任党组成员。1981 年 10 月至 1983 年 8 月，任县政法小组副组长。1985 年 12 月离休。1999 年 12 月因病逝世，享年 76 岁。

杨　艺

杨　艺（1919—2000 年）　民国八年（1919 年）8 月出生，北京市门头沟人。初中文化，中共党员。原中共恩施县委书记。民国二十九年（1940 年）参加革命，民国三十一年（1942 年）2 月加入中国共产党。民国二十九年（1940 年）7 月至民国三十年（1941 年）7 月，在河北省昌苑区区公所任生产助理员，晋察冀区联大 14 队学员。民国三十年（1941 年）8 月至民国三十三年（1944 年）9 月，历任河北省蔚县四区区公所生产助理、代理区长。民国三十四年（1945 年）8 月至民国三十六年（1947 年）12 月，任河北省良乡县秘书，一区区委书记。民国三十七年（1948 年）5 月至民国三十八年（1949 年）6 月，在南下大队部江汉军区党委组织部湖北省委组织部任干事。民国三十八年（1949 年）7 月至 1950 年 11 月，任湖北省委干部学校三七队协调员。1950 年 12 月至 1953 年 9 月，任恩施地委组织部干部科副科长、科长。1953 年 10 月至 1955 年 12 月，任中共利川县委书记。1955 年至 1967 年 1 月，任中共恩施县委书记、恩施地委组织部长、地委委员。1967 年 2 月至 1968 年 1 月，任恩施地区“革命委员会”抓革命促生产指挥部副指挥长和车坝电站指挥部指挥长。1970 年 10 月，任 330 工程恩施民兵师副政委。1973 年 1 月至 1980 年 2 月，任恩施地区农办副主任、农村政治部副主任。1980 年 3 月至 1983 年 11 月，任恩施地委统战部部长。1983 年 12 月至 1988 年 10 月，任鄂西土家族苗族自治州政协第一届副主席，届满离休。2000 年 8 月因病逝世，享年 82 岁。

邓相臣

邓相臣（1931—2001年） 民国二十年（1931年）1月出生，土家族，恩施市芭蕉乡人，初中文化程度，中共党员，市人大常委会原副主任。1951年8月，参加工作。1952年12月加入中国共产党。1951年8月至1955年9月，先后任土改工作组组长、共青团大集区委书记、中共恩施县委组织部组织员。1955年9月至1957年1月，任中共恩施县第二区（白杨）区委书记。1957年1月至1963年8月，先后任中共白杨区委、白杨人民公社党委第一书记、书记。1963年8月至1965年10月，任新塘区委委员、书记。1965年10月至1979年10月，历任恩施县农业科副科长，大集区委副书记、区“革命委员会”副主任，三岔人民公社党委副书记、书记、区“革命委员会”主任。1979年10月至1982年4月，先后任恩施县“革命委员会”副主任、副县长兼城关镇党委书记。1982年5月至1983年3月，任恩施市第一届人民政府副市长。1983年3月至1991年1月，任恩施市人民代表大会第一、二、三届常务委员会副主任。1984年3月至1991年2月，任市人大常委会党组成员。1992年3月退休。邓相臣是中共恩施县第一、二、三、五届委员会候补委员，中共恩施市第一届委员会委员。2001年6月因病逝世，享年70岁。

曹　辉

曹　辉（1917—2002年） 河南省信阳市人，初中文化程度，中共党员，恩施县公安局首任局长。民国二十七年（1938年）8月，参加革命工作。民国二十八年（1939年）10月，加入中国共产党。民国三十八年（1949年）9月，任中共恩施县委委员（当时未设常委会）、县委社会部部长。1949年11月，任县公安局局长。1950年5月，任县公安局党支部书记、县人民法庭副庭长、审判长（兼）。1951年，兼任中共恩施县委太阳、龙马、柑树土地改革临时工作委员会书记。1952年11月，任调整后的县委委员。1953年9月至1958年8月，任行署副专员兼行署公安处处长。2002年因病逝世，享年85岁。

李启发

李启发（1929—2002 年）　山西省长子县岳阳人，初中文化程度，中共党员，原恩施县公安局局长。民国十三五年（1946 年）11 月参军，于第四纵队随营学校学习。民国三十六年（1947 年）2 月，在河南南阳县山区工作。民国三十八年（1949 年）2 月加入中国共产党，南下任四支队文书。11 月，任恩施县鸦鹊区团支部书记。1952 年任鸦鹊区公所区长。1954 年，任恩施县人事科长。1956 年，任恩施县人民检察院检察长。1958 年 11 月，任恩施县公安局局长。1967 年至 1970 年，任恩施县“革委会”政工组长、330 水利工程恩施县民兵团团长。1971 年至 1984 年，任恩施地区（州）公安局副局长、局长。1984 年至 1994 年，任恩施州政法委副书记。2002 年因病逝世，享年 73 岁。

沈德枢

沈德枢（1919—2003 年）　化名孙德枢，又名沈许生。恩施县太阳河人，初中文化，中共党员，曾任中共湖北省委常委。民国二十一年（1932 年），沈到宜昌初中学习，参加校读书会，接触大量红色书籍，思想进步，积极参加社会活动。民国二十四年（1935 年）8 月，加入中国共产党，先后被地下党组织派往巴东、建始、恩施、宣恩、咸丰等地进行革命宣传活动。民国二十七年（1938 年），沈被党组织派往恩施，安排与他一道回恩施的张静娴（女，恩施县龙凤坝人）和周慕仪（女，广东人）在芭蕉区中心小学任教，沈任教导主任。同年 9 月，沈在施南“特委”支部的指导下，发展张静娴加入中国共产党，建立党小组，沈任组长。11 月，中共芭蕉特别支部成立，沈任“特支”书记。翌年 2 月，沈调任咸丰区委书记，兼管宣恩两个党支部。5 月，“恩施工委”撤销，组成中共“施鹤特委”，沈调任中共建始县委书记。6 月，中共“施鹤特委”撤销，成立中共恩施中心县委，沈任宣传部长，兼任建始县委书记。11 月 14 日，中共恩施中心县委撤销，成立中共“施巴特委”，沈为委员。民国二十九年（1940 年）1 月，沈受中共“施巴特委”选派，辗转赴延安参加中国共产党第七次代表大会。解放战争时期，沈历任平绥铁路西段管理局秘书、怀仁县委宣传部长、绥蒙区党委城工部情报站副站长兼大同县工委城工部副部长、绥蒙军政大学教育科长。新中国成立后，沈历任武汉军管会副秘书长、桂林军管会副秘书长、桂北区党委秘书长、广西省委办公厅主任、桂林地委书记、广西省委常委、宣传部长、国务院第五办公室综合组组长、湖北省委财贸部副部长。1958 年后，历任黄石市委书记处书记、市长、市委第一书记兼市人武部第一政委、党委第一书记、湖北省委常委、黄石市“革委会”副主任、政协黄石市第三四届委员会主席。1970 年，调离黄石市。沈一生崇尚真理，淡泊名利，为人刚直，为官清廉，注意工作方法，注重工作实际。2003 年 8 月在襄樊逝世，享年 84 岁。

向昌烈

向昌烈（1929—2003 年） 民国十八年（1929 年）4 月出生，土家族，恩施市沙地楠木园人，中共党员，大学文化。民国三十六年（1947 年）9 月，在恩施县简师读书。1950 年 3 月，在恩施城区革命干部学校学习。1950 年 9 月，任巴东野三关土改工作队队员。1952 年 10 月，调湖北省人民银行武昌分行工作。1953 年 9 月，被选送到清华大学热处理系读书。1956 年 7 月毕业，分配到洛阳拖拉机厂（实为制造坦克的军工企业）铸钢制造分厂任党委书记（行政 14 级正处级）。1989 年 4 月退休。2003 年因病去逝，享年 74 岁。

徐国钦

徐国钦（1924—2006 年） 湖北谷城县人，大专文化，中共党员，中共恩施市委第一任书记。民国三十八年（1949 年）3 月，在谷城县知识分子培训班学习，参加工作。民国三十八年（1949 年）6 月，在谷城县盛塘区二组联合小学任校长。1950 年 3 月，在湖北人民革命大学读书。8 月，在湖北省团训班学习。10 月，在共青团恩施县工委工作，任副书记。1952 年，加入中国共产党。1953 年 5 月，任中共太阳区委书记。1954 年 9 月始，任恩施县宣传文教部副部长、部长。1958 年 6 月始，先后任沐抚公社党委书记、芭蕉区委书记。1965 年 1 月，任中共恩施县委副书记。1972 年 5 月，在恩施县委办公室工作。1976

年9月，任恩施县农业局副局长。1979年4月始，先后任中共恩施县委副书记、政协恩施县委员会主席。1982年4月，任中共恩施市委书记。1983年12月，当选为中共湖北省第四次代表大会代表。1984年1月，任中共恩施市委顾问。1990年12月离休。徐作为南下干部，长期坚持在恩施市（县）一线工作，致力于当地经济和社会发展。2006年3月因病逝世，享年82岁。

王应南

王应南（1934—2007年）　土家族，恩施市芭蕉白岩村人，初中文化程度，中共党员，一级警督，恩施市（县）公安局原局长。1952年8月，参加工作，任大集区公所工作员。1953年1月，调恩施县公安局工作。1956年2月，加入中国共产党。1965年10月，任恩施县公安局政保股副股长。1971年1月，任恩施县“革委会”专案组组长。1973年1月，任恩施县“革委会”燃料化学工业科副科长。1974年10月，任恩施县委工交政治部干事。1977年11月，任恩施县委工交政治部、县“革委会”工交办公室副主任。1978年7月，任恩施县公安局副局长。1981年12月，任恩施县公安局局长。1984年3月，任恩施市公安局局长。1985年1月，任恩施市政法委员会副书记。1991年3月，任恩施市直政法战线党委副书记。1994年退休。2007年因病逝世，享年73岁。

辛仲斋

辛仲斋（1921—2007年）　山东肥城县安临人，初中文化程度，中共党员，原恩施县公安局局长。民国二十七年（1938年）1月，任山东西区人民抗敌自卫团副班长。民国二十七年（1938年）6月，加入中国共产党，任山东八路军六支队二营班长、排长兼政治员。民国二十八年（1939年）12月，任山东六支队四团政治处锄奸科干事、政治侦察组长。民国三十一年（1942年）1月，任冀鲁豫二分区即115师三四三旅政治部锄奸科干事、中原军区一纵二旅四团队长、政治指导员等。1946年5月，经组织批准离队养病。民国三十六年（1947年）3月，于鄂西北地区被捕坐牢。6月，于豫、皖、苏地区归队。8

月，任大别山白雀支队区中队副队长、连长、区长。民国三十八年（1949 年）8 月，在湖北省委干校接受审查。1950 年 1 月，任恩施县桅杆堡区区长。1952 年 7 月至 1956 年 8 月，任县公安局副局长、局长，其间任县监察委员会委员。1956 年 8 月，任恩施行署监察处副处长。1981 年离休，明确为副州级离休干部。2007 年于恩施病逝，享年 86 岁。

黄长富

黄长富（1936—2008 年） 恩施市舞阳坝五峰山人（祖籍三岔乡二龙寺）。恩施县人民政府原副县长。少时读私塾，后给地主家放牛。1952 年土地改革时参加工作，任二龙乡治安主任。1954 年任三岔区二龙乡民兵队长。1955 年任龙凤区鸭子塘乡人民政府文书，同年，加入中国共产党。同年 6 月在恩施专署财经干校培训学习。1956 年任龙凤区鸭子乡人委秘书。1961 年任灯塔区五峰公社党委书记。1967 年任灯塔区七里公社大校长。1969 年任灯塔区七里公社党委书记。1972 年任灯塔区长堰公社党委书记。1974 年任灯塔区委委员兼长堰公社党委书记，期间，领导全社开展农业学大寨群众运动，兴修水库，社队公路，建电站、办社队企业，成果显著。1975 年 2 月，长堰塘公社被评为湖北省农业学大寨先进单位，黄长富出席全省表彰大会，并在武昌洪山礼堂作典型发言。1975 年任恩施县七里公社党委书记、管安会主任。其间带领全社各级干部和广大群众，治山治水治土，改造生产条件，修通全社通大队、通小队的公路，建电站，兴人畜饮水工程，大办社队企业，开山办茶厂、园艺场，改变全社山山水水面貌，多次受到恩施地委、恩施县委表彰。1982 年任恩施县副县长。1984 年因将大山顶草场建设项目资金挪用建阳鹊坝至吉心公路，被开除党籍、撤职处分，降为行政副科级。1995 年退休。2008 年因病逝世，享年 72 岁。

胡荫安

胡荫安（1944—2008 年） 民国三十三年（1944 年）2 月出生，大学文化，湖北武汉洪山区人，中共党员，高级工程师，中共恩施市委原书记。1976

年9月，加入中国共产党。1951年9月至1957年8月在武汉市洪山区青林小学读书。1957年9月至1963年8月在武汉市第十五中学读书。1963年9月考入华中工学院电机系发配电专业学习。1968年12月毕业，分配到建始县电厂工作，任技术员。1972年5月至1984年3月在建始县供电所工作，先后担任技术员、助理工程师、工程师、副所长、所长。1984年3月至1985年6月任建始县水电局局长。1985年6月至1992年1月任建始县副县长、常务副县长。1992年2月至1993年6月任恩施市委副书记、市长。1993年7月至1997年4月任恩施市委书记。1997年4月，任中共恩施州委常委、宣传部长。2001年7月，任恩施州委常委、秘书长。2004年2月，任副厅级干部。后当选中共湖北省第六次第七次代表大会代表。2006年3月退休。2008年9月因病逝世，享年65岁。

童中军

童中军（1928—2009年） 又名童继云，民国十七年（1928年）6出生，恩施市白果见天坝人，中共党员。襄阳地区教育局原党组书记、局长。民国三十八年（1949年）参加工作，同年10月在湖北省恩施军政干校学习，毕业后先后在恩施军分区干部轮训队、湖北独立八团三营一连任职。1955年1月加入中国共产党，同年六月转业到地方工作，在湖北省干部学校任教员。1956年1月调中共襄阳地委党校工作，历任中共襄阳地委党校文化教研室副主任、副校长。1979年10月调襄阳地区教育局任副局长、党委副书记，襄阳地区教育局局长、党组书记。1985年11月调恩施市委党校任党委书记。1987年调市教育委员会任巡视员。2009年逝世，享年81岁。

龙世洪

龙世洪（1962—2009年） 1962年9月出生，苗族，恩施市崔家坝中村人，大学文化程度，中共党员，恩施州人民政府原副州长。1981年7月，参加工作。1986年5月，加入中国共产党。具有经济师、注册安全工程师任职资格。1981年7月至1984年10月在恩施市一轻工业局工作。1984年10月至1989年

3 月在恩施市劳动局工作。1989 年 3 月至 1991 年 6 月，任双河区横栏乡党委书记。1991 年 6 月至 1992 年 1 月任双河区副区长。1992 年 1 月至 1996 年 2 月，任恩施沐抚区区长区委书记。1996 年 2 月至 1997 年 5 月，任巴东县副县长。1997 年 5 月，任湖北松滋市政府副市长。2000 年 6 月，任恩施州乡镇企业管理局局长党组书记。2003 年 4 月，任恩施州安全生产监督管理局局长党组书记。2006 年 1 月，任中共巴东县委副书记、县政府代县长。2006 年 10 月，任中共巴东县委书记。2006 年 12 月，任中共巴东县委书记、县人大常委会主任。2009 年 1 月，任恩施自治州副州长。2009 年 3 月因病逝世，终年 47 岁。

牛健铭

牛健铭（1928—2010 年） 山西高平县南坡村人，初小文化程度，中共党员，原恩施县公安局局长。民国三十三年（1944 年）2 月参加八路军，任陵南县武委会通讯员。民国三十四年（1945 年）9 月，调高平县司法科工作。民国十三五年（1946 年）10 月，第四纵队随营学校学习。民国三十六年（1947 年）7 月，加入中国共产党。8 月分配到第四纵队后勤部第七兵站任民运干事。1956 年 9 月至 1958 年 11 月，任恩施县公安局局长。2010 年因病逝世，享年 82 岁。

王明玉

王明玉（1931—2010 年） 民国二十年（1931 年）4 月出生，河北遂平县人，初中文化程度，中共党员，恩施市人大常委会原主任。民国三十八年（1949 年）4 月在中原大学学习，同年 8 月分配工作。1950 年 10 月加入中国共产党。至 1953 年 1 月先后任恩施县城关镇民政助理员、副镇长。1953 年 4 月至 1956 年 11 月先后任恩施县统计科副科长、科长、县计划委员会科长。1956 年 12 月至 1958 年 5 月任恩施县人民委员会委员、副县长、兼任县计划委员会副主任、主任。1958 年 5 月至 1959 年 10 月任中共芭蕉区委书记、芭蕉人民公社党委书记处书记。1959 年 11 月至 1966 年 5 月历任县委文教部副部长，县委宣传部副部长、兼任县委党校副校长、县科学工作委员会副主任，中共恩施县第一、二、三届委员会候补委员，政协恩施县第四届委员会常务委员、副主席（兼）。1966年5月任恩施县人民委员会委员、副县长，兼任县委城市工作部部长、党校副校长。1968年任恩施县“革命委员会”安置办公室负责人。1970年至1973年4月任恩施地区天楼地枕水电站修建指挥部副指挥长兼恩施县民工团政委。1973年5月至1976年10月任县委宣传部副部长、县直文教卫战线党委副书记、政协恩施县第五届委员会常务委员。1976年10月先后任县委宣传部副部长、部长、县直宣教战线党委副书记、书记、中共恩施县第五届委员会委员。1983年3月至1991年1月先后当选为恩施县第八届、恩施市第二届人民代表大会常务委员会副主任、恩施市第三届人大常委会主任。1984年3月至1991年2月先后任市（县）人大常委会党组成员、书记。中共恩施市第一、二届委员会委员。1992年4月离休。2010年8月因病逝世，享年80岁。

杜庆余

杜庆余（1935—2010年）　民国二十四年（1935年）11月出生，黑龙江青岗县人，中专学历，助理工程师，无党派人士，市人大常委会原副主任。1955年12月，锦州市机器制造学校毕业。1956年3月分配到恩施地区农业机械厂（后改为市水电设备厂）工作至1985年，历任技术员、技术科科长、副厂长、厂长。1985年至1995年9月，任厂调研员。1984年至1993年12月，先后任鄂西土家族苗族自治州第一届人民代表大会常务委员会委员、第三届州人民代表大会代表，政协恩施市第一届常务委员会委员、副主席，兼任政协工作组委员会副主任，市第三、四届人民代表大会常务委员会副主任（不驻会）。1995年10月退休。2010年2月因病逝世，享年75岁。

黄振益

黄振益（1955—2012年）　1955年1月出生，土家族，大学文化，恩施市龙凤三龙坝人，中共党员，恩施市人民政府原市长。1974年10月，加入中国共产党。1975年3月，参加工作。1975年3月，任恩施县灯塔区竹园公社党委副书记。1975 年 8 月任恩施县龙凤公社党委副书记、管委会主任。1984 年 12 月任恩施市龙凤镇党委副书记、镇长。1985 年 9 月任恩施市龙凤镇党委书记、镇长。1989 年 8 月任恩施市委政研室主任。1989 年 11 月，任恩施市委常委、副市长。1990 年 7 月，任恩施市委副书记、副市长。1993 年 6 月，任恩施市委副书记、市长。1995 年 2 月任州扶贫开发办主任、党组书记（其间：1996 年 5 月至 1996 年 12 月在中国农业发展银行挂职）。1996 年 12 月任建始县委书记。1999 年 1 月，任州水利水产局局长、党组书记。2003 年 2 月任州发改委主任、党组书记。2007 年 1 月，任州政协副主席、党组副书记。2012 年 8 月因病逝世，终年 58 岁。

崔登甲

崔登甲（1946—2013 年） 民国十三五年（1946 年）12 月出生，恩施市白杨坪蓼叶村人，大学文化，中共党员，恩施市政协原副主席。1967 年 8 月，在恩施县白杨、熊家、三义等中小学任负责人、校长。1973 年 7 月，加入中国共产党。1980 年 12 月，在恩施县白杨文教组、教育站任副组长、站长。1982 年 9 月，在湖北大学教管系行政管理专业学习。1985 年 7 月，任恩施市教师进修学校副校长、校长。1989 年 12 月，任市委党校校长。1994 年 2 月，任市委办公室副主任。1997 年 12 月，任市委统战部长。1999 年 1 月当选为恩施市政协第五届副主席，党组副书记。2006 年 12 月退休。2013 年因病逝世，享年 67 岁。

杨家隆

杨家隆（1928—2013 年） 又名杨甫臣，民国十七年（1928 年）12 月出生，土家族，恩施市舞阳坝七里坪人，初中文化程度，恩施市人大常委会原副主任。1951 年 8 月，参加工作。1953 年 12 月加入中国共产党。1951 年 8 月至 1952 年 10 月，任土改工作队队员、恩施县土改大队副组长。1952 年 11 月到 1955 年 1 月，先后任新塘区委组织干事、区农会主席。1955 年 2 月至 1956 年 10 月，任中共新塘区委组织委员。1956 年 10 月至 1958 年 11 月，任新塘区公所区长。1958 年 11 月至 1966 年 10 月，先后任新塘人民公社社长、书记处书记、第一书记，新塘区委副书记、书记。1966 年 11 月至 1970 年 1 月，任灯塔区公所区长、区“革命委员会”主任。1970 年 2 月至 1975 年 8 月，任中共芭蕉区委书记、区“革命委员会”第一主任。1975 年 8 月至 1977 年 11 月，任芭蕉公社党委副书记、公社“革命委员会”主任。1977 年 11 月至 1978 年 6 月，任县委财贸政治部主任。1978 年 6 月至 1980 年 11 月，任恩施县“革命委员会”副主任。1979 年 3 月至 1981 年 2 月，兼任县直财贸战线党委书记、财贸办公室主任。1979 年 7 月至 1983 年 12 月，当选为中共恩施县第五、六届委员会委员。1980 年 12 月至 1984 年 10 月，任恩施县第八届人民代表大会常务委员会副主任、党组成员。1984 年 11 月至 1987 年 11 月，任恩施市第二届人民代表大会常务委员会副主任、党组副书记。1990 年退休。2013 年 3 月因病逝世，享年 86 岁。

李必敬

李必敬（1936—2013 年）　民国二十五年（1936 年）9 月出生，土家族，恩施市沙地花被人。1988 年 3 月，华中农业大学农业经济专业（函授）毕业，大专学历，中共党员，恩施市人大常委会原副主任。1950 年 1 月，参加工作。1958 年 4 月加入中国共产党。1950 年 1 月至 1951 年 10 月，先后任新塘、七里区公所工作人员。1951 年 11 月至 1952 年 8 月，任沐抚三村土改工作组组长。1952 年 9 月至 10 月，任七里区公所公安助理员。1952 年 11 月至 1953 年 1 月，在省委机关机要调训班学习。1953 年 2 月至 1957 年 1 月，先后任沙地、白杨区供销合作社统计。1957 年 2 月至 1963 年 8 月，任白杨区委办公室副主任。1963 年 9 月至 1966 年 9 月，任中共恩施县委办公室工作人员。1966 年 10 月至 1971 年 8 月，任中共太阳区委书记、区“革命委员会”主任。1971 年 8 月至 1973 年 5 月，任恩施县“革命委员会”农业办公室副主任。1973 年 6 月至 1977 年 11 月，任中共恩施县委办公室副主任。1977 年 12 月至 1981 年 9 月，任县委农村政治部副主任、县农业办公室副主任。1979 年 3 月到 1982 年 5 月，兼任县直农林水战线党委副书记。1981 年 10 月至 1984 年 2 月，先后任中共恩施县委办公室副主任、主任。1982 年 5 月至 1983 年 12 月，兼任县直党政群战线党委副书记。1984 年 3 月至 1986 年 3 月，任市委农村工作部部长。1986 年 4 月至 1989 年 8 月，任中共恩施市委政策研究室主任。1989 年 9 月至 1991 年 3 月，任市委统战部部长。1987 年 11 月当选为恩施市第三届人民代表大会常务委员会委员。1991 年 3 月至 1996 年 12 月，任恩施市第四、五届人民代表大会常务委员会副主任，任党组成员。为中共恩施县第六届、恩施市第一、二届委员会委员。1996 年 12 月退休。2013 年 4 月因病逝世，享年 77 岁。

刘芳岚

刘芳岚（1931—2014 年） 民国二十年（1931 年）2 月出生，恩施市沙地落都人，中专文化，中共党员，曾任州人大副秘书长兼财经委员会主任。1950 年参加工作。1950 年 1 月至 1952 年 1 月，任鸦鹊区落都村村长。1952 年 2 月至 1954 年 7 月，在白果区任教。1954 年至 1956 年，在中南财经学院读书。1956 年秋毕业，调恩施专署财政局工作，任科长等职。1985 年，调州人大，任副秘书长兼财经委员会主任。1991 年 2 月退休。2014 年 4 月逝世，享年 83 岁。

苏大章

苏大章（1926—2014 年） 民国十五年（1926 年）3 月出生，湖北安陆市人。中共党员，大专文化程度。原恩施县县长、县委副书记，县政协副主席。民国二十九年（1940 年）4 月参加新四军五师入伍，民国三十二年（1943 年）12 月，加入中国共产党。先后任团宣传队长，连文化教员，师司令部参谋，团卫生队书记，连指导员，团政治处干事。1949 年 11 月调恩施，先后任恩施军分区军政干校指导员兼队长，利川县大队政治处副主任，恩施县大队政治处主任，建始县人武部部长、兵役局政委，恩施专署粮食局局长。后调华中工学院学习 4 年。毕业回恩施后，任恩施地直机关党委书记，恩施汽车运输局党委书记、局长，恩施县县长、县委副书记，县政协第五届副主席。1975 年 4 月调恩施地区，先后任专区工业办公室副主任、主任，州人大常委会专职常委。1985 年 12 月离休。2014 年 5 月逝世，享年 88 岁。

谭大同

谭大同（1930—2014 年）　曾用名谭大统，民国十九年（1930 年）12 月出生，土家族，恩施市崔家坝大地龙人，大专学历，中共党员，曾任广东省深圳市体改委处长（正处级）。民国三十四年（1945 年），就读恩施初中。民国三十七年（1948 年），就读恩施洋湾医院附属高级护士学校。就读期间，因接受进步思想，参与反对国民党腐败政府的学潮活动，受到校方的记过、留校察看处分。民国三十八年（1949 年），毅然背井离乡，几经辗转，只身来到武汉，考入湖北省临时中学。1949 年 12 月，前往四川城都参加中国人民解放军，进入西南军政大学学习。1950 年 10 月，进入朝鲜投身抗美援朝战争，先后任炮兵第三训练基地、第八训练基地、炮兵 33 师、中国人民志愿军炮兵干部文化训练大队文化教员。1957 年回国，先后在炮一师 26 团、209 团，广州军区炮兵政治部任俱乐部主任、新闻干事、宣传文化干事等职。其间被聘为广州军区《战士报》《人民炮兵杂志》和《解放军报》通讯员、特约记者。其间，1959 年 5 月，受广州军区选派，出席在北京召开的中国人民解放军全军炮兵英模功臣和积极分子代表大会，在中南海怀仁堂受到党和国家、中央军委陈毅等领导人接见并合影。1970 年，被下放到广州军区生产建设兵团 8 师 18 团劳动。1972 年 5 月由部队转业，分配到广东省韶关地区韶关报社，任记者、编辑。1976 年 7 月，调广东省韶关钢铁厂，任厂长办公室副主任、厂宣传科科长。1982 年 1 月始，调广东省深圳经济特区，先后在深圳市委政策研究室任副处长，深圳市政府经济体制改革委员会任副处长、处长。1990 年 5 月，参与国务院研究室与深圳市委、市政府联合组办的中国综合开发研究院的筹建，任开发部部长。在深期间，被誉为“开荒牛”，多次受到市委、市政府表彰。1995 年退休。2014 年 4 月因病逝世，享年 84 岁。

谭定魁

谭定魁（1932—2015 年）　民国二十一年（1932 年）5 月出生，恩施市白杨坪石桥子人，初中文化，中共党员，原恩施县政法委书记。1966 年 1 月，任白果区委书记。1966 年 10 月，任芭蕉区委书记。1969 年 3 月，任灯塔“革委会”主任。1971 年 8 月，任灯塔区委书记。1972 年 7 月，任县委常委。1973 年 1 月，任县“革委会”副主任。1976 年 5 月，兼任县政法委书记。1992 年 5 月退休。2015 因病逝世，享年 84 岁。

刘祥华

刘祥华（1933—2015 年） 民国二十二年（1933 年）7 月出生，恩施市太阳河白果树人，大学文化，高级政工师。曾任济南市房管局党委书记。1950 年任太阳乡放马村村长。1952 年 7 月，任太阳区放马乡乡长。1952 年 9 月，应征入伍。1952 年 12 月，入朝参战。1953 年 6 月，在朝鲜九华里 130.3 高地战斗中负伤。1953 年 9 月入 137 师炮兵观测训练大队学习炮兵侦察。1955 年入 137 师教导队学习。1955 年回国在吉林省九台县服役，任班长，12 月考入军委防化兵学校（后改防化兵学院）。1956 年 10 月，被选为代表参加国庆观礼，受到毛泽东、刘少奇、周恩来、朱德接见。1957 年6 月，任军训学员连排长。1958 年 10 月，第二次参加国庆观礼。1959 年 1 月，被授予少尉军衔。1959 年 2 月，任吉林防化连侦察排长。1963 年 3 月，任 137 师 411 团副政委。1979 年 10 月，任济南市天桥区住宅公司党委副书记、党委书记。1980 年 8 月，任济南市房管局纪委书记。1981 年 10 月，任济南市房管局党委书记。1983 年 10 月，任天桥房管局党委书记（正县级）。1993 年 8 月离休。在军队曾获军、团级通令嘉奖、劳动模范、“五好”军官、政治工作模范称号，荣立二等功 1 次，三等功 5 次。2015 年 5 月，因病逝世，享年 82 岁。

郭　甫

郭　甫（生卒不详） 籍贯不详。1950 年 5 月至 1952 年 12 月，为中共恩施县委委员。1950 年 4 月至 1953 年 7 月，任恩施县县长（其间：1953 年 4 月至 7 月兼任恩施县人民法院院长）。1950 年 5 月、1952 年 6 月，当选恩施县第二、三届各界人民代表会议常务委员会副主席。

刘厚章

刘厚章　民国三年（1914 年）2 月出生，湖北建始县业州镇人。湖北省立教育学院毕业。民国二十六年（1937 年）7 月，任湖北省立恩施民众教育馆馆员。民国二十八年（1939 年）8 月，任湖北省立第一民众教育馆（原省立恩施民众教育馆迁建始与宜昌民众教育馆合并）馆员，并在馆办实验小学（校址于家坝）任主任。民国三十一年（1942 年）8 月，先后任建始第九师范学校兼职教员，建始初中教务主任、校长。民国三十六年（1947 年）11 月，在省立黄岗师范、省立襄阳师范任教。民国三十八年（1949 年）3 月，应聘到湖北省立恩施高级中学任教，同年 9 月，任该校校长至 1976 年。1956 年 8 月至 1983 年 12 月，先后当选为城关镇人民代表、恩施县人民代表、县人民委员会委员、湖北省政协第三届委员，鄂西自治州政协委员、常委，恩施县政协第一至六届副主席。1976 年 3 月退休。1986 年 8 月，与他人共同创办私立施南中学。

阮季平

阮季平　民国十二年（1923 年）11 月出生，湖北广水县马坪人。中共党员，原恩施县委书记。民国二十八年（1939 年）11 月，参加革命，民国二十九年（1940 年）5 月，到鄂豫边区党校及青训班学习，并加入中国共产党，结业后历任鄂豫边区党委服务团第二队队长、云梦县委工作队队长。民国三十年（1941 年）2 月调入部队，历任云梦县独立营第一连指导员、二军分区独立五团四连指导员、云梦县大队教导员、云梦县指挥部协理员、应北县大队教导员。其间到“抗大”十分校学习，结业后留校任队列干事、组教干事。解放战争时期，任中原军区政治部宣传部干事，中原突围任干部队队长、359 旅 7 团侦察队长。民国三十六年（1947 年）3 月，到山西晋城，任十三旅三十九团组织股长和教导员。民国三十六年（1947 年）12 月重返江汉地区，历任随枣县资山区和王城区区长、区委书记，江汉军区独立二旅组织科长。新中国成立后，分配到地方工作，历任咸丰县委宣传部长、咸丰县委书记。1953 年 12 月至1955年12月，任恩施县委书记，后任恩施地委秘书长、恩施地委农村工作部长。1966年，调湖北省农科所任所长。1972年，任湖北省农业局副局长，并赴扎伊尔援外，任“中国援扎农技组”大组长。1978年，任湖北省农科院党委副书记、副院长、顾问。1990年1月离休。

王启彦

王启彦　民国十三年（1924年）9月出生，大学学历，湖北当阳县人。1949年7月参加工作，1984年3月加入中国共产党。1949年7月，在黄岗湖北革命大学政治部学习。1950年1月至1952年7月先后任恩施县芭蕉区、桅杆区工作员、工作组长、区公安员。1952年7月至1975年6月先后任恩施县政府建设科科长、农业水产局科长、副局长。1975年7月至1980年12月，先后任恩施县科委、建委副主任。1981年1月至1984年5月任恩施县（市）人大常委会副主任。1984年6月至1990年12月任恩施市政协副主席。1990年12月离休。

高兴利

高兴利　民国十四年（1925年）1月出生，河北枣强县人，小学文化中共党员，原恩施县人民政府副县长，副州级离休干部。民国三十三年（1944年）参加工作，民国四十四年（1945年）5月加入中国共产党。民国三十三年（1944年）春，在家乡参加敌后抗日救亡运动，历任枣强县民兵指导员、冀南区党校工作队指导员、冀南五分行五专署医院出纳会计。民国三十八年（1949年），随军南下，先后任大冶专署秘书，中国人民银行大冶县支行副行长，湖北省分行副科长，湖北省财经委员会科长、副处长，湖北省财办副主任。1958年，支援山区来恩施，先后任恩施县委书记处书记、副县长。1960年始，任恩施县委常委、恩施县县长，并赴北京参加“七千人大会”。1965年始，先后任恩施地区财委副主任、粮食局局长、商业局副局长、局长。1985年6月离休。

刘振民

刘振民 民国十四年（1925年）3月出生，河南郑州市人，中共党员，曾任恩施县委常委。民国三十八年（1949年）参加工作，随军南下。1952年7月，任恩施县第一（七里）区副区长，代理区长书记。1953年8月，任恩施县第一（二）区委第三书记。1954年7月，任恩施县委组织部副部长。1955年6月，任县委组织部部长，兼纪律委员会书记。1955年10月，当选为县委委员。1959年3月，任县委农村工作部部长，其间，1961年5月，兼任龙凤区委书记。1963年2月，当选为县委常委。1970年4月，任县“革命委员会”副主任。1972年6月，任恩施县委常委。1973年2月，兼任县委办公室主任。1978年，任恩施州民政局局长。1985年3月离休。

覃继章

覃继章 民国十五年（1926年）3月出生，土家族，湖南石门县人，大学本科文化，恩施市政协原副主席。1950年8月，在湖北省农林厅参加革命工作。1952年，任恩施专署木林公司生产股长。1956年9月，任恩施专区农校教员。1957年1月，任恩施专署林业技术员。1961年1月，任恩施县铜盆水林场工程师。1985年，任恩施市林业局高级工程师。1987年12月，任恩施市政协第一届副主席。1986年3月退休。

归天麟

归天麟 民国十六年（1927年）9月出生，河南新野县人，高中文化，中共党员，恩施市政协原副主席。1953年1月加入中国共产党，同年任鹤峰县下坪区区长、区委书记。1995年9月始，任鹤峰县委宣传部部长、组织部长。1955年5月，任鹤峰县委副书记、县长。1963年5月，任恩施县屯堡区委书记。1965年10月，恩施县副县长兼城关区第一书记。1977年，任恩施县工业局副局长。1978年7月，任恩施县燃化局副局长。1980年7月，任恩施县建委主任。1980 年 1 月，任恩施市委统战部部长。1986 年 3 月，任恩施市政协副主席。1990 年 12 月离休。

刘新顺

刘新顺 民国十七年（1928 年）1 月出生，辽宁大连市人。中共党员，原恩施县委书记、县政协主席。民国三十三年（1944 年）始，先后在本溪钢铁公司、大连市甘井街化工厂任通讯员、收发员。民国三十八年（1949 年）3 月，加入中国共产党。同年随部队南下，任武汉军管会文教接管部干事。1952 年 7 月至 1965 年 11 月，在恩施县历任县总工会主任，城关镇委书记，城市工作部副部长、部长，副县长、1955 年 7 月，任恩施县委副书记。1965 年 9 月，任县委书记等职。1965 年 12 月，兼任县政协第五届主席。1970 年，调离恩施县，先后任来凤县“革委会”副主任、宣恩县委第一书记、恩施地区科委主任。1981 年调湖北省科技情报研究所任副书记。1990 年 6 月离休。

宋金镜

宋金镜 民国十七年（1928 年）10 月出生，河南南台县人，小学文化，中共党员，政协恩施市委员会原主席。民国三十六年（1947 年）参加工作，民国三十八年（1949 年）1 月，加入中国共产党。先后任通讯员、司务长、战勤助理。1949 年 11 月随部队南下来恩施，先后任工作员、中共桅杆区委组织委员团区委书记。1953 年 11 月始，先后任恩施县第十四区区委书记、大集区委书记、中共恩施县第一至三届委员会委员、太阳公社党委书记、县供销社专职书记、县第五届人民代表大会人民委员会委员、县财贸办公室主任。1970 年始，先后任县财贸战线党委书记、“县革命委员会”副主任、中共恩施县四至六届委员会委员常委、组织部部长。1982 年始，任湖北省政协第五届委员、州政协第一至四届委员、恩施县第六届、市政协第一、二届主席。1991 年 6 月离休。

彭焕章

彭焕章　民国十七年（1928 年）12 月出生，湖南南县人，高中文化，中共党员，恩施市人民政府原市长。1954 年 6 月，加入中国共产党。1950 年 7 月，参加工作，任恩施地区工商科工作员。先后任建始县工商科科员、副科长、科长。1955 年 9 月，任建始县“肃反”办公室专职干部小组成员。1958 年 10 月，任建始县副县长。1964 年 2 月，任恩施地区纺织公司经理。1970 年 7 月，任恩施地区生资公司经理。1974 年 10 月，任恩施地区商业局副局长。1975 年，任恩施地区供销社副主任。1980 年 1 月，任中国农业银行恩施中心支行行长。1982 年 4 月，任恩施市人民政府市长。1984 年 2 月，任市人民政府顾问。1990 年 12 月退休。

武道煊

武道煊　又名武中珩，民国十八年（1929 年）12 月出生，湖北巴东县绿葱坡人，初中文化，恩施市人大常委会原主任。1950 年 1 月，参加工作。1953 年 12 月加入中国共产党。1952 年 8 月始，先后任共青团巴东县杨柳池工委副书记，野三关区公所副区长区长，县政府办公室主任，县委办公室副主任，坪阳镇委书记。1966 年 10 月，任中共恩施县灯塔区委书记。1970 年 1 月，任恩施县化肥厂党委书记、厂长。1972 年 11 月，任灯塔区“革委会”主任。1974 年 12 月，任恩施县化肥厂党委书记。1977 年 11 月，任恩施县工业办公室副主任。1978 年 6 月，任恩施县“革委会”副主任。1979 年 3 月，兼任恩施县工交战线党委书记。1979 年 6 月，当选为中共恩施县第四、五届委员会委员常委、副书记。1982 年 4 月，当选为中共恩施市第一、二届委员会委员常委、副书记。1983 年 3 月，当选为恩施市第一届人民代表大会常务委员会主任。1984 年 3 月，任中共恩施市委副书记。1985 年 3 月，任中共恩施市委顾问。1990 年 12 月退休。

黄鹤翱

黄鹤翱 民国十九年（1930年）2月出生，湖北孝感市人。中共党员，江汉军区江汉公学毕业。原恩施县政协副主席、恩施市政协副主席。民国三十七年（1948年）6月，参加工作。1950年5月，加入中国共产党。历任司务长，文化教员，恩施县财政科副科长、科长，企业公司、保险公司、服务公司副经理、经理，中共芭蕉、红土区委书记，县委委员、县委工交部副部长、组织部副部长、宣传部长，县农机科副科长，特产局局长，县工交政治部副部长，工业办公室副主任、主任，县政协第五届副主席兼秘书长，县政协第六届、市政协第一届副主席。1990年12月离休。

龚 征

龚 征 又名龚千乘，民国十九年（1930年）2月出生，湖北天门市人，高中文化，中共党员，恩施市人民政府原副市长。民国三十八年（1949年）2月，在湖北江汉军区江汉公学参加革命。民国三十八年（1949年）7月，任湖北革命大学第一期第一部干事。民国三十八年（1949年）9月调恩施工作队，驻宜昌等待恩施解放。1949年11月，在恩施县政府财粮科工作。1950年5月，任恩施县龙凤、芭蕉税务所所长。1952年7月，任恩施县税务局副局长。1954年2月，加入中国共产党。1955年11月，任恩施县农产品采购局局长。1956年12月，任恩施县商业局局长。1957年11月，任中共恩施县委办公室副主任、主任。1969年9月至1973年4月，任恩施县"革委会"办事组副组长。1973年5月，任恩施县"革命委员会"农村政治部、农业办公室主任。1979年2月，任恩施县计划委员会主任。1979年10月，任恩施县"革命委员会"副主任。1980年12月，任恩施县人民政府副县长。1982年4月至1984年1月，任恩施市市委常委、副市长。1984年2月，调任鄂西自治州广播电视局副局长、党组书记。1986年4月，任鄂西自治州广播电视局局长、党组书记。1989年5月，在州第二届人代会上当选州人大常委会委员。1994年1月离休。

贾长庚

贾长庚　民国十九年（1930 年）出生，河南西峡县人。高中文化程度，中共党员。原恩施县长，中共恩施县委书记处书记、副书记，县政协副主席。民国三十七年（1948 年）5 月，参加工作。1950 年 3 月入党，历任工作员、恩施县新塘区副区长、第三区区长、第四区区委书记。1954 年 2 月，任恩施县供销合作总社第一副主任。1956 年 7 月始，历任恩施县文教部部长、县长，中共恩施县第一至三届委员会委员、第二届书记处书记、第三届委员会副书记，县政协第一至四届副主席。1964 年 12 月调贵州省岑县工作，先后担任县人大常委会主任、县政协主席。1985 年离休。

张廷钦

张廷钦　民国二十年（1931 年）1 月出生，土家族，高中文化，恩施市龙凤镇龙凤坝人，中共党员，恩施市政协原副主席。1950 年初，在金龙乡农会任文书。1951 年 8 月，参加工作。1954 年 10 月，加入中国共产党，任龙凤供销社副主任党支部书记。1960 年 4 月，任县人民银行党支部书记副行长。1966 年，任县供销联社副主任。1979 年 5 月，任县供销联社主任。1982 年 4 月，任副县长。1984 年 6 月，任恩施市政协第一副主席。1987 年 11 月，任恩施市政协第二届副主席。1991 年 1 月退休。

柳昌权

柳昌权　民国二十年（1931 年）8 月出生，湖南常德观音庄人，初中文化，中共党员，原恩施县第八届人民代表大会常务委员会主任。1950 年 12 月，参加工作。1950 年 12 月，在湖北革命大学学习。1951 年 6 月，任湖北省行政厅工作员。1951 年 10 月，任恩施专区粮食局工作员。1951 年 12 月，任利川县太坪区土改工作组组长、宣传干事。1954 年加入中国共产党。1954 年 12 月始，先后任利川县监委监察员、秘书、副书记。1963 年 8 月，任中共利川县委组织部副部长。1965 年 12 月，任中共利川县柏杨区委书记。1966 年 11 月，任中共恩施市柏杨坪区委书记、区“革委会”主任。1973 年 4 月，任中共恩施县委组织部部长。1976 年 11 月始，先后任中共恩施县委委员、常委、副书记，县“革委会”副主任兼恩施县纪律检察委员会书记、县直党政群战线党委书记。1983 年 3 月，当选为恩施县第八届人民代表大会常务委员会主任。1984 年 1 月，任中共恩施市第一届委员会委员、常委、副书记。1985 年 5 月，任中共恩施市委顾问。1992 年 4 月退休。

李淑恒

李淑恒 女，民国二十一年（1932 年）1 月出生，河南南阳市人，中专文化，中共党员，恩施市政协原副主席。1951 年 8 月始，在恩施专署工商科任办事员。1953 年 8 月，在武汉财经干校学习。1959 年起任恩施县清江报社通信联络员。1961 年 8 月，任恩施县商业局办公室秘书。1972 年 11 月，任宜昌市葛洲坝 330 指挥部统计员。1982 年起任恩施市经委科长。1984 年 1 月，任恩施市人民政府副市长。1985 年 5 月，任恩施市政协副主席。1988 年 7 月离休。

胡元春

胡元春 民国二十一年（1932 年）10 月出生，土家族，恩施市舞阳坝七里坪人，初中文化，中共党员，原恩施县人民政府县长、恩施市人大常委主任。1951 年 5 月，参加工作。1951 年 5 月，任土改工作队组长。1952 年 12 月加入中国共产党，任中共新塘区委委员、公安特派员。1956 年 11 月至 1966 年，先后任恩施县公安局副股长、股长、政治助理员、副局长。1966 年，任恩施县城关镇党委书记、镇“革命委员会”主任。1972 年至 1975 年 3 月，先后任中共恩施县委委员、常委、县“革命委员会”副主任兼城关镇“革命委员会”主任。1975 年 4 月至 1984 年 1 月，先后任县“革命委员会”副主任兼公安局局长，中共恩施县委第四、五、六届委员、常务委员、副书记，县人民政府县长。1981 年 10 月，兼任恩施县政法小组组长，政法委员会书记。1984 年 1 月，代理恩施市第一届人民代表大会常务委员会主任（县、市合并期间）。

1984 年 11 月，当选为恩施市第二届人民代表大会常务委员会主任。1984 年 3 月，任市人大常委会党组书记。1987 年 12 月，任中共恩施市第一届委员会委员、常务委员、恩施市政法委员会书记。1989 年 2 月，任恩施市委顾问。1992 年 10 月退休。

田兴启

田兴启　民国二十二年（1933 年）11 月出生，土家族，湖北宣恩县人，初中文化，中共党员，恩施市政协原副主席。1951 年 3 月始，在恩施县芭蕉区、大集区任土改队员、工作组长。1952 年 8 月始，在芭蕉区公所工作。1953 年 3 月始，在恩施地委党校学习。1953 年 9 月始，任芭蕉区公所民政助理、区委宣传委员。1958 年 9 月始，任恩施县委组织部干事。1971 年 9 月始，任恩施县“革委会”政工组副组长。1973 年 2 月始，任恩施县委组织部副部长。1979 年 7 月，任中共恩施县第五届委员会委员和县纪委委员。1982 年 10 月任县纪委书记、增补为县委常委。1986 年 1 月，任恩施市政协副主席。1991 年 1 月退休。

孟郁成

孟郁成　民国二十三年（1934 年）4 月出生，湖北应城市人，高中文化程度，中共党员，恩施市人大常委会原副主任。民国三十八年（1949 年）2 月，参加工作。民国三十八年（1949 年）2 月至 1950 年 3 月，先后在江汉公学学习，湖北“革大”、恩施“革干”工作。1950 年 4 月起任共青团利川县委干事、副书记。1952 年 7 月，加入中国共产党。1954 年 9 月至 1958 年 2 月，任恩施地委农村政治部副科长。1958 年 3 月，任恩施县城关镇党委书记。1958 年 12 月，任灯塔人民公社管理委员会社长、党委副书记、书记处书记。1961 年 6 月，任灯塔区委书记。1967 年至 1977 年 11 月，历任恩施县农业科科长、白果区委书记、区“革命委员会”主任、白果公社党委书记。1977 年 12 月至 1983 年 3 月，先后任恩施县科委副主任、县委农村政治部主任、县农业办公室主任、县“革命委员会”副主任，兼任县直农林水战线党委副书记。1983 年 3 月，恩施县第八届人民代表大会第三次会议当选为人大常委会副主任。1984 年 11 月至 1991 年 1 月，任恩施市第二、三届人民代表大会常务委员会副主任。1984 年 3 月，任市人大常委会党组成员。1991 年 3 月离休。

龙艳榜

龙艳榜 民国二十三年（1934 年）11 月出生，苗族，恩施市白果金龙坝人，中共党员。曾任独立营政委、党委书记。民国二十九年（1940 年），在白果乡流横塘中心小学读书。民国三十八年（1949 年）3 月，随同湖北周文杰当兵，民国三十八年（1949 年）9 月，在成都金堂起义后加入中国人民解放军，任西南军区工兵八团警卫连战士。1952 年至 1956 年，参加抗美援朝战役，担任警卫员。1956 年，部队安排进入南京工程兵学院政治系学习。1957 年，到北京军区直属工委 8313 部队参加国家首脑工程 101 建设，任机械连指导员。1959 年调汽车连任指导员。1963 年任机械营指导员。1964 年任独立营政委、党委书记。1966 年，任 115 团政治处副主任、主任，后在北京市昌平区小汤山开展“三支两军”工作。1976 年，从部队转业到山西省太原市，任太原市万柏林区街道书记、办事处主任。1994 年 11 月退休。

李先池

李先池 民国二十四年（1934 年）12 月出生，土家族，恩施市舞阳坝柳州城人，初中文化，中共党员，恩施市人民政府原副市长。1951 年 5 月，参加工作。1955 年 7 月加入中国共产党。1956 年任龙凤区统计助理员。1957 年任共青团龙凤区委书记。1959 年龙凤公社任二坡管理区党总支书记。1960 年任核桃坝管理区党总支书记。1961 年任金子公社党委书记。1966 年 6 月，任龙凤区委副书记。1968 年 3 月，任灯塔区“革委会”副主任。1973 年 2 月，任灯塔区委副书记。1974 年 11 月，任灯塔区委书记、“革委会”主任。1975 年 8 月，任红庙公社党委书记、“革委会”主任。1978 年 8 月，任恩施县“革委会”副主任。1980 年 12 月，任中共恩施县委委员、常委、副县长。1984 年 1

月，任恩施市副市长。1984 年 8 月，调任鄂西自治州交通局党组书记、局长。1995 年 3 月退休。

刘义琦

刘义琦 民国二十四年（1935 年）2 月出生，河南武城县人，中专文化，中国国民党“革命委员会”党员，恩施市政协原副主席。1955 年 2 月，在湖北省防疫站工作。1958 年 2 月，任恩施地区防疫站医师。1960 年 11 月，任恩施县防疫站医师。1982 年 12 月，任恩施市防疫站主治医师。1984 年 6 月，任恩施市政协第一届副主席。1987 年 12 月，任恩施市第二届政协副主席。1995 年 2 月离休。

谈家其

谈家其 民国二十四年（1935 年）4 月出生，土家族，恩施市沙地麦淌人，大学文化，中共党员，原州卫校校长。1958 年，恩施地区工业专科学校毕业后，历任恩施专区机械厂生产技术股长、恩施专区电机厂厂长、州工校校长、州卫校校长等职。州卫校合并到湖北民院后，任湖北民院医学院党委副书记等职。1995 年退休。

黄玉光

黄玉光 民国二十四年（1935 年）10 月出生，土家族，恩施市沙地沙地街人，中共党员，沈阳市检察院原高级检察官，原党委副书记兼纪委书记。1951 年 5 月参军。1956 年 6 月，加入中国共产党。1963 年任 3707 部队司令部作战参谋长（止团职），曾两次进中央军校学习。1982 年转业到地方工作，任沈阳市检察院高级检察官，党委副书记兼纪委书记、机关党委书记、纪委书记等职。1995 年 10 月退休。

杨乾之

杨乾之 民国二十四年（1935 年）12 月出生，土家族，湖北咸丰甲马池人，中专文化程度，中共党员，原恩施县人民政府副县长。1951 年 8 月在部队服役，任文书、电台台长。1953 年 8 月加入中国共产党。1960 年 4 月始，先后在恩施地区邮电局、恩施县商业局、恩施县检察院工作，任人保干事、检察干部。1966 年 7 月始，先后在恩施县屯堡区、鸦鹊区工作，任区长、区“革委会”主任、区委书记。1980 年 7 月，任恩施县“革委会”副主任。1980 年 12 月，任恩施县副县长。1982 年 11 月，任中共恩施县委常委、组织部长。1984 年 3 月，任中共鄂西自治州纪委常委。1988 年 12 月，明确为正县级。1989 年 3 月，任鄂西州司法局局长。1993 年 7 月，当选为恩施州人大常委会副主任。1998 年 1 月退休。

彭应国

彭应国 民国二十五年（1936 年）1 月出生，湖北利川市人，大专文化，高级农艺师，政协恩施市第三届原副主席，国务院特殊津贴享受者。1958 年 7 月，恩施地区农校毕业，分配到恩施县农业局工作。先后任县种子站副站长、站长，市农技推广中心副主任，亚洲马铃薯协会会员，中国南方玉米生产开发协作组成员，湖北省耕作制度研究会会员，恩施市玉米研究会理事长。从事玉米高产栽培研究推广工作 40 年，在省以上报刊发表论文 25 篇，获科技进步奖 26 次，2 次被农业部评为“温饱工程”先进工作者。彭提出低山开发吨粮田，二高山开发模式栽培，高山开发地膜玉米和西部玉米低产区开发生产等构想，均获得成功。1988 年，被评为高级农艺师。1992 年，享受政府专家特殊津贴。1989 年 3 月，加入中国民主建国会。1992 年，任民主建国会恩施州支部委员。1995 年，任民建恩施州总支委员。1987 年 11 月，任政协恩施市第二、三、四届常委和第三届副主席。1996 年 1 月退休。

龙艳陞

龙艳陞 民国二十五年（1936 年）6 月出生，苗族，恩施市白果金龙坝人，中共党员，高级教练员。曾任湖北省体工大队副大队长、湖北省体校副校长。1958 年，武汉体育学院毕业。1959 年，任湖北省航海多项队队长兼运动员，参加新中国第一届全运会。其间曾任湖北省航海多项队教练员、海军五项教练员、航海驾驶教练员、湖北省潜水队（蹼泳队）主教练。1984 年担任中国蹼泳队教练并带队出访意大利等国家。同年担任湖北省体工大队副大队长、湖北省体校副校长。1996 年 6 月退休。

董文生

董文生 民国二十五年（1936 年）6 月出生，土家族，恩施市红土天落水人，中共党员，曾任中国科学院武汉科学仪器厂厂长（正厅局级）。初中毕业，考入第一机械工业部汉口机械制造学校（后改为武汉工学院）。1957 年，加入中国共产党。毕业被分配到武汉动力机器厂（后组建为武汉汽轮发电机厂），任技术员、车间技术组组长，兼任党支部宣传委员、团总支书记。1961 年 5 月，被抽调到高度机密（绝密级）的军工产品办公室工作，负责代号为 801 工程的部件研究和施工，被授予高级工程师职称。1964 年 6 月，在武汉汽轮发电机厂任党委秘书兼厂团委书记。1966 年 9 月，调武汉汽车制造总厂特种车辆改装分厂任党支部书记兼厂长。1971 年 1 月，任武汉汽轮发电厂生产计划处处长兼总调度长，荣获国家科学技术进步一等奖。1975 年任厂党委副书记兼政治部主任。1980 年 7 月，调到中国科学院武汉科学仪器厂任厂长（正厅局级）。1988 年调恩施州计委任经济协作办公室主任。1993 年退休。

王家声

王家声 民国二十五年（1936 年）9 月出生，恩施市六角亭街道小十街人，初中文化，中国民主建国会会员，恩施市政协原副主席。1952 年 9 月始，先后在恩施县工人消费合作社、商业局、十小街副食商店、商业局建始转运站和巴东转运站工作。1961 年 4 月在恩施县百纺公司工作。1974 年 11 月，任恩施县百纺公司办公室副主任。1980 年起任恩施县（市）百纺公司经理。恩施市第一届政协常委，恩施市第二届、第三届政协副主席。1994 年 1 月退休。

高开群

高开群 民国二十五年（1936 年）12 月出生，恩施市六角亭人，大专文化，中共党员，恩施市政协原副主席。1955 年 8 月始，在中国人民解放军沈阳高射炮兵学校学习。1958 年 4 月始，先后任炮兵六一三团排长、文化教员、参谋、副班长、作战参谋、作训股长。1978 年 7 月始，先后任十四军高炮团副团长、团长。1982 年 8 月始，转业安排在恩施市水电设备厂工作，先后任党委副书记、党委书记。1985 年 1 月始，任恩施市科学技术协会副主任。1986 年 2 月，任恩施市委统战部部长。1987 年当选为恩施市政协副主席。1994 年 1 月离休。

黄豹武

黄豹武 民国二十六年（1937 年）五月出生，土家族，恩施市沙地花被人，中共党员，吉林师范学院党委原书记（正厅）。1963 年 7 月，西安师范学院数学系毕业，分配到吉林省大石头林业局子弟中学任教。1968 年，任林业局政治部主任。1980 年，任局党委书记。1985 年，调任吉林林学院党委书记。1992 年，任吉林师范学院党委书记。1997 年 7 月退休。

刘石林

刘石林 民国二十六年（1937 年）11 月出生，湖北黄陂人，大专文化，中共党员。恩施市政协原副主席。1955 年 8 月，在湖北孝感任教。1956 年至 1957 年，在武汉师专学习。同年 8 月，分配在建始师范任教。1959 年任恩施县委宣传部干事。1970 年到恩施县委办公室工作。1979 年任恩施县委办公室秘书。1981 年 9 月始，任恩施县委办公室秘书科科长。1982 年起任恩施县（市）委办公室主任。1991 年起任恩施市政协副主席。1997 年 12 月退休。

李辉轩

李辉轩　民国二十六年（1937 年）12 月出生，土家族，恩施市红土石灰窑人，大学文化，中共党员，原鄂西土家族苗族自治州首任州长，第七届全国人民代表大会代表。曾任武汉大学教授，华中农业大学中南财经大学兼职教授。1958 年 4 月，参加工作，先后任小学教员，华中师院恩施函授站秘书，恩施地区文教局、文化局办事员。1974 年，任恩施地区文工团党支部书记。1979 年 5 月，任恩施行署文化局副局长，12 月，当选为第七届全国人大代表。1983 年 12 月，任中共鄂西土家族苗族自治州委副书记、鄂西土家族苗族自治州州长（首任）。1989 年 9 月，在中央党校学习。1990 年 4 月，任湖北省教委副主任、党组副书记。1993 年 7 月，任湖北省劳动厅厅长、党组书记。1997 年 12 月，当选为湖北省第九届人民代表大会代表。1998 年，任湖北省人大常委会民族宗教侨务外事委员会主任。2003 年 1 月退休。

朱永松

朱永松　民国二十七年（1938 年）3 月出生，江苏南京浦口人，大专学历，中共党员，中共恩施市委原副书记。1960 年 8 月，湖北省畜牧兽医专科学校毕业，分配到恩施县工作。1962 年 8 月，调到龙凤区农业技术推广站工作。1966 年 10 月，任龙凤区副区长。1967 年 1 月，任龙凤区“革委会”副主任。1967 年 3 月，任龙凤区委宣传委员。1975 年 8 月，任恩施县红庙公社党委副书记。1978 年 8 月，任红庙公社书记。1984 年 1 月，任恩施市委副书记。1989 年 1 月，任鄂西州土地管理局党组书记、局长。1995 年 10 月，任恩施州科委副主任。1996 年 6 月，任州科委调研员。1999 年 5 月退休。

陈沛源

陈沛源　民国二十七年（1938 年）8 月出生，土家族，湖北巴东县人，高中文化，中共党员，恩施市政协原副主席。1960年4月，参加工作，在巴东一中任工作员。1963年7月，任恩施县粮食局人事工作员。1965年4月，任恩施县人事局工作员。1971年，任恩施县“革委会”政工组副组长。1973年，任恩施县委组织部干事、副部长。1984年1月，任恩施县委组织部部部长。1989年3月增补为恩施市政协党组成员。1989年3月，任恩施市政协副主席。1999年6月退休。

彭华润

彭华润 民国二十七年（1938年）9月出生，恩施市红土平锦人，大学文化，中共党员。中共克拉玛依市、新疆石油管理局委员会宣传部原副部长。1965年武汉大学毕业，分配到新疆建设兵团农七师政治干部学校当教员。1973年加入中国共产党。1976年12月至1978年11月，调新疆石油管理局克拉玛依市五七干校任教员、教研室副主任兼校机关党支部书记。1979年4月，五七干校改建为中共新疆石油管理局克拉玛依市委员会党校，至1986年1月，先后任该校教研室副主任、主任、市委党校副校长、代校长、校长。1988年被聘为党校高级讲师。1990年8月23日担任第十一届北京亚运会圣火火炬手。先后当选为克拉玛依市第九届人民代表大会代表、中共克拉玛依市、新疆石油管理局第七次代表大会代表。1992年3月16日至1998年4月，任中共克拉玛依市、新疆石油管理局委员会宣传部副部长，克拉玛依市对外宣传部副部长。1998年9月退休。

谭明煊

谭明煊 民国二十七年（1938年）12月出生，湖北秭归县人。中共党员，大学文化程度，政协恩施市委员会原副主席。1961年3月，加入中国共产党。1965年7月，在恩施县教育局工作。1968年9月，在恩施县“革委会”政工组工作。1970年9月，在恩施县教育科工作。1972年9月，任恩施县知青办公室副主任。1975年9月，先后任城关镇委宣传委员、镇委副书记。1982年5月，任恩施市教育局局长。1984年8月，先后任市直机关党委宣传科科长、副书记，市直党政群战线党委书记。1989 年 5 月，任市委宣传部副部长、部长，科教文卫战线党委书记。1991 年 3 月任市委统战部部长。1992 年 3 月始，先后任恩施市政协第三、四届副主席，市政协党组副书记。1999 年 1 月退休。

皮绪品

皮绪品 民国二十七年（1938 年）12 月出生，恩施市红土天乐水人，大学文化，中共党员，中共恩施州委政法委员会原副书记。1965 年 8 月，在华中农业大学园艺系毕业。1965 年 8 月，在荆州地委农村工作队工作。1965 年 12 月，到来凤县工作，历任三胡区副区长、公社党委书记，县委组织部部长、县委副书记。1985 年 2 月，任中共来凤县委书记。1987 年 10 月，调任鄂西州政法委副书记。1999 年 2 月退休。

李贵生

李贵生 民国二十八年（1939 年）9 月出生，恩施市舞阳坝土桥坝人，大学文化，中共党员，中共恩施市委原书记。1958 年，恩施地区师范毕业，任鹤峰县走马区南北镇小学教师。1962 年 9 月，于华中师范学院毕业，分配至恩施地区文化教育局工作。1968 年 8 月，在恩施地委宣传部工作。1975 年 11 月，任恩施地委宣传部理论教育科副科长、秘书科科长。1982 年 5 月，任恩施市委宣传部部长。1984 年 1 月，任中共恩施市委书记。1988 年 11 月，当选为鄂西自治州副州长。1992 年，任鄂西自治州副州长。1999 年，任州人大常委会副主任。2002 年 1 月，享受正厅级干部待遇。2002 年 3 月退休。

郑世孝

郑世孝 民国二十八年（1939 年）10 月出生，土家族，恩施市六角亭北门人，大学文化，中共党员，政协委员会恩施市原副主席。1957 年 8 月，参加工作。1957 年 9 月，任恩施市农业局技术干部。1979 年 6 月加入中国共产党。1979 年 10 月，任恩施县农业局副股长、股长。1983 年 10 月，任恩施市农业局副局长。1984 年 5 月，任恩施市农委副主任。1984 年 11 月，任恩施市农委主任。1997 年 3 月，任恩施市政协副主席、统战部长。1999 年 10 月退休。

周美华

周美华 民国二十八年（1939 年）12 月出生，土家族，重庆奉节县人，高中文化程度，中共党员，一级警督，恩施县（市）公安局原局长。1955 年 2 月，沐抚区粮油所参加工作。1956 年 2 月至 1966 年，先后于恩施县粮食局人保股、县人民法院工作。1966 年 5 月，加入中国共产党。1968 年 2 月，恩施县公安机关军管小组工作。1971 年 6 月至 1975 年 7 月，先后于恩施县“革委会”政工组、县委组织部工作。1975 年 8 月，任恩施县公安局秘书股长。1980 年 11 月，任恩施县司法局副局长。1981 年 4 月，任恩施县（市）公安局副局长。1985 年 4 月，任恩施市公安局党委书记、局长。1994 年 1 月，任恩施市人民法院院长。1999 年 12 月退休。

田期玉

田期玉 民国二十九年（1940 年）1 月出生，湖北洪湖市人，大学文化，中共党员，恩施市委原副书记，公安部原常务副部长、副总警监，全国人大澳门特别行政区筹委会原委员，第八届全国人大代表，第九届全国政协常委。1963 年，华中师范学院物理系毕业。1965 年，加入中国共产党。历任共青团建始县委副书记、县“革委会”政工组宣传组副组长，中共恩施地委办公室副主任、政策研究室主任，中共恩施市委副书记。1983 年 10 月，任中共鄂西土家族苗族自治州委书记。1987 年 5 月，任中共湖北省委常委、省委政法委员会书记兼省公安厅厅长。1992 年 3 月，任公安部常务副部长，党委副书记。1992 年 12 月，被授予副总警监警衔。1993 年 7 月，任香港特别行政区筹备委员会预备工作委员会委员。1995 年 12 月，任全国人大香港特别行政区筹委会委员。1998 年 5 月，任全国人大澳门特别行政区筹委会委员。2003 年 1 月，任公安部党委副书记、常务副部长（正部长级）。2005 年 9 月至 2015 年 4 月，任中国警察协会主席。

刘嘉延

刘嘉延　民国三十年（1941年）1月出生，恩施市舞阳坝土桥坝人，大学文化，中共党员。1955年小学毕业后，分配到屯堡区马者乡建新农业生产合作社当会计。1956年至1961年，先后在恩施五中、恩施二中、恩施高中读书。1962年，在华中师范学院读书。1966年夏毕业，同年10月，加入中国共产党。1968年3月，参加工作，在恩施九中任教师。1971年9月调恩施县“革委会”工作，后任县委办公室副主任。1981年10月，调恩施地委工作，先后任政研室综合科副科长、州委办公室秘书科科长、办公室副主任、主任、州委副秘书长兼州保密局局长等职，当选为州政协第二届委员会委员、州委第二次党代表会代表、州第二届委员会委员、州第四届人大代表、州三次党代会代表。1997年，被评选为全省、全州优秀共产党员。2001年1月退休。

温庆煜

温庆煜　民国三十年（1941年）1月出生，湖北仙桃市人，大学学历，高级工程师，恩施市人大常委会原副主任。1968年8月，华中农业大学农业机械专业毕业。1968年12月，参加工作。1980年6月，加入中国共产党。1968年12月，在湖北省运粮湖农场工作。1971年1月，任恩施地区齿轮厂副厂长。1982年1月，任恩施市工具厂厂长。1985年5月，先后任恩施市一轻工业局、工业局党委书记、局长。1994年1月，任恩施市人民政府副市长、党组成员。1996年3月，任恩施市第五届人大常委会副主任。1996年3月，任市人大常委会党组成员。1999年1月，任副县级调研员。2001年1月退休。

谭世湘

谭世湘　民国三十年（1941年）4月出生，土家族，恩施市三岔王家村人，大学文化，中共党员，恩施市政协原第三届委员会主席。1975年5月，加入中国共产党。1965年8月，华中师范学院毕业，分配在巴东县文教局工作。

1967 年 3 月，在巴东县溪丘湾中学任教。1971 年 2 月，在巴东县文教局工作。1974 年 1 月，在恩施县教育局工作，先后任工作员、副局长、局长。1984 年 1 月，任恩施市人民政府副市长。1991 年 2 月，当选为恩施市政协第三届委员会主席，任党组书记。1993 年 10 月始，任恩施自治州农校党委书记、校长。2001 年 5 月退休。

向海滨

向海滨 民国三十年（1941 年）6 月出生，土家族，恩施市沐抚高台人，高中文化，恩施市人大常委会原副主任。1960 年 8 月，参加工作，同时加入中国共产党。1960 年 8 月至 1966 年 10 月，先后任沐抚高台信用合作社、沐抚农业银行营业所工作人员。1966 年 11 月，任沐抚区财政税务所会计。1968 年 4 月，任沐抚区营上人民公社党委书记、“革命委员会”主任。1975 年 9 月至 1984 年 6 月，先后任板桥人民公社党委副书记、书记。1984 年 7 月至 1988 年 9 月，任恩施市板桥区委、大山顶牧场党委书记。1988 年 10 月至 1990 年 4 月，任市财委主任、市直财贸战线党委书记。1990 年 5 月，任恩施市人民政府副市长、党组成员。1992 年 3 月，任恩施市第四、五届人民代表大会常务委员会副主任。1992 年 3 月，任市人大常委会党组成员。1999 年 2 月任副县级调研员。为中共恩施市第一届委员会候补委员，第二、三届委员会委员。2001 年 6 月退休。

陈行高

陈行高 民国三十年（1941 年）9 月出生，恩施市六角亭胜利街人，大学学历，中共党员。恩施市人大常委会原副主任。1965 年 8 月，参加工作。1967 年 6 月，加入中国共产党。1965 年 8 月至 1971 年 8 月，任青海省建设兵团 12 师司令部参谋。1971 年 9 月至 1983 年 3 月，任恩施县（市）水利电力局技术员、工程师、副局长、局长。1985 年 3 月至 1989 年 3 月，任中共恩施市第一届委员会委员、常务委员、副书记。1989 年 3 月至 1992 年 3 月，任恩施市第三、四届人民代表大会常务委员会副主任，党组副书记。1992 年 3 月，调武汉市对外经济贸易发展公司工作。2001 年 9 月退休。

李明柱

李明柱 民国三十一年（1942 年）2 月出生，恩施市龙凤向家村人。中专学历，中共党员，恩施市人大常委会原副主任。1959 年 7 月，参加工作。1965 年 9 月，加入中国共产党。1959 年 7 月，任恩施地区民警大队二中队战士。1963 年 11 月至 1979 年 11 月，先后任来凤县中队班长、县人民武装部军事科长。1979 年 12 月，任鹤峰县人武部副部长。1981 年 6 月，任巴东县人武部副部长。1983 年 7 月，任鹤峰县人武部部长。1986 年 1 月，任政协恩施市第一届委员会副主席、党组成员。1987 年 11 月，当选为恩施市第三届人大常委会副主任。1988 年 3 月，任中共恩施市人大常委会党组成员。1993 年 4 月，任恩施市第四、五届人大常委会副主任。1999 年 2 月，任市人大常委会党组成员、正县级调研员。2002 年 2 月退休。

向诗才

向诗才 民国三十一年（1942 年）4 月出生，重庆万州区人，大学文化，中共党员，恩施市人大常委会原主任。1958 年 10 月，参加工作。1960 年 5 月，加入中国共产党。1960 年 8 月，在中国人民解放军 3161 部队服役，先后任战士、班长、排长。1964 年 10 月，在沈阳陆军学院学习，后任教员区队长。1970 年 7 月，沈阳陆军学院毕业。1970 年 7 月始，先后任黑龙江拜泉县人武部作训科、军事科参谋，政工科、军事科副科长，作训科副科长、科长。1979 年 4 月，任黑龙江拜泉县人武部副部长。1982 年 8 月，在南京高级陆军学校学习。1983 年 7 月，任黑龙江拜泉县人武部部长。1986 年 3 月，当选为恩施市第二、三届人民代表大会常务委员会副主任，任党组成员、副书记。1991 年 1 月，当选为恩施市第四五届人民代表大会常务委员会主任，任党组书记。1989 年 1 月，当选为中共恩施市第二届委员会委员。1991 年 7 月，当选为中共恩施市第三、四届委员会委员常委。1999 年 1 月，任恩施市第六届人大常委党组副书记、正县级调研员。2002 年 5 月退休。

向仪臣

向仪臣 民国三十一年（1942 年）6 月出生，土家族，恩施市崔家坝鸦鹊水人，中共党员，大学本科学历，高级工程师。曾任恩施州第四届人大民族法制委员会主任委员。1968 年大学毕业后分配到利川县粮食局，担任基建工业股股长。1980 年在恩施州粮食局工作，历任担任基建工业科科长、副局长、机关党支部书记以及州粮食工程设计室主任、州油脂公司经理、州粮食经济学会副理事长、州粮食工程学会理事长、省粮食经济学会理事、州土木建筑工程学会理事。1992 年任恩施州轻纺工业局党组书记、局长以及州轻纺工业总公司总经理。1998 年任恩施州第四届人大常委会委员、恩施州第四届人大民族法制委员会主任委员。2002 年 6 月退休。

朱纯宣

朱纯宣 民国三十一年（1942 年）8 月出生，土家族，大学文化，湖北鹤峰县走马人，中共党员，原恩施县人民政府副县长。1966 年 7 月，湖北宜昌医专毕业。1971 年 9 月，加入中国共产党。1967 年 9 月，参加工作，任恩施县白果卫生院负责人。1970 年 1 月，任恩施地区外科医师培训班副队长。1971 年 9 月，任恩施县公安局刑侦股法医。1977 年 11 月，任恩施县公安局副局长。1978 年 2 月，赴恩施县双河公社大凤大队蹲点，任副队长。1982 年 2 月，任恩施县人民政府副县长。1982 年 11 月，任中共恩施县委第六届常委、宣传部长。1983 年 10 月，任中共鄂西自治州委副书记。1986 年 1 月，任中共鄂西自治州委书记，兼军分区党委第一书记（1984 年 9 月—1986 年 7 月在中央党校培训部学习）。1993 年 6 月至 1996 年 2 月，先后任湖北省恩施自治州州委书记、州人大常委会主任。1996 年 2 月，任湖北省人大常委会副主任、党组成员。2003 年 1 月，当选为湖北省第十届人大常委会副主任。2008 年 1 月退休。

吴承嘉

吴承嘉 民国三十一年（1942 年）10 月出生，土家族，恩施市舞阳坝七里坪人，中共党员，大学文化程度。州委机关工委原书记（正县级）。1965 年 7 月，华中师范大学化学系（本科）毕业，同年 8 月，参加工作。先后担任恩施县文教局干部，恩施县沐抚中学教师，恩施县教研室工作人员，恩施县太阳河区高中校长，恩施县广播站编辑，恩施县文化馆馆长，恩施市一中副校长，恩施市委宣传部干事、科长、副部长。1986 年 10 月，调州委宣传部任精神文明建设办公室副主任。1991 年 7 月，任恩施州社会科学联合会副主席（副县级）。1992 年 8 月，调任恩施州委党校第一副校长（正县级）。1993 年 3 月，任州委统战部副部长。1997 年 4 月任州委机关工委书记（正县级）。2001 年 6 月，被湖北省委表彰为全省优秀党务工作者。2002 年 10 月退休。

李青山

李青山　民国三十一年（1942 年）出生，恩施市板桥新田人。初中文化，中共党员，恩施市人民政府原市长助理。1958 年，在恩施市沐抚初级中学读书。1961 年 7 月，在家务农。1964 年 3 月，任恩施县沐抚区新田公社新田大队出纳。1970 年 6 月，加入中国共产党。1970 年 12 月，任新田大队党支部书记。1976 年 12 月，任板桥公社硫磺厂厂长。1978 年 11 月，在板桥供销社任党支委员。1979 年 11 月，任板桥食品站副主任。1984 年 6 月，任板桥区委副书记。1988 年 12 月，任区长。1989 年 12 月，任恩施市供销联社主任。1990 年 12 月，任板桥区区委书记。1993 年 12 月，任恩施市人民政府市长助理。2002 年 12 月退休。

吕成宗

吕成宗　民国三十二年（1943 年）1 月出生，湖北孝感市人，大学文化，中共党员，恩施市人民政府原市长、市委书记。1968 年夏，华东农学院农机系毕业。1968 年 9 月，参加工作，任恩施市农机厂技术员。1970 年始，先后任恩施县化肥厂生产调度股副股长、股长、副厂长、厂长、厂党委委员、党委书记。1983 年，被评为湖北省劳动模范。同年，当选为中共恩施县第六届委员会委员，中共鄂西自治州第一次代表大会代表，并当选为州委候补委员。

1984 年 1 月，任中共恩施市委副书记、市政府市长。1989 年 1 月，任中共恩施市委书记。1993 年 4 月，当选为鄂西自治州副州长。1998 年，调省统计局任副局长。2003 年 1 月退休。

陈　松

陈　松　曾用名陈邦标，民国三十二（1943 年）4 月出生，土家族，恩施市红土天落水人。大专文化，中共党员，州人事局原副局长，正县级干部。1962 年 9 月，在红土粮管所工作。1965 年 2 月，在恩施县粮食局工作。1970 年 11 月至 1981 年 10 月，在恩施县“革委”政工组、县委组织部、县纪委工作。1981 年 11 月至 2003 年 4 月，在恩施地区人事局、鄂西自治州人事局、恩施自治州人事局任工作员、干部科长、副局长、正县级干部，期间曾任恩施自治州第四届政协委员。2003 年 4 月退休。

黄显成

黄显成（生年不详）　恩施市舞阳坝五峰山人，大学文化，中共党员，河南省工商局经济检查总队原调研员。1961 年 11 月参军入伍，任空军 23 师无线台电报务员。1965 年，任空军 23 师无线电台台长。1966 年到空中管制员培训班学习一年。1967 年始，历任空军 13 师司令部调度员、参谋，空军 19 师司令部参谋，武汉空军司令部航行高级参谋。1980 年，任空军 19 师航行科科长（副团级）。1987 年转业至河南省工商局任个体私营经济协会副秘书长。2001 年，任河南省工商局经济检查总队调研员（正处级）。2003 年 8 月退休。

于德安

于德安　民国三十三年（1944 年）1 月出生，湖北建始县人，大学文化，中国农工民主党党员，政协恩施市委员会原副主席。1968 年 10 月在武场 154 部队沉湖农场工作。1970 年 3 月始，先后任恩施钢铁厂生产科长、厂办公室主任。1982 年 10 月，任恩施市统计局副局长。1988 年 9 月，任恩施市政府办公室副主任。1990 年 1 月，任恩施市第三、四、五届政协委员、常委、副主席。2014 年 1 月退休。

刘作森

刘作森　民国三十三年（1944 年）出生，恩施市六角亭解放路社区和平街人，中共党员，大学学历。1983 年 11 月，任鄂西土家族苗族自治州第一届人民政府秘书、副秘书长。1988 年 11 月，任州第二届人民政府秘书长。1993 年 7 月，任州第三届人民政府副州长。1998 年 4 月，任州第四届人民政府副州长；2003 年 2 月至 2008 年 2 月，任恩施土家族苗族自治州第五届人大常务委员会副主任。2009 年退休。

李俊林

李俊林　民国三十三年（1944 年）4 月出生，恩施市红土大岩人，大学文化，恩施市人大常委会原副主任。1974 年于武汉水电学院毕业分配工作。1974 年 8 月，任新塘区技术员。1982 年始，任恩施市水利局水利股长、副局长。1991 年 2 月，任恩施市人民政府副市长。1999 年 2 月，任恩施市人大常委会副主任。2004 年 5 月退休。

何孝政

何孝政　民国三十三年（1944 年）6 月出生，恩施市六角亭谭家坝人，初中文化程度，中共党员，恩施市人大会常委会原副主任。1969 年 10 月，加入中国共产党。1971 年 9 月，参加工作。1971 年 9 月，任恩施县灯塔区红旗公社党委副书记、书记、公社“革命委员会”主任。1975 年 8 月，任恩施县红庙公社党委副书记。1976 年 6 月至 1980 年 3 月，任城关镇党委第二书记、第一书记、镇“革命委员会”主任。1980 年 4 月，任中共恩施县委办公室工作人员。1980 年 10 月，任龙凤公社党委副书记。1984 年 1 月，任恩施市红庙公社党委委员、红庙区委书记。1984 年 11 月，任恩施市人民政府副市长、政府党组成员。1991年1月至2002年，先后任恩施市第四、五、六届人民代表大会常务委员会副主任、党组副书记。为中共恩施县第四届、恩施市第一、二、五届委员会委员。2004年6月退休。

王建军

王建军 民国三十三年（1944年）7月出生，江西黎川县人。1967年7月，毕业于华中师范学院中文系。1968年7月，在天门沉湖军垦农场劳动。1970年3月起，先后任恩施县太阳河高中、恩施县师范、恩施市一中语文教师（中教高级）。自1982年起，先后任政协恩施县第六届委员会委员、鄂西自治州第一届委员会委员、政协恩施市委员会第二、三届副主席和湖北省政协第八届委员会委员。1988年5月，加入中国民主同盟，先后任民盟恩施市小组长、组长，民盟鄂西自治州支部委员、副主委。先后参加中国修辞学会、全国汉语拼音教研会、湖北写作学会等学术团体，担任鄂西自治州中语学会副秘书长、秘书长。1993年8月，调武汉三中任教。1999年被省政府授予中学特级教师称号。2006年退休。在恩施和武汉任教期间，发表教学论文190多篇，出版语文编著20多本；指导、推荐学生发表作文600多篇，获奖200多次。

张传德

张传德 民国三十三年（1944年）8月出生，大专文化，恩施市舞阳坝街道人，中共党员，恩施市人民政府原副市长。1963年12月，参加工作，任恩施县财政局干部。1964年7月，恩施财校财政专业毕业。1966年11月，任恩施县财政局副局长。1967年7月，任恩施“五七”干校排长。1970年12月，任“天电”工程指挥部恩施团副团长。1973年4月，任恩施县财政局企财股股长。1979年1月始，任恩施县（市）财政局副局长、局长，其间，攻读中南财经大学财政专业。1989年12月，任恩施市政府副市长。1991年2月，任鄂西州劳动局副局长兼保险局长。1992年5月，任州财委副主任。1993年9月，任州财委主任。1996年6月，任恩施州政府副秘书长。2003年9月退休。

雷昌桃

雷昌桃 女，民国三十三年（1944 年）9 月出生，土家族，恩施市太阳河白果树人，大专文化，中共党员，恩施市人民政府原副市长。1961 年 7 月，任太阳区剑锋大队会计、卫生防疫员。1966 年 5 月，任恩施县太阳区教员。1965 年 8 月，加入中国共产党。1966 年 8 月，任恩施县太阳区委委员、区妇联主任。1972 年 11 月，任恩施市新塘区委委员、区妇联主任。1983 年 5 月，任新塘区委副书记。1989 年 12 月，任恩施市民贸局副局长。1991 年 1 月，任恩施市人民政府副市长。1993 年 11 月，任市委常委、市纪委书记。1998 年 12 月，任市委副县级调研员。2005 年 10 月退休。

刘元香

刘元香 女，民国三十四年（1945 年）5 月出生，土家族，恩施市舞阳坝五峰山人，大专文化，中共党员。中共恩施县委原副书记、州政协原副主席。1959 年，在恩施县第二中学读书。1961 年回家务农。1963 年，任红五月大队民兵连长，被评为全县优秀民兵优秀青年优秀贫下中农代表。1964 年加入共青团组织，任五峰山小学民办教师，其间被评为全县优秀民办教师。1966 年加入中国共产党，当年作为恩施地区贫下中农代表出席湖北省第二次贫下中农代表大会。同年 9 月录用为国家干部，任中共恩施县灯塔区委副书记。10 月 1 日，作为湖北省工农兵劳模代表观礼团成员，出席国庆观礼，在天安门城楼上受到毛泽东主席、周恩来总理等党和国家领导人的亲切接见并参加观礼。1971 年，任恩施县“革委会”副主任，同年任中共恩施地委委员、常委，并于同年当选湖北省第二次党代会代表，出第二次省党代会，当选为中共湖北省委委员。1973 年，任中共恩施县委副书记。同年任恩施地区妇联主席、党组书记。1974 年，当选为湖北省人大代表，出席湖北省第四届人民代表大会。1975 年，兼任大集公社党委书记，同年被选为全国人大代表，出席在北京召开的第四届全国人民代表大会。1977 年，当选为湖北省第五届人大代表，出席湖北省第五届人民代表大会。1978 年，当选为湖北省第三次党代会代表，出席湖北省第三次党代会，当选为中共湖北省委委员。同年当选第五届全国人大代表，出席在北京召开的第五届全国人民代表大会。1983 年，任鄂西自治州妇联主席党组书记，同年当选为湖北省党代会代表，出席中共湖北省第四次党代会。同年当选全国妇女代表，出席在北京召开的全国第五次妇女代表大会。1984 年至 1986 年，在中南民族学院学习两年。1988 年，当选为全国妇女代表，出席在北京召开的第六次全国妇女代表大会。同年任鄂西州委委员，兼州政协常委。1966 年至 1993 年，当选为湖北省妇女联合会第二、三、四、五、六、七届执委。1993 年，当选为全国第七次妇女代表大会代表，当年出席在北京召开的全国第七次妇女代表大会。同年任恩施州政协副主席。2007 年退休。

江富春

江富春　女，民国三十三年（1944 年）12 月出生，恩施市红土毛坝埫人，大学文化，中共党员，原恩施州计划生育委员会主任。1970 年 10 月加入中国共产党。1953 年始，分别在红土乡乌鸦小学、新塘中心小学、新塘三中、恩施一中（现恩施高中）咸丰师范读书。1965 年 1 月，在恩施县芭蕉区高桥福利院任教师。1969 年，在恩施县公安机关军管小组舞阳派出所任内勤。1973 年 1 月始，先后任恩施县妇联副主任、主任，恩施市妇联主任。1984 年 4 月，任恩施州妇联副主任。1988 年 8 月，先后任州计划生育委员会主任、调研员。2000 年 3 月退休。

刘诗伟

刘诗伟　民国三十五年（1945 年）3 月出生，湖北建始县人，大专文化，中共党员，恩施市政协原主席。1970 年加入中国共产党。1963 年 8 月，恩施地区师范学校毕业后留校工作。同年 10 月，在恩施师范附属土桥坝小学任教员。1971 年 11 月，在恩施县城关镇文教组工作。1973 年 11 月，任恩施县委党校理论教员。1975 年 4 月，任恩施县委党校副校长。1984 年 3 月，任中共恩施市委宣传部部长。1986 年 2 月，任市直科教文卫战线党委书记。1986 年 12 月，任中共恩施市委常委。1989 年 1 月，任中共恩施市委副书记兼市政法委书记、宣传部长。1994 年 1 月，当选为政协恩施市第四届主席，任党组书记。1996 年 12 月，任恩施自治州文化局局长。2005 年 3 月退休。

易英仲

易英仲　民国三十四年（1945 年）6 月出生，湖南长沙市人，大学文化，中共党员，恩施市委原副书记。1963 年 9 月，考入北京邮电学院。1968 年 9 月，大学毕业参加工作。1969 年 3 月，参加中国人民解放军，在部队农场锻炼。1970 年 7 月，先后在恩施县（市）化肥厂任技术员、副厂长、厂长、党委书记。1985 年 3 月，任中共恩施市委副书记。1989 年 5 月，任鄂西自治州建材工业局局长。1995 年 9 月，任恩施自治州经贸委主任。1998 年 6 月，任恩施州科委主任。2001 年 10 月，任恩施州科技局调研员。2005 年 6 月退休。

肖金玉

肖金玉　女，民国三十四年（1945 年）9 月出生，重庆奉节县人。无党派人士，中专文化程度。恩施市政协原副主席。1964 年 9 月，在恩施县城关四小任教。1965 年 9 月，在咸丰师范学习。1965 年 12 月，在恩施县沐抚区小学任教。1969 年 2 月，在恩施县龙凤区中学任教。1985 年 1 月，在恩施市书院中学任教。1994 年 1 月，任市政协第四届副主席。1998 年 8 月退休。

杨家志

杨家志　民国三十四（1945 年）10 月出生，重庆巴中区人，大学文化，中共党员，中共恩施市委原书记。1974 年 9 月加入中国共产党。1970 年 9 月，参加工作，任咸丰县农机厂技术员。1975 年 10 月，任咸丰县工业科副科长兼火电工程指挥部副指挥长，化肥厂厂长、厂党委书记。1982 年 10 月，任咸丰县委副书记。1984 年 1 月，任中共恩施市委副书记。1985 年 1 月，任中共利川市委书记。1991 年 3 月，任中共恩施市委书记。1992 年 3 月，任中共鄂西州委副书记兼恩施市委书记。1993 年 7 月，任中共恩施州委副书记。后任省环保局局长。2005 年 10 月退休。

刘应凯

刘应凯 民国三十四年（1945 年）11 月出生，土家族，恩施市沙地楠木园人，中专文化，鹤峰县人大常委会原主任。1965 年参加工作。1965 年 7 月，在沙地区太平公社铺子小学任教。1966 年 3 月，任沙地区太平公社副社长兼武装部长。1968 年 4 月，任太平公社“革委会”副主任。1971 年 3 月，任沙地区火锋公社党委书记。1975 年 8 月，任恩施县沙地公社党委副书记。1981 年 1 月至 1984 年 5 月，任沙地公社管理委员会主任，其间 1982 年 9 月至 1983 年 7 月，在中南民院农业经济管理干部培训班读书。1984 年 6 月，任沙地区委书记。1990 年 5 月至 1995 年 3 月，任中共鹤峰县委副书记，其间 1994 年 7 月至 1995 年 1 月主持县委工作。1995 年 4 月，任鹤峰人大常委会主任、州人大正县级调研员。2005 年 11 月退休。

张正富

张正富 民国三十四年（1945 年）5 月出生，恩施市舞阳坝五峰山人，中共党员，中专文化。1965 年 9 月，应征入伍，任报务员。1969 年 3 月退伍。1969 年 10 月，在地质部四普勘探大队 3203 井队担任柴油机工和报务工作。1974 年，在 3501 井队和 32333 井队任副指挥员（副科级）。1976 年 11 月，随 32333 井队调湖南省石油勘探队任井队指挥员（正科级）。1983 年，在地质部第四勘探大队政治处任主任。1990 年，任四普大队副大队长。四普河南南阳指挥所任主任（副处级）。1993 年，在西藏工作，任四普西藏指挥所主任。1997 年，任中南石油四普大队党委副书记、行政队长。2001 年退到二线任调研员（正处级）。2007 年退休。

唐煌柏

唐煌柏 民国三十五年（1946 年）2 月出生，恩施市红土天落水人，大学文化，中共党员，省邮政局原助理巡视员。1964 年 7 月，考入武汉邮电学院。1970 年 8 月，在建始县邮政电信局工作，先后任技术员、助理工程师、副局长。1983 年 8 月，在恩施地区（州）邮电局工作，先后任电信科长、局长、党组书记。1989 年 1 月，任鄂西州邮电局党组书记。1998 年 11 月，任恩施州邮政局党组书记、局长。2003 年 4 月，任湖北省邮政局助理巡视员（副厅级）。2006 年 3 月退休。

吕家奎

吕家奎 民国三十五年（1946 年）7 月出生，恩施市崔家坝香炉坝人，大学文化，中共党员。中国航天部 3531 厂原副厂长（副司局级）。1953 年 9 月至 1959 年 8 月，在崔坝小学读书。1959 年 9 月，在恩施七中（崔坝中学）读书。1962 年 9 月，在恩施一中（恩施高中）读书。1964 年加入共青团组织。1965 年 9 月，在重庆大学机械系金属热处理专业学习。1970 年 9 月，在航天部 3531 厂工作。1972 年加入中国共产党。历任技术员、车间副主任、主任、支部书记、厂党委组织部副部长（副处级）。1984 年 3 月，任航天部 061 基地技工学校党委副书记、党委书记（正处级）。1986 年 10 月，任航天部 3531 厂副厂长（副司局级）。1996 年 2 月退居二线。2006 年 7 月退休。

伍蔚森

伍蔚森 民国三十五年（1946 年）11 月出生，恩施市龙凤九盘沟人，大专文化，中共党员，恩施市政协原副主席。1963 年 12 月应征入伍。1969 年 11 月加入中国共产党。1971 年 3 月始，先后在恩施县龙凤高中任教，县水泥厂任医生。1973 年 9 月，在恩施医专读书。1976 年 1 月，任恩施县妇幼保健所医生、副所长。1981 年 9 月，在恩施县计生办工作。1983 年 6 月，任恩施县计生服务站站长。1984 年 4 月，任市计划生育委员会副主任主任。1999 年 1 月，任市委统战部部长，政协恩施市第五届副主席。2006 年 11 月退休。

商金平

商金平 民国三十五年（1946年）11月出生，江苏靖江县人，大学文化，中共党员，恩施市人民政府原市长。1964年参军，在南京炮兵工程学院学习。1966年加入中国共产党。1968年，在华东工程学院大专毕业。1969年1月，任湖北宜都388厂党委秘书。1974年1月，任湖北省国防科工办副科长、副处长。1989年5月，任恩施市人民政府代市长、市长、中共恩施市委副书记。1992年，调离恩施。2006年11月退休。

方友仁

方友仁 曾用名方友人，民国三十五年（1946年）4月出生，土家族，恩施市崔家坝鸦鹊水人。大专文化，中共党员。空军87308部队原政委，上校军衔。1988年9月，授中校军衔。1990年9月，晋升上校军衔。1993年3月，由湖北省委宣传部评定为高级政工师职称。1963年6月，在恩施七中初中毕业。1966年6月，在恩施一中高中毕业。1968年2月，应征入伍。1968年10月，加入中国共产党。先后在中国人民解放军3947部队空字366部队、武汉军区空军政治部宣传部、87308部队任班长、排长、指导员、干事、股长、团政治部主任，兼任广州军区空军后勤部理论辅导员。1984年9月，由武汉空军政治部选送河南新乡教育学院学习两年，1986年7月取得大专文凭。1986年10月，任空军87308部队政委。1988年1月，被广州军区空军后勤部政治部表彰为政治教育先进个人。1990年2月，由广州军区空军后勤部授予三等功。1991年8月，转业到湖北襄阳市燃料化学工业局工作，任副局长、党组成员、纪委书记兼工会主席，并被聘为《中国化工报》《湖北日报》特约通讯员，《襄樊法制报》特约记者，兼任襄樊预备役团防化连连长。2003年7月，被表彰为湖北省优秀工会工作者。2005年8月，改任调研员。2006年8月退休。

杨昌佐

杨昌佐 民国三十五年（1946年）出生，恩施市舞阳坝鸭子塘人，中共党员，大学文化。湖北省物资厅原党组成员、副厅长。1965 年 7 月恩施高中毕业，选调到湖北省委机要干部学校学习，分配到省委办公厅工作。1970 年 8 月，加入中国共产党。1979 年 1 月，在省委办公厅任科长。1984 年 6 月，任中共湖北省委顾问委员会办公厅处长。1990 年 9 月，任中共湖北省顾问委员会副秘书长，其间 1992 年 3 月至 1992 年 7 月在中共党校进修班学习。1993 年 12 月当选为中共湖北省第六次代表大会代表。1994 年 10 月，任湖北省物资厅党组成员、副厅长。2000 年 3 月，任湖北省贸易物资行业办省商务厅巡视员（正厅级）。2006 年退休。

肖文必

肖文必　民国三十六年（1947 年）2 月出生，土家族，恩施市沙地麦淌人，中共党员，恩施市人大常委会原副主任。1968 年 12 月，任沙地天鹅学校教员。1979 年 6 月，任恩施县广播站编辑。1982 年 4 月，任恩施县委办公室秘书。1983 年 12 月，任恩施市委办公室秘书。1986 年加入中国共产党，同年任恩施市委办公室副主任。1999 年参加湖北省人大干部培训班。1991 年 1 月，任恩施市委组织部副部长。1991 年 1 月，任恩施市人大常委会副主任。2007 年 2 月退休。

甘立友

甘立友　民国三十六年（1947 年）3 月出生，湖北利川市人，中专文化，中共党员，恩施市人民政府原副市长、恩施市政协主席。1966 年加入中国共产党。1965 年 10 月，任利川县后坝公社团委书记。1971 年 8 月，任中共利川县汪营区委政工干部、组织委员。1975 年 9 月，任中共利川县鱼龙公社党委书记。1978 年 10 月，任中共利川县大堰公社党委书记。1984 年 6 月，任中共利川县汪营区委书记。1988 年 9 月，任利川市开发办主任。1990 年 8 月，任利川市政府办公室主任。1991 年 1 月，任利川市人民政府副市长。1996 年 3 月，任恩施市人民政府副市长。1999 年 1 月，任政协恩施市第五届主席、党组书记。2007 年 3 月退休。

伍绍春

伍绍春 民国三十六年（1947年）4月出生，恩施市新塘保水溪人，大专文化，恩施市人大常委会原主任。1966年3月，加入中国共产党。1969年12月，参加工作。1970年7月，任恩施县东风煤矿党支部副书记。1973年6月，任恩施县总工会第四届委员会副主席。1979年2月始，先后任新塘人民公社党委委员、“革委会”副主任、党委副书记、“革委会”主任。1983年1月始，先后任新塘人民公社党委副书记、书记（1982年9月至1985年5月，在华农大农经系农业干部管理专业学习）。1986年4月，任恩施市农业局局长。1990年4月始，先后任中共恩施市委办公室副主任、主任，中共恩施市第三届委员会委员常委，中共恩施县第四届委员会委员。1997年3月，在政协恩施市第四届第四次会议上，当选为市政协主席。1999年1月，当选为恩施市第六届人民代表大会常务委员会主任，任党组书记。2007年4月退休。

蔡万顺

蔡万顺 民国三十六年（1947年）12月出生，土家族，恩施市龙凤镇二坡人，大专文化，中共党员，中共恩施市委原副书记。1971年7月，在恩施县财政金融局工作。1973年3月，在恩施县财政科工作。1975年5月，任恩施县竹园公社党委副书记。1976年10月，任新塘公社党委书记。1978年5月，先后任白杨公社党委副书记、书记。1984年7月，在湖北省委党校学习。1985年3月，任中共恩施市委副书记。1990年10月，任中共巴东县委书记。1996年3月，任中共恩施州委宣传部长。1997年4月—2003年12月，任政协第三届、第四届、第五届恩施州委副主席、党组副书记。2010年10月退休。

杨志如

杨志如 民国三十六年（1947年）出生，恩施市舞阳坝街道人，大专文化，中共党员。恩施州工商行政管理局原局长、党组书记。1964年11月参军入伍，在中国人民解放军恩施武警部队服役，历任战士、班长、人武部参谋、恩施军分区管理员、协理员、科长、后勤部部长等职。1993 年 10 月转业，任恩施土家族苗族自治州工商行政管理局副局长、局长。2007 年退休。

徐海烈

徐海烈 民国三十七年（1948 年）10 月出生，恩施市崔家坝下街人，大学文化程度。州水电设计院原总工程师。1974 年 8 月，参加工作。1974 年 7 月，加入中国共产党。1974 年，任恩施地区水电局技术员。1976 年，任恩施地区水电局水电科副科长。1980 年，任州水电局农电科科长。1987 年，任州水电设计院副院长。1996 年，任州水电设计院总工程师。2008 年 10 月退休。

吕家训

吕家训 民国三十八年（1949 年）1 月出生，恩施市崔家坝香炉坝人，大专文化，中共党员，湖北省第二地质大队原党委书记（正处级）。1956 年 9 月，在崔坝小学读书。1962 年 9 月，在恩施市一中读书。1965 年 9 月，在恩施高中读书。1969 年 1 月，在鸦鹊区香炉公社照耀大队四小队插队落户。1970 年 7 月，招工到湖北省第二地质大队工作，任四分队一号机钻探工、四分队团支部宣传委员。1973 年 3 月，任湖北省第二地质大队团委副书记、大队政治处宣传干事。1974 年 11 月，任湖北省地质局政治部工业学大庆办公室宣传干事。1976 年 4 月，任湖北省第二地质大队团委副书记、大队政治处宣传干事。1978 年 8 年，加入中国共产党组织。1982 年 9 月，在长春地质学院政治教育专修科学习两年。1984 年 9 月，任湖北省第二地质大队二分队党支部书记、政治指导员。1985 年 7 月，任湖北省第二地质大队党委副书记（副处级）。其间 1987 年 4 月至 1988 年 11 月主持大队党委工作。1988 年 12 月，任湖北省第二地质大队党委书记（正处级）。1990 年 8 月，任恩施州纪委常委（正处级）。1997 年 4 月，任恩施州政协秘书长，机关党总支书记。2009 年 3 月退休。

苏醒民

苏醒民 民国三十八年（1949 年）3 月出生，恩施市崔家坝苏家堡人。大学文化，中共党员。西藏军区后勤部边防能源管理处原处长。1966 年，恩施地区第一中学毕业。1969 年 10 月应征入伍。1970 年 12 月，加入中国共产党。1973 年，考入清华大学水利水电工程系学习。1977 年毕业后，返回部队，历任西藏军区 601 部队政治处干事、西藏军区总医院组织干事、西藏军区后勤部边防能源管理处处长。1987 年专业回恩施，任恩施自治州司法局科长、副局长，恩施州水利局副局长、调研员、正县级。2009 年 8 月退休。

龙昌亮

龙昌亮 民国三十八年（1949 年）8 月出生，湖北黄冈市人，高中文化程度。1995 年 10 月，加入中国民主建国会。高级经济师。1969 年 1 月，下乡到恩施县沙地区花坪五峰大队劳动。1971 年 11 月至 1985 年 5 月，历任恩施地、市造纸厂工人、质检员、车间主任、生产科长、副厂长、厂长。1992 年 3 月，任恩施市一轻局副局长。1994 年 3 月，任恩施卷烟厂副厂长。1994 年 1 月至 2003 年 12 月，后任中国民主建国会恩施市支部主委，恩施市政协第四届、第五届副主席。2009 年 8 月退休。

吴武元

吴武元 1950 年 1 月出生，湖北利川市汪营人，大专文化，中共党员，恩施市委原副书记。1968 年 3 月参加中国人民解放军，任北京某空军部队士兵。1973 年 8 月，考入华师大政治系。1976 年 1 月，在恩施地区教育局参加工作，同年调地委宣传部工作。1986 年 7 月，任建始县副县长。1989 年 1 月，任鄂西州文卫委副主任。1991 年 1 月，任恩施市人民政府副市长。1994 年 5 月，交流到荆门市东宝区任副区长。1995 年 12 月，任中共恩施市委常委、常务副市长。1998 年 11 月，任恩施市委副书记。2000 年 10 月至 2003 年 2 月，任恩施州统计局局长、党组书记。2010 年 1 月退休。

王和泉

王和泉　1950 年 2 月出生，恩施市六角亭胜利街人，大专学历，经济师，中共党员，恩施市人大常委会原副主任。1969 年 1 月，参加工作。1981 年 11 月，加入中国共产党。1969 年 1 月，在恩施县屯堡区罗针公社同升大队插队落户。1970 年 8 月至 1985 年 8 月，恩施工具厂、恩施轴承厂工人、车工车间副主任、生产股副股长。1985 年 8 月至 1990 年 7 月，任恩施市经济委员会政工科科长，其间，1986 年 9 月至 1988 年 7 月，在鄂西州委党校经济管理专业学习。1990 年 8 月，任市直工交战线党委副书记、纪律检查委员会书记兼市经济委员会监察室主任。1991 年 7 月至 1998 年 12 月，任恩施市建设委员会主任，党委副书记、书记，恩施州第三、四届人大代表。1991 年 2 月至 8 月，当选为恩施市第四届人民代表大会常务委员会委员（因工作变动辞职）。1999 年 1 月当选为恩施市第六届人民代表大会常务委员会副主任，任党组成员。2010 年 2 月退休。

冯国亮

冯国亮　1950 年 2 月出生，湖北巴东县人，大专文化，中共党员，恩施市委原副书记。1969 年 1 月参军入伍，任咸丰县中队战士。1971 年 7 月，任咸丰县中队干事。1972 年 1 月，任恩施军分区政治部秘书。1978 年 12 月，任恩施县人武部副科长。1983 年 7 月，任恩施军分区政治部科长。1984 年 8 月，在南京高级陆军学校学习。1985 年 3 月，任巴东县委常委、县人武部政委。1986 年 6 月，任恩施市委常委、市人武部政委。1992 年 3 月，任中共恩施市委副书记。1996 年 8 月，任恩施红庙开发区党委书记兼管委会主任。1997 年 3 月，任中共宣恩县委书记。2003 年 2 月，任恩施州第五届人大常委会副主任。2010 年 2 月退休。

孟宪龙

孟宪龙 1950年3月出生，土家族，恩施市沙地黄连坪人，大学本科学历，中共党员，经济师。州科学技术协会原主席。1977年9月，武汉工学院毕业。1977年10月，任恩施地区乡镇企业管理局工作人员。1978年5月，在恩施地区机电工程学校任教。1981年11月，在州总工会工作，任组宣部副部长。1986年3月，在恩施州政府办公室工作，历任综合科副科长、主任科员、科长、办公室副主任等职，其间参加中央党校函授学院经济管理专业学习，于1995年9月毕业。1996年12月，任州物价局副局长，主持工作。2001年10月，任州科学技术协会副主席，主席。2006年6月，任州人大专职常委。2011年4月退休。

徐恩平

徐恩平 1950年5月出生，湖北麻城县人，大学文化，中共党员，恩施市人民政府原市长。1966年10月，在汽车分局红岩汽车站工作。1973年4月，在汽车分局沙道汽车站工作。1974年9月，在汽车分局鹤峰汽车站工作。1979年9月，在地区汽车运输局工作。1981年11月始，先后任恩施地区交通局运输科、鄂西州交通局运输科副科长。1985年9月，在武汉大学读书。1986年6月加入中国共产党。1987年8月，任州交通局科长。1988年9月，任市人民政府副市长。1994年11月，任恩施自治州土管局局长。1994年12月，任恩施市委副书记、市政府市长。1998年6月，任恩施自治州建委主任。2003年2月，任政协恩施州委人口资源环境委员会主任。2010年5月退休。

姚世成

姚世成 1950年8月出生，恩施市崔家坝中街人，大专学历，中共党员，州国土资源局原局长。1970年7月参加省地质二队工作。1972年4月，在成都地质学院念书。1975年10月，任地质大队技术员。1977年5月，为援助柬埔寨专家组成员。1978 年 10 月，任省地质二队技术员。1981 年 3 月任省地质二队分队长、1983 年 9 月任大队长。1988 年 12 月，任州煤炭局副局长。1993 年，任州地质矿产局局长。2001 年 10 月，任州国土资源局局长。2010 年 8 月退休。

刘宗烈

刘宗烈　1950 年 8 月出生，土家族，湖北咸丰县人，中共党员，恩施市政协原主席。1976 年 3 月始，任咸丰县茅坝公社卫生院副院长。1978 年 8 月加入中国共产党。1980 年 3 月始，任咸丰县卫生局副股长。1983 年 11 月始，任咸丰县卫生局副局长。1984 年 3 月始，任咸丰县组织部科长。1986 年 8 月始，任中共咸丰县委组织部部长。1993 年 9 月始，任中共利川市委常委、组织部长。1998 年 11 月始，任中共恩施市委组织部长。2002 年 4 月，任恩施市委副书记、纪委书记。2004 年 1 月，任恩施市政协主席。2010 年 8 月退休。

杨其力

杨其力　1950 年 8 月出生，恩施市红土龙角坝人，大专文化，中共党员。曾任团政委、上校军衔。1970 年 12 月，应征入伍，历任战士、干事，师政治部宣传科科长、团政委、党委书记。1988 年 9 月，授中校军衔。1992 年晋升上校军衔。1995 年 9 月转业，历任中石化湖北恩施石油分公司党委委员、纪委书记、工会主席，享受县团级待遇。2010 年 8 月退休。多年来，先后在军、地报刊杂志发表新闻、文学作品 300 余篇。其中游记散文《五彩池的故乡》获成都军区“优秀创作奖”，报告文学《雪山魂》被解放军文艺出版社辑集出版，儿童文学《五彩池》被选入全国小学语文教材第七册。现系湖北省诗词、楹联协会会员，恩施州诗词楹联学会副主席。

黄本银

黄本银　1951 年 7 月出生，土家族，恩施市红土乡红土溪人，大学文化，中共党员，湖北省第二地质大队原大队长、党委原副书记。1970年在湖北省第十一地质队参加工作。1974—1988年，历任湖北省第二地质大队分队副指导员、指导员、分队长、副大队长。1997—2003年任湖北省第二地质大队大队长、党委副书记，主持全面工作。2011年7月退休。

毛永清

毛永清 1951年3月出生，恩施市新塘校场坝人，大专文化，中共党员，经济师，省民政厅军队离退休干部直属汉口军休所军安宾馆总经理。1968年3月应征入伍，在中国人民解放军空军3947部队服役。1978年5月，为空军指挥学院学员。1980年3月，任空军郑州医院正营职协理员。1982年8月，任空军后勤部汽车营正营职教导员。1985年3月，任空军后勤部汽车修理厂政治处主任（副团职）。1989年3月，任武汉空军后勤部被服装备厂政委。1992年3月，任空军武汉蓝天宾馆副总经理、副书记（副师职）。2002年3月，任省民政厅军队离退休干部直属汉口军休所军安宾馆总经理。2011年3月退休。

蒲元忠

蒲元忠 1951年9月出生，土家族，恩施市屯堡双龙人，大专学历，中共党员，农业经济师。1971年9月，参加工作。1971年1月，加入中国共产党。1971年9月至1972年，任白果区公所工作人员。1972年8月，任白果区肖家公社人民武装部部长。1974年6月，任白果区茅坝人民公社党委书记兼“革委会”主任。1975年8月，任罗针公社党委书记兼“革委会”主任。1984年6月，任白果区委副书记、区长。1984年11月，任中共白果区委书记、白果区人武部教导员。其间，1989年3月至11月在恩施州委党校学习，1989年12月，湖北省教育学院行政管理专业毕业。1989年12月，任中共小渡船街道委员会书记。1993年1月，任恩施市农业委员会主任、中共恩施市农业战线党委书记。1993年11月至1999年1月，先后当选为中共恩施市第四、第五届委员会委员。1999年1月，当选为恩施市第六届人大常委会副主任。2004年3月，任恩施市人大副县级调研员。2006年3月，任中共恩施市委调研员。2011年

10月退休。

尤连胜

尤连胜 1952年2月出生，河北阜城人，大学文化，中共党员，恩施市政协原副主席。1969年2月下乡插队。1970年10月，在白杨粮管所工作。1975年6月，在恩施粮油供应公司工作。1976年2月介入中国共产党。1982年任恩施市粮食局粮油供应股股长。1985年9月在武汉大学学习。1990年2月，任粮食局副局长。1993年1月，任龙凤镇党委副书记、镇长。1995年2月，任六角亭街道办事处主任。1999年，任小渡船街道党委书记。2001年1月，任恩施市教育局局长、党委书记。2004年1月，任恩施市政协副主席。2012年2月退休。

李明轩

李明轩 1952年2月出生，土家族，恩施市白杨坪麂子渡人，大学本科，中共党员，恩施州司法局原党组书记、局长。1959年9月，在麂渡公社小学读书。1965年9月，在原恩施二中读书。1969年2月参军，解放军68军203师战士。1969年10月，调总参三部十一局训练大队学员。1970年6月，任总参三部十一局北京一支队技术员。同年7月加入中国共产党。1978年7月，调总参三部五局六处任连、营职干事。1985年8月，考入洛阳外语学院指挥系，学员。1987年7月，任总参三部五局六处副团职政委。1989年10月，转业到恩施州司法局，先后任副科长、办公室主任、副局长。1995年7月，任州司法局党组书记、局长，州律师协会会长。2002年2月，调任州政法委常务副书记、州综治办主任兼恩施州见义勇为促进会会长、恩施州法学会常务副会长。历任中共恩施州第四届、第五届人民代表大会代表、第五届州委候补委员、民宗法治委副主任委员。2012年3月退休。

陈永祥

陈永祥 1953年3月出生，土家族，大学文化，恩施市新塘三角桩人，中共党员，恩施州科学技术协会原主席。1976 年 10 月，参加工作，任新塘公社管委会副主任。1981 年 1 月，任新塘公社法庭干部司法助理。1984 年 6 月，任新塘区公所副区长。1989 年 12 月，任三岔区区委副书记、区长。1991 年 8 月，任恩施市三岔区区委书记（1993 年 11 月后任恩施市委委员）。1995 年 10 月，任恩施市委常委、政法委书记。1998 年 12 月，任宣恩县委副书记。2003 年 3 月，任恩施州科学技术协会主。2013 年 3 月退休。

雷天凡

雷天凡 1953 年 4 月出生，恩施市太阳河白果树人，大专文化，中共党员，上校军衔。1972 年 12 月，在太阳河高中毕业应征入伍，历任新疆维吾尔自治区喀什南疆军区司令部车队战士、通讯员、油料员、军械员、文书、汽车驾驶员、班长、排长。1978 年，任南疆军区司令部政治处副连职保卫干事。1983 年，任南疆军区后勤部政治处副团职干事，被授予少校军衔。后任陆军第 12 中心医院政治处主任。1987 年 8 月，入南京政治学院学习。1991 年 9 月，入西南陆军学院学习。1993 年，任新疆麦盖提县人武部政治委员，党委书记，县委常委，授予中校军衔（正团级）。1995 年，任新疆疏附县人武部政治委员，党委书记，县委常委。1996 年，被授予上校军衔。1997 年，负责塔什库尔干红旗拉甫边防线国防设施建设。2000 年 10 月转业，先后任恩施州体委纪检组长，州外贸局副局长，州商务局副局长（正县级）。2013 年 4 月退休。

胡心木

胡心木 1953 年 5 月出生，恩施市白杨坪蓼叶村人，大专文化程度，中国民主建国会会员，中国共产党党员，中国民主建国会恩施自治州委员会原专职副主委（正县级）。1977 年 8 月，恩施地区财经干校毕业，分配到恩施地区供销社工作。1988 年加入中国民主建国会。1993 年先后任地区土产公司业务科长、副总经理、总经理。1994 年加入中国共产党，同年任州香料厂厂长兼党支部书记。1997 年至 2002 年 12 月，先后兼任州香料厂、州利源实业总公司、州武陵日用化工厂、州轻型汽车修理厂四个单位的法人代表。其间 1999 年获湖北民院政法系大专文凭。2000 年 10 月，当选为民建恩施州委委员。2001 年，增补为民建恩施州委副主委。2003 年，调任民建恩施州委员会专职副主委。1988 年至 2017 年，任政协恩施自治州委员会第二、三、四届委员，第五、六、七届常委。2006 年至 2011 年，任湖北省第十一届人民代表大会代表。1999 年至 2014 年，任中国民主建国会第八次代表大会代表。2003 年至 2013 年，任州城建设专家咨询委员会委员，恩施州纪委特邀监察员，履职尽责督察组组长，电视问政特邀评论员。2013 年 5 月退休。

郭银龙

郭银龙 1953 年 5 月出生，恩施市沙地麦淌人，大学文化，中共党员，市人大常务原副主任（正县级）。1971 年 12 月恩施地区师范学校毕业后，分配到沙地小学任教。1973 年至 1984 年 5 月，先后任麦淌小学副校长，火锋小学、落都小学校长等职。1984 年 6 月至 1989 年 2 月，任沙地区委宣传委员。1989 年 3 月至 1990 年 7 月，任沙地区委副书记、区长。1990 年 8 月至 1993 年 11 月，任沙地区委书记。1993 年 12 月，任恩施市委宣传部长。2003 年 12 月，任市人大常务副主任（正县级）。2006 年 12 月，任州人大农村工作委员会主任。2013 年 6 月退休。

向成舟

向成舟 1953 年 6 月出生，土家族，恩施市崔家坝鸦鹊水人，大专文化，中共党员，恩施市政协原副主席。1972 年 12 月，应征入伍，先后在新疆南疆军区任排长、副政治指导员、协助员。1978 年 1 月，任恩施市委办公室副科长。1988 年 9 月在华中师范大学学习。1990 年 8 月，任恩施市委办公室督办室干部。1991 年 1 月始，任芭蕉区公所区长、区委书记。1993 年 2 月，任恩施市民族宗教事务委员会主任。2006 年 12 月，任恩施市政协副主席。2013 年 6 月退休。

李春胜

李春胜 1953年9月出生，土家族，恩施市崔家坝镇中街人。大学文化，中共党员，政协恩施州原副主席，政协党组成员。中央党校经济管理专业毕业。1975年7月，加入中国共产党。1977年9月，参加工作。历任恩施地区计划委员会干部、恩施土家族苗族自治州计划委员会综合科长、计委副主任、州计划战线党委委员，恩施州水利电力水产局局长、党组书记。恩施州第三届州委候补委员、恩施州第四届州委委员、湖北省第九届人民代表大会代表。中共恩施州第四届州人民政府党组成员、政府秘书长、州政府综合战线党委书记。政协恩施州第五、六届副主席，政协党组成员。恩施州巡视员，正厅级。2014年1月退休。

满元庭

满元庭 1953年10月出生，恩施市屯堡黄草坡人，大学文化，中共党员，利川市人民检察院原检察长。1972年于屯堡四中高中毕业，同年底应征入伍，任武警咸丰县中队战士、文书。1976年2月退伍，在屯堡四中代课至1996年底。1977年2月，考入武汉大学中文系读书。1980年夏大学毕业后，历任地区中级人民法院审判员、州人大常委会办公室秘书科副科长、州人大法制办公室主任、州人大常委会法制工作委员会副主任。1999年，任利川市人民检察院党组副书记、检察长。2013年10月退休。

盛光荣

盛光荣 1953年11月出生，土家族，恩施市盛家坝干河沟人，大专文化程度，中共党员，经济师。州台湾事务办公室原主任。1971年至2010年，先后任恩施市盛家坝供销社营业员，新疆军区某部战士、干事、科长，恩施州工商局办公室主任，州工商联副会长会长，州委统战部副部长兼党组书记，州台湾事务办公室主任。荣获全国统一战线“优秀统战干部”光荣称号，系湖北省政协九届委员，州人大四、五、六届代表，州五、六届人大常委会委员。2013 年 12 月退休。

蔡万义

蔡万义　1953 年 12 月出生，土家族，恩施市龙凤二坡村人。1973 年 2 月，参加工作，上海第一医学院医学专业毕业。1975 年 8 月 6 日加入中国共产党。1973 年 2 月，在恩施县吉星公社中学担任民办教师。1975 年 9 月，在上海第一医学院医学系学习。1978 年 10 月，在四川江津中国第六机械工业部所属零九四医院放射科工作，任放射科医师。1984 年 2 月，在四川江津中国人民解放军总后勤部所属第 3533 工厂卫生科工作，任医师。1987 年 4 月，任厂党委办公室主任兼机关党支部书记。1988 年 1 月，晋升为主治医师。1994 年 12 月，任厂工会主席、党委委员、人武部部长。2001 年 11 月，调恩施州中心医院工作，先后担任院工会常务副主席、院办公室主任。2006 年晋升为副主任医师、取得高级政工师任职资格。2007 年 4 月，在中共恩施州委党校、恩施州行政学院工作。2012 年 7 月，任恩施州委党校、恩施州行政学院调研员。2013 年 12 月退休。

向国成

向国成　1953 年 5 月出生，土家族，恩施市崔家坝斑竹园人，中共党员，大学本科学历。原恩施州经济贸易委员会主任、经贸战线党委书记。1968 年，回乡知青，参加劳动生产。1970 年，参加恩施地区天楼地枕工程建设。1975 年秋恩施师范毕业留校工作，其间被地区文教系统抽调到来凤县土堡公社、恩施县龙凤公社路线教育工作队工作。1979 年在恩施师范校办、党办工作，担任校团委副书记。1984 年，在州委宣传部工作。1985 年 6 月任干部科副科长（正科级别）。1986 年 7 月，在州委组织部工作，历任干部科科长、调研科科长、副县级组织员。1994 年 4 月，任州委组织部副部长（正处级）。1995 年 6 月，被选派到中组部组织局三处挂职，任副处长。1998 年 6 月，任恩施州经济贸易委员会主任、战线党委书记。2003 年 3 月，任恩施州民族宗教事务委员会主任、党组书记。2011 年，在州保险业协会任秘书长。2013 年 7 月退休。2011 年 11 月，被省人民政府授予“国企与改革先进工作者”。2010 年被省委、省政府授予“民族团结与进步模范个人”，当选为省第七次党代会代表、省政协第十届委员。2013 年 7 月退休。

吴建辉

吴建辉 1954 年 1 月，祖籍湖北省黄梅县，恩施市舞阳坝官坡人，大学文化。曾在恩施市工作。曾历任高中校长、中共恩施市委宣传部副部长、恩施市广播电视局局长、恩施市文联主席、恩施市教育委员会主任、恩施自治州经济体制改革委员会体制改革科科长、证券监督管理委员会办公室主任，后在恩施自治州人大常委会财经委员会工作。2014 年 1 月退休。

陈国才

陈国才 1954 年 2 月出生，恩施市三岔乡三岔口人，高中文化，中共党员，原枝江市人民政府副市长（正县级）。1972 年 12 月，应征入伍参加工作，在宜昌军分区新兵营训练。1973 年 2 月，被分配到中国人民解放军湖北省枝江县中队任战士。1973 年 5 月，被选调到中国人民解放军枝江县人民武装部工作。1975 年 5 月，任枝江县中队二班班长。1976 年，被抽调到枝江县问安公社金岭大队住队。1977 年 10 月任枝江县人民武装部政工科干事，1979 年 3 月任正排职干事，1980 年任副连职干事，1984 年任该部正连职干事。1986 年 5 月，中国解放军枝江县人武部改归地方建制时任枝江县人武部办公室副主任（副营级），1987 年 10 月任县人武部办公室主任（正营级）。1993 年 10 月任枝城市人武部政委（副县级）。1996 年 5 月，人武部收归军队建制任宜都市人武部政委（正县）。1999 年 3 月，任枝江市人武部政委、市委常委。2000 年 8 月，任枝江市人民政府副市长（正县级）。2004 年 3 月，任枝江市人大常委会副（正县级）主任。2014 年 2 月退休。

杜成明

杜成明　1954年3月出生，土家族，恩施市龙凤小龙潭人，中共党员。中共恩施市委原常委、组织部原部长。1972年8月，在恩施县灯塔区金龙公社参加工作。1974年9月，加入中国共产党。1975年8月，任红庙公社党委委员团委书记。1975年9月，任恩施县委组织部工作员。1984年1月，任县委组织部副科长。1984年3月，任市委组织部副部长。1984年9月，在湖北省委党校组干班学习。1989年1月，任恩施市委常委、组织部部长。1992年9月，任恩施州劳动局副局长、州就业局局长。1997年9月，任州委组织部副部长。2009年1月，任州政协副主席。2014年3月退休。

赵世玉

赵世玉　1954年4月出生，大学本科，湖北巴东官渡口人，中共党员，中共恩施市委原副书记。1975年10月，参加工作，任巴东县原官渡口公社党委宣教干事。1978年3月，在原华中师范学院中文系读书。1982年1月始，任恩施地委鄂西州委办公室秘书科干部。1985年2月，任鄂西州委政策研究室副主任。1989年4月，任中共恩施市委副书记。1994年1月，任恩施州经委副主任。1995年5月，任恩施州经贸委副主任。1997年3月，任恩施州体改委主任兼经贸委副主任。1997年8月，任恩施州体改委主任（其间在中国银行国际金融研究所挂职任银行业务研究室副主任）。2001年12月，任州政府副秘书长兼体改办主任。2002年8月，任州政府副秘书长。2003年3月，任恩施州司法局局长，州劳教所第一政委，三级警监。2007年起任恩施州政法委书记。2014年4月退休。

陈朝银

陈朝银　1954年5月出生，恩施市板桥横店子人，大学文化，中共党员。宜昌市党史办公室原主任、宜昌市人民政府原副秘书长。1972年12月参加中国人民解放军。1978年4月，转业为宜昌市公安局干部。1979年4月，调任宜昌市委办公室干部。1986年2月至1991年5月，相继任宜昌市委办公室副科长，科长。1991年7月，任市委办公室督办室主任，市委办公室副主任（副县级），1998年7月，任宜昌市党史办主任（正县级）。2000年4月，任宜昌市人民政府副秘书长，党组成员。2014年5月退休。

黄家光

黄家光 1954年11月出生，恩施市龙凤三龙坝人，大专文化，中共党员，恩施州气象局原党组书记、局长。1974年10月加入中国共产党。1975年5月，任中共灯塔区竹园公社党委副书记。1975年8月，任龙凤公社党委委员、共青团恩施县龙凤公社委员会书记。1979年1月，在共青团恩施县委工作。1981年1月，任共青团恩施县委副书记。1982年4月，任共青团恩施市委副书记。1984年2月，任共青团恩施市委书记。1984年6月，任红土区委副书记、区长。1986年8月，在中共鄂西州委党校专修班学习。1988年8月，在恩施市委办公室工作。1988年10月，任中共恩施市红庙区委书记。1992年10月，任湖北省红庙经济开发区管委会副主任。1995年5月至2003年12月，任恩施州气象局党组书记、局长。2014年11月退休。

柳祥胜

柳祥胜 1955年3月出生，恩施市太阳河双河岭人，大专文化，中共党员。1972年1月，于太阳河中学高中毕业后回村务农，曾先后担任太阳河中学、复胜中心小学代课教师、民办教师。1974年12月应征入伍，历任中国人民解放军北京卫戍区51106部队营部通信班战士、班长、排长、连政治指导员等职。1986年12月，于北京市高等教育自学考试党政干部基础专业毕业。1988年1月，退出现役转业到地方工作，历任恩施州人事局科员、副主任科员，中共恩施州委组织部副主任科员、正科级组织员、科长，中共恩施州纪委党风廉政建设室主任（副县级），恩施州人口计生委党组成员、纪检组长，政协恩施州第七届委员会常委、人口资源环境委员会副主任（正县级）。2015年

4 月退休。

雷继优

雷继优　1955 年 4 月出生，土家族，湖北利川市人，大专文化，中共党员，恩施市人民政府原副市长。1973 年至 1974 年，任利川某乡小队会计、大队团支书。1975 年 3 月，任利川市化肥厂工业股长。1976 年 5 月，任利川市化肥厂车间主任。1978 年 10 月，任利川市化肥厂生产技术股股长。1983 年 10 月，任利川市化肥厂副厂长。1992 年 9 月，任利川市工业局局长、党委书记。1995 年 9 月，任利川市经贸委主任兼统战战线党委书记。1998 年 10 月，任恩施市人民政府副市长。2015 年 4 月退休。

陈亚平

陈亚平　女，1955 年 5 月出生，恩施市新塘乡前坪人，在职研究生文化程度，硕士，中共党员，恩施州人民政府原副州长。1973 年 4 月，参加工作。1976 年 1 月加入中国共产党。1976 年 7 月，任芭蕉镇党委办公室副主任。1978 年 10 月，在恩施二中任教。1984 年 3 月，任恩施市妇联副主任、主任。1985 年 5 月，任恩施市六角亭街道党委书记。1987 年 11 月，任州妇联副主任。1993 年 7 月始，任建始县副县长、代县长、县长。2001 年 12 月，任恩施州人民政府副州长。2003 年 6 月，中国地质大学科学技术史专业毕业，在职研究生文化程度，硕士。2007 年 1 月，任州六届人大常委会常务副主任，主持常委会的日常工作。2012 年 6 月，任武汉市第十三届人民代表大会农村委员会副主任委员。2015 年 5 月退休。

黄永耀

黄永耀　1955 年 7 月出生，土家族，恩施市新塘校场坝人，大专文化，中共党员，恩施市人大常委会原副主任。1973 年 3 月任新塘区友好大队队长、会计。1978 年 3 月在恩施县师范读书。1980 年 9 月，任双河中学教师。1981 年

9 月，任双河区教育站教员。1982 年 9 月，任恩施县药材中学教师。1986 年 5 月，任双河中学教师。1987 年 9 月，任白果中学教师。1995 年 2 月，白果区党委副书记。1998 年 12 月，任三岔乡党委副书记。1999 年 10 月，任崔家坝镇党委书记、人大主席。2009 年 1 月，任恩施市人大常委会副主任。2015 年 8 月退休。

杨绪明

杨绪明 1955 年 9 月出生，侗族，恩施市盛家坝二官寨人，中共党员，武汉师范学院政治教育系毕业，学士学位。州委宣传部原副部长。1982 年 2 月始，先后任恩施芭蕉高中恩施市二中教员，市教研究室工作员，中共恩施市委宣传部副部长，恩施市人民政府办公室常务副主任，恩施州委宣传部理论科长，州委讲师团副主任，州委理论信息中心副主任，主任，州委宣传部副部长。2015 年 5 月退休。

刘少华

刘少华 1955 年 10 月，恩施市六角亭和平街人，大学文化程度，经济师。1973 年参加工作。1979 年 3 月加入中国共产党。恩施市人大常委会原副主任、党组成员。1973 年 3 月至 1975 年 12 月，恩施县芭蕉区东外大队下乡知青。1976 年 1 月至 1979 年 12 月，恩施县装卸运输公司工作。1980 年 1 月至 1986 年 7 月，任恩施县（市）交通局工作员、副股长。1986 年 8 月至 1988 年 7 月，任新塘区副区长。1988 年 8 月至 1995 年 2 月，任恩施市交通局副局长。1995 年 3 月，任恩施市交通局局长、党委书记。2001 年 11 月，任恩施市人民政府党组成员、办公室主任。2004 年 1 月，任市财政局局长、党组书记。2006 年 12 月，当选为恩施市第八届人大常委会副主任、党组成员。2015 年 10 月退休。

陈玉明

陈玉明 女，1955 年 10 月出生，恩施市六角亭解放路人，大专文化，中共党员，恩施市人民政府原副市长。1973 年 1 月，在恩施县鸦鹊区插队。1971 年 9 月，任恩施市三岔区卫生院防保组长，晋升为医师。1982 年 12 月，任恩施市妇幼保健院副所长。1984 年，任恩施市卫生局防保股长。1988 年 4 月，任恩施市坦坪乡委员会副书记。1989 年 9 月任恩施市卫生局副局长。1990 年 5 月，任恩施市卫生局局长。1994 年任恩施市人民政府副市长。1999 年，任中共恩施市委常委、市直机关党委书记、恩施市总工会主席。2010 年 10 月退休。

田代生

田代生　1955 年 10 月出生，土家族，恩施市三岔汾水人，大学本科，中共党员。宜昌市公安局调研员（正县），三级警监。1972 年 11 月应征入伍，在中国人民解放军湖北省宜昌军分区新兵营教导队当战士。1973 年 3 月，在宜昌军分区司令部任职员。1975 年 1 月加入中国共产党。1976 年 11 月，任宜昌军分区司令部保密员。1978 年 11 月，任宜昌军分区司令部军务科参谋。1982 年 2 月，任湖北省五峰县人民武装部秘书。1983 年 8 月至 1987 年 10 月，任宜昌军分区政治组织科干事（其间，1984 年 9 月至 1986 年 6 月，在武汉大学哲学系读书）。1987 年 10 月，任宜昌军分区司令部动员办公室主任兼宜昌市政府征兵办公室副主任。1994 年 8 月至 1996 年 12 月，在中央党校经济管理专业学习。1996 年 3 月，任宜昌市伍家岗区人武部政治委员、党委书记、区党委书记、宜昌军分区党委委员。在部队时，荣立三等功 3 次，曾在人民大会堂受到胡锦涛、温家宝等党和国家领导人接见并合影留念。2002 年 9 月转业地方工作，任宜昌市公安局伍家岗区分局政治委员、宜昌市公安局调研员。2015 年 12 月退休。

孟明星

孟明星　1954 年 12 月出生，恩施市舞阳坝官坡人，大学文化，中共党员，恩施市政协原副主席。1979 年在恩施地区钢厂当车工。1980 年 12 月，任恩施科委干部。1985 年 6 月，加入中国共产党。1986 年 1 月，任恩施市政府办公室调研科科长。1989 年 3 月，任芭蕉区区长、区委书记。1992 年 2 月，任恩施市政府办公室副主任。1997 年 5 月，任恩施市政府办公室主任。1999 年 1 月，任恩施市农委主任。2001 年 11 月，任恩施市农业局局长、党委书记。2006 年 12 月，任恩施市政协副主席。2015 年 2 月退休。

胡其龙

胡其龙 1956 年 1 月出生，土家族，湖北巴东县人，大专文化，中共党员，恩施市委原副书记。1977 年 9 月，任巴东县罗溪中学教师。1984 年 5 月加入中国共产党，同年任恩施州委组织部干部。1988 年 9 月，任恩施州委组织部知识分子工作科副主任。1990 年 6 月，任恩施州委组织部调研科科长。1993 年 1 月，任来凤县组织部长。1998 年 11 月，任恩施市委常委、纪委书记。2000 年 10 月，任恩施市委副书记。2004 年 1 月，任恩施州科技局局长。2012 年 1 月，任州政协办公室主任。2016 年 1 月退休。

龙庄伟

龙庄伟 1956 年 1 月出生，苗族，恩施市舞阳坝枫香坪人，硕士研究生，民盟盟员，河北省石家庄市原副市长，研究生学历，文学硕士学位，教授。第九届全国人大代表，政协河北省第七届常委。1971 年 2 月，在沐抚区东方红公社插队。1971 年 9 月，在恩施县师范学校学习。1976 年，在恩施县城关镇中学任教。1978 年，在恩施师范专科学校学习。1981 年，为恩施县教育局干部。1983 年，攻读河北师范学院中文系汉语史专业硕士学位研究生毕业。1986 年，历任河北师范学院中文系助教、讲师、副主任、主任、教授、师范学院院长助理。1996 年，任民盟河北省委副主委、石家庄市主委，河北师范大学西校区中文系主任。1998 年，任民盟河北省委副主委、石家庄市主委，石家庄市政府副市长（1999 年 5 月至 1999 年 11 月，在文化部市场司挂职锻炼任副司长）。2001 年，任民盟河北省委副主委，石家庄市副市长。2002 年 5 月，任民盟河北省委主委，河北省社会科学院院长。

杨厚兰

杨厚兰　1956年5月出生，恩施市三岔茴坝人，大学文化，硕士学历，中共党员。资深外交官。先后出任中国驻阿富汗、尼泊尔、缅甸大使，外交部朝鲜半岛事务大使。1974年，任恩施县三岔区中学教师。1975年，任三岔区民主大队团支部书记、党支部书记、大队长。1978年9月，在武汉大学中文系读书。1982年7月，参加工作，先后任新中国外交部教育培训司科员、副处长。1988年，驻坦桑尼亚联合共和国大使馆二秘。1991年始，先后任外交部新闻司二秘、副处长、一秘。1994年，驻印度尼西亚共和国大使馆一秘。1995年，驻马来西亚大使馆政治处主任。1997年，任外交部亚洲司一秘、处长。1998年7月，任中国赴柬埔寨大选观察员小组组长。1998年11月，在南开大学世界经济硕士研究生班在职学习。1999年8月，在美利坚合众国乔治·华盛顿大学埃利奥特国际关系学院攻读硕士。2000年，驻任大韩民国大使馆参赞、公使衔参赞。2007年3月，驻任阿富汗伊斯兰共和国特命全权大使。2009年2月，任外交部朝鲜半岛事务大使。2011年7月，驻任尼泊尔联邦民主共和国特命全权大使、中国驻南盟代表。2013年3月，驻任缅甸联邦共和国特命全权大使。2015年8月，任中日韩三国合作秘书处秘书长。

向极航

向极航　1956年8月出生，土家族，恩施市崔家坝鸦鹊水人，大学文化程度，中共党员。曾任恩施州直机关工委副书记。1980年3月，参加工作。1980年在恩施州药品检验所工作。1984年在恩施报社工作。在职考入中南民族大学文秘专业学习，1987年毕业后回恩施报社工作。1990年任州委宣传部副科长。1992年9月任恩施精神文明建设委员会办公室主任。1999年8月，任州宣传战线党委专职副书记兼纪委书记。2001年6月，任恩施市社科联主席。2001年10月，任恩施州直机关工委副书记。2012年1月至2015年12月，任州人大常委会教育科学文化卫生工作委员会主任。

苏启东

苏启东 1956年11月出生，土家族，恩施市龙马纸场河人，大学文化，中共党员。州人大常委会环境资源保护工作委员会主任。1975年8月，加入中国共产党。1975年10月，任龙马公社村坊大队党支部书记。1977年11月，在恩施州财经干校学习。1980年1月至1997年6月，先后任恩施州供销社办事员、科长、经理、纪检组长。其间1986年9月至1988年7月，在湖北省委党校函授党政干部管理专业学习。1994年9月，在中央党校函授经济管理专业学习。1997年6月，任恩施州民族贸易局纪检组长。1998年6月，任恩施州外贸局副局长。1999年9月，任来凤县副县长。2003年3月，任州供销社党组副书记、副主任。2003年4月，任州供销社党组书记、主任。2007年1月，任州人民政府副秘书长。2010年3月，任恩施州司法局党组书记、局长。2012年1月至2015年12月，任州人大常委会环境资源保护工作委员会主任。

苏廷富

苏廷富（生年不详） 恩施市舞阳坝核桃坝人，大学专科文化，中共党员。湖北省审计厅新闻出版审计处原处长。1970年11月，在宜昌葛洲坝三三〇工程工作。1972年11月，在部队服现役，先后任战士、正排职护士，副连职、正连职、副营职技师。1975年10月，加入中国共产党。1988年被授予中国人民解放军少校军衔。1990年9月转业，任湖北省审计厅政治处副主任科员。1996年3月，任省审计厅人事教育处主任科员。2001年2月，任省审计厅老干部处副处长。2006年2月，任省审计厅办公室副主任（主持办公室工作）。2007年4月，任省审计厅办公室主任、党支部书记。2012年4月至2015年12月，任省审计厅新闻出版审计处处长，兼省审计厅内部审计指挥中心主任。

李明东

李明东 1957年1月出生，土家族，恩施市崔家坝镇公龙坝人，大学文化，中共党员，恩施市人大党组原书记、常务副主任。1984 年 12 月至 1991 年，任恩施市崔家坝镇香炉坝乡副乡长、乡长、乡党委书记、镇党委委员。1991 年 9 月，任恩施市三岔乡党委副书记。1992 年 12 月，任恩施市盛家坝乡党委书记。1997 年 9 月，任恩施市政府副市长。2004 年 1 月，任市委常委、市委办公室主任。2006 年 10 月，任市人大常委会党组书记、常务副主任（2007 年 1 月明确正县级）。2010 年 11 月至 2015 年 12 月，任恩施市人大常委会正县级干部。

涂洋轩

涂洋轩　1956 年 12 月出生，恩施市沙地神堂人，大学文化，中共党员，原州人大原秘书长。2004 年 12 月，省委党校法律专业毕业，大学学历。1976 年 12 月，加入中国共产党。1980 年 3 月，参加工作，先后任恩施县沙地公社胜利大队党支部书记，恩施县卫生防疫站医生，县卫生局工作人员，恩施市委宣传部工作员，恩施市委组织部副科长、科长。1993 年始，调州委组织部任组织员、主任、科长。1996 年，州广电局副局长、州电视台台长。1999 年，任州广播电视局局长、党组书记、恩施电视台台长，州广播电影电视局局长、党组书记、恩施电视台台长。2012 年 1 月至 2015 年 12 月，当选为恩施州第七届人大常委会秘书长。

李泽成

李泽成　1957 年 2 月出生，恩施市崔家坝水淌村人，大学文化，中共党员。原州国家税务局副调研员。1974 年 9 月，在湖北省财政金融干校读书。1976 年 7 月，在恩施地区财政局农财科办公室利润监交科工作。1984 年 4 月，任鄂西自治州税务局征管科副科长。1987 年 8 月，任州税务局政工科副科长。1988 年 9 月，任州税务局监察科副科长。1990 年 6 月，任州税务局征收管理处主任（正科级）。1992 年 12 月，任州税务局直属分局副局长（正科级主持全面工作）。1994 年 5 月，任州国家税务局直属分局副局长（主持全面工作）。1995 年 2 月，任恩施自治州国家税务局消费税科、流转税科科长。2003 年 12

月，任州国家税务局副调研员兼人事教育科科长。2008 年 1 月，协助州国家税务局局长分管机关工作。2012 年 1 月，任恩施自治州国家税务局副调研员。2015 年 12 月，任州国家税务局调研员。

崔显琦

崔显琦 1957 年 3 月出生，恩施市崔家坝镇中街人，大专文化，中共党员，恩施市政协原副主席。1983 年 12 月，在恩施市崔家坝镇工作。1984 年 5 月，在恩施市委党校学习。1984 年 9 月，在恩施市委组织部工作。1986 年 8 月，任崔家坝镇白岩观乡乡长。1987 年 10 月，任崔家坝镇白岩观乡党委书记、乡长。1988 年 5 月，任市委组织部工作员。1989 年 7 月，任恩施市化肥厂党委副书记、纪委书记。1996 年 4 月，任恩施市燃化局（地矿局）副局长。1997 年 11 月，任市燃化局（地矿局）局长。2000 年 3 月，任恩施市林业局局长。2001 年 10 月，任恩施市委组织部副部长、市人事局局长、党组书记、市编办主任。2009 年 2 月，任恩施市政协党组成员、市政协秘书长、市政协办公室主任。2011 年 11 月至 2015 年 12 月，任恩施市政协副主席、党组成员。

谭文骄

谭文骄 1957 年 4 月出生，土家族，湖北巴东县人，大学文化，中共党员，恩施市委原书记。1974 年 10 月，在湖北省财政金融学校财政专业学习。1976 年 1 月，参加工作。1979 年 1 月，加入中国共产党。1976 年 7 月，任巴东县泉口公社财政所专管员。1979 年 6 月，任巴东县财政局办公室文秘政工干部。1981 年 1 月，任巴东县财政局办公室副主任。1982 年 8 月，任共青团巴东县委副书记。1984 年 3 月，任共青团巴东县委书记。1984 年 9 月，在中南财经大学商经系学习。1986 年 7 月，任巴东县税务局局长。1988 年 1 月，任巴东县财政局局长。1992 年 3 月，任巴东县政府副县长、党组副书记。1996 年 8 月，任恩施州财政局副局长、党组成员、党支部书记。2003 年 2 月，任恩施州财政局局长、党组书记。2006 年 11 月，任中共恩施市委书记、恩施市人大常委会主任。2007 年 2 月，兼任恩施市经济开发区工委书记，6 月兼任恩施市经济开发区管委会主任。2010 年 7 月，任恩施州委常委。2012 年 1 月至 2015 年 12 月，任恩施州委常委、州委统战部部长。

李泽玉

李泽玉　1957 年 4 月出生，恩施市崔坝镇水淌村人，大学文化，中共党员。建始县原委常委、县人民武装部政委（正团级）。1974 年 11 月至 1982 年 8 月，在中国人民解放军陆军第一集团军一师服役，历任班长、排长、助理员、干事、参谋、综合仓库主任等职。其间，参与和组织多次战役战术及渡海登陆等演习，荣立三等功 1 次。1982 年 9 月，在中国人民解放军高级后勤学校学习。1985 年 8 月，在中国人民解放军军事经济学院任教员（正营职）。1986 年 12 月，在恩施军分区先后担任正营职和副团职参谋。其间荣立三等功 1 次。1996 年 3 月，任建始县任县委常委、县人民武装部政委（正团级）。其间受到广州军区表彰，荣立“三等功”一次。2003 年 9 月至 2015 年 12 月，先后任恩施自治州林业局党组成员、副局长（正处级）、正县级调研究员。

黄树福

黄树福　1957 年 5 月出生，恩施市沙地花被人，大学文化，中共党员，恩施职业技术学院原副院长。1968 年 1 月在部队当兵。1973 年 1 月退伍回乡，任沙地区花坪大队民兵连长。1973 年 9 月，在华中师范学院中文系读书。1975 年 12 月，在恩施县城关镇红江中学任教师、校长。1984 年 9 月，任州农机学校教务科长、副校长等职。1994 年 3 月，任州农校副校长。1995 年 9 月至 1999 年 3 月，任州林校校长（正县）（其间，1998 年 3 月任州政协第四届委员）。1999 年 3 月，州财校、工校、林校合并，成立州职业技术学校（筹建州职院），任副校长。2001 年评为高校副教授。2002 年 3 月至 2015 年 12 月，任恩施职业技术学院副院长。

邵永政

邵永政　1957 年 8 月出生，土家族，恩施市三岔河湾人，大学文化，中共党员，恩施市人大常委会副主任。1978 年 3 月，在恩施师范专科学校物理专业学习。1981 年 1 月，任恩施五中教员。1982 年 7 月，任共青团恩施市委工作人员。1984 年 7 月，任恩施市委组织部工作员、副科长、副区级组织员。1989 年 3 月，任恩施市双河区委副书记、区长。1991 年 7 月，任恩施市纪委常委。1997 年 8 月至 1999 年 12 月，在中央党校经济管理本科班学习。1999 年 1 月，任市纪委常委、监察局副局长。2001 年 11 月，任市纪委常委、市审计局局长。2001 年 11 月，任市纪委常委、市监察局局长。2002 年 2 月，市纪委副书记、监察局局长。2011 年 1 月至 2015 年 12 月，任恩施市人大常委会副主任、党组成员。

向海峰

向海峰 1957 年 12 月出生，土家族，湖北建始县人，大学文化程度，三级警监，恩施市公安局原局长。1976 年 10 月加入中国共产党。1980 年 8 月，参加工作，先后任建始县公安局政保科干事、副科长、科长。1991 年 12 月，任建始县公安局副局长。1996 年 1 月，任建始县公安局党组书记、局长。1999 年 3 月，任恩施市公安局党委书记、局长。2003 年 1 月，调任恩施州公安局党委委员、交警支队支队长。

李波林

李波林 1958 年 2 月出生，恩施市白杨坪鹿子渡人，大学文化程度，中共党员，恩施州经济和信息化委员会主任。1977 年，任白杨公社几渡管理区鸿建大队党支部副书记、民兵连长、团总支书记、官渡河大桥（风雨凉桥）指挥长。1978 年，考入州农校读书。1980 年，参加工作，先后任来凤县委组织部科长、共青团来凤县委书记、来凤县绿水区委书记。1998 年，竞选为共青团恩施州委副书记。1994 年，选派任北京市怀柔县挂职副县长。1995 年，任中共宣恩县委副书记。1998 年，任恩施州农校副校长。1999 年，任州委政法委副书记。2002 年，任州信访局长。2005 年，任州委副秘书长。2006 年，任州安全生产监督管理局局长。2011 年至 2015 年，任州经济和信息化委员会主任。

武 刚

武 刚 1958年10月出生，湖北巴东县人，大学文化程度，中共党员，三级警监，恩施市公安局原局长。1975年9月，参加工作。1977年9月至1988年9月，先后任恩施市（县）公安局民警、刑警大队副大队长、龙凤坝派出所所长。1982年3月，加入中国共产党。1988年10月，任恩施市公安局副局长。1993年12月，任恩施市公安局党委书记、局长。1997年9月，任恩施州公安局副局长。

周德金

周德金 1958年9月出生，恩施市龙马猫子山人，大学文化，中共党员，恩施市人大常委会原副主任。1978年12月，在甘肃省兰州部队服兵役、任班长。1983年1月，任恩施市龙马区猫子山管理区工作人员。1984年11月，任龙马区委办公室工作。1986年11月，任龙马区碾盘乡党委书记、乡长。1989年2月，任龙马区财政所所长。1992年8月，任白杨区财政所所长。1995年4月，任白杨区委副书记。1995年12月，任白杨区区长。1996年3月，任白杨坪乡党委书记。1995年9月，在中南政法学院法律系学习。1998年12月，任恩施市财政局党组书记、副局长。1999年1月，任恩施市财政局党组书记、局长。2004年2月，任恩施市人大常委会副主任，其间2002年9月至2004年12月在省委党校本科经济管理专业学习。2010年11月至2015年12月，任市人大常委会副县级干部。

洪 波

洪 波 1958年12月出生，恩施市小渡船航空路人，大学文化。1982年12月，加入中国共产党，恩施市人大会常委会副主任。1976年8月，参加工作。1976年8月，在恩施县红庙公社鲜明大队下乡当知青。1978年3月，在中国人民解放军162师警卫连任战士、班长。1981年1月，任市建委规划管理处负责人。1987年9月至1990年4月，先后任城乡建设环境保护局城建股股长、办公室副主任。1990年5月至1995年12月，先后任市建委环保办公室主任，城建科、房产科科长。1995年12月，任市建委副主任、党委委员。2000年4月，任市财政局副局长、党组成员。2011年11月，任市财政局主任科员、工会主席。2003年5月，任市财政局副局长、党组成员。2003年6月，任市房地产管理局局长、党组书记。2007年1月，任市发展和改革局局长、党组书记。2011年1月，增补为市八届人大常委会副主任。2011年11月至2015年12月，当选为市第九届人大常委会副主任、党组成员。

黄树立

黄树立 1959年1月出生，恩施市沙地揪木村人，在职研究生，中共党员。恩施市人民政府原副市长。1976年8月，参加工作。1983年1月，任恩施市富尔山林场副场长。1984年6月，在恩施市林业局工作。1987年9月，在恩施市开发办工作。1991年4月，加入中国共产党，同年8月，任恩施市开发办副主任。1993年5月，任恩施市开发办主任。1994年1月，任恩施市政府办公室主任。1997年5月，任恩施市政府副市长。1998年11月，任宣恩县委常委、县政府常务副县长。2001年6月，任来凤县委副书记、县政府常务副县长。2003年5月，任来凤县委副书记、县政府代县长。2006年，任恩施州烟草专卖局局长。2015年，任湖北省烟草专卖局党组成员、副总经理。

杜寿昌

杜寿昌 1959年3月出生，恩施市崔家坝斑竹园人，大学文化程度，中共党员，恩施市人民政府原副市长。1975年8月，参加工作。1986年6月，加入中国共产党。1975年8月，在鸦鹊公社红旗大队下乡任知青。1978年3月，在鸦鹊区茅田公社中学任教。1978年8月，在恩施师范读书。1980年8月，任恩施五中教师。1981年3月，任恩施县教研室教研员。1984年7月，在恩施教育局工作。1986年7月，任红庙区教育站副站长。1987年9月，任红庙区宣传委员。1988 年 9 月，任恩施市委宣传部文教科长。1989 年 6 月，任市政法委办公室主任。1991 年 2 月，任红庙区委副书记、区长。1993 年 1 月，任小渡船街道党委书记。1994 年 1 月，任市人民政府副市长兼恩施烟厂厂长。1997 年 8 月，任宜都市副市长。1998 年 7 月，任恩施州经贸委副主任兼恩施州招商局局长。2001 年 10 月至 2003 年 12 月，先后任恩施州科技局局长党组书记、州科技局局长党组书记、州经济委员会（经贸委）主任党组书记、州经济和信息化委员会主任党组书记、州委统战部副部长州民宗委党组书记。2014 年 3 月至 2015 年 12 月，任恩施州经济开发区管委会主任（副厅级）。

王庭斌

王庭斌　1959 年 7 月出生，土家族，恩施市舞阳坝周家河人，大学本科，民盟恩施州委专职副主委。1979 年 12 月，恩施地区农校农业专业毕业。2000 年 6 月，华中农业大学农业推广专业毕业。2006 年 12 月，湖北省委党校公共管理专业（本科）毕业。1980 年 1 月始，历任恩施市农业局种子站技术员、助理农艺师。1991 年 3 月，在七里区公所任科技副区长、农艺师。1993 年 9 月，任市农业局副局长、市政府蔬菜办主任。1999 年 1 月，任市政协副主席。2004 年 1 月，任市工商业联合会会长。2004 年 8 月，任民盟恩施州委专职副主委。2013 年 12 月，任民盟恩施州委调研员。1998 年至 2017 年连续担任湖北省第九届、第十届、第十一届、第十二届人大代表，其间，担任第十一届担任省人大民族宗教侨务外事委员会委员，第十二届担任省人大预算监督联络员。2007 年至 2016 年，担任恩施州政协第六届、第七届委员，副秘书长、提案委员会副主任。2008 年至 2014 年担任恩施州纪委政风行风评议督察员。2013 年，担任恩施州公共资源管理局招投标特约监督员。1995 年 8 月，获新中国农业部农牧畜业丰收奖二等奖。

岳晓勇

岳晓勇　1959 年出生，恩施市舞阳坝舞阳大街人，武汉大学英语本科毕业，北京大学博士。现任中国驻约旦大使。中国驻英国大使秘书。外交部美大司美国事务处长，参赞司领导成员。中国驻美国大使政务参赞，政治系主任，党委委员。外交部政研司副司长，国务院研究室综合司长。2007 年 6 月，任中国驻卡塔尔大使。2010 年 7 月至 2013 年 12 月，任中国驻约旦大使。长期从事外交实践以及外交政策调研工作，从事国际关系及中国外交理论与政策研究，主要领域为中国外交政策、美国对外政策、中美关系及国际战略问题等。参与中国和平发展道路白皮书起草工作并在《人民日报》等发表解读。2004 年至 2007 年，参与国务院总理《政府工作报告》起草工作，并在《当代国际问题研究》《国际问题研究》、中国外交国际问题期刊《Foreign Affairs》等一级学术期刊发表论文。

余左清

余左清　1960 年 1 月出生，土家族，恩施市沙地花被人，中共党员，巴东县人武部原政委（正团职）。1978 年 12 月，应征入伍，历任恩施军分区司令部战士、班长、宣恩县人武部保密员、恩施市人武部政工科干事副科长、恩施军分区政治部宣传保卫科长等职。2003 年 2 月，任中共巴东县委常委、县人武部政委（正团职），其间，2002 年 8 月至 2004 年 12 月在中央党校法律专业学习。2005 年 5 月，任恩施州水利水产局副局长、党组成员。

吕金施

吕金施　1960 年 3 月出生，河南罗山县人，大学学历，中共党员，恩施州人大常委会党组书记、副主任。1983 年 9 月，毕业于武汉师范学院汉语言文学专业。1976 年 7 月，参加工作。1984 年 9 月，加入中国共产党。先后任恩施市一中教师，共青团恩施市委副书记、书记，恩施市六角亭街道党委书记，中共恩施市委常委、宣传部长、市直科教文卫战线党委书记，市委常委、常务副市长兼市委政法委书记，省农业厅粮油处副处长（挂职），恩施市委副书记，恩施州中级人民法院副院长（正县级），州委政法委副书记，州委宣传部副部长、恩施日报社社长、党委书记。2007 年 2 月，任恩施州政府党组成员、州政府秘书长。2012 年 1 月至 2015 年 12 月，任恩施州人大常委会党组副书记、副主任。

侯　萍

侯　萍　女，1960年4月出生，土家族，湖北建始县人，大专文化，中共党员，恩施市人大常委会副主任。1978年9月，在恩施师范专科学校中文系学习。1981年10月，任舞阳中学教师。1984年7月，任恩施市广播电视台主任。1994年1月，任市政府扶贫开发办公室副主任。1997年1月，任市计生委副主任。1997年10月，任市妇联主席。1998年10月，任龙凤镇党委书记。2001年5月，任市委常委、龙凤镇党委书记。2001年11月，任市委常委、市直机关工委书记。2002年1月，任市委常委、市委政法委书记。2004年1月，任市委常委、市委统战部部长。2006年12月至2015年12月，连续任恩施市人大常委会副主任、党组副书记。

谭志国

谭志国　1960年4月出生，湖北巴东县人，大学文化，中共恩施市委原常委、市政法委原书记。1980年7月，加入中国共产党，同年12月，参加工作，任巴东县马眠公社纪检干事。1982年12月，先后任巴东县纪委科长、主任、常委。1989年12月，任巴东县纪委副书记。1993年12月，任巴东县县直机关工委书记。1996年10月，任巴东县人事局局长。1997年7月，任巴东县政法委书记。1997年10月，兼任巴东县公安局局长。1999年3月，任咸丰县公安局局长。2003年3月，任恩施市公安局局长、党委书记。2003年12月，任市委常委、市政法委书记、市公安局局长、党委书记。2010年2月，任恩施州公安局副局长。

张树香

张树香　女，1961年5月出生，土家族，恩施市红土石灰窑人，大学学历，中共党员。1984年6月，参加工作。1985年7月，加入中国共产党。

1997 年 7 月，中央党校经济管理专业毕业。先后任红土区大河沟乡团委书记、妇联主任，红土区妇联主任、计划生育办公室主任，石灰窑区筹委会委员、团委书记、妇联主任，石灰窑区委会委员、办公室主任、妇联主任，恩施市妇联主任，鹤峰县政府副县长，县委常委、组织部长，恩施州人才办副主任，州委组织部副部长，州编办主任，州政协党组成员、办公室主任、机关党组书记。

陈晓燕

陈晓燕 女，1961 年 12 月出生，土家族，湖南衡阳市人，省委党校在职行政管理研究生，副主任医师，中国民主促进会恩施州支部主委，恩施州人民政府副州长。1978 年 10 月，在湖北民族学院医疗系本科学习。1982 年 12 月，在恩施市计划生育委员会工作。1984 年 12 月，任市人民医院内科医师。1994 年 1 月，任科主任，晋升为副主任医师。1997 年 1 月，当选为湖北省第九届人大代表、湖北省第九届政协委员。1997 年 3 月，任恩施市第四届政协副主席、市医院副院长。1997 年 10 月，任市政协副主席，市计生委副主任。1999 年 1 月，任市人民政府副市长。2002 年 4 月，任恩施州工商联（总商会）主席（会长）。2003 年 2 月，任州政协副主席、州工商联（总商会）主席（会长）。2003 年 3 月至 2013 年 3 月，任第十届、十一届全国人民代表大会代表。2012 年 1 月至 2015 年 12 月，任恩施州人民政府副州长。

蔡万高

蔡万高 1962 年 3 月出生，土家族，恩施市龙凤二坡人，省委党校大学文化，恩施市政协副主席。1981 年 8 月，参加工作。1986 年 6 月，加入中国共产党。1981 年 8 月，在龙凤镇小学任教。1984 年 7 月，在七里区工作，历任小乡乡长、党委书记。1990 年 8 月始，任恩施市司法局股长、副局长。1995 年 3 月，任市体委主任。1997 年 8 月，任市林特局局长、党委书记。2000 年 4 月，任市委办公室副主任。2004 年 1 月，任市委办公室副主任。2004 年 10 月，任市委办公室副主任、市信访局党组副书记。2010 年 11 月，任市委办公室副主任。2015 年 1 月，任恩施市政协副主席、市委办公室副主任。2015 年 2

月，任市政协副主席、党组成员、市委办公室副主任。

张安俊

张安俊　1962年8月出生，土家族，湖北建始县人，大学文化，中共党员，中共恩施市委原副书记。1977年9月，在建始县申酉公社高中学习。1980年9月，在建始县龙坪公社工作。1984年7月，任龙坪区团委书记。1984年10月，任建始县团委书记。1986年7月，任茅田区委副书记。1998年8月，在武汉大学经济管理专业学习。1990年8月，任建始县委组织部工作员。1990年10月，任建始县业州镇委副书记。1992年1月，任业州镇镇长。1993年10月，任业州镇委书记。1995年5月，任建始县委宣传部部长。1997年5月至1998年12月，任建始县委常委、宣传部长（其间，1997年9月至2000年6月在湖北大学行政管理专业自修学习）。1998年12月，任建始县委常委、县委办公室主任。2000年12月，任咸丰县委常委、常务副县长。2002年6月，任恩施市委常委、常务副市长。2003年12月，任恩施市委副书记。2006年11月，任恩施州审计局副局长、党组副书记。2007年2月，任州审计局局长、党组书记。2015年11月，任州委办公室副秘书长、州委落实党风廉政建设主体责任办公室常务副主任。

刘　羽

刘　羽　女，1962年10月出生，湖北建始县人，大学文化，中共党员，恩施市政协主席。1979年2月，在恩施财校商业财务专业学习。1981年10月至1991年12月，任建始县工商局科员、副股长、股长。其间，1988年10月至1990年7月，在中南财经大学就读。1992年1月，任建始县业州镇党委副书记。1997年1月，任建始县统计局局长。1999年10月，任建始县高坪镇党委书记。2001年1月至2006年10月，任咸丰县副县长（其间，2003年9月至2003年12月，挂职任江苏省宜兴市市长助理）。2006年10月，任恩施市委常委、组织部长。2010年1月至2015年12月，任恩施市政协党组书记、主席。

金德钧

金德钧 1962年12月出生，土家族，恩施市芭蕉枫香坡人，大学文化，中共党员，恩施市政协副主席。1980年9月，在芭蕉水利电力管理站工作。1989年2月，任芭蕉水利电力管理站站长、恩施市水土保护站站长。1994年1月，任芭蕉区委副书记、区长。1996年8月至1998年6月，在中南民族大学经济管理专业学习。1998年7月，任恩施市委办公室副主任。1998年12月，任沙地乡党委书记。2003年8月，任利川市委常委。2004年1月，任利川市政府副市长。2006年11月至2015年12月，任恩施市政协副主席、党组成员。

袁　震

袁　震 1963年2月出生，恩施市太阳河双河岭人，大学文化，心理学硕士。1983年8月，在市卫生系统工作，先后担任白果卫生院院长，市卫生局科长、主任，市中医院院长、书记等职务。1995年3月，任红土区委书记。1996年4月，任龙凤镇委副书记镇长。1997年2月，任中共龙凤镇委书记。1998年11月，任市委宣传部副部长。1999年1月，任湖北民族学院附属医院党委成员副院长（副处级）、湖北民族学院副教授、副主任医师。2012年2月至2015年12月，任湖北民族学院后勤管理处处长。

冉述楣

冉述楣 1963年2月出生，土家族，恩施市白杨坪麂子渡人，大学学历，中共党员。1979年10月，在麂子渡中小学任民办教师。1980年11月，应征入伍。1983年7月，信阳陆军学院毕业，同月任陆军一二七师后勤部正排职助理员。1984年9，在河南大学马列部政治理论专业学习。1985年4月，加入中国共产党。1986年9月，在武汉军事经济学院军队财务专业学习。1988年7月，任总后中南物资局武昌物资仓库业务处副连职、正连职助理员。1993年9月始，任湖北省计划委员会办公室科员、副主任科员，驻京联络处副主任科员，对外经济处副主任科员、主任科员，湖北省利用世界银行贷款项目办公室主任科员、副主任，其间在湖北计划管理干部学院取得国民经济管理专业在职大学学历。2006 年 10 月，任省发展改革委员会财政金融贸易处副调研员、固定资产投资处副处长，其间在新疆博尔塔拉蒙古自治州经贸委挂职，任党组成员、副主任，自治州党委新型工业化办公室副主任。2010 年 1 月，任湖北省国民经济动员办公室主任。2013 年 11 月，任省发展改革委政策法规处处长。2015 年 9 月，任省发展改革委能源监管处处长。

蔡　平

蔡　平　1963 年 3 月出生，湖北秭归县人，大专文化，中共党员，恩施市人民政府原副市长。1980 年 9 月，在恩施师范专科学校中文系学习。1983 年 7 月，任宣恩县珠山镇中学教师。1994 年 12 月，任宣恩县民政局工作人员。1996 年 3 月，任宣恩县政府办公室工作人员。1997 年 6 月，任宣恩县政府办公室督查室副主任。1998 年 3 月，任宣恩县政府办公室督查室主任。1998 年 9 月，任恩施州政府办公室信息科科长。2001 年 12 月，任恩施州政府办公室综合科科长。2002 年 6 月，任恩施州政府办公室副主任。2000 年 9 月至 2002 年 12 月在中共中央党校经管本科学习。2004 年 4 月，任恩施州政府副秘书长。2006 年 11 月，任恩施市政府常务副市长。2010 年 12 月，恩施市人大常委会副主任。2012 年 1 月至 2015 年 12 月，任恩施州政协经济委员会主任。

邓升志

邓升志　1963 年 3 月出生，土家族，湖北巴东县人，大学文化，中共党员，中共恩施市委原副书记。1982 年 10 月，在鄂西工业学校工业会计统计专业学习。1984 年 7 月至 1990 年 11 月，任恩施州老干局工作人员（其间，1985 年 7 月至 1988 年 7 月在湖北函授大学行政管理专业学习。1988 年 10 月，下派任利川市团堡区公所副区长）。1990 年 11 月，任恩施州老干局安置科副科长。1993 年 9 月，任恩施市老干局安置科科长。1995 年 2 月，任恩施州老干局办公室主任，1996 年 3 月至 2001 年 11 月，任建始县委常委、纪委书记（其间，

1995 年 8 月至 1997 年 12 月在中央党校函授学院经济管理专业学习。1998 年 5 月至 1998 年 11 月，挂职任山东省寿光市副市长）。2001 年 11 月，任建始县委副书记、纪委书记、县总工会主席。2003 年 12 月，任恩施市委常委、市委副书记、纪委书记、总工会主席。2006 年 11 月，任恩施州粮食局党组书记、局长。2010 年 9 月至 2015 年 12 月，任恩施州水利水产局党组书记、局长。

孔祥恩

孔祥恩 1963 年 5 月出生，土家族，湖北建始县人，大专文化，中共党员，中共恩施市委原常委、市人民政府原副市长。1981 年 9 月，在恩施财经学校商业计划统计专业学习。1983 年 8 月至 1984 年 6 月，在建始县百纺公司、县财办工作。1984 年 6 月，在建始县财委工作。1986 年 1 月，加入中国共产党。1989 年 6 月，在鄂西州政府办公室工作。1986 年 9 月至 1988 年 7 月在华中理工大学学习。1991 年 9 月，任州政府办公室综合科副科长。1994 年 3 月，任州政府办公室秘书科科长。1997 年 5 月，任宣恩县副县长。1998 年 11 月，任宣恩县委常委、副县长。1998 年 12 月，任恩施市委常委、副市长。2002 年 7 月，任利川市委副书记、代市长。2002 年 7 月，任利川市委副书记、市长。2006 年 10 月，任利川市委书记。2006 年 11 月，任利川市委书记、市人大常委会主任。2008 年 11 月，任恩施州委常委、州委宣传部部长。2010 年 4 月，任恩施州委常委、秘书长。2012 年 2 月至 2015 年 12 月，任恩施州委常委、秘书长、州直机关工委书记。

胡福先

胡福先 1963 年 9 月出生，湖北孝感市人。大学本科，中共党员，党校硕士研究生。中共恩施市委原常委、湖北恩施经济技术开发区管委会原常务副主任。1984 年 7 月，参加工作。1992 年 9 月加入中国共产党。1984 年 7 月至 1992 年 10 月，先后任恩施州农业局区划办科员、副主任科员。1992 年 10 月至 1997 年 4 月，先后任恩施市红庙经济开发区管委会办公室副主任、农工部部长。1997 年 4 月，任恩施市红庙经济开发区管委会办公室主任。2001 年 3

月，任恩施市红庙经济开发区党委委员、纪委书记。2003 年 4 月，任恩施市委常委、恩施经济技术开发区管委会常务副主任。2006 年 12 月，任利川市委常委、常务副市长、党组副书记。2009 年 5 月，任利川市委副书记、市委党校校长。2011 年 11 月，任利川市市第八届人大常委会主任。2014 年 11 月，任恩施州环保局局长。2015 年 3 月，任恩施州旅游委副主任（正县级）。

徐青安

徐青安 1963 年 9 月出生，湖南南县人，大学本科学历。1985 年 2 月，加入中国共产党。1980 年 11 月，参加工作。恩施市人武部原政委、部长。历任广州军区守备第五师十三团 122 炮连排长、排长参谋、连副连长、连长和四十二集团军一六三师四八九团炮兵营连长、副营长、炮兵股长、营教导员、团政治处主任、团副政委；恩施市人武部政委，恩施市人武部部长。退役后，任恩施州审计局党组成员、副局长。

吴红娅

吴红娅 女，1963 年 10 月出生，土家族，恩施市舞阳坝舞阳大街人，美国俄亥俄大学商学院工商管理专业研究生毕业，中共党员。恩施自治州人民政府原副州长。1984 年 7 月，在鄂西州委农工部工作。1985 年 12 月，在鄂西州农业委员会工作。1988 年 8 月至 1992 年 3 月，在鄂西州农经管理站工作，先后任科员、经营指导科科长等职。1992 年 4 月，下派到巴东野三关镇任党委副书记。1994 年 5 月，任恩施州经管站科长。1994 年 10 月，任共青团恩施州委组宣部部长。1996 年 3 月，任共青团恩施州委副书记。1996 年 5 月，在共青团中央挂职，任青农部林牧处副处长。1996 年 11 月，任共青团恩施州委副书记。1999 年 8 月，任共青团恩施州委书记。2000 年 3 月，赴美国 MBA 学位班学习。2001 年 4 月，任恩施州人民政府副秘书长。2001 年 11 月，任鹤峰县委副书记，县人民政府县长。2005 年 8 月，任鹤峰县委书记。2006 年 1 月，当选为鹤峰县人大常委会主任。2007 年 1 月，任恩施自治州人民政府副州长。2011 年 11 月，当选为湖北省妇联第十届副主席。2013 年 8 月，当选为省总工会副主席（兼）。2013 年 12 月，当选省妇联副主席。

王怀东

王怀东 1963 年 11 月出生，土家族，湖北利川市人，在职研究生学历，农业经济师，中共党员，恩施市人民政府原副市长。1983 年 7 月，恩施州农校毕业。1983 年 8 月，任利川县长顺公社畜牧站技术员。1984 年 9 月，任利川县畜牧局办事员。1985 年 5 月，任利川县科干局办事员。1986 年 7 月，任利川市团堡区科员。1987 年 3 月，任市扶贫办科员。1989 年 3 月至 1991 年 9 月，任市政府扶贫办干部。其间，1989 年 8 月至 1991 年 7 月在中南民院行政管理专业学习。1991 年 9 月，任市政府扶贫办项目规划科科长。1993 年 4 月，任市政府扶贫办副主任。1994 年 1 月，任市开发办副主任。1996 年 12 月，任建南镇党委副书记。1997 年 3 月，任镇党委副书记、镇长。1998 年 11 月，任石坝镇党委书记。1999 年 11 月，任南坪乡党委书记。2003 年 8 月，任恩施市委常委。2003 年 12 月，任恩施市人民政府党组成员。2004 年 2 月，任市人民政府副市长。2006 年 11 月，任市委常委、宣传部长、统战部长。2005 年 9 月，在省委党校法律专业研究生学习。2011 年 12 月，任恩施州供销社党组书记、主任。2014 年 1 月，任恩施州外侨局副局长、党组成员。

刘　凡

刘　凡 1964 年 1 月出生，湖北洪湖县人，研究生学历。1989 年 3 月，加入中国共产党。恩施市人大常委会党组书记、市人大常委会主任。1984 年 9 月，在鄂西大学中文系学习。1986 年 7 月，在恩施市委党校工作。1987 年 11 月，任市委宣传部副科长。1989 年 3 月，任崔家坝镇副镇长。1991 年 11 月，任市纪委常委。1997 年 4 月，任市委办公室副主任。1999 年 2 月，任市政府办公室主任、市政府党组成员。2001 年 2 月，任市委办公室主任、市直机关工委书记。2002 年 3 月，任市委常委、市委办公室主任。2003 年 12 月，任市委常委、市委宣传部部长。（2006 年 4 月至 9 月，挂职）任浙江省湖州市南浔区区长助理。2006 年 12 月，任市委常委、市纪委书记。2010 年 12 月，任市委副书记、市纪委书记。2011 年 10 月，任市委副书记、市人大常委会党组书记；11 月，任恩施市人大常委会党组书记、市九届人民代表大会常委会主任。

涂元玲

涂元玲　女，1964 年 5 月出生，土家族，恩施市新塘下坝人，中共党员，湖北省委党校法学专业毕业，省委党校研究生学历，恩施州人大常委会副主任。1984 年 1 月，参加工作。1985 年 6 月，加入中国共产党。历任双河区教场乡妇联主任，共青团双河区委书记，龙凤镇龙凤街道妇联主任，龙凤镇龙凤街道主任，龙凤镇副镇长，恩施市妇联副主任，市委老干局副局长；来凤县政府副县长，来凤县委常委、县委政法委书记；恩施州中级人民法院副院长，州委政法委副书记，州委政法委常务副书记。2014 年 1 月，任恩施州人大常委会副主任。

郜志中

郜志中　1964 年 7 月出生，土家族，湖北利川市人，大学文化，中共党员，中共恩施市委原副书记。1982 年 9 月，在恩施州财校财会专业学习。1984 年 8 月，任利川市凉务人民法庭书记员。1986 年 9 月，任利川市人民法院刑一庭审判员，其间 1985 年 8 月，在法院干部业余法律大学学习。1991 年 4 月，任忠路区副区长。1994 年 1 月，任市司法局副局长。1997 年 1 月，任恩施州司法局局长。1998 年 12 月至 2003 年 5 月，任宣恩县委常委、宣传部长（其间，1998 年 8 月至 1998 年 12 月在中央党校函授经济管理专业学习）。2003 年 5 月至 2006 年 11 月，任来凤县委副书记，其间，2004 年 4 月至 2004 年 9 月挂职任山东省青岛市平度市市委副书记。2006 年 11 月，任恩施经济开发区工委副书记、管委会常务副主任。2007 年 2 月，任恩施经济开发区工委副书记、管委会常务副主任、恩施市委副书记。2012 年 9 月，任恩施经济开发区工委副书记、管委会主任。2013 年 7 月，任恩施州政协常委、社会法制港澳台侨外事委员会主任。

向前进

向前进 1965年2月出生，土家族，湖北来凤县人，研究生学历，中共党员，中共恩施市委书记、恩施经济开发区工委书记。1987年7月，参加工作。1991年9月，加入中国共产党。1983年9月，在中南民族大学学习。1987年7月，任来凤县委党校组教科副科长。1992年3月，任共青团来凤县委副书记。1994年4月，任来凤县委组织部干部科科长。1995年2月，先后任旧司区委副书记、区长、区委书记。1996年10月，任翔凤镇党委书记。1998年12月，任宣恩县委常委、县委政法委书记。2000年3月，任宣恩县副县长。2001年11月，任宣恩县委常委、副县长。2003年12月，任宣恩县委副书记。2006年2月，任恩施州安全生产监督管理局局长、党组书记。2006年10月，任宣恩县委副书记、代县长。2006年12月，任宣恩县委副书记、县长。2008年3月，任恩施州委副秘书长。2008年10月，任恩施州交通局局长、党组书记。2010年3月，任恩施州交通运输局局长、党组书记。2011年10月至2015年12月，任恩施市委书记、恩施经济开发区工委书记。

冯晓骏

冯晓骏 1965年3月出生，河南温县人，大学文化，中共党员，恩施市人民政府原副市长。1983年7月，在武汉纺织学院学习。1987年8月，任恩施州纺织厂技术员、车间副主任。1989年7月，任恩施州纺织厂副厂长。1993年3月，任恩施州经委技术改造科科长。1999年12月，任恩施州招商局副局长。2001年11月，任恩施州对外经济贸易合作局副局长、党组成员、州招商局局长。2003年11月至2006年11月，任恩施市人民政府副市长、市委委员、市政府党组成员（其间，2004年6月至2005年6月在省人大常委会挂职任预算工作委员会办公室主任）。2006年11月，任恩施州经济委员会副主任、党组成员。2011年12月至2015年12月，任恩施州国资委主任、党组书记。

喻发万

喻发万　1965 年 3 月出生，恩施市白果油竹坪人，中共党员，大学文化。1983 年 7 月，芭蕉高中毕业。1984 年 10 月，应征入伍，在武汉军区空军某部服役。1989 年 7 月，空军桂林学院毕业，分配到空军武汉基地某部，历任排长、连长、股长、工程师等职。2002 年被授予空军中校军衔。2004 年 12 月退役，分配到武汉市公安局，任国内安全保卫侦察员，三级警长，二级警督。

唐运尚

唐运尚　1965 年 7 月出生，恩施市白杨坪九根树人，大学文化，中共党员，中铁十二局集团公司人力资源部（党委干部部）副部长、高级经济师。1986 年 7 月，在屯堡中学任教。1992 年 10 月，在湖北教育学院外语系英语教育专业学习。1994 年 8 月，在武昌实验中学工作。1996 年 9 月，任铁道部第十二工程局电气化处助理经济师。1999 年 7 月，任铁道部第十二工程局电气化处劳动人事科副科长。1999 年 11 月，任中铁十二局集团电气化工程处劳动人事科副科长、经济师。2000 年 2 月，任中铁十二局集团电气化处劳动人事部副部长、经济师。2003 年 6 月，任中铁十二局集团电气化公司劳动人事部部长、经济师。2004 年 2 月，任中铁十二局集团电气化公司人力资源部部长、高级经济师。2004 年 7 月，任中铁十二局集团公司人力资源部（党委干部部）劳资科科长、高级经济师。2008 年 5 月，任中铁十二局集团公司人力资源部（党委干部部）人事科科长、高级经济师。2003 年 10 月，任中铁十二局集团公司人力资源部（党委干部部）副部长、高级经济师。

郑晓斌

郑晓斌　1965 年 9 月出生，土家族，湖北利川市人，大学学历，学士学位，中共党员，中共恩施市委副书记。1983 年 9 月，中南民族学院化学专业学习。1987 年 7 月至 1995 年 7 月，在恩施州乡镇企业管理局工作（其间 1990 年

1月至1992年12月在建始县高坪区高店子镇小水田乡从事社教工作。1993年2月至1995年2月在恩施市板桥区挂职，任区长助理)。1995年7月，任州企管局财务科副科长。1998年5月，任州企管局计划财务科科长。2001年12月，任州企管局办公室主任。2002年6月，任州乡镇企业局党组成员、纪检组长。2003年5月，任州经贸委（中小企业局、民营工作局）副主任（副局长)、党组成员。2003年11月，任巴东县人民政府党组成员、副县长。2006年11月，任巴东县委常委、纪委书记（其间2007年3月至2007年9月在浙江省宁波市镇海区挂职，任区长助理)。2009年7月，任巴东县委常委、纪委书记、常务副县长、县政府党组副书记。2010年2月，任巴东县委常委、常务副县长、政府党组副书记、县行政学校校长。2011年5月，任巴东县委副书记、县委党校校长。2013年8月至2015年12月，任恩施市委副书记、恩施经济开发区工委副书记、管委会主任。

赵昌鑫

赵昌鑫 1966年4月出生，土家族，大学文化，恩施市白果罗家坳人，中共党员。恩施州人民政府原副秘书长。1980年9月，在芭蕉五中读书。1983年9月，就读于中南民族学院中文系，获文学学士学位。1987年8月，在恩施市政府办公室工作。1990年1月，在沙地乡工作，后任恩施市委办公室科长。1993年2月，任市委办公室副主任。1995年1月，任龙凤镇镇长。1996年3月，任龙凤镇委书记。1997年2月，任市委常委市委办公室主任。2001年1月，任建始县委常委常务副县长。2006年，任恩施州城市建设投资管理中心主任。2009年6月至2015年3月，任州人民政府副秘书长。

王贵际

王贵际 1966年5月出生，土家族，恩施市三岔莲花池人，大学文化，中共枝江市委原常委、市人武部部长。1990年7月，加入中国共产党。1984年10月应征入伍，一二九师三八五团战士。1985年10月，十四集团军坦克旅战士。1986年9月，在南京炮兵学院炮兵指挥专业学习。1990年7月，先后任五十四集团军坦克旅一二二自行榴炮营一连排长，榴炮营营部指挥排排长、三连副连长、三连政治指导员。1993 年 8 月，在五十四集团军坦克旅政治部干部科任正连职干事。1997 年 2 月，在宜昌市点军区人武部政工科任副营职干事、正营职参谋。2012 年 3 月，任宜昌军分区教导队队长。2003 年 3 月，在宜昌军分区司令部军务动员科任副科长。2004 年 3 月，在宣化炮兵指挥学院防空兵指挥专业学习。2005 年 3 月，在宜昌军分区司令部军务动员科任科长。2008 年 2 月，任枝江市人武部部长，上校军衔。2009 年 5 月，任枝江市委常委人武部部长。退役后，2015 年 2 月，任宜昌市食品药品监督管理局党组成员、副局长（正县级）。

杨洪安

杨洪安 1966 年 9 月出生，侗族，恩施市芭蕉黄泥塘人，大学文化，中共党员，恩施市人民政府副市长。1984 年 9 月，在恩施州财校商业统计专业学习。1986 年 7 月，任芭蕉粮油所统计员。1996 年 9 月，任芭蕉粮油所主任，其间 1990 年 3 月至 2001 年 3 月任芭蕉乡副乡长。2001 年 3 月，任芭蕉乡党委副书记。2002 年 8 月，任芭蕉侗族乡党委副书记、代理乡长。2003 年 2 月，任芭蕉侗族乡党委副书记、乡长。2005 年 3 月，任芭蕉侗族乡党委书记、乡长。2011 年 8 月，任恩施市委办公室副主任。2011 年 11 月，任恩施市政府党组成员、副市长。2014 年 10 月，任恩施市委常委、宣传部长、统战部长。

章 言

章 言 1966 年 9 月出生，土家族，恩施市红土大岩人，在职研究生学历，中共党员，恩施市人民政府原副市长。1986 年 9 月，在鄂西财校财会专业学习。1988 年 7 月，任恩施市副食品公司科长，其间 1994 年 6 月，在中央党校函授学院经济管理专业学习。1995 年 12 月，任恩施创元物业有限公司董事长兼总经理。1999 年 1 月，任恩施市民族贸易局局长、党委书记。2001 年 11 月，任市劳动保障局局长、党委副书记。2004 年 1 月，任市政府办公室主任、党组书记、市信访局党组书记。2005 年 7 月至 2007 年 9 月在省委党校法学专业在职研究生学习。2006 年 12 月，任市人民政府副市长。2008 年 12 月，任恩施州经济开发区管委会党工委委员、管委会副主任。2010 年 11 月至 2015 年 12 月，任恩施州经济开发区管委会副县级干部。

田金培

田金培 1967 年 9 月出生，土家族，湖北巴东县人，中共党员，在职研究生。中共宣恩县委原副书记、县人民政府原县长。1988 年 5 月，鄂西大学中文专业毕业。1988 年 6 月，任龙凤高中教师。1989 年 9 月，任恩施市教委秘书。1990 年 2 月始，先后任石灰窑区大河沟乡公安员、共青团石灰窑区委书记、区长助理。1990 年 7 月，加入中国共产党。1991 年 6 月，任恩施市委办公室秘书。1991 年 11 月始，先后任共青团恩施市委副书记、书记。1993 年 8 月始，任中共恩施市委委员。1996 年 3 月，任共青团恩施州委副书记。1997 年 5 月，任襄阳县人民政府副县长。1998 年 10 月，任中共宣恩县委副书记、县人民政府代县长。1999 年 1 月至 2003 年 9 月，任宣恩县委副书记、县长。后调任恩施州委副秘书长，恩施州商务局（招商局）党组书记、局长，州发展和改革委员会党组书记、主任，恩施职业技术学院院长、党委副书记。

谭怀福

谭怀福 1967 年 11 月出生，土家族，恩施市三岔茅坝人，大专学历，中共党员，湖北省人民政府驻北京办事处应急处处长。1984 年 9 月，在鄂西州财经学校商业会计专业学习。1986 年 7 月，在建始雪茄卷烟厂工作，任二车间财务主管，1989 年 9 月至 1992 年 7 月在武汉工学院工业管理工程专业学习。1992 年 8 月，在州政府驻北京联络处任会计。1994 年 10 月，在州驻北京联络处接待部任副主任（1993 年 10 月至 1995 年 12 月借调至省政府驻京办事处工作）。1995 年 12 月，在省人民政府驻北京办事处任副主任科员。1998 年 12 月至 2004 年 6 月，在省政府驻北京办事处计财处任主任科员（其间 2001 年 10 月至 2004 年 6 月任北京湖北大厦有限责任公司财务总监）。2002 年 3 月，参加省直机关工委党校科干培训。2004年6月，在省政府驻北京办事处办公室任主任科员。2006年7月，在省政府驻北京办事处党务人事监察处任副调研员。2007年8月，在省政府驻北京办事处（群众工作办公室）任副调研员。2009年12月至2013年1月，在省政府驻北京办事处办公室任副主任（其间，2010年6月至2012年6月挂职宜昌伍家岗区伍家乡党委副书记）。2013年1月至2015年12月，在省政府驻北京办事处应急处任调研员（其间，2014年5月至2014年7月在湖北省行政学院处干班培训）。

张孝赤

张孝赤　1968年2月出生，土家族，湖北利川市人，研究生学历，中共党员，一级警督、市委常委。1988年1月，加入中国共产党。1988年7月，湖北警官学院毕业，分配到利川市团堡派出所工作，先后任副所长、所长、团堡区委委员。1994年4月，任利川市公安局治安大队队长、刑警大队政治教导员、副局长。2003年3月，任利川市公安局政委。2006年11月，任来凤县委常委、县委政法委书记、县公安局局长。2010年1月至2015年12月，任恩施市委常委、市委政法委书记、市公安局党委书记、局长、督察长。

尹绪忠

尹绪忠　1968年3月出生，土家族，恩施市崔家坝水淌人，大学文化，中共党员。1985年9月，在华中师范大学政治教育本科学习。1989年9月，在华中师范大学科学社会主义研究所硕士研究生学习。1989年7月，参加工作。1992年12月，加入中国共产党。1989年9月，在仙桃沔城镇挂职锻炼。1993年7月，在广东两阳中学工作，其间1995年8月晋升讲师。1996年7月，调入阳江市委组织部，历任科员、调研室副主任，其间于1997年11月至1998年7月借调深圳市南山区教育局工作。2001年6月到2001年7月，借调到广东省委组织部工作。2001年12月，晋升为副教授。2002年2月，任中山市委宣传部副部长。2005年9月至2005年12月在广东省委党校中青班学习。2007年11月，任中山市社科联主席，2010年9月至2010年11月参加广东省委党校县处二班学习。2012 年 9 月任中山职业技术学院党委书记（副厅级），2013 年 3 月至 2013 年 5 月参加 2013 年第一期市厅干部进修班学习；2015 年 10 月至 2015 年 11 月，在国家教育行政学院第五十期高校领导干部进修班（高职第五期）学习。在《光明日报》《社会科学》（上海）、《社会主义研究》（武汉）、《学术研究》和《广东社会科学》（广东）等发表近 50 篇文章，主持广东省社科规划项目和市级重大调研课题多项，荣获中山市宣传文化工作首届“五个一”工程奖。

廖泽熙

廖泽熙 1968 年 4 月出生，土家族，恩施市沙地麦埫人，大学文化，中共党员。中共恩施市委原常委、市人民政府原副市长。1983 年 9 月，在恩施师范学院学习。1986 年 8 月，任白果中学教员。1998 年 7 月，任白果教育站工作员。1999 年 7 月，任恩施市政府办公室工作员。2001 年 1 月至，任市政府办公室信息科长。2002 年 4 月，任市政府办公室副科级秘书、信息科长。2003 年 4 月，任市政府办公室副科级秘书、农业科长。2004 年 1 月，任市政府办公室副主任。2006 年 2 月，任太阳河乡党委书记、乡长。2009 年 8 月，任市财政局党组书记、局长，市国有资产管理局局长，恩施经济开发区财政局长。2010 年 9 月，任市政府党组成员、副市长。2011 年 11 月，任市委常委、市政府党组成员、副市长。2014 年 8 月，任建始县委常委、常务副县长。

王兰英

王兰英 女，1968 年 6 月出生，土家族，湖北鹤峰县人，大学文化，中共党员。中共恩施市委原常委。1985 年 7 月，在湖北大学中文专业学习。1989 年 7 月，在宣恩县一中任教。1992 年 9 月，在鹤峰县太平区财政所工作。1995 年 3 月，在宣恩县工业局工作。1996 年 11 月，任宣恩县委宣传部理论科科长。1997 年 6 月，加入中国共产党。1998 年 12 月，任宣恩县委组织部调研科科长。2004 年 2 月，任宣恩县民宗局党组成员、副局长、纪检组长。2005 年 1 月，任恩施州民政局党组成员、副局长，2006 年 7 月至 2006 年 12 月，在省民政厅低保中心挂职锻炼。2006 年 12 月，任咸丰县副县长。2010 年 2 月，任恩施市委常委、市委组织部部长。2015 年 11 月，任恩施州妇女联合会主席、党组书记。

刘海波

刘海波　1968 年 7 月出生，湖北孝昌县人，大学文化，中央党校法律专业毕业，中共恩施市委原常委、市人武部原部长。1986 年 10 月，参加工作。1991 年 6 月，加入中国共产党。历任恩施军分区正连、副营、正营、副团职参谋、教导队队长、人武部副部长，利川市人武部部长，恩施市委常委、市人武部部长，恩施军分区常委、后勤部部长，恩施州预防腐败局副局长，恩施州机关事务管理局党组副书记、副局长。

张献宏

张献宏　女，1968 年 9 月出生，恩施市舞阳坝舞阳大街人，大学文化，民革党员，恩施市人民政府副市长。1986 年 9 月，在恩施州工校学习。1988 年 8 月，在恩施州财校工作。1999 年 8 月至 2001 年 12 月，在中央党校函授学院法律本科班学习。2001 年 8 月至 2003 年 5 月，任恩施职院图书馆流通阅览部主任。2003 年 5 月，任民革恩施州总支办公室副主任。2005 年 5 月，任民革恩施州总支办公室主任。2010 年 8 月，任民革恩施州委专职副主委。2011 年 11 月，任恩施市人民政府副市长。2014 年 6 月至 2015 年 2 月，挂职任福建省宁德市福安市政府副市长。

余秋红

余秋红　女，1968 年 9 月生出生，湖北建始县人，大学文化，中共党员。恩施市人大常委会副主任、党组成员。1992 年 7 月，在来凤县绿水区工作。同月加入中国共产党。1995 年 7 月，在来凤县计生委工作。1999 年 4 月，在来凤县政协办公室工作。2001 年 4 月，在恩施市政协工作。2003 年 2 月，任三岔乡党委副书记、乡长。2006 年 2 月，任三岔乡党委副书记、常务副乡长。2011 年 11 月至 2015 年 12 月，当选为恩施市第九届、第十届人大常委会副主任、党组成员。

王国玮

王国玮 1968 年 9 月出生，土家族，重庆奉节县人，大学文化，中共党员，恩施市政协原副主席。1984 年 9 月，在恩施市教师进修学校师范专业学习。1987 年 7 月至 1992 年 12 月，任板桥教育站教员。其间，1988 年 9 月至 1991 年 5 月，在华中农业大学植保系学习。1992 年 12 月，任恩施市教育局科员。1996 年 10 月，任市机构编制委员会办公室科员。1998 年 10 月至 2001 年 1 月，任市编办编制管理科科长、市委市政府督查室副主任。其间，1998 年 8 月至 2000 年 12 月，在中央党校政法专业学习。2001 年 1 月至 2006 年，任市委办公室副主任。其间，2005 年 3 月至 2005 年 8 月，借调到州委办公室工作。2006 年 2 月至 2011 年 8 月，任恩施市白杨坪乡党委书记、乡长。其间，2007 年 5 月至 2007 年 7 月，挂职武汉市东西湖区慈惠街道办事处任主任助理。2011 年 8 月，任市委办公室副主任。2011 年 11 月，任市政协副主席、党组成员。2013 年 7 月，任市政协副主席、党组成员，龙凤镇党委副书记、镇长。2014 年 10 月至 2015 年 12 月，任恩施州财政局副局长、党组成员。

李国庆

李国庆 1968 年 10 月出生，湖北来凤县人，大学文化，中共党员，恩施市人民政府原市长。1987 年 9 月，在鄂西大学中文专业学习。1989 年 7 月，任来凤县大河中学教师、校团委书记。1991 年 1 月，任来凤县一中教师、校团委书记。1992 年 1 月，在来凤县委组织部组织科工作。1992 年 6 月，借调到恩施州委组织部工作。1993 年 8 月，任恩施州委组织部副科级组织员、组织科副科长、调研科科长。1998 年 12 月，任恩施州委组织部办公室主任。2002 年 6 月，任恩施市委常委、组织部部长、市直机关工委书记。2006 年 11 月，任市委副书记、市委党校校长。2011 年 10 月，任市委副书记、市政府党组书记、代市长、市委党校校长。2011 年 11 月，任市委副书记、市政府党组书记、市长。2015 年 6 月，任恩施州政府副秘书长。

王光斌

王光斌　1968 年 12 月出生，土家族，恩施市白杨坪鹿子渡人，法学硕士学位，中共党员，湖北省政府台湾事务办公室经济处处长、机关党委委员。1980 年 8 月，在恩施市白杨乡初中就读。1983 年 9 月，在白杨高中就读。1985 年 9 月，在湖北民族学院（原鄂西大学）中文系汉语言文学专业就读。1988 年 7 月，在恩施市白杨乡初级中学任教。1995 年 9 月，在中共中央党校研究生部就读党史党建专业研究生，获法学硕士学位。1998 年 2 月，在湖北省政府台湾事务办公室秘书处工作，先后任副科长、科长。2003 年 6 月，任宜昌市点军区点军街道党工委副书记。2004 年 6 月，任省政府台湾事务办公室秘书处副处长、研究室主任。2007 年 8 月，任钟祥市人民政府副市长、市政府党组成员。2010 年，任省台商投诉协调中心秘书长。2013 年 7 月，任省政府台湾事务办公室经济处处长、机关党委委员。

许　强

许　强　1969 年 8 月出生，土家族，湖北巴东县人，大学文化，民革党员，恩施市人大常委会原副主任。1989 年 9 月，在湖北民院特产专业学习。1992 年 9 月，任恩施市城建委规划处办事员。1995 年 9 月，任市建委市政公用事业管理科副科长。1997 年 9 月，任市房产局副局长。1998 年 8 月至 2000 年 12 月在中央党校函授学院经济管理专业学习。1999 年 7 月，任市城市规划管理局局长。2003 年 5 月，任市房产局副局长。2004 年 1 月，任市政协副主席、市房产局副局长。2006 年 12 月，任市人大常委会副主任、科协主席。2009 年 2 月，任市人大常委会副主任。2012 年 5 月至 2012 年 8 月，在湖北省年轻干部成长工程党外干部培训班学习。2015 年 8 月，任恩施州畜牧兽医局副局长。

黎昔品

黎昔品 1969年9月出生，侗族，恩施市芭蕉米田人，大学文化，中共党员，市委常委。1988年9月，在湖北民院中文系学习。1990年8月，参加工作。1995年1月，加入中国共产党。1990年8月，在恩施市委办公室工作。1991年3月，下派到新塘区工作。1993年7月至1997年9月，在市委办公室信息科工作，历任科员、副科长、科长。1997年10月，任盛家坝乡党委副书记。1998年10月，任盛家坝乡党委副书记、乡长。2001年3月，任芭蕉侗族乡党委副书记、乡长。2002年7月，任芭蕉侗族乡党委书记、人大主席。2005年2月，任市委组织部副部长、市直机关工委委员。2009年8月，任市政府党组成员、市政府主任、市信访局党组书记。2010年10月，任市政府党组成员、市政府办公室主任。2011年10月，任市委办公室主任、市政府党组成员、市政府办公室主任。2011年11月至2015年12月，任恩施市委常委、市委办公室主任、市政府党组成员、市政府办公室主任。

向仕莲

向仕莲 女，1969年10月出生，土家族，湖北巴东县人，大学文化，农工党党员，恩施市人民政府原副市长。1990年9月，任市城建委工作人员。1998年9月，在省委党校经济管理专业学习。1998年12月，任市民贸局副局长。2001年11月，任市环保局副局长。2003年12月，任市人大常委会副主任、市科协主席。2006年12月，任市人民政府副市长。2007年3月至2007年9月在浙江省温岭市挂职锻炼。2011年11月，任恩施州社会保险管理局副局长。2014年8月，任恩施州环保局副局长。

陈江龙

陈江龙 1969年11月出生，湖北仙桃市人。2010年8月，中共中央党校经济管理专业毕业，研究生学历。中共恩施市委原常委、原副书记。1987年7

月，参加工作。1988 年 6 月，加入中国共产党。先后任仙桃市何场镇党委组织干事、镇劳动人事监察助理员，仙桃市纪委、市监察局办公室副主任、调研室副主任、办公室主任、调研室主任、正科级纪检监察员，湖北省纪委、省监察厅办公厅主任科员、副处级纪检监察员、调研室副主任、调研室主任、研究室主任（副厅级）。2010 年 6 月至 2012 年 6 月，挂职任中共恩施市委委员、常委、副书记。2014 年 12 月，任恩施州委常委、州纪委书记。

崔永辉

崔永辉　1970 年 11 月出生，恩施市白杨坪蓼叶村人，中共党员，法学学士，中国注册会计师。1991 年 3 月，加入中国共产党。1987 年 9 月，在华中师范大学政治教育专业学习。1991 年 7 月，参加工作，在恩施州政协办公室任科员。1994 年 5 月，先后任十堰大学讲师、经济管理系会计教研室主任、系副主任。2000 年 1 月，任十堰职业技术学院学生工作处处长、团委书记（副处级）。2000 年 11 月，任十堰市茅箭区副区长。2002 年 7 月，任丹江口市委常委、组织部长。2003 年 12 月，任丹江口市委副书记、市委党校校长。2005 年 9 月至 2005 年 11 月在湖北省委党校进修班培训。2006 年 11 月，任丹江口市委副书记、市政府市长。2009 年 10 月，任省审计厅副厅长、党组成员，其间 2011 年 4 月，在湖北省“年轻干部成长工程”培训班学习。2011 年 11 月，任黄冈市委常委、市政府副市长。2012 年 1 月至 2105 年 12 月，任黄冈市委常委、市政府常务副市长、党组副书记、市行政学院院长，其间兼任武汉新港管理委员会副主任、黄冈经济开发区党工委书记、市城投公司董事长。

苏　勇

苏　勇　1971 年 2 月出生，土家族，湖北咸丰县人，大学文化，中共党员，恩施市人民政府市长。1987 年 9 月，华中农业大学农学系作物专业学习。1997 年 5 月，加入中国共产党。1991 年 7 月，在鄂西州农业局工作，其间 1996 年 3 月下派利川市忠路镇政府任镇长助理。1998 年 3 月始，在恩施州农委工作，历任办公室副主任、主任。2001 年 11 月始，在州委办公室工作，历任秘书科科长、文书科科长。2003 年 6 月至 2009 年 5 月，在恩施土家族苗族自治州州委办公室机关党委任专职副书记、纪委书记（其间，2009 年 4 月当选恩施州青联副主席）。2009 年 5 月，任宣恩县委副书记。2011 年 10 月，任鹤峰县委副书记、副县长、代县长。2011 年 11 月，任鹤峰县委副书记、县长。2014 年 5 月，任恩施州委副秘书长、办公室主任。2015 年 6 月，任恩施市委副书记、市人民政府市长。

李　伟

李　伟　1971 年 7 月出生，土家族，恩施市白杨坪鲁竹坝人，研究生学历，中共党员，恩施州审计局党组书记、局长。1993 年 7 月，参加工作。1998 年 11 月，加入中国共产党。1990 年 9 月，在中南财大湖北财政分校审计专业学习。1993 年 7 月，在恩施州审计局工作。2000 年 3 月，任州审计局综合科副科长。2001 年 3 月，任州委组织部副科级组织员。2002 年 11 月，任州委组织部正科级组织员。2004 年 3 月，任州委组织部州直干部科科长。（其间，2002 年 6 月至 2004 年 6 月，在咸丰县高乐山镇挂职，任党委副书记）2005 年 1 月，任州审计局党组成员、副局长。2006 年 7 月至 2007 年 7 月，在省纪委挂职，任执法室副主任。2006 年 10 月，任利川市委常委、市纪委书记。2008 年 4 月，在省委组织部第七期中青年干部出国培训英国班学习。2010 年 7 月，任利川市委副书记、市纪委书记。2011 年 4 月至 2011 年 6 月参加省委党校 2011 年“成长工程”第一期中青班学习。2012 年 8 月，任恩施州电大党委副书记、副校长（主持学校行政工作）。2014 年 9 月，任州电大党委副书记、校长。2015 年 11 月，任州审计局党组书记、局长。

张渊平

张渊平　1972 年 5 月出生，湖北巴东县人，在职研究生学历，中共党员，恩施市委副书记。1990 年 10 月，在鄂西财校行政管理专业学习。1992 年 9 月，在巴东县企管局职工学校工作。1999 年 1 月，任税家乡副乡长。2001 年 2 月，任税家乡党委副书记、乡长。2001 年 3 月，任绿葱坡镇党委副书记。2001

年 12 月，任绿葱坡镇党委书记、人大常委会主任。2006 年 4 月，任绿葱坡镇党委书记、镇长。2006 年 12 月，任巴东县副县长。2011 年 3 月，任巴东县委常委、县委办公室主任、县总工会主席。2011 年 10 月，任恩施市委常委、副市长。2011 年 11 月，任市委常委、市政府副市长、市行政学校校长。2013 年 7 月，任市委常委、市政府副市长、市行政学校校长、龙凤镇党委书记。2014 年 3 月，任恩施市委副书记。

卓万俊

卓万俊 1972 年 10 月出生，土家族，湖北利川市人，大学文化，民建会员，恩施市人民政府原副市长。1989 年 9 月，在华中农业大学农业经济系学习。1993 年 9 月，任湖北民族学院政法系教师。1997 年 9 月，任湖北民族学院教研室主任。2003 年 9 月，任湖北民族学院财经政法学院教研科科长。2005 年 1 月，任湖北民族学院民族学与社会学学院副院长。2005 年 7 月，任恩施市科技副市长。2004 年，在武汉大学在职学习获硕士学历。2006 年 12 月，任鹤峰县人民政府副县长。

向继华

向继华 1972 年 11 月出生，土家族，恩施市崔坝马跑山人，党校大学学历，中共党员，现任州政府督查室主任。1987 年 9 月，在湖北省第二轻工业学校学习。1991 年 10 月，任恩施市劳动就业管理局工作人员。1998 年 11 月，任恩施市龙马乡工作人员。2001 年 4 月，任恩施市劳动和社会保障局工作人员。2004 年 9 月，任恩施州委理论信息中心工作人员。2006 年 8 月，在州政府办公室工作，任州政府督查室主任。

张 伟

张 伟 1973 年 5 月出生，湖北赤壁市人，博士研究生，民主建国会会员，恩施市原科技副市长。1996 年 7 月，参加工作，任湖北日报社市场指南编辑部（《楚天金报》）记者、编辑。1998年8月，任新华社湖北分社《经济日报》记者、编辑、周刊部主任、《阳光周刊》主编。2003年6月，在武汉大学、德国特里尔大学德语语言班学习。2004年10月，就读德国特里尔大学传媒学与汉学专业，双硕士生、传媒学博士研究生。2010年10月，任德国特里尔大学语言中心讲师。2012年8月，任中南财经政法大学新闻与文化传播学院副教授。2013年11月，任恩施市科技副市长、中南财经政法大学新闻与文化传播学院副教授。

杨承礼

杨承礼 1974年1月出生，土家族，恩施市白果瓦场坝人，中共党员，硕士学位，黄石市黄石港区委常委、纪委书记。1995年6月，湖北师范学院毕业，分配到黄石市花湖农场工作，先后任办公室副主任、主任及场团委书记。2001年3月，在英国华威大学学习。2001年9月开始攻读华中科技大学硕士。历任黄石市黄石港区区长助理、党组成员、区委常委、纪委书记等职。

刘　涛

刘　涛 1974年3月出生，土家族，恩施市板桥老板桥人，中共党员，本科，现任江苏省财政厅综合处处长。1987年9月，在板桥镇初级中学读书。1990年9月，在鄂西高级中学读书。1992年7月，加入中国共产党，任校团委书记。1993年9月，在中南财大财税系读书。1997年9月，在江苏省财政厅工作。2004年，任江苏省财政厅综合处副处长。2009年至2015年12月，任综合处处长。

陶文胜

陶文胜 1974年9月出生，土家族，湖北利川市人，大学文化，中共党员，恩施市人民政府原副市长。1993年9月，在武汉化工学院有机化工工艺专业学习。1997年7月，任恩施州复合肥厂工作员。1999年9月，任州经济贸易委员会科员。2002 年 1 月，任州经济贸易委员会副科长。2005 年 1 月，任州经济委员会经济运行与交通协调科科长。2008 年 12 月，任州供销合作社联合社副主任。2010 年 3 月，任恩施市人民政府副市长。2011 年至 2015 年，任恩施州人力资源和社会保障局副局长。

黄　波

黄　波　1976 年 12 月出生，土家族，湖北建始县人，大学文化，中共党员，恩施市人民政府副市长、市委常委。1992 年 9 月，在恩施州工校学习。1996 年 9 月，任建始县红岩寺镇文化站副站长。1998 年 10 月，任红岩寺镇政府办公室副主任。1999 年 12 月，任红岩寺镇落水、红岩管理区主任、书记。2001 年 3 月，任红岩寺镇广播站党支部书记、站长。2003 年 2 月，任花坪乡党委委员、武装部长。2004 年 3 月，任花坪乡党委委员、副乡长。2006 年 10 月，任花坪乡党委副书记、常务副乡长。2009 年 3 月，任花坪乡党委书记、乡长。2011 年 8 月，任建始县委办公室副主任。2011 年 10 月，任恩施市政府党组成员、副市长。2014 年 4 月至 2015 年 12 月，任恩施市委常委、市政法委书记。

杨昌尧

杨昌尧　1978 年 11 月出生，苗族，恩施市三岔阳天坪人，博士学历，中共党员，现任文化部办公厅调研员。1999 年 7 月，加入中国共产党。1993 年 9 月，在建始民族师范学习。1995 年 11 月，自修华中师范大学政治教育专本科。1996 年 7 月，恩施市三岔乡中心小学初中任教。2003 年 9 月，在中共中央党校马克思主义哲学硕士研究生班学习。2006 年 9 月，在中国人民大学马克思主义哲学博士研究生班学习。2007 年 7 月，在四川省教育厅人事处工作。2011 年 9 月，任四川省委编制办公室监督检查处（政策法规处）副处长。2014 年 11 月至 2015 年 12 月，任文化部办公厅督查处副处长、调研员（其间，2015 年 9 月，借调中央办公厅督查室工作）。

陈志波

陈志波 1978年12月出生，湖北孝感市人，硕士研究生，中共党员，恩施市原副市长、湖北省磐石旅游地产开发有限公司副总经理。1998年9月，在华中科技大学土木学院房地产营销管理专业学习。2002年6月，参加工作，任武汉宝安房地产开发有限公司开发部项目经理。2004年9月，在华中科技大学土木学院管理科学与工程（研究生）专业学习。2006年12月加入中国共产党。2007年6月，任武汉东合置业有限公司策划发展部副经理、市场营销部经理。2010年9月，在湖北省鄂西生态文化旅游圈投资有限公司工作。2011年12月，任湖北省磐石旅游地产开发有限公司副总经理。2012年12月，任恩施市副市长、湖北省磐石旅游地产开发有限公司副总经理。

杨承西

杨承西 1979年出生，土家族，恩施市白果瓦场坝人，中共党员，本科学历。1986年9月，就读于瓦场小学。1992年9月，就读于白果中学。1995年9月，就读于恩施高中。1998年9月，就读于中国政法大学。2002年，通过中央国家机关公务员考试进入全国人大民族委员会工作。为全国人大民族委员会办公室秘书处主任科员。他起草的《宁夏、新疆教育事业发展情况调研报告》《关于广西中越边境民族地区民生问题的报告》和《全国人大民委代表团出访捷克的报告》，分别得到国务院、中央军委领导的重要批示。

文　亚

文　亚 1979年　月出生，土家族，恩施市沙地楠木园人，研究生学历，获博士学位研究员（教授），中共党员，中国科学院物理研究所副所长（副厅局级）。先后就读于湖北民族学院和中国科学院自然科学研究所，自2005年始，先后任北京凝聚态物理国家实验室办公室副主任、中国科学院物理研究所科技处处长、中国科学院物理研究所所长助理等职。2012年至2015年，任中国科学院物理研究所副所长（副厅局级），中共中国科学院物理研究所党委委员、党委副书记兼纪委书记，第五届中国青年科技工作者协会理事，中国科学院第四届青联常委。

邹　炜

邹　炜　1979年12月出生，土家族，湖北巴东县人，中共党员，湖北省委党校研究生。中共恩施市委原常委。2002年7月，参加工作，任建始县红岩寺镇团委书记、驻村干部。2003年6月，加入中国共产党。2004年8月，任共青团恩施州委组宣部负责人。2005年8月，任共青团恩施州委组宣部副部长。2007年8月，任共青团恩施州委组宣部部长。2009年9月，任共青团恩施州委副书记、党组成员，其间2009年2月至2010年3月，在恩施州委深入学习实践科学发展观活动领导小组办公室工作。2011年3月至2011年10月，在江苏常州市戚墅堰区政府挂职锻炼，任副区长。2011年10月，任恩施市委常委、宣传部长、统战部长、市政协党组副书记。2014年10月至2015年12月，任鹤峰县委常委、组织部部长。

二、军界人物

唐正清

唐正清（1933—1974年）　恩施县太阳河金峰山人，民国三十四年（1945年）被国民党抓兵，负伤后参加八路军，任某部通讯员。淮海战役中任某连排长，在炸碉堡时负重伤，被授予“人民功臣”称号。1952年参加抗美援朝战争，任中国人民志愿军某部师参谋长，在战斗中再次负伤，被送往苏联治疗，伤愈后回国。在部队先后荣立二等功3次，一等功5次。后转业到吉林化学公司主管人事。1974年在吉林逝世，终年41岁。

谭林寿

谭林寿（1943—1982 年） 恩施县七里坪长堰塘人，中共党员。1962 年，恩施高中毕业后考入军校。1965 年，军校毕业后分配到某部任连指导员。谭林寿工作勤奋、刻苦，业务能力强。1968 年，任营教导员。1974 年，任团政委。1979 年，参加对越自卫还击战，因战绩突出，调解放军政治学院学习。1981 年，身患肝癌入院治疗。1982 年终病幸逝世，终年 39 岁。

阙炳志

阙炳志（1897—1983 年） 恩施县芭蕉白岩村人，小学文化，中共党员，享受副师级待遇离休老红军。出生于贫苦农民家庭，少年时给地主打长工。民国十七年（1928 年）10 月，参加湘鄂西游击大队。民国十八年（1929 年），参加贺龙领导的红四军（后改为红二军团），先后在湖北省恩施县红土石灰窑、宣恩县椿木营及鹤峰县、五峰县、长阳县、湖南省桑植县、龙山县等地从事建立红色政权的革命活动。民国二十二年（1933 年），加入中国共产党。民国二十四年（1935 年），参加二万五千里长征，历任侦察员、供给员、中队长、副大队长、班长、副班长、排长、副连长、营长等职。戎马一生，英勇战斗，转战湖北、湖南、四川、贵州、云南、甘肃、陕西、山西、山东等地，参加过桃子溪、中路坝、龙家寨、后坪、中堡、板栗园、陈家河、汪家营、宾川、丽江、山城堡、忻口、济南等重要战役战斗一百余次，出生入死，英勇杀敌，屡立战功，曾荣获二等勋章、八一勋章、独立自由勋章、解放勋章等 11 枚。多次负伤，其中重伤 2 次，4 次死里逃生。新中国成立后，在山东军区疗养院担任副处级管理干事。1965 年离休，享受副师级待遇。回到恩施后，仍然保持革命传统，积极参加社会主义建设，经常深入工厂、农村、机关、学校、街道进行革命传统教育。对党忠诚，襟怀坦荡，从不以功自居，不计较个人得失，谦虚谨慎，密切联系群众，艰苦朴素，一生保持着共产党员和革命战士的高尚品质。1983 年 4 月在恩施病逝，享年 86 岁。

李绍清

李绍清（1913—1990 年） 恩施市舞阳坝鸭子塘人。民国十九年（1930 年），川东土匪甘占元攻打恩施城时，李绍清被甘部在蔡家河抓去当兵。不久，李绍清逃离匪窝，跟随贺龙所部参加红军，历经二万五千里长征、抗日战争、解放战争，新中国成立后，曾任成都市公安局长。1980 年离休。1990 年因病逝世，享年 77 岁，安葬于四川成都市磨盘山公墓。

方成宽

方成宽（1954—1993 年） 1954 年 1 月出生，恩施市白果见天坝人，中共党员，革命烈士。1972 年 12 月，应征人伍。1974 年 4 月，加人中国共产党。部队服役 21 年中，3 次荣立三等功，15 次受到嘉奖，11 次被省军区宜昌军分区、武警总队授予“学习毛泽东主席著作积极分子”“学雷锋标兵”“优秀共产党员”等称号。1979 年 10 月，因工作成绩突出，提前晋升行政级别，后任中国人民武装警察部队湖北省总队宜昌市支队正营职协理员，中校警衔。1993 年 5 月 27 日，他奉命带车前往总队执行任务。18 时 45 分，当车行至武汉市汉阳区一丘陵地段时，正遇暴雨，两名打着雨伞的行人横穿马路，面对突如其来的险情，他果断示意司机紧急避让，汽车打向左侧，此时，一辆黄河牌汽车迎面高速驶来，导致两车相撞。他为保护坐在中间的另一名驾驶员，头部撞在驾驶室门框上，经抢救无效牺牲。1994 年 7 月 25 日，经中国人民武装警察部队政治部批准追认为革命烈士。

黄在渔

黄在渔（1933—2004 年） 民国二十二年（1933 年）10 月出生，土家族，恩施市龙凤三龙坝人，小学文化，中共党员。沈阳军区原副参谋长，少将军衔。1951 年，加入中国人民志愿军，随部队赴朝，先后参加东线丁字梁阻击战、“572・4”高地反击战、“949・2”攻坚战、金城以南夏季反击战等战斗。1953年7月，在金城以南夏季反击战中，任穿插营尖刀班班长，执行开辟通道，穿插分割，直捣“白虎团”团部的任务，带领全班炸毁敌坦克汽车70余辆，击毁坦克2辆，捣毁敌一个多管火箭炮群，毙伤敌军120余人，为部队全歼“白虎团”打开通道，先后被某军政治部授予“模范共青团”称号，被志愿军政治部记一等功，授予“二级战斗英雄”称号，荣获朝鲜民主主义人民共和国一级国旗勋章。1954年1月加入中国共产党。回国后，历任某军203师609团2营副排长、参谋、营长、团长、副师长、副军长、军长、赤峰守备区司令员、沈阳军区副参谋长。1988年9月，被授予少将军衔，系第六届全国人大代表。曾3次以抗美援朝英雄身份出访朝鲜，受到金日成首相接见。1969年10月，黄作为军队英模代表参加建国20周年庆典活动，受到毛泽东主席等党和国家领导人接见。2004年5月在沈阳逝世，享年71岁。

向书亮

向书亮（1926—2014年） 土家族，中共党员，恩施市沙地乡楠木园村人。因家庭兄弟几个，年不到20岁就被捉去当兵，民国三十七年（1948年）7月在襄阳投奔人民解放军，民国三十八年（1949年）3月加入中国共产党。离休前任武汉军区后勤部物资供应站站长。1978年，谢绝组织在武汉安排团级离休干部优越的生活条件，告别仍在工作的老伴和儿女，只身回到恩施故土休养，住舞阳坝栖凤桥。1982年5月，向书亮担任栖凤桥党支部书记，连续12年分文不取，心中时刻装着辖区的人民群众。2001年，为沙地修乡村公路捐款2000多元。2002年，投资为5户住房贫困户整修房屋。向书亮还经常为社会公益事业、贫困学生、贫困地区和孤残人员捐款。至2000年，向书亮向中组部直接缴纳特殊党费15400元。2014年8月因病逝世，享年88岁。

夏国珞

夏国珞 民国二十年（1931年）12月出生，恩施市舞阳坝街道窑湾村人，大学文化，中共党员，少将军衔，《解放军报》报社原副总编辑。1949年12月，参加中国人民解放军。1961年，调《解放军报》报社任记者。1971年，任《解放军报》南京军区记者组记者、组长。1984 年，任《解放军报》政工处处长。1985 年 8 月，任解放军报社副总编辑，授予少将军衔。著有《消息写作》《中华伟男至抗战中的杨靖宇将军》《实用新闻写作》《我身边的好党员》等书。1992 年 3 月退休。

臧发惠

臧发惠 民国二十一年（1932 年）出生，恩施市太阳河武圣街人。1952 年参军入伍，后到大连海军军事指挥学院深造。曾任东海舰队舰长、国防科工办驻上海基地负责人等职。曾率“望远号”测量船至太平洋考察。曾率队出国。曾受毛泽东主席、周总理等中央领导人的接见。后任东海舰队少将。1992 年退休。

李悦堂

李悦堂 民国二十五年（1936 年）出生，土家族，恩施市舞阳坝土桥坝人，中共党员，少将军衔。中国人民解放军国防大学教授，中国军事科学学会高级研究员，中国人民解放军核战略专家。1956 年，中国人民解放军国防大学毕业，留校从事炮兵专业教学。任中国人民解放军国防大学兵种教研室教授，中国军事科学学会高级研究员，中国人民解放军核战略专家。1986 年以来，获全军和学校教研成果奖 9 项，论文等 60 多件，总计 170 多万字。创立“二炮”和“核战略”两门新学科，率先提出“毛泽东核战略思想”“战役战术导弹的运用”“高技术局部战略中常规导弹部队作战应用”“利用常规超远距离打点打动”等作战思想和军事理论。1993 年，被批准享受政府特殊津贴。1995 年，被授予专业技术少将军衔。1999 年，受到军委主席江泽民接见。退休后住在北京。

向先明

向先明 民国二十五年（1936 年）3 月出生，土家族，恩施市沙地大池坝人。1956 年 12 月，应征入伍。入伍后，奋发向上，学习刻苦，工作积极，吃苦耐劳，业绩突出，历任连长、营长、团长，宜昌军分区参谋长等职，曾五次出席全军英模会，先后受到毛泽东、周恩来、邓小平、李先念等党和国家领导人的接见。1996 年退休，明确为正师职退休干部。

顾永顺

顾永顺 民国二十八年（1939 年）9 月出生，恩施市六角亭街道人，大专文化，中共党员，高级工程师，少将军衔。中国共产党第十三次代表大会代表，首批国务院特殊津贴享受者。1954 年参军入伍。1956 年 8 月，解放军第一炮兵技术学院毕业。1957 年始，先后任广州军区军械部检查处见习助理员，曲江军械仓库检修所技术员、所长、科长、副主任、高级工程师，文职二级，授少将军衔。把军队仓库搬运机械化研究作为毕身事业，潜心钻研，攻克难关，取得 66 项科研成果，其中获国家发明奖 1 项，军队科技进步二等奖 5 项、三等奖 13 项，获国家专利 7 项，有 18 项成果奖在全军推广使用。先后荣立二等功 2 次、三等功 2 次。1984 年，被总后勤部授予“全军后勤科技工作先进个人”称号。1987 年，当选为中国共产党第十三次代表大会代表。1991 年，被国家人事部授予“中国青年突出贡献专家”称号，首批享受政府特殊津贴。1997 年，被中国科协授予“全国优秀工作者”称号。中央电视台、广州电视台、《解放军报》《战士报》《南方日报》《羊城晚报》《解放军文艺》等 40 多家新闻媒体多次报道其事迹。

赖家镛

赖家镛 民国三十一年（1942 年）1 月出生，恩施市红土乡红土溪人。研究生学历，理学硕士学位，中共党员。海军工程学院数学教研室原主任（正团级）。1965 年武汉大学数学系毕业后，考入武汉大学研究生班，继续深造。1968 年 5 月，分配到国防科委 1123 研究所工作。1980 年，加入中国共产党。1981 年获得武汉大学理学硕士学位，分配到中国人民解放军海军工程学院（现为海军工程大学），历任数学教研室副主任、主任（正团级）。曾荣获优秀共产党员、优秀教员的称号，荣立三等功一次。先后发表《数学教育是大学生素质教育的组成部分》《微积分课程教学中的哲学思考》《微积分教学与创新思维能力培养》等多篇教学研究的论文，主编《现代数学基础》。2002 年 1 月退休。

唐敦启

唐敦启 民国三十六年（1947 年）11 月出生，土家族，恩施市三岔三元坝人，大专文化，中共党员，第二炮兵司令部工程部副部长，大校军衔。1965 年 7 月，应征入伍，在中国人民解放军总字 102 部队第 121 团从战士历任班长、副排长、营技术员、团技术员、210 工程指挥部参谋、第二炮兵司令部四处参谋、司令部工程部参谋（其间在第二炮兵指挥学院在职学习），司令部工程部处长、西山指挥部副主任、司令部工程部副部长等职。2003 年 3 月退休。

李应成

李应成 民国三十七年（1948 年）2 月出生，土家族，恩施市六角亭中山路人，大专学历，中共党员。1964 年 1 月，考入恩施财经干校，1964 年 7 月，分配到宣恩县土产公司工作。1968 年 3 月应征入伍，先后在武汉军区军后勤部 487 部队、武警 311 部队、武汉军区军医学校、济南军区卫生学校，信阳陆军学院历任战士、班长、保密员、助理员、科长、部长等职。1970 年 3 月，抽调到河南鲁山 4702 工程指挥部参加国防施工。1992 年在总后勤部全军三峡协调办公室任主任（师职），组织、协调部队参加三峡工程建设。参与长江三峡工程开工、大江截流和三峡机场竣工通航等大型活动，荣立三等功 1 次。2008 年 2 月于部队退休，现居住北京市。

黄显凯

黄显凯 1955 年 3 月出生，恩施市三岔茅坝人，主任医师、教授、博士博士生导师。第三军医大学大坪医院原普通外科主任、创伤外科主任，全军创伤中心主任，创伤专科医院院长。1980年6月，第三军医大学医疗系本科毕业。1992年6月，第三军医大学普通外科硕士毕业。1997年6月，第三军医大学博士毕业。从事普通外科及创伤救治工作30余年，在严重创伤及多发伤救治方面造诣较深。在国内率先开创出口梗阻性便秘、直肠内脱垂慢通过性便秘的诊断和治疗，低位直肠癌切除后耻骨直肠肌，修复会阴人工肛门术等代表性新业务新技术，并取得一批代表性成果。在国内率先开创院前急救院内早期救治手术，重要脏器功能支持监护及治疗一体化的严重创伤及多发伤救治体系，达到国内领先水平。成功组织救治大量严重创伤及多发伤，包括高难度及复杂创伤伤员，多次组织并完成大型车祸及意外灾害的救治课题。作为创伤学专家，多次被邀请参加全国大型矿难事故、枪伤、交通伤残等事故伤员的会诊，指导伤员救治工作。主持完成国家军队及重庆市科研课题10多项，培养博士及硕士研究生20多名。获国家科技进步二等奖1项，军队及省部级科技成果一等奖1项、二等奖6项。曾荣立个人三等功1次，集体三等功2次。担任《中国急救医学》《中国急危病医学杂志》《创伤外科杂志》等多部大型专业杂志编委会副主委、副主编或常务编委。主编国家医学电子书包全国高等教育医学数字化规划教材《急诊医学》，主编《胃肠创伤治疗学》《实用战创伤临床治疗学》等专著4部，作为副主编及参编专著14部。以第一作者或通讯作者在美国《科学引文索引》（Science Citation Index，简称SCI）及核心期刊发表论文100多篇。

杜成润

杜成润　1950年3月出生，土家族，恩施市屯堡双龙人。1969年12月，应征入伍。1970年11月，加入中国共产党。1971年4月，进入四川医学院（华西医大）医疗系专科学习。入伍后先后任士兵卫生员、助理军医、放射技士军医、主治医师，武警总队三支队副队长、队长等职。1988年、1989年连续两次荣立三等功。2000年3月退休，享受副师级待遇。

胡正海

胡正海　1955年3月出生，恩施市崔家坝水淌人，大学本科，共产党员，上校军衔，正团职。1974 年 12 月应征入伍。1976 年 12 月，加入中国共产党。1984 年参加老山自卫还击作战。历任中国人民解放军某部仓库保管员、班长、仓库主任、综合仓库主任、军需办公室主任、生产管理办公室主任，上校军衔（正团职）。1998 年，转业到中国农业银行湖北省分行工作。2015 年 3 月退休。

周贵昌

周贵昌　1953 年 3 月出生，恩施崔坝茅田坪村人，大学文化，中共党员。武警部队恩施自治州消防支队原政委，上校警衔。1969 年 12 月，应征入伍。1969 年，在西藏军区后勤部司令部，历任战士、班长、工作员、指导员、干事等职。1982 年 1 月，任恩施州公安局政治处警卫科干事、副科长、科长。曾先后担任多位党和国家主要领导的警卫。1994 年，任武警部队恩施自治州消防支队政委，上校警衔。2000 年 5 月退役。

余以林

余以林　1953 年 12 月出生，恩施市板桥老鸹石人。大专文化，中共党员，武警湖北省消防总队咸宁支队原政治委员，上校军衔。1970 年 7 月，在恩施县板桥公社社办加工厂工作。1972 年 12 月，参加中国人民解放军，在湖北武警消防总队宜昌消防支队服役。1973 年 6 月，加入中国共产党。1978 年始，历任司务长、装备后勤股长、装备后勤科长、财务科科长等职。1990 年、1991 年分别荣立个人三等功一次。1990 年 2 月，在宜昌三峡大学心理学专业就读。1992 年 9 月，任武警湖北省消防总队宜昌接待站站长。1997 年 2 月，任武警湖北省消防总队咸宁支队政治委员，曾荣立个人三等功 3 次。2001 年退役。

周立润

周立润　1952 年 2 月出生，恩施市三岔乡三岔口人，大学文化，中共党员。大校军衔。1969 年 12 月，应征入伍。1973 年 9 月，加入中国共产党。1969 年 12 月，在武汉军区通信团先后任战士、报务员、电台台长、副指导员、

指导员、副教导员。1983 年 6 月始，先后任咸丰县人武部副营职干事、恩施市人武部副营职参谋。1984 年 6 月始，历任鄂西军分区副营职参谋、副科长、副团职参谋、副参谋长、后勤部部长。1994 年 12 月，任恩施军分区参谋长。2002 年 6 月，任荆门军分区司令员，荆门军分区党委副书记。2003 年 6 月，任恩施军分区司令员，恩施军分区党委副书记。系湖北省第十届人民代表大会代表，中共湖北省军区第九届第十届委员会委员，中共恩施州第四届、第五届委员会委员常委。2012 年 4 月退休。

钟银鹏

钟银鹏 1952 年 6 月出生，恩施市三岔梨子坝人，本科文化，中共党员，主任医师，技术五级，少将军衔。1970 年，应征入伍。1972 年，加入中国共产党。1978 年，第四军医大学毕业。1979 年，参加对越自卫反击战。曾荣立三等功 3 次，获得中国人民解放军科学技术进步三等奖 1 次，四等奖 2 次。先后担任解放军第 42 中心医院神经泌尿外科主任、四川省眉山市心脑血管病医院院长、绵阳市协和医院院长、成都军区联勤部机关医院大外科主任，全军神经外科专委会委员，成都军区神经外科专委会常委，医疗事故伤残鉴定专家组专家，四川省神经外科专家委员会常委，医疗事故签订专家库专家。2012 年退休。

周好学

周好学 1952 年 9 月出生，恩施市白果金龙坝人，研究员学历，中共党员。总参三部七局原局长，大校军衔。1969 年 2 月，应征入伍，进入中国人民解放军总参三部二局训练队学习英语，随后参加工作。1977 年，再次进入训练队学习，并于 1978 年转入中国人民解放军外语学院深造。1979 年 6 月，毕业回总参三部二局九处工作。1985 年，考入中国人民解放军外语学院英美文学专业研究班，借读于中美黄河大学美国研究专业。毕业后先后担任翻译、副译审、研究员等技术职务，同时担任总参三部二局七处副科长、科长、副处长，总参三部七局副参谋长、七局一处处长、七局参谋长、七局副局长，总参三部二局局长、总参三部七局局长等行政职务。授大校军衔，专业技术四级。参与编纂翻译出版《英汉军事大词典》《美国军事法典》《2000 年大趋势》等多部著作。出版、发表《海湾战争》《美国陆军军官手册》《美军特种作战理论》等著作、论文共计 20 余本（篇）。2012 年 9 月退休。

谭怀忠

谭怀忠 1956 年 9 月出生，土家族，恩施市三岔茅坝人，大学本科文化，中共党员，中国武警特种警察学校任职（正团）。1976 年 9 月，应征入伍。1979 年 9 月，为空降兵 15 军 44 师 130 团二营通信排一班战士。1980 年 9 月，任空降兵 15 军 44 师管理科炊事班班长。1982 年 1 月，进入空降兵 15 军技术学校学习。1985 年 9 月，在公安部警字 722 部队任职，干部。2008 年 9 月，在中国武警特种警察学校任职（正团），干部。2012 年 9 月退役。

黄长青

黄长青 1966 年 6 月出生，土家族，恩施市舞阳坝周家河人，中共党员，硕士研究生，教授。1984 年 10 月，应征入伍，历任陆军第 43 军 129 师炮兵团战士，陆军第 54 集团军坦克旅榴炮营一连卫生员，信阳陆军学院四大队 18 队学员，陆军第 54 集团军 127 师 380 团二营四连排长，团司令部作训股参谋特务连连长，步兵一营三连指导员、连长，团作训股股长。1994 年 9 月，在中央党校在职学习两年，获本科学历学士学位。1996 年 3 月，任陆军第 54 集团军司令部作训处参谋。1998 年 4 月，任步兵第 380 团副参谋长，步兵第二营代理营长。2000 年 3 月，在石家庄陆军指挥学院培训 1 年。2001 年 1 月，任步兵第 127 师司令部作训科科长。2005 年 1 月，任步兵第 127 师副参谋长。2002 年 9 月，入该校全日制研究生班学习两年，获研究生学历军事学硕士学位。2006 年 9 月，任步兵第 380 团团长。2008 年 12 月，任步兵第 127 师副师长。2011 年 3 月，任国防大学战役教研部教授。在任教期间，教学课程《反恐维稳的组织与实施》获重大教学课题奖。2015 年 3 月，任陆军第 54 集团军后勤部副部长。先后荣立个人二等功 1 次、三等功 2 次，并被解放军四总部表彰为

“优秀团级指挥军官”“抗震救灾先进个人”等。先后参加济南军区“前卫－94”至“前卫－96”重大演训活动，“2004－涉外”军事演习和“和平使命－2005”中俄联合演习和1998年长江抗洪抢险，2008年汶川抗震救灾等危急险重任务。带队参加纪念建国60周年和抗日战争胜利70周年首都阅兵，两次赴苏丹和南苏丹组织维和官兵交接活动。

黄秀武

黄秀武 1970年8月出生，湖北利川市人，大学文化，中共党员，恩施市人武部部长，中共恩施市委委员、常委。1989年3月，应征入伍，在163师487团服役。1992年9月，在桂林陆军学院步兵指挥专业学习。1992年5月，加入中国共产党。1995年9月，在一六三师四八七团历任排长、副指导员、指导员。2000年11月，任利川市人武部军事科参谋、政工科副科长。2003年12月，任利川市人武部政工科科长。2007年2月，任利川市人武部副部长兼军事科科长。2008年2月，任恩施军分区司令部副团职参谋。2010年4月，任建始县人武部副部长兼军事科长。2010年7月，任恩施市人武部部长，恩施市委委员、常委。

余志勇

余志勇 1972年4月出生，恩施市板桥大山顶人。博士后学历，中共党员，第二炮兵工程大学教授，教研室主任。1990年7月，考入第二炮兵工程学院读书。1994年7月，在第二炮兵工程学院读硕士研究生。1997年9月，在第二炮兵工程学院读博士研究生。2005年6月，在第二炮兵工程学院读博士后。1997年3月，先后任第二炮兵工程学院助教、讲师、副教授。2002年6月，任教研室副主任。2009年12月，晋升专业技术七级（副师职）。2012年7月，先后任第二炮兵工程大学副教授、教授，教研室主任。2012年12月，晋升专业技术六级。

周世华

周世华　1973 年 9 月出生，恩施市舞阳坝五峰山人，高中文化，中共党员。沈阳军区 65014 部队政治委员、党委书记（正团职）。1992 年应征入伍，在沈阳军区第 40 集团军 119 师师直通信营从战士、副班长、班长。1995 年 8 月，在中国人民解放军张家口通讯学院学习，任区队长。1998 年 8 月始，历任沈阳军区 65042 部队排长、副连长、指导员、组织干事、宣传股长、组织股长（副营长）。2006 年 1 月，任沈阳军区司令部直属工作部纪检处干事（正营职、副团职）。2012 年 8 月，任沈阳军区司令部直属工作部保卫处处长（正团职）。2014 年，任沈阳军区 65014 部队政治委员、党委书记（正团职）。

黄海荣

黄海荣　1977 年 8 月出生，恩施市龙凤猫子山人，中共党员，湖北省武汉警备区教导队队长。2000 年 7 月，加入中国共产党。1999 年 9 月至 2002 年 7 月，为桂林陆军指挥学院学员。2006 年 12 月，任湖北省军区汽车队政治指导员。2012 年 6 月至 2015 年 12 月，任湖北武汉警备区教导队队长。

三、农业交通界人物

刘元申

刘元申（1901—1968 年）　原名刘元正，别号刘子丹，湖北麻城县人，恩施农业专科学校教师，知名农业技术专家。民国七年（1918 年），考入北京师范学校，民国九年（1920 年）肄业。随后考入北京政法学院，民国十五年（1926 年）肄业。民国十七年（1928 年），考入北平大学农学院农艺系，民国二十一年（1932 年）毕业。先后在汉口第二中学、武汉楚才中学、黄冈乡村师范学校任教。民国二十八年（1939 年）来施，任湖北省农业改进所技师、农业技术督导专员。1950 年，受聘湖北农学院任副教授。1952 年，转为华中农学院副教授。1958 年，为支援恩施山区建设，从华中农学院来恩施农业专科学校任教，主持甘薯栽培学的教学与技术指导。1963 年 5 月至 8 月，《恩施报》连续 3 次发表刘元申的文章，并对其研究成果进行宣传介绍。著有《甘薯栽培学》一书，对甘薯教学、研究以及甘薯生产具有很强指导意义。1968 年逝世，享年 67 岁。

张才万

张才万（1919—1986 年） 恩施市六角亭高桥坝人，贫农出身。新中国成立后，参加农会工作，在各项运动中表现积极。1953 年 1 月，带头联合本村 10 户农民组成恩施县第一个农村临时互助组，后为常年互助组，任组长。互助组有稻田 63 亩，经过集体努力精耕细作，当年获 29405 公斤（亩产 466. 75 公斤），比未组织前（年收 22400 公斤，亩产 355. 56 公斤）多收 7005 公斤（每亩增加 111. 19 公斤），在全县农村影响极大。当年，恩施地委奖励行张才万互助组小型抽水机和 198 型柴油机水泵各一台，首开恩施农业使用机械先河。1953 年 9 月，加入中国共产党。同年冬，代表恩施随全国人民第三次赴朝慰问团参加慰问中国人民志愿军活动，历时 75 天。1954 年，恩施县高桥乡红旗农业合作社诞生。同年末，恩施地委奖励农业合作社耕牛 2 头、收音机 1 台，个人先后被评为地区、省劳动模范。1955 年始，张先后担任油竹、高桥、永红等公社党委书记。1959 年 2 月，出席湖北省社会主义建设先进工作者代表会议。1976 年，调灯塔区、奇羊坝火电站工作。1986 年因病逝世，享年 67 岁。

吉宗元

吉宗元（1928—1988 年） 湖南安化人，大学文化。恩施县政协原副主席。1953 年 3 月，大学毕业，分配到恩施县芭蕉区工作。历任芭蕉区农技站技术员、副站长、站长等职。1981 年，调县农业局工作。1983 年，恩施县政协六届二次全会当选为县政协副主席。1988 年 10 月因病逝世，享年 60 岁。

许雅唐

许雅唐（1922—1990 年）　原名皓如，恩施市屯堡新街人，大学文化，地方教育知名人士，玉米栽培技术专家。民国三十五年（1946 年），湖北农学院毕业，获学士学位。民国二十六年（1937 年）始，先后在恩施初中、私立清江中学、恩施地区高级农业学校任教。20 世纪 50 年代初，任恩施市政协委员。1982 年，被恩施地区高级农业学校评聘为副教授。1983 年，当选为鄂西自治州第一届政协常委。20 世纪 50 年代起，先后当选为州农学会、科普协会、中国耕作制度学会等学术团体会员、理事、常务理事等。1985 年，被推选为省、州农业系统、农业中等专业学校教师系统中级职称评审委员会委员、副主任委员。1954 年，参与中南 6 省的农业中等学校统编教材《选种和良种繁育教学提纲》编写。1960 年，担任全国农业中等专业学校统编教材《选种和良种繁育》《作物栽培学》等（四册）副主编。1974 年、1975 年，为全省农业中等专业学校组编教材《小麦栽培》一书。1999 年因病逝世，享年 68 岁。

崔宝新

崔宝新（1925—1992 年）　山东乐陵县人。中共党员。民国三十六年（1947 年）2 月，参加中国人民解放军，民国三十八年（1949 年）1 月，加入中国共产党。历任士兵、班长、排长、连副指导员、副连长（转业时定为正连级干部）等职务。在部队转战中南等省，参加大小战斗数十次。1957 年 2 月，转业到地方工作，在恩施芭蕉茶厂任厂长。1958 年，他带领全厂职工，开展技术革新，将红茶初制向精制红碎茶转向，生产精制的红碎茶，品质名列国内标准前茅。1981 年，该厂生产红碎茶 5000 公斤，运往美国俄亥俄州展销。1987 年，明确为副县级待遇。1992 年因病逝世，享年 66 岁。

朱安寅

朱安寅　民国十七年（1928 年）出生，土家族，湖北宣恩县人，中共党员，高级畜牧师。民国三十八年（1949 年），恩施高级农业职业学校毕业。1950 年被组织上选送到湖北省农学院畜牧兽医专科学习。1951 年 10 月，毕业后分配到恩施专署建设科工作。1953 年，任专署畜牧场副场长。1983 年，调恩施县牧工商联合公司，先后任副经理、经理，参加大山顶“南方草地建设与发展畜牧业项目”工程建设。同年，国家民委、劳动人事部、中国科协、农牧渔业部授予农技推广荣誉证和证章。1986 年，调任饲草站站长。1988 年，被授予“高级畜牧师”职称。1988 年离休。

安　凯

安　凯　民国二十七年（1938 年）1 月出生，土家族，恩施市盛家坝大茅坡人，小学文化，中共党员，第七届全国人民代表大会代表。1956 年至 1960 年 3 月，在中国人民解放军第 15 军 29 师独立通讯营服兵役，荣立三等功 1 次。1967 年，复员后任大茅坡村党支部书记。1987 年，湖北省人民政府授予“湖北省劳动模范”称号。1988 年 3 月，当选为第七届全国人民代表大会代表。

潘安民

潘安民　民国二十七年（1938 年）12 月出生，恩施市舞阳坝舞阳大街人，大学文化，中共党员，总工程师。1957 年 9 月，考入武汉水利电力学院（现武汉大学）河川枢纽结构及水电站水工建筑专业（五年制本科）。1962 年 11 月，由水电部分配到湖北漳河工程管理局工作。1975 年 3 月，调恩施地区水电局工作。1979 年 11 月，任州水电工程团副团长。1982 年 5 月始，任恩施地区水电局副局长。其间 1982 年 5 月至 1990 年，兼任车坝河水利工程指挥长。1986 年至 1988 年，兼任恩—咸（宣）110 千伏输变电工程指挥长。1988 年 9 月，兼任恩施州水利电力设计院院长。1992 年 1 月，兼任天楼地枕水电站指挥长兼总工程师。1993 年 3 月，兼任旗峰坝 220 千伏变电站工程指挥长。1993 年 10 月，兼任耿家坪工程可行研究阶段、姚家坪水电工程前期工作办公室主任。1995 年 5 月，兼任恩施州水电局总工程师（正县级）。1994 年 4 月，兼任恩施清江流域水电资源开发总公司副总经理。1994 年 3 月，被省水利厅确定为“湖北省水利专业技术拔尖人才”。1995 年 9 月，被水利部和人事部授予“全国水利单位先进工作者”荣誉称号。1998 年 12 月退休。

蒋远兴

蒋远兴　民国三十二年（1943 年）4 月出生，恩施市芭蕉寨湾人，大学文化，中国民主同盟盟员。正高职高级农艺师。1968 年 7 月，华中农学院土壤农化系土壤农化专业毕业。1970 年，分配到恩施县农业局从事农业技术推广工作，历任恩施县微生物实验站负责人、恩施市土肥站站长、肥料质量监督检验站站长兼技术负责人及质量保证人、市农技推广中心副主任。1981 年 12 月，由恩施地区行署授予农艺师职称。1988 年 4 月，晋升为高级农艺师。2001 年 11 月，晋升为正高职高级农艺师。1986 年，获国家农牧渔业部科技成果二等奖。1990 年，获湖北省科技进步一等奖。2003 年 4 月退休。

陈焕春

陈焕春　1953 年 3 月出生，土家族，恩施市舞阳坝长堰塘人。中共党员，博士学位，华中农业大学副校长、教授，中国工程院院士。1975 年，华中农业大学毕业，留校任教。1988 年，留学德国慕尼黑大学，学兽医专业，获博士学位。1992 年，获国务院特殊津贴。1998 年，被农业部授予有突出贡献的中青年专家。2001 年，获国家科技进步二等奖。先后承担国际合作、国家自然科学基金、国家攻关重中之重项目、国家生物技术攻关 863 和省部级课题以及横向课题 30 余项，发表论文 120 余篇，会议论文 50 余篇，出版专著 1 本。2003 年，当选为中国工程院院士。受聘为浙江农林大学教授、博士生导师。2001 年带领团队主办新科技企业——武汉科前生物制品有限责任公司，2004 年自筹资金建成第一期 GMP 生产车间，搭建了良好的成果轻化平台，2010 年公司在光谷生物城武汉国家生物产业基地购地 135 亩，自筹资金 2 亿元，建成第二期 GMP 车间。

沈远明

沈远明 1956年1月出生，高级农艺师。籍贯不详。1980年，在县农业局农技推广中心工作。2003年1月，任市农业局农技推广中心副主任。1994年，获省政府“水稻旱育早发栽培技术科技进步一等奖”。1998年，获农业部“水稻玉米优良品种及高产栽培技术丰收计划二等奖”。1999年，获农业部“马铃薯育芽带薯移栽技术丰收计划三等奖”。2015年3月退休。

邓祥光

邓祥光 1962年5月出生，土家族，恩施市沙地夏村坝人，中共党员，大专文化，全国劳动模范。1976年，初中毕业后回乡务农。其“洋芋育芽带薯移栽”技术在全州范围内推广。1997年，被破格录用为国家公务员。2005年，被州委、州政府授予“杰出人才”荣誉称号，被中国科协授予全国农业科普工作先进个人荣誉称号。2006年，被评为“湖北省劳动模范”荣誉称号。2010年4月，被授予“全国劳动模范”荣誉称号。2012年6月，当选为中共十八大代表。

吕世安

吕世安 1963年9月出生，恩施市白杨坪熊家岩人，高级农艺师，华中农业大学农业经济管理专业，学士。1982年4月，在恩施地区工业学校工矿电器专业毕业，分配到恩施市齿轮厂担任电气技术员。1990年7月，就读于华中农业大学。1999年12月，分配到恩施州农委工作。历任副主任科员、办公室副主任、多种经营科科长和调研科科长。2000年初，任中国南方马铃薯研究中心主任、恩施州天池山农科所所长。2003年12月，任来凤县委常委。2007年1月，任恩施州农业局副局长。2011年12月，任州林业局党组成员、副局长。同期任湖北星斗山国家级自然保护区管理局局长。2005年至2012年，参加科技项目获省级重大科技成果鉴定5项，其牵头选育的“清江花魔芋”为湖北省第一、全国第二的魔芋品种，填补湖北省的空白。2015 年 12 月，任恩施州人大法制工委主任。

向极钎

向极钎　1967 年 11 月出生，恩施市崔家坝鸦鹊水人，硕士研究生学位。1991 年 6 月，长江大学本科毕业，分配到恩施州农业科学研究院工作。1998 年 7 月，加入中国共产党。1999 年，获华中农业大学硕士研究生学位。2001 年，由湖北省人社厅授予中国科学研究二级研究员。2008 年，由省委、省政府授予“突出贡献专家”称号。2009 年 10 月，担任恩施州农业科学研究院副院长、恩施州硒研究院院长职务。

熊大斌

熊大斌　1976 年 10 月出生，土家族，恩施市盛家坝二官寨人。中共党员，研究生学历，硕士学位，高级工程师。1995 年 9 月始，先后在湖北民族学院生物系学习，南京林业大学攻读硕士学位、高级工程师。2002 年 8 月，在江苏省林业厅工作。先后在《南京林业大学报》《中国森林病虫》《江苏林业科技》《江苏绿化》等期刊发表论文 10 篇。参与《松树天牛灾变规律分子检测与生态可持续控制技术推广》研究。在 2008 年获江苏省农业技术推广奖二等奖。兼任江苏省植物病理学会理事等职。

四、工商金融界人物

吕松琴

吕松琴（1890—1950 年）　湖北黄陂县人。20 世纪 30 年代初，至恩施经商。后邀约老家兄弟 4 人同至恩施合力经营，数年获大利。其在汉阳、汉川、天门、沔阳等地亲友闻讯，亦陆续携眷至此落户经商，并多聚居于城内大十街。凡落籍者，无不勤奋致富，至街景繁荣，历久不衰。人们遂习称大十街为“汉阳街”。民国二十四年（1935 年），吕松琴集资银元 2 万元，于县城创办大丰电灯机器米厂。1950 年于宜昌病逝，享年 60 岁。

赖昌怀

赖昌怀（？—1952 年） 字安之，恩施县七里坪猫儿槽人。其父辈以务农为主，兼做小买卖，在农村属殷实人家。幼读私塾，成人后学做生意。20 世纪 20 年代中期，赖昌怀的三弟赖昌炳开设商店和印刷厂，业务范围不断扩大，产品远销各县及周边各省。为使产品占有市场，赖昌怀协助三弟，采购原材料，推销产品，经常出入四川万县、重庆和湖南常德、长沙等地。民国三十三年（1944 年），赖昌怀开始经营自己的商店，在老城小十街开设“大兴杂货店”，主要经营香烟、食盐、食糖及日用杂货。1951 年秋，恩施地委在七里坪进行土地改革试点，并在七里坪区域成立供销合作社，经当地政府动员，赖昌怀毅然关闭小十街的商店，到七里坪的供销社工作。1952 年逝世。

赖昌炳

赖昌炳（？—1961 年） 字权三，恩施县七里坪猫儿槽人，幼读私塾。20 世纪初，随兄做生意，开设手工作坊和商店。20 世纪 30 年代，在恩施老城复兴街开始经营文具纸张，商号名为“复兴文化书店”。设坊印刷加工信笺、信封、帐簿、学生作业本及办公用品等，开恩施印刷业先河。其产品销往宣恩、建始、鹤峰等县。还兼营桐茶漆麻等土特产，远销四川、湖南等地或出口。民国二十七年（1938 年），在老城小十街购得一栋两层石木结构楼房，同时在小十街转弯处新建一栋两层楼房，将商号迁至小十街新房楼下。适逢抗日战争爆发，省政府及全省各类学校迁至恩施，文化用品和办公用品供求不断增大。其间，开设“鼎新书局”“鼎新印刷厂”。民国二十九年（1940 年），日本飞机轰炸恩施，门店和印刷厂遭受损失。新中国成立后，赖当选为恩施县商会主任。1951 年，为支援抗美援朝，捐献大量纱绽和黄金。1953 年，赖昌炳所属行业全部公私合营，并担任恩施县百货公司副经理。1957 年，在“反右”运动中，赖受到不公正待遇。后官复原职。1961 年逝世。

赖昌勋

赖昌勋（？—1972 年） 字述周，恩施县七里坪猫儿槽人。幼读私塾，成人后随叔父赖世猷学做糖食糕点加工技术。20 世纪 20 年代，随兄赖昌怀学做生意。20 世纪 20 年代末，赖在鸭子塘开设加工作坊和经销店。到 30 年代，将店铺迁至七里坪，生意经销范围不断扩大。民国三十四年（1945 年）秋，在老城小十街购房开店，主营糖食糕点，兼营烟酒，商号名为“复兴糖食烟酒店”。新中国成立后，继续经营糖食糕点和烟酒。1956 年，赖昌勋带动全行业个体工商业主，响应政府号召，实现副食烟酒公私合营，任恩施县副食品公司副经理。1956 年始，连续三届任恩施县政协委员，又连任第二、三、四届恩施县人民代表。1970 年，为响应“城镇居民上山下乡”的号召，赖昌勋作为首批下乡居民户，落户在三岔区鸦沐羽。1972 年逝世。

李伯程

李伯程（1900—1977 年） 原名李远鹏，恩施县六角亭小十街人，学徒出身，为人耿直，最重信誉。经营生漆，与日商合作，生漆质量良好，极为外商赞赏。新中国建立后，日商代表在广州交易会上，曾向大会负责人询问李伯程近况，希望再能和他做生意，随后被县土产公司聘为技术员，传授制漆技术，为鄂西生漆收购、销售做出贡献，1977 年因病逝世，享年 77 岁。

廖祖义

廖祖义 民国三十七年（1948 年）9 月出生，土家族，恩施市新塘下塘坝人，大专文化，中共党员，恩施州农业发展银行行长，高级经济师。1968 年 9 月，在恩施新塘医院工作。1969 年 2 月，在济南部队服役。1971 年 7 月，在恩施县农行新塘营业所工作。1977 年 1 月，在恩施市农行双河营业部工作，

1984 年 1 月，任市农行行长。1993 年 12 月，任恩施州农行副行长。1996 年 10 月，任州农业发展银行副行长。1997 年 4 月，任州农业发展银行行长。2008 年 9 月退休。

郭贵成

郭贵成 1949 年 11 月出生，恩施市沙地落都人，中共党员，大学文化，高级经济师，中国人民保险公司恩施分公司原总经理。1965 年 9 月，在恩施一中读高中。1969 年 12 月，在西藏军区后勤部第一汽车独立营服兵役。1980 年 1 月，复员到原恩施地区商业储运公司工作。1984 年 4 月，在中国人民保险公司恩施分公司中国人寿保险公司任恩施分公司任副总经理、总经理。1996 年 8 月至 1998 年 12 月在中央党校函授学院经济管理专业本科毕业。2009 年 12 月退休。2011 年 8 月，受聘于广州工商学院任教。

陈慈洲

陈慈洲 1956 年 10 月出生，恩施市三岔河湾人，大学本科学历，中共党员，法学学士，高级经济师。银监会湖北监管局人事处处长、组织部部长。1974 年，三岔高中毕业，回三岔照耀大队五生产队劳动，历任民兵排长、大队综合厂会计。1977 年 3 月，任三岔公社党委办公室副主任。1978 年 3 月，在华中师范大学政治系学习。1982 年 1 月始，先后在恩施地区行署办公室、州人民政府办公室工作，历任州人民政府办公室党支部副书记、综合科副科长。1986 年 8 月始，先后在县、市、州人民银行工作，历任建始县、恩施市人民银行副行长，州人民银行办公室副主任、主任，州人民银行副行长、党委副书记。2004 年 1 月，任银监会恩施分局局长、党委书记。2005 年 1 月至 2015 年 12 月，调银监会湖北监管局工作，历任人事处处长、组织部部长，银行业协会专职副会长、监事长，顾问。

王祖军

王祖军 1962 年 5 月出生，恩施市舞阳坝五峰山人，大学文化，中共党员。1977 年 9 月，在恩施高中读书。1979 年 9 月，在恩施财经学校读书。1981 年 10 月，在中国农业银行恩施支行营业所工作，在信用合作股任办事员、股长。1986 年 9 月，在农行武汉干部管理学院金融办学习。1988 年 9 月，任农行恩施市支行办公室主任。1992 年 8 月，任支行信用合作股股长。1994 年 9 月，任支行党组成员、副行长。1997 年 1 月，任农行恩施市分行党组书记、行长。2000 年 1 月，任农行恩施市分行党委书记、行长。2000 年 4 月，任农行恩施市分行党委书记、行长（副处）。2005 年 1 月，任农行恩施分行人力资源部总经理（副处）。2005 年 4 月，任农行恩施分行党委委员、副行长。2009 年 4 月，任农行恩施党组副书记、副行长。2014 年 3 月，任农行恩施分行党组副书记副行长（正处级）。2016 年 4 月，任农行恩施自治州分行调研员。

向开永

向开永　1962 年 9 月出生，土家族，恩施市白果下村坝人，研究生学历，中共党员。东风电动车辆股份有限公司执行总经理，东风新能源汽车销售服务（北京）有限公司董事长。1981 年 8 月，参加工作。1989 年 6 月，加入中国共产党。1986 年至 2012 年，先后在东风旗下分（子）公司担任团委书记、总支书记、副厂长、总会计师、战略项目推进办公室主任、总经理等职务。其间，1993 年，在华中科技大学高层次经营管理研究生班进修，取得硕士学位。2012 年，任东风电动车公司执行总经理从事新能源汽车工作。2015 年，任东风电动车辆股份有限公司执行总经理，东风新能源汽车销售服务（北京）有限公司董事长。系中国汽车工程协会理事，湖北省企业家协会理事，中国地质大学校外辅导教授，湖北省优秀企业家。

曹家凯

曹家凯　1973 年 12 月出生，土家族，恩施市盛家坝麻茶沟人，研究生学历，硕士学位，工程师。1996 年 9 月至 2003 年 8 月，任广东生益科技股份有限公司副总经理。2003 年 9 月，任连云港东海硅微粉有限责任公司副总经理。

张　奎

张　奎　1974年1月出生，土家族，恩施市盛家坝麻茶沟人。中共党员，浙江大学毕业，研究生学历，硕士学位，工程师。2001年9月，在浙江大学任教，后任杭州电信集团主管。2004年8月，任民生药业集团绍兴医药有限公司副总理。

五、科技教育界人物

康仪斋

康仪斋（1906—1954年）　光绪三十二年（1906年）出生，恩施县（详址无考）人。民国十五年（1926年）。恩施南郡中学毕业。民国二十年（1931年），考入武昌艺专学习音乐。民国二十三年（1934年）毕业后，受聘于恩施县立小学，任教音乐与国文。民国二十五年（1936年），任县民众教育馆馆长。翌年任县政府财政科科长。康热衷于社会公益事业，抗日战争初期，为修恩施机场，康安排民工工棚伙食和医疗，与民工同吃同住。抗日战争胜利后，康与恩施京剧爱好者成立恩施京剧研究社，并从北京聘请教师，排练《捉放曹》《玉堂春》《二进宫》《黄鹤楼》等戏，不定期公演。同时，利用职务之便，多方奔走，筹措资金，成立恩施县简易师范学校。新中国成立后，康兴办企业，踊跃认购国债。1954年因病逝世，终年48岁。

吴国顺

吴国顺（1919—1994年）　曾用名克艰，湖北建始县人，知名教育工作者，在恩施二中（现市一中）从教多年。幼年清贫，家教严谨，勤工苦读。民国二十三年（1934年），考入湖北省立第十三中学。民国二十五年（1936

年）毕业，在建始任教。民国二十五年（1937 年），考入湖北省立恩施乡村师范。民国三十年（1941 年），在建始任小学教师。民国三十一年（1942 年），在国立湖北师范学院历史系就读。民国三十五年（1946 年）始，先后在建始简易师范、恩施私立清江中学任教导主任。新中国成立后，在恩施高中教历史。1950 年 10 月，在恩施二中任教。1957 年 8 月，在恩施三中任教。1978 年 9 月至 1983 年 10 月，在恩施市一中任教，曾分别任校长、副校长。退休后，与教育界同仁通过多方集资创办施南中学（私立），并担任校长。一生热爱教育事业，办学讲究求实严谨规范见效，重视教风、学风、校风建设。1994 年 4 月逝世，享年 75 岁。

王本长

王本长（1924—1998 年）　民国十三年（1924 年）1 月出生，恩施市沙地乡沙子地人，大学文化，部级优秀教育工作者。1949 年 11 月，参加工作，先后担任小学校长、辅区校长。1978 年，调恩施市五中任教。1980 年，任五中教务处主任。1987 年，任五中党支部书记。毕业热爱教育事业，工作兢兢业业成绩显著。1988 年 9 月，被国家教育部、人事部、全国总工会联合授予“优秀教育工作者”称号（后被编入《中国全国劳模大典》）。1998 年因病逝世，享年 75 岁。

黄立鑑

黄立鑑（1937—2005 年）　土家族，恩施市沙地楠木园人，恩施简师毕业，中共党员。全国民族教育先进个人。1960 年 9 月，在沙地参加教育工作。1972 年始，参加工作，先后任沙地区文教组副组长，教育站站长，教育战线党总支书记等职。毕生忠诚党的教育事业，为人师表。在担任沙地教育行政领导后，率领一班人，努力探索振兴沙地教育之路。沙地教育长期走在全市全州前列，曾创造全市农村中学五连冠的佳绩。1983 年 11 月，被中华全国总工会先后授予“优秀工会积极分子”称号。1985 年，被授予“全国优秀工会干部”称号。1990 年 3 月，被国家民委授予“全国民族教育先进个人”荣誉称号。1997 年退休。2005 年 4 月因病逝世，享年 68 岁，葬恩施市公墓。

杨本泰

杨本泰（1923—2005 年） 苗族，湖北建始县人，大专文化，市一中高级教师，湖北省第二批特级教师。1953 年，在华中师范（华中师范大学前身）进修，结束后在恩施县第二中学（今恩施市第一中学）任教。“文化大革命”中，被下放到农村劳动。1972 年，在太阳河高中任教。1978 年，调回恩施县二中任教。1981 年秋，被评为湖北省第二批特级教师。杨毕生致力于学生开发智力、培养能力的“两力”教学方法改革试验，遵循由浅入深、由易到难循序渐进的原则，在恩施数学届得到公认。1983 年退休。2005 年逝世，享年 82 岁。

高秉江

高秉江（1963—2014 年） 恩施县崔家坝鸦鹊水人。华中科技大哲学系教授，博士生导师，中华全国哲学史学会理事，湖北省哲学史学会常务理事，美国天主教大学访问学者。天资聪慧，勤奋好学，先后就读于恩施师范、湖北教育学院、吉林大学和武汉大学，获吉林大学硕士、武汉大学博士学位。曾在崔坝中学、恩施市第一中学、武钢党校任教。1999 年，调华中科技大学。是国内著名的研究外国哲学专家，有个人专著 3 部、译著 3 部，发表论文 70 余篇。在古希腊哲学、德国古典哲学、现象学等领域均有深入独到的研究创获，具有卓著的理论建树，受到国内外学术界的高度肯定与评价。2014 年 12 月逝世，终年 53 岁。

周文鼎

周文鼎（1932—2014 年） 湖北沔阳人，大学文化，中共党员，湖北省地理特级教师。民国三十八年（1949 年）1 月，国立临时中学毕业，高中学历。1954 年，湖北师专毕业，专科学历。1948 年至 1953 年，先后在沔阳县七完小和沔阳县中学任教，曾担任沔阳县七完小教务主任。1954 年，在湖北师专任教。1957 年至 1980 年，在恩施县二中、八中任教。1980 年，在恩施市一中任教。1990 年，被湖北省人民政府授予“地理特级教师”荣誉称号。1993 年离休。2014 年逝世，享年 82 岁。

彭玉堂

彭玉堂（1935—2016 年）　恩施县六角亭中山路人，大学本科学历，中共党员，湖北省语文特级教师。1951 年，参加中国人民解放军。1956 年，转业后参加教育工作。1966 年，华中师范大学中文系毕业。任恩施市一中学校团干、班主任、语文教研组长、教导处主任、学校文科党支部书记等。系湖北省社会科学联合会会员，湖北省写作学会会员，湖北省中学语文教学研究会理事，中国当代艺术协会副主席。曾被聘为州教育系统高级职称评审委员会主任委员。毕生致力于教育事业，先后撰写教育教学论文 50 余篇，在省级以上报刊发表或获奖。主编或参编的著作有《一代史诗——毛泽东诗词精释》《汉语同韵大词典》《中学听说训练手册》《语文知识点鉴别》《小学语文教育丛书》《鄂西中学语文乡土教材》等。主要事迹编入《中国特级教师辞典》《中国当代知名学者词典》《中国世纪专家》等辞书。1995 年 10 月退休。2016 年去世，享年 81 岁。

王积成

王积成　又名王开发，民国十六年（1927 年）2 月出生，恩施市屯堡乡人。大学文化，大学教授。民国三十六年（1947 年）于恩施高中毕业，参加土改工作队，后在屯堡大树学校任教。1954 年考入武汉大学，毕业后先后在郑州大学、汕头大学任教，被评为教授职称。

高继松

高继松　民国二十年（1931 年）出生，恩施市板桥大山顶人。高级工程师。1950 年，在清水公社（现大山顶村）中淌村任村长。1953 年，应征入伍。1956 年，转业在汉阳工程指挥部工作。1975 年，在汉阳技改指挥部绘图设计。后任汉阳造纸厂高级工程师。1995 年退休。

曾碧莹

曾碧莹 女，民国二十三年（1934 年）4 月出生，湖北建始县人，中师学历，中共党员，湖北省小学语文特级教师，中学高级教师。曾任市第一、二届人大常委副主任，第六届全国人大代表，第五届全国妇代会候补执委。1953 年参加教育工作。历任恩施县第八届政协常委，恩施市第一、二届人大常委副主任，第六届全国人大代表，第五届全国妇代会候补执委。湖北省小学语文研究会理事，省文改协会理事，恩施州教育学会小学教学研究会副会长。先后获得全国“儿童少年先进工作者”“省‘三八’红旗手”“优秀少先队大队辅导员”“科技先进工作者”“优秀教师”等称号。其多篇优秀教案被编入《小学语文特级教师教案》《语文备课手册》等书。其事迹被录入《华夏妇女名人词典》《中国特级教师辞典》《中国历代曾氏人物录》等。1989 年 4 月退休。

徐节南

徐节南 民国二十三年（1934 年）12 月出生，湖北建始县人，大专文化，中共党员，全国优秀人民教师。民国三十七年（1948 年）参加工作，先后任恩施市（县）六中教导主任、龙凤高中教导主任、湖北烟草技校恩施分校副校长。从事教育工作 46 年，任班主任 25 年。注重培养学生集体主义思想，建立正常和谐的师生关系，在培养优秀学生、转化后进学生、形成良好班风等方面积累较丰富的经验，多次被市、州教育系统推广。1960 年 5 月，被评为湖北省文教战线先进工作者（省级劳模），出席湖北省文教卫体群英会。1989 年，被评为湖北省优秀人民教师，被国家教委、国家人事部、中国教育工会授予“全国优秀人民教师”称号。1994 年 12 月退休。

邓治凡

邓治凡　民国二十四年（1935年）10月出生，恩施市舞阳坝金子坝人，大学文化，地方教育知名人士。1952年始，先后在恩施太阳河、芭蕉等地工作。1959年始，先后在恩施二中（今市一中）书院中学、舞阳中学、恩施市一中任教，其间，于华中师范大学中文系函授。1966年毕业。1985年3月，从市一中调鄂西财校（今恩施州职业技术学院）任教，1986年，被评为高级讲师。政协恩施自治州第二、三届常委。为湖北省写作学会会员，先后发表学术论文40余篇，论文《中华传统文化的特点与价值》获中国经济管理研究会金奖，多篇论文收入《中国改革战略研究文汇》《中国世纪发展文论大系》《跨世纪之光》等文集。参与并主编《成人高考自学复习资料·语文》《中专语文》等10多部书，曾担任《财贸中专通讯》副主编、常务副主编10年。主编《汉语同韵大词典》，按《汉语拼音方案》中韵母顺序编排，为收录普通话词汇的既能查韵母又能查词义的大型工具书，填补我国现代辞书编辑方面的一个空白。1997年12月退休。

田明春

田明春　女，民国二十五年（1936年）1月出生，恩施市舞阳坝五峰山人，大学文化，中共党员，副教授。1955年9月，考入华中工学院（现华中科技大学）动力系热动力专业就读，期间担任班干部和学生会干部，一等奖学金获得者。1960年，分配到北京水利研究院工作。1963年1月，到江西工学院（现南昌大学）工作。1966年3月，加入中国共产党。1983年11月，评为副教授。1986年6月被任命为江西工学院（现南昌大学）基础科部主任。1996年3月退休。

杨家鑫

杨家鑫　民国二十五年（1936年）5月出生，苗族，湖北鹤峰县人，中师学历，全国先进德育工作者（享受部级劳模待遇）。1956 年，恩施地区师范毕业。1961 年 8 月，加入中国共产党。1965 年，担任恩施地区师范舞阳附属小学教导处副主任。1969 年，担任学校校长兼党支部书记。在担任恩施地区师范舞阳附属小学主要领导期间，学校连年被评为“省级文明单位”“全国家长学校”“全国语言文字工作先进单位”，一跃成为全省乃至全国有影响的学校。1993 年 4 月，被评为湖北省文字工作先进个人。1988 年 6 月被评为全国先进德育工作者。

周康元

周康元 民国二十七年（1938 年）9 月出生，恩施市舞阳坝五峰山人，中共党员，大学文化，北京燕山石化厂原高级工程师。1960 年，恩施高中毕业。1965 年，武汉大学化学系毕业。1965 年，任中科院兰州化学物理研究所研究员。1970 任，国防科委青海原子弹生产基地工作人员。1972 年，任兰州炼油厂研究所研究员。1976 年，调北京燕山石化厂工作。1988 年，任高级工程师。1993 年，加入中国共产党。1997 年退休。

余 奇

余 奇 民国二十八年（1939 年）4 月出生，湖北鄂州市人，大学文化，中共党员，恩施市一中高级教师，湖北省特级历史教师。1964 年 7 月，于华中师范大学历史系本科毕业，分配到恩施市一中从事教学工作。恩施州高级教师。担任学校党总支组织委员、文科党支部书记，湖北省社科院会员，湖北省历史学会会员；先后担任恩施州历史学会秘书长、理事长，多次担任特级教师评审委员会评委。多次受到各级各类表彰。参编历史资料多本，撰写论文多篇。1999 年 4 月退休。

潘文伟

潘文伟 民国二十八年（1939 年）12 月出生，湖北武汉市人，大学文化，恩施市一中高级教师，湖北省特级数学教师。1962 年 7 月，于武汉师范学院（现湖北大学）数学系本科毕业。1962 年秋，由分配到恩施县第六中学（现白杨坪中学）工作。1981 年秋，调至恩施市第一中学工作，被评为高级教师，湖北省特级数学教师。2000 年退休。在近 40 年教育生涯中，注重开发学生的智力，激发学生的学习兴趣，致力于提高学生的思维能力，鼓励学生们发挥创造精神，教学效果好。

谭杨波

谭杨波　出民国二十九年（1940 年）11 月，恩施市沐抚营上人，中共党员，全国优秀教师。1956 年参加工作，在沐抚最艰苦的前山小学任教 27 年，先后创建两所小学校，新建校舍 4 次。特别是在自己身体有病的情况下，坚持带病工作，在小学数学教学中有独到的见解，摸索出“预习—精讲—质疑—巩固—提高”的教学方法。1993 年，被评为全国优秀教师。1994 年，被《中国当代教育教研成果大典》第一卷“名人选登”入选。2000 年 11 月退休。

傅德甫

傅德甫　民国三十年（1941 年）3 月出生，恩施市板桥集镇人，大专文化，高级讲师，机电部中专基础课教学指导委员会委员。1954 年 7 月，在恩施县第二初级中学读书。1957 年 7 月，在恩施第一高级中学读书。1960 年 7 月，在武汉大学中文系读书。1965 年 7 月毕业后，先后在长春、天津两地从事中专和职大的基础课教学工作。1988 年 12 月，被国家科学技术委员会评定为高级讲师。1990 年 4 月，被新中国机械电子工业部聘为机电部中专基础课教学指导委员会委员。在教学中坚持努力探索，不断创新改革，编著有《中新时期学术思潮》（文化卷）；发表《应用文教学方法》《馆长素质与图书馆管理》《运用多和方法，加强语文能力陪养》等多篇论文和研究报告。1998 年 10 月，被国家人事部《中国人才辞典》录入。2001 年 3 月退休。

袁凤鸣

袁凤鸣 女，民国三十一年（1942 年）3 月出生，籍贯不详。1960 年 7 月，恩施地区师范学校毕业，参加工作。1984 年，被评为全国优秀班主任，荣获“全国优秀班主任”的金质奖章和证书。1993 年，被评为湖北省特级教师，当年被收入《中国当代语文教学名师传略》。1997 年，入选《中国专家名人集》。系全国汉语拼音教学研究会会员。1997 年 3 月，在第三实验小学退休。

何名芳

何名芳 民国三十一年（1942 年）5 月出生，恩施市沙地人，中师学历，中共党员，中学高级教师，全国优秀教师。1963 年 8 月，参加工作。1981 年 7 月，加入中国共产党。1963 年，在恩施市实验小学，负责学校教学管理工作。1995 年，被国家教育部、人事部表彰为全国优秀教师。2002 年 5 月退休。

陈昌松

陈昌松 民国三十一年（1942 年）5 月出生，恩施市板桥集镇人，中共党员。中国贵州国际经济技术合作公司原副总工程师，具有国家级监理工程师执业资格。1967 年，北京矿业学院地质系矿山测量专业毕业。1967 年 11 月，在化工部矿建公司任测量技术员，助理工程师。1976 年 9 月，在化工部第十六建设公司任测量工程师。1988 年 12 月，被化工部评审为拔尖人才，授予测量高级工程师职称。1989 年 5 月至 1997 年 11 月，任中国贵州国际经济技术合作公司部门经理、副总工程师，其间在喀麦隆工作 3 年，任援喀专家组副组长、代组长。1994 年，赴越南考察，负责完成一项越南技改项目。1997 年 3 月，考取国家级监理工程师执业资格。2002 年 5 月退休。

张池美

张池美　女，民国三十一年（1942 年）6 月出生，湖北宜昌市人，中师学历，中学高级教师，湖北省特级教师。1960 年，恩施地区师范学校毕业。系恩施州教育学会会员，湖北省教育学会小学语文专业委员会会员。长期从事语文教学和研究，担任过少先队辅导员、班主任、语文教研组长。先后被评为湖北省、恩施州教育系统“劳动模范”。多次荣获“优秀辅导员”“优秀班主任”“思想工作先进个人”等光荣称号。获得语文课堂教学和语文教学指导一等奖，有多篇教学研究论文、教学设计在湖北省、恩施州、恩施市级教育刊物上发表或获奖。多次参与恩施州市语文辅导教材编写工作。其事迹入选《中国当代语文名师小传》一书。1997 年 6 月退休。

覃德树

覃德树　民国三十一年（1942 年）10 月出生，土家族，恩施市沙地人，大学文化，共产党员，恩施市一中高级教师，湖北省特级物理教师。1965 年 7 月，华中师范大学物理系本科毕业，分配到恩施县教育战线工作。先后在沙地中学、三岔中学任教。1978 年 8 月，调入恩施市一中任教高中物理。1979 年，任物理研究组长。1984 年，任教务处主任。1985 年 6 月，加入中国共产党。1988 年 6 月被评为中学物理高级教师。1993 年任副校长，12 月被评为湖北省中学物理特级教师。曾为湖北省中学物理教学研究会会员、恩施州物理学会副理事长。参加编写专业著作多部，撰写论文多篇。2002 年 10 月退休。

何润菊

何润菊　女，民国三十一年（1942 年）10 月出生，恩施市沙地鹤峰口人。湖北省职工道德十佳标兵。1963 年春，恩施地区师范休学回乡，任落都公社小学元宝教学点民办教师。何凭着满腔热情和扎实工作，逐步摸索一套复式教学规律，教学效果良好。1996 年 9 月 1 日《鄂西报》刊载《何润菊风雨民师路》予以报道。11月22日，《人民日报》连同5幅照片全文转载。中共中央政治局常委、国务院副总理李岚清，省委副书记、省长蒋祝平分别作出批示，作为民转公特例，转为公办教师。1997年，获“湖北省职工道德十佳标兵”桂冠。1997年10月退休。

陈大经

陈大经 民国三十一年（1942年）11月出生，恩施市三岔大堝人，大学文化，中共党员，高级工程师，有突出贡献优秀专家。1965年，中国矿冶学院（即中南大学）地质系毕业，分配在冶金部北京地质研究所工作。1970年12月，随单位整体搬迁至广西桂林矿产地质研究院。1995年，被评为教授级高级工程师。1985年12月始，历任桂林矿产地质研究院科技处副处长、中共地质研究所与重点实验室联合支部书记、广西地质学会第五届理事及广西地质学会矿产勘查开发专业委员会副主任、广西矿物岩石地球化学学会矿产专业委员会副主任。先后承担国家科技攻关项目、省部级重点科研项目、广西科学基金项目及企业委托项目等各类科研专题20多项。1988年，随中国有色金属工业总公司考察团赴波兰考察访问。1978年，获全国科研成果奖。1996年12月，被中共广西壮族自治区委、广西壮族自治区人民政府授予“优秀专家”称号。1998年12月，获广西区委、广西区政府荣誉勋章1枚。2002年12月退休。

吴吉炎

吴吉炎 民国三十三年（1944年）1月出生，恩施市崔家坝中街人，大学文化，中共党员，湖北民族学院原副院长、副教授。1964年9月，在华中农业大学读书。1968年参加工作，在湖北钟祥部队文工团工作。1968年底，调恩施地区文工团工作。1969年9月，在湖北省军区、农场劳动锻炼。1972年1月，在恩施地区师范任教，同年加入中国共产党。1975年，任恩施地区招商银行办公室主任。1978年2月，在华中师大化学系进修。1979年9月，在鄂西大学任教，任化学系副主任。1987年9月，在南京大学进修。1988年9月，任湖北民族学院化学系主任，教务处常务副处长。1993 年 12 月湖北民族学院副院长、副教授。2004 年 1 月退休。

吕经武

吕经武 民国三十三年（1944 年）7 月出生，恩施市芭蕉人，大专文化，中共党员，湖北省小学数学特级教师，恩施市教研室原副主任。1963 年 7 月，恩施地区师范毕业，分配在地区师范舞阳附属小学任教。1975 年春，任小渡船中小学教导主任。1977 年 8 月，任恩施城关一小教导主任、副校长。1984 年 8 月，任恩施市教研室副主任，先后兼任小学数学教研员、小学语文教研员。1986 年 10 月，获得湖北省高等教育自学考试汉语言文学专科文凭。1987 年 7 月加入中国共产党。1988 年 6 月被评为中学高级教师。1990 年 6 月，被评为湖北省小学数学特级教师。1996 年 8 月，因病退休。

丁文英

丁文英 女，民国三十三年（1944 年）出生，恩施市城关和平街人，祖籍湖北省黄石市。湖北省特级教师。1962 年，在恩施财经学校毕业，分配到柿子坝小学任教，后调到和平街小学任教。1992 年，调舞阳坝街道教育站工作。长期进行语文教学教研，担任班主任 24 年，具有丰富的教学经验，教研成果获得国家级奖。1997 年被湖北省人民政府评为“特级教师”。1999 年退休。

周雪梅

周雪梅 女，民国三十四（1945 年）8 月出生，恩施市板桥大山顶人，中共党员，中专文化，省级模范教师、全国三八红旗手。1962 年，恩施简易师范学校毕业。1964 年 9 月，在沐抚区清水公社茶条岭小学任教。1968 年 9 月至 1973 年 8 月，先后在清水中心小学、公社中心小学任教。1973 年 9 月，在大山顶药材场石板顶小学任教。1974 年 3 月，加入中国共产党。1981 年 3 月，在大山顶公社铁厂坝小学任教。1984 年 9 月，在板桥镇中心小学任教。其间 1995 年 9 月至 1997 年 7 月参加恩施市教师进修学校函授进修学习，获中师文凭。2000 年 8 月退休。1979 年 3 月，获“全国三八红旗手”称号。1981 年 10 月，获湖北省政府“模范教师”称号。

赖昌柱

赖昌柱 民国十三五年（1946 年）9 月出生，恩施市舞阳坝土桥坝人，大专文化，民革恩施州总支委员，中学高级教师，湖北省特级教师。1965 年，恩施高中毕业。历任恩施市教研室数学教研员，市职业技术学校教务处主任，市实验小学副校长、校长等职。2006 年 9 月退休。

谭瑞卿

谭瑞卿 民国三十六年（1947 年）3 月出生，土家族，恩施市红土平锦人，大学本科毕业，中共党员，恩施市一中高级教师，湖北省数学特级教师。1966 年 7 月，武汉师范学院数学系毕业，分配到恩施市从事教学工作，中国数学学会会员，恩施州数学学会常务理事、副秘书长，湖北省科普协会会员，恩施市科协第二届常务委员，恩施州市青少年科辅协会理事、副理事长，恩施州、市德育研究会理事。曾任恩施市第一中学政教处主任、副校长、党委书记和恩施市人民政府教育督导室副主任。2007 年 3 月退休。从教 35 年，参编数学资料多部，其中有 4 部公开出版发行，专业论文 20 余篇公开发表。

郭万明

郭万明 民国三十四年（1949 年）5 月出生，侗族，恩施市盛家坝社区人。中共党员，中国民主同盟盟员，大学本科学历，副教授，湖北民族学院文学与传媒学院原副院长、调研员。长期从事教育事业。1977 年前，在盛家坝中小学任教。1981 年始，一直在湖北民族学院工作，先后任教师、中文系副主任、艺术系主任、教务处副处长、文学与传媒学院副院长、调研员。2009

年5月退休。系全国现代汉语教学研究会会员，湖北省社会科学联合会员，湖北省语言学会理事。

彭祚全

彭祚全　1950年12月出生，恩施市白杨坪张家槽人，大学文化，民革恩施州支部委员，有突出贡献科技工作者。1973年3月，恩施医专（中专部）检验专业毕业。1973年4月，先后在恩施县医院白杨区卫生院和县卫生局工作。1979年11月，在县疾控中心工作。1983年，晋升主管技师。1996年，晋升副主任技师。1983年始，先后担任县疾控中心检验科副主任、门诊部主任检验科主任。系中华预防医学会、中国动物学会、中国微生物学会会员；任省寄生虫病学会和省卫生检验学会委员，省硒资源开发利用促进会副理事长，州医学检验学会副理事长。从事硒资源开发工作多年，发表论文100多篇、科普文章50多篇，获省部级科技进步二等奖2项，主编出版专著2部，参编专著6部。参与国家自然科学基金项目、省重点项目3项；从事弓形虫病研究15年，报告我国第2例人源性虫株和第13例弓形虫病人，4个临床型为国内首报；首次报告从人体分离出戈丁根型沙门氏菌；在恩施州率先开展仪器分析免疫三大标记技术、分子生物学技术的应用并取得成功。2010年12月退休。

胡魁荣

胡魁荣　1952年5月出生，恩施市舞阳坝三孔桥人，大学文化，中共党员。1971年11月，加入中国共产党。1973年4月，到恩施县白杨坪区星光村插队落户，先任茶场副厂长、党小组长，后调村小学任民办教师、学校负责人。1975年9月，考入恩施师专学习。1977年7月毕业，留校任教。1980年1月始，历任恩施师专团委副书记，鄂西大学团委书记、学生工作处副处长，其间参加湖北省团校为期半年的团干业务培训和湖北省高校工委为期半年的高校管理工作培训。1994年1月始，先后任湖北民族学院总务处处长、校办公室主任、工会常务副主席、学校党办校办主任，兼恩施州教育工会副主席。2006年10月始，先后任湖北民族学院监察处处长、纪委副书记、教育学院党委书记，兼恩施州监察协会副会长。2012 年 6 月退休。

黄兴科

黄兴科 1954 年 2 月出生，土家族，恩施市新塘保水溪人。大学学历，宜昌 710 研究所高级工程师。1978 年 8 月，参加工作，南京大学计算机系毕业，先后就职于武汉 709 研究所、宜昌 710 研究所，高级工程师。获发明专利 3 项。其论文《论计算机信息传递方法》在全国性刊物《计算机世界》发表；《计算机网络孤岛探讨》获中船重工集团公司优秀论文一等奖；《监控信号筛选》发表于海军水中兵器研究刊物。2014 年 2 月退休，现旅居新加坡。

谭志松

谭志松 1954 年 6 月出生，恩施市白杨坪熊家岩人，博士，二级教授，博士生导师，中共党员，享受国务院政府特殊津贴专家，三峡大学党委原常委、副校长。1976 年 12 月，在恩施师范高等专科学校数学系学习。1979 年 12 月，留校任数学系教师。1978 年 8 月，在湖北大学（原武汉师范学院）数学本科毕业（函授）。1981 年 9 月，在武汉大学数学系代数进修班学习。1986 年 9 月，在湖北大学代数研究生班学习。1992 年 9 月，为北京师范大学数学系高级访问学者。1999 年，在华中科技大学（原华中理工大学）高等教育学博士班攻读高等教育学博士课程。2003 年 9 月，攻读民族学专业博士研究生毕业，获法学博士学位。1976 年 12 月至 1991 年 10 月，先后在恩施师专、鄂西大学、湖北民族学院数学系任助教、讲师。1991 年 11 月，任湖北民族学院副教授、校直属科研科科长。1994 年 2 月，任湖北民族学院数学教授、教务处副处长。1995 年 8 月，任湖北民族学院副校长、党委委员，享受国务院政府特殊津贴专家，湖北省跨世纪学科带头人。2007 年 6 月，调任三峡大学党委常委、副校长。2011 年，晋升为二级教授。2012 年 10 月，任三峡大学正校级干部（正厅级）。2014 年 8 月，卸任领导职务。兼任中央民族大学、华中师范大学、西英格兰大学博士生导师、三峡大学博士生导师，任校学术委员会委员、国家社会科学基金通讯评审专家、教育部全国民族教育专家委员会委员、中国民族学学会常务理事等职。主要从事数学、民族教育学、教育人类学、应用社会学研究。主持完成国家社会科学基金项目3项，教育部、国家民委等部委和省级重点项目8项。在国内外发表数学学术论文80余篇，出版数学专著3部，获湖北省自然科学优秀学术论文一等奖1项、二等奖2项、三等奖1项；发表高等教育学、民族教育学、应用社会学等方面学术论文60余篇，出版著作14部，获湖北省人民政府社会科学优秀成果奖一等奖1项、二等奖2项，国家民委优秀社科奖三等奖1项。

何兆文

何兆文　1954年12月出生，湖北建始县人，大专文化，中共党员，中学高级教师，湖北省特级教师，湖北省名师，省“五一劳动奖章”获得者。1971年3月，参加教育工作。从教38年来，长期担任班主任和辅导员工作。撰写20余篇研究论文，分别在国家、省级刊物上发表或获奖；连续三年特聘为“湖北省‘农村教师素质提高工程’中小学教师培训授课教师”。曾参加省教育厅组织的首届师德报告团，在全省巡回作报告。被评为全省“第三届十佳少先队辅导员”“优秀教师”“职工职业道德建设十佳标兵”“家庭教育先进工作者”，省“五一劳动奖章”获得者。《湖北日报》《湖北楚天报》湖北电视台等多次报道其事迹。2014年12月退休。

于永超

于永超　1955年2月出生，恩施市白杨坪洞下槽人，中共党员，大学文化程度，教授。先后任恩施职业技术学院经济管理系主任、党总支书记、学院职业教育研究所所长、广告设计与制作专业带头人。1996年始，担任州书法家协会副主席。2006年，受聘为中国管理科学研究院特约研究员。2010年，任恩施州统计学会理事和受聘为恩施州干部教育培训兼职教师。2012年，任湖北省高职教育学会艺术设计类教学委员会副主任委员。2011年6月，中共恩施州委、州人民政府授予“恩施州具有突击贡献专家”称号。2015年2月退休。

冉正芳

冉正芳 1955年4月出生，土家族，湖北利川市人，中师文化，中共党员，湖北省语文特级教师，全国优秀教师。1990年6月，加入中国共产党。1974年7月，高中毕业回乡任民办教师。1976年10月，进地区咸丰师范学习。1978年7月，分配到恩施县舞阳小学（即实验小学）工作，先后担任语文教师、辅导员、学校团委书记、教务处副主任、主任，学校分管教学副校长。1991年，被评为全国优秀教师，受到国家教委和人事部表彰。1994年，被破格晋升为中学高级教师。1996年9月，被调到恩施市教研室任副主任，分管小学教育教学教研管理指导工作并兼小学语文教研员。1997年，被评为省特级教师。其传略分别载入《中国当代教育名人辞典》《科学中国人·中国专家人才库》《世界文化名人辞海》（华人卷）。2015年5月退休。

樊小平

樊小平 1956年2月出生，恩施市舞阳坝街道人，大学本科学历，中共党员，高级工程师，研究员。719研究所副所长（副厅级）、党委委员。1974年，恩施县第二中学毕业。1974年9月，在恩施县旗峰坝公社三大队二小队插队落户（知识青年）。1975年11月，在恩施地区物资局工作。1978年9月，在华中工学院电子工程系无线电专业（大学本科）学习。1982年10月，分配到中国船舶重工集团公司第719研究所工作（湖北宜昌），先后获得工程师、高级工程师、研究员（二级）职称。1992年6月始，历任研究室副主任、主任。2000年1月，任719研究所副所长、党委委员。2005年，享受国务院政府特殊津贴。曾任中国造船工程学会水面兵器委员会副主任委员、湖北省电磁兼容学会副理事长等社会职务。长期从事国防军工科研及管理工作，先后担任多个重要项目总工程师，主持完成项目研制取得重要成果并广泛装备应用。荣获国家科学技术进步二等奖，国防科学技术一等奖、二等奖、三等奖多项奖励。

吴伦敦

吴伦敦　1957 年 10 月从事，土家族，恩施市三岔水洞人，大学本科，中共党员，教授，硕士生导师，教育部中南高师师资培训中心常务副主任。1988 年，任仙桃市副市长兼仙桃市科委党委书记。1990 年 9 月，任华中师范大学成人教育学院副院长。1991 年 7 月，任华中师范大学人事处副处长、处长。1999 年 6 月，任教育部中南高师师资培训中心常务副主任，兼全国第二届教师教育课程资源专家委员会教师教育工作委员会委员、全国中小学（幼儿园）教师资格考试标准研制专家组组长、“国培计划”专家库首批专家、《教师教育研究》杂志编委、湖北省教师教育学会副会长。主持完成 15 项教育部下达的关于教师教育教师资格和教师培训等研究课题和湖北省教育厅下达的“十二五”规划重大课题《湖北省教师队伍建设研究》等。公开出版《中小学教师如何做课例研究》等书籍 15 本，其中《教师专业发展导论》为普通高等教育“十一五”国家级规划教材，1 本获 2009 年全国首届优秀教材二等奖，4 本被教育部评为“全国教师教育优秀（多媒体）课程教材资源”，4 本为全国教师教育推荐使用的课程资源。在《教育发展研究》《教育探索》《职业技术教育》《江汉论坛》《高教探索》和《高教发展与评估》等杂志上公开发表研究论文 40 余篇，为教育部和湖北省教育厅撰写调查研究报告 15 份。《中小学教师准入制度与评价内容方式研究》获第五届全国教育科学研究优秀成果二等奖，《我国农村教师队伍建设研究》课题成果获武汉市人民政府科技进步奖三等奖。曾获华中师范大学教学成果一等奖和三等奖。连续 6 年被湖南省教育厅评为“国培计划”优秀培训专家。

向　荣

向　荣　1959 年 1 月出生，土家族，恩施市崔家坝鸦鹊水人，大学文化，教授，恩施州委党校学员管理处处长。1975 年 7 月，参加工作。1987 年 6 月，加入中国共产党。1975 年 7 月，恩施县鸦鹊区红光大队下乡，后任民办教师。1978 年 9 月，考入恩施县师范文科班读书。1980 年 7 月至 1982 年 9 月，先后在土桥高中、屯堡高中任教。1982 年 9 月，在湖北省教育学院政教系读书。1984 年 7 月，调恩施市委党校，任理论教研室副主任、主任。1993 年 7 月，任恩施州委党校学员管理处处长，先后被评为副教授、教授。从事教学工作之余，对恩施州工农业经济发展问题有较为深入的调查研究，出版《改革与经济研究》《恩施州工业发展道路》等著作。主编和参与编写《恩施面对入世》《经济改革实践》《社会主义思想教育讲话》等教材。在国家、省级刊物上发表经济研究方面的论文 50 多篇，有 20 多篇论文在不同层次的理论研讨会上获奖。

冉茂权

冉茂权 1961 年 1 月出生，土家族，恩施市盛家坝山羊溪人，大学本科学历，中学高级教师，全国优秀教师。1978 年参加教育工作，在盛家坝乡山羊溪小学任教。1983 年 8 月，调入盛家坝民族初中教学。发表文章 10 篇、论文 50 篇。其中新课标教案《孔乙己》被人教社、华师大出版社分别选用载入教师用书之中；课题《恩施州语文创新教学的研究与实验》荣获课题实验成果一等奖；《理解素质教育的内涵》一文，荣获恩施州首届社会科学优秀成果三等奖，个人被评为全国优秀实验教师。2006 年 10 月，出席全国中学语文教学与研究表彰会，被推选为中国教育学会中语专业委员，被评为全国优秀教师。

宋光荣

宋光荣 1962 年 5 月出生，恩施市三岔燕子坝人，大学文化，中共党员，中学高级教师，湖北省特级教师，湖北省名师，全国“百佳语文教师”。1981 年 7 月，恩施县师范学校毕业，参加教育工作，在小学担任的语文教学和班主任。1985 年始，一直从事初中语文教学，并兼任班主任。1987 年 6 月，函授专科毕业。在三岔中学工作。后调龙凤初中任教，兼任语文教研组组长。1997 年 6 月，函授本科毕业。1999 年 9 月，调入小渡船中学。2000 年创建江花文学社，创办社报《江花》。2001 年，获湖北省“优秀中学语文教师”称号。2004 年，被评为湖北省语文骨干教师。2011 年，参加由北京师范大学承办的

“楚天中小学教师校长卓越工程”初中骨干教师培训。论文《“引入法”在文言文教学中的运用》《〈说“屏”〉课堂实录》《关于阅读技巧的点拨》《“观察体验，妙笔生花》《鲜活的生活，精彩的作文》《高效课堂实施策略》等20多篇在省级刊物发表。

沈道国

沈道国　1962年7月出生，恩施市太阳河宝塔岩人，大学文化，中学高级教师，湖北省英语特级教师，湖北省第二届名师工作室主持人。1981年7月，恩施县师范英语班毕业，分配到县第六中学（白杨中学）从事高中英语教学工作。1985年7月，在荆州师范专科学校英语专业学习，毕业后分配到恩施市第一中学从事英语教学。1991年7月，省教育学院英语教育专业进修，获得大学本科学历。从教高中英语教学30余年，潜心研究学科语言习得和学生语言发展的规律，关注非智力因素的培养，因材施教，形成一套具有自主特色的教育教学教研体系。相继参加国家“九五”“十五”“十一五”“十二五”基础教育重点课题研究，多篇教育教学研究、学科教学改革实践论文及教学设计，在中国教育学会外语专业委员会会刊《英语教师》等国家级刊物公开发表或大赛获奖。2014年湖北省人民政府授予“特级教师”。2016年被湖北省委组织部、省教育厅推选为“名师工作室主持人”。

汤吉舜

汤吉舜　曾用名汤吉顺，1962年9月出生，恩施市崔家坝鸦鹊水人，大学本科学历，中共党员。湖北大学地理系地理教育专业理学学士学位，湖北省特级教师，恩施州具有突出贡献专家。1983年8月，在崔坝公社从事小学、初中地理教学工作。1987年8月，在龙凤高中从事地理教学，先后任教研组长、政教处副主任。1993年8月，在恩施市教研室工作，任办公室主任。1998年4月至2013年，在恩施州教科院工作。先后担任办公室主任、教科所副所长、教科院副院长。2004年至2005年2月，在湖北省教科所担任访问学者，曾受聘担任湖北省教育规划特聘专家。2012年1月，任恩施州教科院院长，恩施州中小学教师研修中心主任，重点从事中学地理教学研究，教育科研规划与课程管理研究，中小学教师专业发展研究。获全国教学研究成果一等奖5项，全国教改成果二等奖1项，湖北省教改成果一等奖1项；先后获湖北省教育科研百佳个人等荣誉。

陈功贵

陈功贵 1964年2月出生，土家族，恩施市三岔水洞人。中共党员，电气工程教授、博士学位，硕士生导师，重庆邮电大学教授。1987年6月，于华中师范大学物理专业本科毕业，获理学学士学位。2004年12月，获华中科技大学计算机技术工程硕士学位。2012年6月，华中科技大学电气工程博士毕业，获工学博士学位。1987年7月，在湖北民族学院从事教学和科研工作。2013年3月，在重庆邮电大学教授，从事教学和科研工作，电气工程专业的骨干教师，重庆市优秀教师。

郭智斌

郭智斌 1964年7月出生，土家族，恩施市太阳河茅湖淌人，大专文化，教育学硕士，中共党员。湖北民族学院（简称民院）后勤管理处处长。1986年7月，鄂西大学毕业，留校任学工处干部。1989年4月，任民院后勤保障处处长。1990年8月，在北京师范大学心理学函授助教班学习，获教育学硕士学位。1992年4月，任民院学生科副科长。1994年3月，任民院公寓办公室主任。1996年3月，任民院学工处副处长。1997年8月，在国家教委中南地区第三十二期干部班学习结业。2000年1月，任民院武装部部长。2006年12月，任民院图书馆党委书记。2010年11月，任民院职业技术与继续教育学院院长。2012年，任民院科技学院党委书记。2014年3月，任民院后勤管理处处长。主编《大学生国防知识教育教程》，参编《军事理论》《国防法学概论》等著述。

李玉华

李玉华　女，1964 年 8 月出生，土家族，恩施市沙地花被人，中共党员，恩施州委党校教授，恩施州党建研究所所长。1986 年 7 月，鄂西大学中文系毕业，被分配到州民贸学校任教。1993 年 6 月，获湖北大学汉语言文学专业本科毕业文凭。1996 年 3 月，调入恩施州委党校工作。1998 年 5 月，加入中国共产党。2009 年 6 月，取得教授任职资格。2010 年 1 月，被州委党校聘为教授。恩施州党建研究所所长，恩施日报特约评论员，恩施州委党校党史党建教研室主任，妇委会主任。主持《实现中国梦需要大力弘扬艰苦奋斗精神》的课题于 2014 年 7 月获湖北省科学社会计议学会年会一等奖。《全面从严治党推进党的建设科学化》课题文章于 2015 年 7 月获得全省党校系统党建年会一等奖。在《中国人口报》《学校党建与思想教育》《学习月刊》等中文核心期刊发表个人论文 5 篇。

尹应睿

尹应睿　1964 年 11 月出生，恩施市沐抚营上村人，大学文化，中共党员，正高级教师，湖北省语文特级教师，湖北名师，湖北首届名师工作室主持人，湖北省政府特殊津贴人员，国务院特殊津贴人员。1985 年 7 月，鄂西大学中文系毕业，分配到恩施市一中任教。1992 年，在湖北省教育学院进修。2012 年 4 月，在美国加州大学北岭分校进行“教育教学能力提升”培训，获加州大学北岭分校结业证。30 多年教学，形成“亲切、自主、和美、高效”的教育教学特色，培养出容易（载人航天运载火箭发射专家）、朱芬、郭媛、尹江陵等一批栋梁之才。2009 年，被教育部中小学教师奖励基金会表彰为“全国教育科研优秀教师”。2010 年，被湖北省人民政府表彰为“特级教师”。2013 年，被湖北省教育厅评为“湖北名师”。2014 年，被湖北省教育厅选拔为“楚天中小学教师卓越教师”培养对象；同年，被省政府评定“省特殊津贴人员”。2015 年，被湖北省组织部、教育厅评为“首届名师工作室主持人”2016 年，被人社部评为“国务院特殊津贴人员”。其小传入《湖北名师档案》。

谭大友

谭大友 1965年1月出生，土家族，恩施市崔家坝公龙坝人，中共党员，研究生学历。哲学硕士，湖北民族学院马克思主义学院党总支书记、副院长、教授。1983年9月，在中南民族学院政治系本科学习。1987年6月，中南民族学院政治系毕业，获法学学士学位。1987年9月，入南京师范大学政教系硕士研究生学习。1990年6月，南京师范大学政教系辩证唯物主义与历史唯物主义专业毕业，获哲学硕士学位。7月始，先后任湖北民族学院原政史系助教、讲师。1996年1月，破格晋升副教授。1997年3月，任湖北民族学院原政法系办公室主任。1997年4月，任湖北民族学院科研处科研科科长。1999年7月始，先后任湖北民族学院政法系副主任、财经政法学院副院长，被评为湖北省高校跨世纪学术骨干。2001年10月，兼任华中师范大学马克思主义理论与思想政治教育专业硕士研究生导师。2002年9月至2003年6月，在武汉大学哲学学院作国内访问学者。2006年1月始，任湖北民族学院财经政法学院及马克思主义学院教授。2007年1月，任湖北民族学院财经政法学院副院长兼社科部主任。2009年4月，任湖北民族学院图书馆馆长。2011年5月，赴美访问布里奇波特大学、奥本大学、加州富乐敦州立大学等高校。2014年7月，任《湖北民族学院学报》编辑部主任。主要研究领域和方向为认识论、政治哲学、马克思主义理论生存哲学等。在《哲学动态》《社会科学》《武汉大学学报》《沈阳农业大学学报（社会科学版）》《青海社会科学》《社科纵横》《社会科学评论》等刊物公开发表学术论文30余篇。

王振富

王振富 1965年3月出生，土家族，恩施市白杨坪九根树人，大学文化，湖北民族学院医学院人体解剖学教研室主任，人体解剖学副教授，中国解剖学会会员，湖北省解剖学学会理事。1987年7月，恩施医学高等专科学校（现湖北民族学院）临床医学专业毕业，留校任教。1992年，在中山医科大学高师班学习。2000年，在同济医科大学进修学习。从事人体解剖学教学及科研

30 年，有较高的专业理论水平、技术水平和较强的科研能力，特别是在人体解剖学教学方法领域研究造诣较深。主编或参编教材 7 部。公开发表学术论文 30 余篇，获得奖励多项，其中“人体解剖学课程改革及教材建设与实践”教研项目获湖北省高等学校教学成果二等奖。

张继军

张继军 1965 年 7 月出生，土家族，恩施市盛家坝石门坝人。九三学社成员，中共党员，国际贸易专业博士、经济学教授，海南大学经济贸易学院国际贸易系主任。1988 年 7 月，华中农业大学毕业，分配到恩施财干任教。1989 年，转恩施州农委工作。1991 年，离职返华中农业大学攻读硕士。加入九三学社，后赴海南大学任教，同时攻读博士。2002 年至 2008 年，先后出版《琼台农业合作研究》《国际经济合作论》《海南工业化进程研究》等专著，同黄景贵等人合作编著出版《发展经济学》一书。2003 年，加入中国共产党。2006 年，赴台参加学术交流，发表专论 30 篇，获国家省部级课题奖 7 项。2009 年，获国际贸易专业博士经济学教授职称，任海南大学经济贸易学院国际贸易系主任。主要从事国际商务管理、国际企业管理分析、国际经济合作等方面的教学、科研和咨询等。主持和参与完成国家级纵向课题 4 项，省部级课题 8 项，横向课题 21 项；公开出版著作（含教材）6 部；发表期（报）刊论文 50 余篇。

黄月辉

黄月辉 1966 年 1 月出生，恩施市龙凤镇人，硕士研究生，中共党员，湖北大学人文学院党委副书记。1981 年 9 月，在恩施地区高中学习。1984 年 9 月，在湖北大学生物学系学习，获理学学士学位并留校工作。2001 年，考入武汉大学政治与公共管理学院，攻读硕士学位研究生。1989 年，参加湖北大学赴大悟县科技扶贫开发团工作。1990 年回校，先后担任生物系党总支秘书，系办公室副主任、主任，生命科学院办公室主任。1997 年，受省委组织部和湖北大学委派，任大悟县科技副县长。2000 年 7 月，回校在学生工作处工作。

2001 年，任湖北大学人文学院党委副书记。先后承担科技部和省科委、省教委 5 项科技课题，发表著作论文多部（篇），获绞股蓝总甙、富硒刺梨汽水生产方法发明专利。2003 年，被共青团中央、中国科协、教育部、全国学联授予“全国大学生课外活动优秀指导教师”称号。

毕文学

毕文学 1966 年 7 月出生，恩施市崔家坝水淌人，大学文化，中共党员，中学语文高级教师，湖北省特级教师，省农村骨干教师，省语文学科优秀教师。1987 年 6 月，鄂西大学毕业。1993 年，湖北大学毕业。长期坚守在农村中学初高中语文教学第一线，从事教育教学教研等工作。先后担任屯堡中学、龙凤初中班主任、语文教研组长和教科室主任。主持参与的研究课题已结题 3 个，其中主持参与《恩施州中学语文创新教学研究与实验》课题获国家级 A 等成果；参与编写《忠孝雅诚经典诗文诵读作品》《新课标教案》等教材教参 4 部。2014 年 12 月，被省政府授予湖北省第九批“特级教师”。

丁　莉

丁　莉 女，1967 年 2 月出生，土家族，恩施市沙地乡沙子地人，中共党员。湖北民族学院科技学院党委副书记、院长，教授。1984 年 9 月，在华中师范大学生物系科学专业读本科，获理学学士学位。1988 年 7 月，在湖北民族学院林学系任教。1993 年 9 月，在北京师范大学生物系植物学专业读研究生，获理学硕士学位。1996 年 7 月，任湖北民院林学系讲师、教研室主任。1997 年 10 月，任湖北民院教务处副科长、科长、副教授。2003 年 5 月，任湖北民院教务处副处长、副教授。2007 年 1 月，任湖北民院生物科学与技术学院党委书记、教授。2009 年 2 月，任湖北民院党委委员教务处长教授。2013 年 12 月，被聘为教授三级岗位工作。2015 年 1 月，任湖北民院党委委员，湖北民院科技学院党委书记、教授。

宋　平

宋　平　女，1967 年4 月出生，土家族，恩施市崔家坝鸦鹊水人。管理学博士学位，博士生导师，国家自然科学基金项目评议专家，国家教育部优秀学位论文评审专家。1987 年 7 月，湖北民族学院特产专业大学专科毕业。1987 年7 月，在恩施市罐头厂工作。1996 年7 月，就读华中理工大学经济学院硕士研究生，获经济学硕士学位。2009 年6 月，就读武汉理工大学管理学院在职博士研究生，获管理学博士学位。1996 年 9 月至 2015 年 12 月，武汉理工大学经济学院任教，任教授、硕士生导师、博士生导师、国家自然科学基金项目评议专家，国家教育部优秀学位论文评审专家。主持国家自然科学基金项目 2 项、教育部人文社科基金项目 1 项、湖北省教育厅教研课题 1 项、武汉理工大学人文社科创新研究重点项目 1 项，参与国家自科基金重点项目 1 项、国家自科基金面上项目 1 项、教育部人文社基金项目 1 项；获湖北省科技进步三等等 1 项，发表论文 30 余篇，出版学术专著 1 部。

廖兆存

廖兆存　1967 年7 月出生，土家族，恩施市红土老村人，大学文化，有突出贡献科技工作者，北京星火燎原软件有限公司总裁兼首席软件设计师。1990 年华中理工大学毕业，北京国际声像艺术公司任程序员。1991 年3 月，任四通集团研究开发部软件工程师。1991 年 11 月，创办北京太和计算机公司，任总经理。1992 年，创办北京泛亚数据技术公司，任总经理。1993 年，开发 PanaOffice 软件。1995 年，创办北京太和威克软件公司。1995 年，任太和威克公司董事长兼总经理。2000 年，实现非线性文档处理算法，带领团队完成科技文档数字处理核心技术。同年 11 月，任中华网公司深圳公司常务副总经理、中华网公司中国区技术副总裁、中华网技术总裁。2002 年1 月，任北京星火燎原软件有限公司总裁兼首席软件设计师，推出的 Science Word 3. 0 工程。2003 年7 月，被国家科技部将 Science Word 3. 0 工程立为“863”计划软件重大开发项目。

崔显军

崔显军 1968年6月出生，恩施市崔家坝中村人，民主党派人士，博士研究生。1987年7月，参加工作。1987年9月，在建始师范学校工作。1991年6月，在湖北大学获得学士学位。1994年9月，获南开大学文学硕士学位。1997年，任天津外国语天津大学国际交流学院教授。2007年6月，获得南开大学文学博士学位。任世界汉语教育史研究会理事，汉语国际传播专委会理事，天津市语言学会理事，天津市汉语国际教育研究学会常务理事。主要研究方向是汉语语法、词汇和以汉语为外语的教学，话语分析、面称研究和二语习得等。著作有《语义功能语言学视野下的汉语研究》（北京大学出版社，2012年5月出版），主编《纪念<语法修辞讲话>发表60周年学术研讨会论文集》（南开大学出版社，2014年2月出版）。参编《现代汉语》（高校文科教材）、《20世纪现代汉语语法论著指要》（语法研究资料）、《20世纪现代汉语词汇论著指要》（词汇研究资料）等。参与完成并结项国家社科基金项目、教育部人文社科规划项目、天津市教委科研项目、韩国圆光大学科研项目、天津外国语大学校级教改项目、教育部人文社科规划青年项目、天津市社科规划项目、天津市级教改项目10余项。

赵葵轩

赵葵轩 1969年8月出生，恩施市白杨坪董家店人，中共党员，湖北民院园艺学院党委书记、副院长。1987年于恩施八中高中毕业，考入湖北民院。1990年7月于湖北民院毕业后留校工作，先后担任湖北民院学生工作处、思想教育管理处副处长，招生办公室主任，招生就业办公室副处长等职务。任湖北民院园艺学院党委书记（正处级）副院长。

杨宗红

杨宗红 女，1969年12月出生，土家族，恩施市白果油竹坪人，大学本科，博士学位，重庆师范大学文学院教授。1993 年 6 月，湖北民族学院汉语言文学专业毕业。2005 年 6 月，西南民族大学毕业，获得文学硕士学位。2008 年 6 月，在四川大学获得文学博士学位。曾在恩施市白果乡白果中学、广西贺州学院、暨南大学博士后流动站等单位工作，现就职于重庆师范大学文学院。主要从事中国古典文学与文化的教学与研究。主持国家哲学社会科学基金西部项目“文学地理学视域下明清白话短篇小说研究”，教育部人文社会科学研究规划基金一般项目“民间信仰与明清话本小说神异叙事研究”；参与教育部人文社会科学研究规划基金项目“中国古代小说中的西南事象研究”等。在《社会科学研究》《明清小说研究》《红楼梦学刊》《暨南学报》《宗教学研究》《贵州民族研究》《民族文学研究》《安徽大学学报》等刊物发表论文 70 多篇，出版专著有《民间信仰与明清话本小说神异叙事研究》《理学视域下明末清初话本小说研究》《狂狷与启蒙至李贽的教育思想》等，参编教材多部。

袁艳斌

袁艳斌　1970 年 1 出生，土家族，恩施市崔家坝中街人，工学博士（后），中共党员，武汉理工大学资源与环境工程学院副院长、教授，国家“863”项目评审专家、国家自然科学基金评审专家、科技部国际科技合作计划评价专家、湖北省和武汉市科技评审专家、国家数学地质协会会员、中国地质学会会员、中国地理学会会员、中国地理信息系统专业教育委员会委员。1988 年 9 月，恩施市一中毕业。1992 年 6 月，中国地质大学毕业，获学士学位。1995 年 6 月，获硕士学位。2000 年，进入华中科技大学从事博士后研究工作。2003 年，受聘为武汉理工大学三级教授，博士生导师。2007 年，挪威奥斯陆大学访问学者。主要方向为资源信息系统、“数字地球”科学主题研究。长期从事地理信息系统开发与应用、地球探测与信息技术、数值优化方面的研究。湖北省杰出青年基金获得者，在研国家 863 课题 1 项，湖北省杰出青年基金项目 1 项。主持完成国家自然科学基金、湖北省自然科学基金、中国博士后科学基金以及省部级攻关项目、横向协作项目 20 余项。国内外公开发表研究论文 60 余篇（14 篇 SCI 收录、38 篇 EI 收录、14 篇 ISTP 收录）。获省部级科技进步第一、三等奖各 1 项，国家级学会优秀论文奖 3 项，2005 年教育部

“霍英东青年优秀教师奖”候选人。

赵理富

赵理富 1970年12月出生，恩施市三岔茴坝人，中共党员，法学博士后。1984年9月，参加工作，任湖北省委党校讲师、教授、政教处主任。中共湖北省委党校办公室主任，教授，政治学博士，法学博士后，湖北省政治学会常务理事。湖北省委党校第一届优秀青年教师。讲授专题《中国共产党政党文化研究》获得全国党校系统第二届精品课奖。主持《社会主义核心价值体系与党的思想文化建设研究》（12BDJ037年）、《中国共产党政党文化研究》（批准号06CDJ004年）等国家社会科学基金项目2项、省部级课题3项。发表论文70余篇，出版著作3部。

袁晓辉

袁晓辉 1971年12月出生，土家族，恩施市崔家坝中街人，中共党员，工学博士，高级工程师、博士后。1989年6月，恩施市一中毕业。1993年6月，华中理工大学电力工程系毕业，获学士学位。1996年6月，在华中理工大学电力工程系硕士研究生毕业，获工学硕士学位。1996年8月，在武汉城市建设学院环境工程系任职，任讲师。2002年6月，在华中科技大学水电与数字化工程学院博士研究生毕业，获工学博士学位。2003年7月，在华中电网有限公司博士后工作站工作，任高级工程师。2005年，在华中科技大学水电与数字化工程工作，先后任副教授、教授、博士生导师。主持国家自然科学基金3项、中国博士后科学基金1项、湖北省自然科学基金1项、横向课题4项。承担包括国家“973”计划、国家自然科学基金重点项目、国家重点科技攻关计划在内的各项科研项目20余项。发表学术论文90余篇，其中被SCI、EI和ISTP收录80余篇次，参编专著1部。华中科技大学首届“学术新人奖”获得者。

廖红华

廖红华　1972 年 2 月出生，土家族，恩施市白杨坪九根树人，中国民主建国会员，工学博士，教授，硕士研究生导师，湖北民族学院信息工程学院电气工程系主任。1994 年 6 月，湖北民族学院物理教育专业（专科）毕业。2001 年 6 月，湖北民族学院数学教育专业（本科）毕业。2006 年 6 月，重庆大学仪器科学与技术专业毕业，获硕士研究生学历、工学硕士学位。2010 年 6 月，华中科技大学微电子学与固体电子学专业毕业，获博士研究生学历、工学博士学位。系湖北民族学院电气工程专业硕士研究生导师、湖北大学电子科学与技术专业硕士研究生导师。2012 年取得湖北省防雷工程技术资格。2015 年获中国民主建国会湖北省优秀会员称号。主要从事微弱信号检测、嵌入式系统、系统级建模、生物芯片技术以及微型全分析系统等研究。先后承担本科生和硕士研究生的《传感器与检测技术》《随机信号分析与处理》《数字图像处理》《电子测量技术》《科技文献检索》等课程的主讲任务，所指导的毕业论文被评为省级优秀学士学位论文共计 8 篇，指导学生获全国电子设计大赛、SOPC 大赛、中国大学生 FPGA 设计竞赛一等奖 1 项、二等奖 3 项、三等奖 6 项，优胜奖 9 项，多次被评为“创新教育工作优秀指导教师”。在《电路与系统学报》《系统仿真学报》《仪表技术与传感器》《微电子学与计算机》《Applied Mechanics and Materials》等期刊上发表论文 50 余篇，其中 SCI/EI 收录 12 篇，申报国家发明专利 7 项，获授权国家发明专利 4 项。

夏芝翠

夏芝翠　女，1972 年 4 月出生，恩施市白杨坪找龙坝人，中共党员，中国农业出版社高等教育分社副社长。1983 年 9 月，在白杨六中读初中。1986 年 9 月，在恩施市一中读高中。1989 年 9 月，就读于华中农业大学经管学院本科。1993 年 9 月，为中国农科院研究生院硕士研究生。1996 年 7 月，任中国农业出版社高等教育分社副社长。

张治中

张治中 1972年10月出生，土家族，恩施市屯堡鸦丘坪人，无党派人士，博士，重庆邮电大学教授，博士生导师，学科负责人。1989年9月，在重庆邮电大学学习，获学士学位。1995年9月，在重庆邮电大学学习，获硕士学位。1999年9月，在电子科技大学学习，获博士学位。2002年4月，在上海交通大学学习，攻读博士后。重庆市二级教授，重庆邮电大学和电子科技大学博士生博士后导师，重庆邮电大学校学术委员会委员。入选国家、中组部“万人计划”科技创新领军人才，国家科技部“中青年科技创新领军人才”，国家人社部“百千万人才工程”国家级人选，国家有突出贡献中青年专家，国务院“政府特殊津贴”获得者，教育部新世纪优秀人才，重庆市信息与通信工程“首席专家工作室”领衔专家，重庆市首批“百名工程技术高端人才”，重庆市首批“科技创新领军人才”。是重庆青年科技奖获得者，重庆青年五四奖章获得者，重庆市十大杰出青年群体带头人，中华全国青年联合会委员，中国通信企业协会通信网络运营专业委员会常务委员，中国通信学会青年科学家论坛执行主席。现任重庆重邮汇测通信技术有限公司总经理重庆邮电大学“通信网络测试及优化工程技术研究中心（重庆市科委）”主任，重庆高校“通信网测试工程研究中心（重庆市教委）”主任，重庆市“企业技术研发中心”（重庆市经信委）主任，重邮汇测博士后科研工作站主任，重庆高校创新团队带头人。承担国家863重大专项国家科技重大专项国际合作等国家级项目22项，承担省部级项目33项，成果实现产业转化22项，并应用到全国31个省区市，以及东南亚等海外市场。在包括IEEE JSACIEEE J年Lightwave TechnologyIEEE Communication LettersScience in china等在内的国内外学术刊物和国际学术会议上发表学术论文300余篇，被SCI（科学引文索引）、EI（工程索引）、ISTP（科技会议录索引）三大检索收录170篇次。在国际学术会议上做学术报告10余次。出版著作2部。申报发明专利55件，申报计算机软件著作权20件。提交国际标准建议草案3件，提交运营商企业标准9件。科研成果“通信网络测试与优化平台关键技术及其应用”获得2011年国家科技进步二等奖。获得省部级科技进步一等奖1项，省部级科技进步二等奖1项，省部级自然科学三等奖 1 项，省部级科技进步三等奖 4 项。

张乙铭

张乙铭　女，1974 年 1 月出生，恩施市崔家坝镇中街人。北京大学自然地理学专业研究生毕业，理学博士，副研究员。1998 年 12 月，加入中国共产党。2003 年 4 月，参加工作，曾任中国科学院微生物研究所科技处副处长、产业发展部主任、产业发展处处长、技术转移转化中心主任、唐山事业部主任，天津市滨海新区科委党组成员、副主任，北京顺义科技创新集团有限公司副经理。2015 年 7 月，任北京顺义科技创新集团有限公司党委委员、董事、副经理（正职待遇）。

崔　兵

崔　兵　1974 年 2 月出生，恩施市崔家坝镇中村人，中共党员，经济学博士，博士后，CFA 一级硕士生导师，教授，湖北工业大学学者、学术骨干。1992 年 9 月，就读于华中师范大学城市经济管理系，获得经济学学士学位。1996 年 8 月，在湖北工业大学经济与管理学院任教师。2000 年 9 月，就读于华中师范大学经济学院，获得经济学硕士学位。2004 年 9 月，就读于中南财经政法大学经济学院，获得经济学博士学位。2004 年，任湖北工业大学金融系主任。2008 年，任红安县人民政府副县长。2011 年，受聘为应用经济学硕士生导师。2013 年，晋升为教授。2013 年至 2015 年，复旦大学应用经济学博士后流动站博士后。主要讲授金融经济学、地方金融理论与实务，微观经济学、企业理论与中国企业改革等课程。致力于用正统的经济金融理论研究解释中国的经济金融现象。主要研究方向为制度金融学和新制度经济学，近期主要关注地方政府债务、中央地方政府金融分权、金融租赁科技金融等问题研究。累计主持和参与包括国家社科基金在内的国家级省部级课题 10 余项，在《经济学动态》《上海金融》《中共中央党校学报》等期刊发表论文近 30 篇，参编教材著作 5 部。

刘丰祎

刘丰祎 1974年11月出生，恩施市屯堡大树垭人。大学本科，理学博士学位，云南师范大学化学化工学院副教授。1993年9月，在湖北师范学院学习，获理学学士学位。1997年9月，在东北师范大学学习，获理学硕士学位。2000年9月，在中科院长春应用化学研究所学习，获理学博士学位。2003年12月，在香港城市大学生物及化学系工作，高级研究助理。2004年12月至2008年12月，在葡萄牙阿维罗大学物理系从事博士后研究，其间参与欧盟FMAE项目，在法国国家科学中心蒙彼利埃研究所以及西班牙奥维耶多大学从事合作研究。2009年1月，在云南师范大学化学化工学院工作，任讲师。2010年10月，在云南师范大学化学化工学院工作，副教授。主要从事共价键合型多糖/稀土复合发光材料的合成与表征稀土配合物的水热合成及性能表征研究。研究工作论文曾在《BIOMACROMOLECULES》《JOURNAL OF MATERIALS CHEMISTRY》《NEW JOURNAL OF CHEMISTRY》中国际期刊上发表。

李升康

李升康 1975年10月出生，恩施市屯堡大树垭人，理学博士，无党派，广东省汕头大学海洋生物研究所教授、博士生导师，博士后合作导师。2002年9月，在中山大学生命科学学院学习，获理学博士学位。1997年7月，在恩施市小渡船街道工作。2006年1月，在厦门大学—国家海洋局联合博士后流动站工作。2006年12月，在法国国家海洋研究院（IFREMER）工作。2008年9月，在广东省汕头大学海洋生物研究所工作，任副教授，教授，博士生导师，博士后合作导师。广东省“千百十工程”培养对象，广东省扬帆计划培养高层次人才。主要研究方向微生物分子生态，微生物分子生物学，海洋微生物多糖研究。为汕头大学海洋生物学科的主要学术带头人之一。在科学研究人才培养及教学改革等方面成绩突出，特别是在青蟹先天免疫与病害防控方面的研究取得重要创新性突破和成果。主持国家自然科学基金面上项目3项及省部级/厅局级课题数项，发表SCI收录文章32篇，其中以第一或通讯作者发表论文

20余篇；科研成果获2016年度广东省科技进步三等奖（排名第二）。

崔 林

崔 林 1978年7月出生，恩施市崔家坝中村人，中共党员，文学博士学位，中国传媒大学电视学院教授、博士生导师。1993年9月，就读于恩施高中。1996年9月，就读于华中科技大学，获文学学士学位。2000年9月，就读于北京广播学院，获文学硕士学位。2003年9月，就读于中国传媒大学，获文学博士学位。2003年7月，在中国传媒大学电视学院任教。2007年8月，任美国密苏里大学新闻学院访问学者。2008年11月，在中国教育电视台挂职，任新闻中心执行主任。2015年，任中国传媒大学电视学院教授、博士生导师。为“北京市精品课程”《电视新闻学》主讲教师，广播电视学“国家级优秀教学团队”主要成员，国家级教学成果奖“21世纪传媒人才综合素质‘五条线’教学体系”项目主要成员。主持霍英东教育基金会第十四届高等院校青年教师基金基础性研究课题，入选北京市“青年英才计划”，入选中国传媒大学“优秀中青年教师培养工程”，多项国家级省部级重大课题核心成员，为各级政府及多家媒介机构提供战略咨询。出版专著《电视新闻语言：模式符号叙事》《电视新闻直播报道：现场的叙事》；主编《媒介史》《直播与同步报道》等教材；发表论文数十篇，多篇被《新华文摘》《中国社会科学（文摘）》等转载，并获得各类奖项。完成研究报告十余部，主撰并统稿的《CCTV—NEWS传播策略研究》入选《国家国际传播能力建设调研报告集》，成为国家制定国际传播能力建设战略的重要参照；参与主撰的《首都网络文化环境研究》，为首都网络文化环境建设提供决策咨询。任电视系列纪录片《走进和田》总撰稿，获中宣部第十三届精神文明建设“五个一工程奖”；任大型电视纪录片《互联网时代》主创导演，获四川电视节“金熊猫奖”社会类纪录片大奖。

张 馨

张 馨 1980年10月出生，土家族，恩施市板桥镇蒿坝人，现居住广东省广州市。大学文化，南方电网综合能源有限公司高级工程师。2000年6月，恩施高中毕业，考入西安交通大学能源动力工程学院读书。2004 年 7 月，进入广东省电力设计研究院工作。主要从事发电厂设计与研究，包括普通煤电、燃机电厂、核电以及新能源电厂的各项设计工作，其中多个工程的技术在国内同行乃至世界处于领先水平。2013 年 10 月，进入南方电网综合能源有限公司工作。

陈屹立

陈屹立 1981 年 2 月出生，土家族，恩施市三岔汾水人，中共党员，博士，西南政法大学教授。1998 年 6 月，恩施市一中毕业，考入西南财经大学经济学院。2002 年 9 月，考入西南财经大学法学院，攻读民商法硕士学位。2005 年 9 月，考入山东大学经济研究院，攻读经济学博士学位。2008 年 6 月，获得博士学位后，就职于西南政法大学。2009 年评为副教授。2011 年，评为硕士生导师。2015 年，评为教授。主要研究兴趣集中于法律经济学制度经济学，目前共主持教育部等各级各类课题 5 项，出版个人专著一部，发表论文 20 多篇。

施梳苏

施梳苏 1982 年 9 月出生，土家族，恩施市白杨坪鹿子渡人，中共党员，大学教授、博士生导师，现供职于华中师范大学物理离子纲研究所。2001 年恩施高中毕业后，就读于华中师范大学物理系。2010 年 7 月，参加工作，为华中师范大学物理离子纲研究所博士研究生。2012 年赴美国深造，为美国伯克利国家实验博士后。2014 年，任华中师范大学教授、博士生导师、美国而鲁海文国家实验室 RHIC – STAR 理事会理事。工作期间，主持国家自然科学基金项目三项，以骨干成员参加国家重大研究计划 973 项目一项。

于　淼

于　淼 1983 年 4 月出生，恩施市舞阳坝街道人，研究生学历，北京邮电大学光学工程博士。中国航天科技集团公司电子技术研究院（九院）十三所副研究员。2007 年始，参与船舶重工“海平面大气激光传输仿真软件”、北邮青年基金“大气光通信特性研究及仿真”、北邮青年专项“光纤激光器三维成像系统”“激光测距传感器研制”“基于线阵 CCD 的便携式光谱仪”等项目研究；负责与航天二院某所合作“三维成像激光雷达系统原型机研制”项目研究。公开发表论文 10 余篇。2013 年 6 月，获航天九院 2015 年度最佳新人奖。

陈 烨

陈 烨（生年不详） 恩施市白杨坪沈金塘人，大学学历，恩施职业技术学院教授、科技处处长。参加工作以来，一直奋战在教学、科研第一线。主要讲授经济学、国家税收、财政与金融、经济法等课程。长期思考恩施州及武陵地区经济社会发展，公开发表调研论文 90 余篇，其中《尽快废除产品价格‘双轨制’建立合理的商品比价关系》一文奠定其学术之路。《名目繁多的政府性基金亟待清理和规范》一文获国家领导人批示。2008 年至 2012 年，获“中国非公有制经济发展论坛”组委会论文评选二等奖 2 项、三等奖 1 项、优秀奖 2 项；获湖北省委统战部非公经济调研成果三等奖 1 项、湖北省台办系统涉台调研成果评比一等奖 1 项。主持完成民建湖北省委调研课题三项、院级重点课题 1 项；参与完成全国教育科学“十一五”规划教育部重点课题 1 项。

六、医疗卫生界人物

杨昌栋

杨昌栋（1852—1940 年） 恩施县七里坪长堰塘人，地方知名中医。少时在家馆念书，习经史诗文，成人后教私塾六年。后弃教潜心攻读中医经典，随父临床学研医术，并立志继承父业，做一名良医。中年后精通医理药理，医术高超，可治各类疑难杂症，可切危重病人生死脉象。杨昌栋为民治病，不分贫富，有求必应，平等待人，常年在七里坪、长堰塘、三岔、芭蕉天桥王家村、宣恩万寨等数十平方千米内出诊，为患者治病。为人和善，医德高尚，为四方乡民所爱戴，尊称为杨老先生。行医几十年，收藏医学书籍上百册，成为后世宝贵财富。杨昌栋膝下两子，均与医无缘，晚年将祖传医术传给爱孙文运、文贵二人；破医术传内不传外的祖训，收七里坪刘泽兹、三岔张国政为徒，传授中医。四徒后来均成为一方名医。民国二十九年（1940 年）逝世，享年 88 岁。

饶凤璜

饶凤璜（1876—1953 年）　字聘卿，恩施县城东三义宫人。社会知名贤达。生于西安（其父饶应祺，时任新疆巡抚），6 岁入学，17 岁回恩施应乡试，中秀才。清光绪二十七年（1901 年）自费赴日本留学，考入庆应大学政法科，肄业。光绪二十八年（1902 年），回国参加武昌会试，中举人。光绪三十二年（1906 年）一月，为东三省总督赵尔巽幕僚，同年二月，任奉天省道员。宣统元年（1909 年），任清廷邮传部参议。宣统二年（1910 年），任东三省总督署参事。民国二年（1913 年）回湖北，先后任荆宜施鹤道观察使、鄂西观察使、湖北省政务厅长。民国七年（1918 年），任北洋政府总统徐世昌秘书。国民政府时期，相继任行政院中央赈济委员兼秘书长、恩施县参议会议长与县志馆馆长。抗日战争时期，县志馆搬迁至恩施城郊洗爵溪，饶凤璜在此创办学校并亲自教学，同时义务为周边农民看病。民国三十一年（1942 年）9 月，饶凤璜与相关文人在洗爵溪县志馆内成立“汉声诗社”，任社长。诗社以作诗赋词呼吁团结抗战。民国三十三年（1945 年），经湖北省临时参议会推选为第四届国民参议会参政员。民国三十四年（1946 年），任私立恩施清江中学董事长。民国三十七年（1948 年），回恩施参加国民党政府立法委员选举，当选后赴南京就职。饶凤璜政治态度开明，坚持“无党无偏”的公正立场，同情中国共产党及其领导的革命事业，与中共周恩来、董必武、林祖涵、吴玉章等时有来往。南京解放前夕，蒋介石要他去台湾，他避拒不就，北上进京。为政之余深研《黄帝内经》等医书，并与北京名医肖龙友等相交，经虚心求教，医道日精，开方治病，常得灵验，成为有名的中医。著有《伤寒金匮标目提纲》(8 卷)、《医经精义便读》(1 卷)《医学三字经》(1 卷) 等书。新中国成立后，饶曾任武汉市人民政府参事室参事，后到北京挂牌行医。1953 年逝世，享年 77 岁。他病重期间，周恩来总理曾亲自到医院看望。

胡廉波

胡廉波（1896—1956 年）　光绪二十二年（1896 年）出生，恩施县太阳河金峰山人，地方知名中医。光绪三十四年（1908 年）拜白杨坪刘同太老中医为师，民国三年（1914 年）出师行医。因医德高尚、医术精湛、善治疑难杂症，深受当地群众信赖。民国二十六年（1937 年）2 月，被推举担任干树联保主任，因不满时政而弃政重操旧业。7 月到恩施县城发展，名噪一时。相传一团长夫人（一说县长）得一无名之病，多地治疗 3 月余无果，经人引荐由胡诊疗，10 日即愈。团长为谢施治之恩，遂做“国医胡廉波”镏金大匾一块悬挂于诊所，由此名声大震。新中国成立后，胡廉波供职于恩施县医院，设“胡廉波门诊”。1956 年 10 月因故逝世，享年 60 岁。

徐志濂

徐志濂（1893—1960 年）　字清泉，辽宁沈阳市人，恩施知名医疗工作者。民国二十七年（1938 年），徐携家眷流亡恩施，组建恩施保寿医院，不久遭日机轰炸，被迫停业解散。民国二十八年（1939 年），开办惠民诊所，先后于恩施老城北门街、割肝坡等处挂牌行医。诊所门前设置姜茶药汤，免费供路人饮用，以预防流行感冒，并免费对附近的少年儿童打预防针和注射天花疫苗。1954 年，与医界同行向皮绪等人联手组建恩施新星联合诊所。系中国红十字会会员，恩施县第一届政协委员，首批享受国家高级知识分子待遇人员。1960 年因病逝世，享年 67 岁。

刘碧光

刘碧光（1912—1981 年）　恩施县白杨坪老街人，地方知名中医。自小继承父业，与父亲刘春生挂牌“春生药堂”悬壶济世。1952 年，参加土地改革。1953 年，分配到沐抚乡卫生所任所长。同年冬，调县人民医院任中医主诊医师。1954 年，选送湖北医学院进修。其间，长江中下游地区洪涝灾害严重，荆江分洪，刘受省政府委派带医疗队赴监利、洪湖等重灾区进行疾病防疫，荣获省委省人民政府“特等劳动模范”称号。1955 年，选派至湖北中医学院进修。1956 年，当选为第一届政协主席团成员，后又当选为县第二届至第六届政协常务委员。1958 年，受命组建恩施县中医院，为第一任院长。1963 年初，调任县人民医院任副院长。1979 年退休。1981 年 9 月因病逝世，享年 69 岁。

徐习之

徐习之（1901—1982 年） 字崇学，自号羽白山，湖北建始县人，州中心医院名老中医。少时受世家影响，立志从医，先后师从其五舅父（骨科）六舅父（儿科），又通读《内经》《伤寒论》等医书，便初通脉理。17 岁时，医术已大有长进。其时当地痢疾流行，徐用土方法及中药“百头翁汤”“葛根岑连汤”等救治不少人，声誉鹊起。民国二十六年（1937 年），徐与几位民间医生合伙开办“春永”药店，3 年后独自开办“寿世堂”药店。1952 年，徐联合其他药店组建县中医联合诊所，并担任负责人。1956 年，被调入恩施专署人民医院工作。徐通晓中医临床各科，尤长于儿科，医术精湛，医德高尚，深得患者尊重和信任。徐行医 60 多年，勤于钻研，善于总结临床经验，著有《徐习之临床经验辑》。1960 年，被省政府授予“名老中医”称号，享受高级知识分子待遇。1982 年逝世，享年 81 岁。

赖文安

赖文安（1899—1989 年） 字昌静，恩施市舞阳坝窑湾人，地方知名中医。出身名门望族，自幼聪慧，弱冠之年即由其饱学的叔父在家课授诗文经史，又兼习医古文，历十年打下坚实的文化基础和医古文功底。民国六年（1917 年），正式专意学医，师从恩施东乡著名儒医李伯英。经三年，深得其真传，设堂坐诊。渐成伤寒名家，善于化解治愈诸多内外疑难杂症，在恩施闻名遐迩。一生历经个人诊所、城关镇联合诊所、恩施县（市）中医院共60余年坐诊，恪守“严谨朴实、不慕虚名、患者为上、治病第一”的信条，治病不论贫富贵贱，均一视同仁。对城区附近乡间孤寡贫困病者，常亲自登门施治，不求分文。因其医术高疗效好，且医德深孚众望，广大百姓称其为药味简、花钱少、能治病的“平民医生”。对随他学医的学徒和侄子要求甚严，行事为人须严谨和朴实。留有《赖文安医案汇编》和《医话辑录》存世。1989年逝世，享年90岁。

罗相臣

罗相臣（1925—1990年） 恩施市芭蕉高拱桥人，地方知名中医。出生于医疗世家，以正骨伤科闻名。长期在高拱桥的卫生所（室）从事医疗工作，擅长骨伤科，从医一生，诊治乡内乡外、市内市外数千名骨伤病人，成为恩施南乡正骨科一代名医。为恩施市第二届政协委员。1990年7月因病逝世，享年65岁。

黄子均

黄子均（1916—1999年） 恩施市红土白果坪人，地方知名中医。7岁时师从当地土家族名医彭占梅学医。天资聪慧，勤奋好学，深得真传，医术日渐精湛。14岁开始问诊，解放前即在湘鄂川黔一带小有名气。新中国成立初，黄在恩施红土中医诊所工作，后调入湖北中医学院恩施分院（湖北民族学院医学院）任教，先后任讲师教授。1956年、1958年，两次赴湖北中医学院进修。回恩施后，在恩施州中心医院、湖北民族学院医学院等门诊坐诊行医。黄博览医学群书，精通《黄帝内经》《金匮要略》《伤寒论》《瘟病学》等，集众家之长于一身。行医治病，讲究因人因时因地辩证施治，注重人病症方药“五情”辩证统一；对杂病妇科疑难重病及小儿麻疹多有研究，重视每个病人的个体因素的差异特征，施治独到，效果良好。一生讲究医德，以治病救人为职责，对病人有求必应，拯救病人无数，多次把无钱住院买药的贫困病人安排在家中治疗。他对弟子及子女常要求，凡有疾厄来求救者，皆视若至亲。有《土家族名医黄子均医案精选》留世。1999年逝世，享年83岁。

姜大众

姜大众（1943—2003年） 恩施市太阳河头茶园人，地方知名中医。1968年恩施卫校毕业。1969年10月，任太阳区红旗大队“赤脚”医生（村医）。1978年，调太阳河卫生院工作。因勤学苦研、医德高尚、医术高超在太阳河及建始杨泗庙一带小有名气，深得患者信赖。1980年，选拔到恩施地区中医院工作，后委派到湖北中医学院进修，医术更加精湛，成为院内骨干。2003年春，因积劳成疾，在恩施州中心医院岗位上逝世，享年60岁。

吕书见

吕书见（1931—2003年） 恩施市芭蕉集镇人，地方知名中医。出生于医疗世家，师从吕益志。1950年，开设私人诊所。1951年，任恩施县中医联合会芭蕉分会主任，并参加恩施县第一届代表大会。同年，在芭蕉集镇吕益志、兰书宗、郑德顺三家私人诊所组成联合诊所坐诊。1963年，全县恢复卫生协会，担任芭蕉分会主任。1983年，被鄂西中医学会吸收会员，并获得“从事医疗卫生工作30年荣誉纪念章”。热爱医疗工作，因其高超的医疗技术和临床经验，深受人民爱戴。2003年因病逝世，享年72岁。

向极昌

向极昌 民国十六年（1927年）4月出生，土家族，恩施市崔家坝滚龙坝人，初中文化，中共党员，第六届全国人民代表大会代表。1953年2月，参加工作，1982年10月，加入中国共产党。1953年2月，任恩施县大集卫生院中医。1955年4月，在湖北省中医进修学校学习。同年9月，任恩施县红土区卫生所所长。1959年10月始，先后在湖北医院中医科、恩施地区人民医院中医科任中医。1962年4月，任恩施县中医院医疗股长。1964年1月，任恩施县卫生工作者协会秘书。1966年6月，任恩施县卫生学校教员。1970年6月，任恩施县（市）人民医院中医科中医师。1984 年 3 月至 1988 年 8 月，任鄂西自治州中医学会、恩施市医学会副理事长。1987 年 10 月，被省委组织部科干局、省卫生厅授予副主任医师职称。1983 年 5 月，当选为第六届全国人民代表大会代表。1988 年 9 月退休。

熊金声

熊金声　民国二十三年（1934 年）5 月出生，湖南浏阳县人，中专学历，中共党员，主任医师。1951 年 1 月，参加工作。1955 年，湖北省武昌医士学校毕业，分配到恩施县医院从事医疗工作。1963 年 2 月，晋升为医师。1979 年 6 月，在武汉医学院附属二医院进修。1981 年 11 月，晋升为主治医师。1982 年 1 月，加入中国共产党。1981 年 5 月至 1983 年 6 月，参加中国援外医疗队赴阿尔及利亚工作。1985 年任内二科主任。1988 年 5 月，晋升副主任医师。1994 年 3 月，晋升主任医师。1994 年 5 月退休。

方文彬

方文彬　民国二十三年（1934 年）5 月出生，湖北黄陂县人，中专学历，中共党员，主任医师。恩施县人民医院原副院长。1954 年，武昌医士学校毕业，赴潜江参加抗洪救灾。1955 年 5 月，分配到恩施县医院工作。1963 年取得医师资格。1979 年任恩施县医院外科负责人。1981 年 10 月，晋升为主治医师。1979 年，参加中国援外医疗队赴阿尔及利亚工作。1981 年任恩施县人民医院副院长。1988 年 7 月，晋升为副主任医师。1994 年晋升为主任医师。擅长食管癌直肠癌胰腺癌根治术、肝脾破裂的切除修补术、胆总管狭窄甲状腺次全切除等手术，并发表过多篇学术论文。1994 年 5 月退休。

黄谋春

黄谋春　民国二十四年（1935 年）11 月出生，湖北江陵县人，大学本科，中共党员，恩施市医院主任医师。1949 年 11 月，在中国人民解放军湖北军区第一师服役。1957 年 6 月，在建始茅田卫生所当医士。1958 年 6 月，在恩施医专学习。1961 年，在建始县人民医院任医师。1963 年，任恩施地区农科所医师。1965 年 5 月，在恩施县卫生局工作。1973 年 5 月，调入恩施县人民医院。同年 10 月推荐到湖北中医学院西学中班学习。1977 年，获得本科学历。1981 年 11 月，晋升为主治医师。1983 年 11 月，任中医科主任。1988 年 3 月，晋升为副主任医师。1995 年，晋升为主任医师。擅长中西医结合治疗内科病症，类风湿关节炎，以及对慢性肝炎的治疗。1995 年 11 月退休。

周乘风

周乘风 民国二十七年（1938 年）3 月出生，湖北广济县人，大学本科，中共党员，主任医师，恩施市人民医院原副院长。1963 年 9 月，湖北医学院毕业，分配到恩施县人民医院工作。1974 年任儿科病房负责人。1981 年任儿科主任。1983 年 3 月，晋升为儿科主治医师。1985 年至 1987 年，参加中国援外医疗队赴阿尔及利亚工作。1988 年 3 月，晋升为儿科副主任医师。1988 年 10 月，任恩施市人民医院副院长。1990 年，被编入《中国高级医师咨询辞典》一书。1997 年 4 月，任恩施医专兼职副教授。擅长小儿科肝穿心包穿刺侧脑室穿刺和新生儿重症监护等诊疗工作。1992 年，被国防部授予“征兵工作先进工作者”称号。1993 年被评为模范院长。1998 年退休。

王世梅

王世梅 女，民国二十八年（1939 年）3 月出生，湖北汉阳县人，大学本科，中共党员，主任医师，原县医院妇产科主任。1963 年 10 月，湖北医学院临床医疗专业毕业。1964 年 12 月，在恩施县人民医院妇产科工作。1973 年晋升为妇产科医师。1981 年 11 月，晋升为主治医师。1971 年和 1978 年，两次到武医二院进修学习。1979 年至 1981 年、1986 年至 1988 年，两次参加中国援外医疗队赴阿尔及利亚工作。1988 年 6 月，晋升为副主任医师，随后晋升为主任医师。擅长利多卡因棉球宫颈口填塞法在人工流产中的应用，中西药结合保守治疗宫外孕，避免开刀所致病痛，用硅管代替通液导管施行输卵管通液术治疗不孕症，用东莨菪碱治疗妊娠高血压综合症的医疗实践，在降低产后大出血方面有丰富经验。1994 年退休。

向传树

向传树　民国二十八年（1939 年）12 月出生，土家族，湖北巴东县人，中专学历，中共党员，主任医师，恩施市妇幼保健院原院长。1957 年 8 月，武昌医士学校，毕业分配到恩施白果区卫生院工作。1972 年 3 月，在芭蕉区卫生院工作。1975 年晋升为主治医师，同年任芭蕉区卫生院院长。1981 年始，在恩施地区人民医院进修学习一年半。1985 年，在恩施市人民医院工作。1988 年，晋升为副主任医师，任恩施市人民医院副院长。1991 年，任恩施市妇幼保健院院长。1994 年 8 月，晋升为儿科主任医师。2000 年 1 月退休。

谭宗艾

谭宗艾　1941 年 5 月出生，土家族，恩施市新塘杉木槽人，中西医结合专业专家，主任医师，Ph 年 D 博士，州中心医院原副院长。系中华医学会会员，湖北省知名中医，省政府津贴享受者，省医师协会常务理事，省中医学会常务理事，省中西医结合学会常务理事，州中西医结合学会理事长，州中医药学会常务副理事长，湖北民族学院客座教授，其主持开发的“沙白兰感康糖浆治疗外感咳嗽”“清感口服液治疗外感高热症”“降脂活血片治疗高血脂症”和“参芪益肺糖浆治疗小儿反复呼吸道感染”等多项科研课题，通过湖北省成果鉴定，达到国内领先或国内先进水平。先后在各级各类医学刊物发表文章 30 余篇，出版医学专著 3 部。主持或参与科研项目 7 项，其中 3 项获得科技进步三等奖，2 项达到国家领先水平，被国家科技部认定为 2000 年的重大科研成果，获成果专利转换 1 项。2011 年获得“湖北中医名师”称号。

周光菊

周光菊　女，民国三十一年（1942 年）10 月出生，湖北利川市人，大学本科文化，中共党员，主任医师。恩施市中医院内儿科主任、门诊部副主任、工会主席等职。1968 年 12 月，湖北医学院医学系毕业，分配到恩施沙地卫生院工作。1984 年，加入中国共产党。1985 年 9 月，调恩施市中医院工作，先后任内儿科主任、门诊部副主任、工会主席等职。1987 年，晋升为主治医师。1991 年，晋升为副主任医师。1997 年，晋升为主任医师。1989 年至 1990 年，在湖北中医学院附属医院儿科进修。熟练应用血光电子疗法诊疗小儿肺炎中毒痢疾风湿等疾病，应用 PCR 技术，提高儿科的诊断率，在应用中药治疗甲肝乙肝呼吸道感染腹诊等方面都取得可观的疗效。1997 年 10 月退休。

焦达操

焦达操 民国三十八年（1949 年）5 月出生，土家族，恩施市盛家坝安乐屯人，中共党员，湖北民族学院副教授，副主任医师。长期从事医学教学教研工作，著有《中医十大名方》一书。1974 年至 1988 年 8 月，任恩施医专教师，组织部长，党委办公室主任。1998 年 9 月，任湖北民族学院监察处处长、工会常务副主席。2009 年 5 月退休。

向洪斋

向洪斋 1950 年 1 月出生，土家族，恩施市盛家坝下云坝人，中共党员，副主任医师，正师级退休干部。1968 年，参加中国人民解放军，任河南空军后勤部医务助理；后入西安第四军医大学、同济医院河南医学院深造。1996 年，调武汉“457”空军医院工作。对治疗泌尿系统疾病有专长，任泌尿科主任，副主任医师。先后发表医学论文 20 篇，受军区嘉奖 10 次，荣立三等功 1 次。

吴黎明

吴黎明 女，1950 年 10 月出生，侗族，湖北宣恩县人，大学本科，主任医师，恩施市中医院内三科主任。1977 年 9 月，湖北中医学院毕业，分配到恩施县白杨区卫生院任医师。1982 年 1 月，调至恩施县卫校任中医教师。1988 年 3 月，晋升主治医师。1994 年，调入恩施市中医院。1996 年 12 月，晋升副主任医师。2001 年 5 月，任市医院内三科主任。2005 年，晋升主任医师。曾任湖北中医学院中医函授兼职教授、州中高级职称评委。论文《中西医结合诊治小儿反复呼吸道感染初探》在中国现代实用医药慢性病及其急性病征诊治学术会上交流，并被编入《中国现代实用医药》。2005 年 10 月退休。

马胜昌

马胜昌 1950 年 10 月出生，土家族，恩施市沙地神堂人，大学文化，中共党员，主任医师，恩施市医院原副院长。1973 年，恩施医学专科学校毕业，分配在沙地区卫生院工作，历任副院长、院长、党支部书记等职。1988 年 8 月，任市卫生防疫站站长等。1993 年 2 月，调市医院工作，历任副院长、党委副书记、工会主席等职。1986 年，获湖北省卫生先进工作者称号。参与编著《实用流行病学》，参加中国预防医学科学院主持的国际科研合作课题《氟与硒相关性研究》。曾担任恩施州预防医学会州传染病学会常务理事，湖北省医学伦理学会委员。1995 年，晋升为副主任医师。2007 年，晋升为主任医师。2010 年 10 月退休。

周贤桂

周贤桂 女，1952 年 8 月出生，籍贯不详，大专文化，中共党员，主任医师，恩施州中心医院医生。1971 年 1 月，加入中国共产党。1971 年 2 月，在恩施医学专科学校读书。1973 年 10 月至 2015 年 12 月，在恩施州中心医院工作。主要研究课题有血液透析抢救治疗急慢性肾功能衰竭及电解质紊乱，血液灌流抢救治疗各种食物年药物年毒物，经动脉内瘘术维特性血液透析，钛轮钉吻合动静脉内瘘成形术，快速便捷血糖监测仪再临床中的应用。1976 年 11 月至 1977 年 11 月，在武汉同济医院学习。1976 年 11 月至 1977 年 11 月，在恩施医学专科学校学习。1988 年 9 月至 1989 年 2 月，在中山医科大学学习。1992 年 6 月至 1992 年 12 月，在省人民医院学习。1995 年，被四川省人民出版社录为《中华当代名人辞典》。2009 年，中华全国总工会授予全国女职工建功立业标兵。1988 年，开始创建肾病专科，开展腹膜透析，血液透析，血液灌流研究治疗急慢性肾功能衰竭，食物年约物年毒物导致的重度中毒，填补全州医疗技术空白。在临床内课杂志上发表《56 例慢性肾功能衰竭可逆因素治疗体会》（1992 年）；在中华今日医学杂志上发表《血液净化在抢救急性度中毒中的对照性研究》（2003 年）；在国家级、省级发表的论文，多次在肾脏病学术会上交流。

何俊清

何俊清 1953 年 10 月出生，土家族，恩施市盛家坝石栏人，中共党员，大学专科学历，主任医师，地方知名中医。1970 年 1 月至 1974 年 9 月，任盛家坝石栏卫生院集体医生，恩施医专学员。1976 年 9 月始，在恩施地区（州）人民医院工作，历任主治医师，医务科副科长，医务科长，门诊部主任，急诊科主任。先后在国家级省级杂志发表学术论文近 30 篇，主编和修编专业著作 10 部，主持临床科研课题四项，获湖北省重大科技成果奖。系恩施州知名中医，中华医学会会员，中华医学会疑难病专业委员会理事，中华医学月刊杂志常务编委，恩施自治州医疗事故鉴定专家库成员。享受恩施州中心医院“胡萝卜”人才激励工程津贴。

王　静

王　静 女，1957 年 6 月出生，恩施市六角亭街道人，中专文化，中国农工民工党党员，副主任护师，原恩施市中心医院东门分院副院长。1980 年 6 月，恩施县卫校毕业，分配到恩施县人民医院从事护理工作。1988 年，起先后担任外科护士长、六角门诊部护士长、东门分院总护士长、东门分院副院长等职务，曾任中华护理学会会员，当选湖北省第九届妇女代表。1992 年，晋升为主管护师。2005 年，晋升为副主任护师。2004 年，被国家人事部、卫生部、国家中医药管理局授予“全国卫生系统先进工作者”。2012 年 6 月退休。

刘家恩

刘家恩　1958年4月出生，恩施市舞阳坝街道人。医学博士，教授，北京家恩德运医院院长。1974年6月，高中毕业，在七里坪区农村插队劳动。1982年6月，湖北医科大学毕业，留校师从妇科专家田孝鲲教授读研究生。1985年，获妇产科医学硕士学位。1989年，在比利时布鲁塞尔自由大学攻读博士。1992年，在布鲁塞尔自由大学医学院生殖医学中心，任单精子注射（ICSI）实验室主任、胚胎着床遗传病诊断（PGD）实验室主任。1995年，获生物学及医学博士学位。在生殖医学领域取得重大科技成果，成为卵浆内单精子注射和胚胎着床前遗传病诊断的创始人之一。1990年，被比利时荷兰胚胎学学会授予“最佳青年科学家奖”。1993年，被美国和欧洲生殖医学协会共同授予“大西洋医学学会学术交流奖”。1998年，被美国和国际生殖与避孕年会共同授予“辅助生殖技术奖”。在国际著名学术刊物上先后发表学术研究论文78篇，并多次担任国际性学术会议主席。应邀到欧美及亚洲20多个国家和地区传授技术和讲学。2000年回国，创建并担任北京山海慧德试管婴儿中心主任。2003年，任武汉大学教授，建立具有国际先进水平的生殖与遗传技术应用和开发基地——北京家恩德运医院，为国内外患者提供不孕不育优生等系列医疗服务。

廖康恕

廖康恕　1958年6月出生，土家族，恩施市红土后塘坝人，大学文化，中共党员，国务院特殊津贴享受者，恩施州中心医院党委原书记、院长。1978年，上海医科大学医学系毕业。1996年始，先后担任恩施州人民医院副院长、恩施州民族医院党委书记、院长等职务。1998年10月，任恩施州中心医院党委书记、院长。系主任医师、肝胆外科专家、武汉大学硕士生导师，加州美国大学MBA，香港国际医学科学研究院任职教授，湖北省外科学会常委，湖北省医院管理学会副理事长，恩施州医学会副会长。从事临床医学研究20余年，先后在国家级省级杂志上发表学术论文38篇，主编及参与主编专著2部。

1996 年，被省政府授予“有突出贡献的中青年专家”称号。1999 年，享受国务院特殊津贴。2000 年度，被香港国际医学科学研究院授予“国际医学成就奖”。

黄盛兴

黄盛兴 1959 年 8 月出生，土家族，恩施市红土稻池人，中国农工民主党党员，深圳市人民医院口腔颌面外科主任，主任医师，暨南大学第二临床医学院教授，硕士研究生导师。1982 年 6 月，湖北医科大学口腔系毕业。1982 年 12 月，在湖北省恩施地区人民医院口腔科任住院医生。1988 年 6 月，华西医科大学口腔医学院硕士研究生毕业，在深圳市人民医院工作，历任主治医师、副主任医师、主任医师。1992 年，加入中国农工民主党。中华口腔医学会口腔颌面修复与重建学组成员，广东省口腔种植专委会委员，广东省口腔颌面外科专委会委员，深圳市科技专家库成员。2000 年，赴德国不莱梅港中心医院进修口腔颌面外科，并多次赴欧美参加国际学术会议。主持完成 3 项深圳市科研项目，2 项通过市级成果鉴定。

刘亚锋

刘亚锋 1959 年 11 月出生，恩施市六角亭和平街人，大学本科，主任医师，恩施市中心医院科教科主任。1982 年 3 月，恩施医学专科学校医学专业四年制本科毕业，分配到宣恩县人民医院工作。1993 年 12 月，调入恩施市人民医院。1994 年，任内二科主任。1996 年，晋升为副主任医师。2001 年，任门诊部主任。2004 年，晋升为内科主任医师。2010 年，任科教科主任。擅长感染性呼吸消化道疾病，肝病糖尿病等疾病的诊治。

杨五一

杨五一 1961 年 5 月出生，湖北云梦县人，大学本科，主任医师，恩施市中心医院创伤外科副主任。1982 年 6 月，恩施医学专科学校医学专业四年制本科毕业，分配到鹤峰县人民医院从事外科工作。1987 年，晋升外科主治医师。1994 年，任骨外科主任。1996 年，晋升外科副主任医师。1999 年 3 月，任鹤峰县人民医院院长。2000 年 10 月，任鹤峰县中心医院院长。2004 年晋升外科主任医师。2005 年调至鹤峰县卫生局任副局长。2009 年 1 月调至恩施市中心医院工作，任创伤外科副主任。系恩施市中心医院一级学科带头人。

张忠仆

张忠仆 1961 年 12 月出生，土家族，湖北来凤县人，大学文化，主任医师，恩施市中心医院科教科主任。1982 年 10 月，恩施医学专科学校医疗专业（本科）毕业。分配到来凤县大河卫生院工作。1984 年，担任副院长（主持工作）。1986 年 4 月，调入来凤县人民医院工作，担任外科主任、医务科长。1993 年 10 月至 1994 年 10 月，在首都医科大学附属宣武医院骨科进修学习。2006 年 5 月，在武汉同济医院骨科进修半年。率先在来凤县人民医院独立开展关节置换脊柱手术，填补数个手术空白，为当地骨科学术带头人。2004 年，晋升为外科主任医师。发表专业论文 10 余篇。系恩施市中心医院一级学科带头人，第十九届全国颈肩腰腿痛研究会理事，第五届湖北省中西医结合学会委员，恩施州医学会医疗事故技术鉴定专家。

邓爱民

邓爱民 1962 年 2 月出生，土家族，恩施市舞阳坝舞阳大街人，大学文化，教授，中共党员。广州军区广州总医院内分泌科主任、主任医师、教授技术五级（正师级）文职三级（大校）。1975 年 9 月，在恩施二中（现市第一中学）读书。1979 年 7 月，考入广州中山医学院。1984 年 8 月，毕业后特招入伍，分配到广州军区广州总医院工作。1984 年 9 月，任该院内分泌科住院医生。1990 年 3 月，加入中国共产党。1992 年 12 月，任内分泌科主治医生。2001 年 4 月，任该科行政副主任，主持全面工作。2003 年 12 月，任副主任兼副主任医师。2012 年 12 月，任主任兼主任医师。在核心期刊发表论文 50 余篇，获军队科技进步及医疗成果奖3项。主编专著1部，参编专著2部，参诊专著1部。兼任广东药科大学、广东中医药大学兼职教授。系广东省医学会及广州市医学会医疗事故技术鉴定专家，中国医师协会内分泌代谢科分会委员，中国人民解放军医学科学技术委员会内分泌专业委员会委员，广东省医学会内分泌学会常委，广东省内分泌代谢科医师协会常委，广州市医学会糖尿病学会副主任委员，广州军区内分泌学专业委员会副主任委员，广东省医学会骨质疏松分会副主任委员。

夏燕妮

夏燕妮 女，1963年5月出生，土家族，湖北麻城市人，硕士研究生，中共党员，主任医师，恩施市中心医院党委原副书记、副院长，湖北第三人民医院健康管理科主任兼任临床营养科主任。1984年7月，恩施医专毕业，分配到恩施芭蕉卫生院从事医疗工作。1985年9月，调入恩施市人民医院，任消化内科医生。1992年，晋升主治医师。1993年12月至1994年12月，在武汉大学人民医院进修。1999年，任恩施市中心医院院长助理。2000年，晋升为副主任医师。2001年任，恩施市中心医院副院长。2004年9月，任医院党委副书记。2006年，晋升为主任医师。恩施市中心医院一级学科带头人。2007年，在武汉大学第一临床医学院攻读临床内科学硕士学位。2007年12年，调湖北省第三人医院（湖北省中山医院）工作。系湖北省第三届消化内镜学会委员，中国医师协会内镜医师分会第一届内镜健康与体检专业委员会常务理事，中国健康管理协会理事，中华医学会健康管理分会慢病管理学组委员，中华医学会健康管理分会预防保健学组委员，吴阶平肥胖管理专业委员会委员，国家卫生部人才交流中心健康管理讲师湖北省健康管理学会常务理事湖北省健康管理学会体检与评估分会副主任委员湖北省老年医学委员会委员中华健康管理学会全科医生培训讲师国家二级健康管理师武汉市社区科普大学讲师等。曾被湖北省委、省政府授予"'抗非'突出贡献先进个人"、广州军区授予"征兵体检优秀医务工作者"等称号。

覃德荣

覃德荣 女，1963年5月出生，恩施市六角亭街道人。本科学历，中共党员，主任医师，国家二级心理咨询师，恩施市中心医院党委副书记。1982年9月，恩施医专临床医疗专业毕业，分配到恩施市爱国卫生运动委员会办公室工作。后调入恩施市中心医院工作。1993年12月，晋升为主治医师。2002年12月，晋升为副主任医师。2003年6月，取得本科学历。2004年，任院长助理，兼医务科长及麻醉科主任。2007年2月，武汉大学经济与管理学院“医院管理在职工商管理”硕士专业毕业。2007年8月，任院党委副书记。2009年3月，晋升为主任医师。系世界疼痛医师协会中国医师分会臭氧治疗专业委员会全国委员。

王在平

王在平 1964年6月出生，恩施市崔家坝中街人，大学文化，中共党员，主任医师，州中心医院党委委员、副院长。1985年11月，加入中国共产党。1986年7月，分配恩施州人民医院工作。1995年，任州人民医院麻醉科副主任。1995年，任州人民医院麻醉科主任。1998年1月，任州民族医院麻醉科主任。1998年10月，任恩施州中心医院麻醉科主任。2000年始，先后任州中心医院麻醉科主任、院长助理、院党委委员、副院长。系湖北省麻醉学会委员，恩施州麻醉学科带头人，恩施州麻醉学组组长，州医疗事故鉴定委员会委员，州司法鉴定委员会医学顾问，享受恩施州中心医院甲等人才津贴。主持恩施州首例“心脏体外循环心内直视术”“肾移植术”“腹腔镜下胆囊切除术”“腹腔镜下胃癌根治术”“直肠癌根治术”“结肠癌根治术”“腹腔镜的肾脏肿瘤切除术”“显微镜下坐位小脑肿瘤切除术”等手术麻醉工作，填补恩施州在此领域的医疗空白。撰写《参麦对休克复苏时肠黏膜NO丙二醛及钙含量的影响》等10余篇学术论文，在国家级省级刊物上发表；主编《传染病防治对策》出版发行。2004年被湖北省委、省政府授予“‘抗非’突出贡献先进个人”称号。

郑 俊

郑 俊 1964年10月出生，湖北巴东县人，中共党员，大学本科，华中科技大学、同济医学院EMBA高级研修班毕业，主任医师，恩施市中心医院党委委员、副院长。1987年6月，湖北医学院儿科系毕业，分配到恩施市人民医院从事医疗工作。1996年，晋升为主治医师。1999年，任市人民医院儿科副主任。2000年10月，任市中心医院机场分院暨儿童医院院长。2002年，晋升为副主任医师。2004年，任院长助理，兼东门分院院长、党政办公室主任及儿科主任。2007年6月，任恩施市中心医院党委委员、副院长，同年晋升为主任医师。系恩施市中心医院一级学科带头人。中国临床医药研究杂志社特邀编委。

谢永煌

谢永煌 1964年12月出生，土家族，恩施市盛家坝麻茶沟人，大学文化，主任医师，恩施市中心医院泌尿外科主任，医院一级学科带头人。1983年7月，恩施医学专科学校毕业。1983年8月，任恩施市盛家坝卫生院医师副院长。1992年5月，调恩施市中医院任医生外科主任。1999年9月始，任恩施市中心医院医生、东门分院外科主任、恩施市中心医院外一科主任、外四科主任、泌尿外科主任。2010年被湖北省卫生厅授予“湖北省首届百佳医生”。在普通外科、泌尿外科、现代微创腔镜外科领域完成甲状腺癌根治、肝叶切除、胆肠吻合术等数千例传统开放手术。在现代泌外方面成功开展（后）腹腔镜下输尿管切开取石术、经尿道膀胱肿瘤电切术、后腹腔镜肾囊肿去顶术等28项新业务。

王昌俊

王昌俊 1966年5月出生，恩施市三岔莲花池人，博士研究生，有突出贡献青年专家，广州中医药大学第一附属医院消化科副主任医师。1984年6月，湖北民族学院医学院毕业。1989 年 9 月，在湖北中医学院攻读硕士学位。1992 年，任湖北中医学院附属医院急诊科主治医师。1995 年 9 月，在上海中医药大学攻读博士研究生。1998 年，任广州市中医院肿瘤科副主任医师。2003 年 12 月，到广州中医药大学从事博士后研究工作，任第一附属医院消化科副主任医师。长期从事中医临床、科研、教学工作，具有丰富的临床经验，擅长治疗各类肿瘤，肝胆、胃肠系统疑难病症。先后荣获部级成果奖 1 项，厅局级成果奖 4 项。主持并完成中国博士后科学基金等各级科研课题 5 项。出版《现代肿瘤治疗药物学》（副主编）等著作 7 部，发表医学论文 50 余篇。系广东省中医药学会疑难病专业委员会常务委员，广东省医学会肝病学会中青年委员，广东省中西医结合学会中青年委员会常务委员。

张家耀

张家耀　1966 年 9 月出生，土家族，恩施市新塘龚家坪人，中共党员，研究生学历，医学硕士，恩施州中心医院肝胆外科主任。1983 年 9 月，在湖北医学院学习。1988 年 7 月，任州人民医院医师。1991 年 9 月，就读暨南大学研究生。1994 年 7 月始，在恩施州中心医院普外科副主任、肝胆外科主任。享受恩施州中心医院甲等“胡萝卜”人才津贴。从事普通外科临床工作 20 余年，擅长普通外科各种疾病的诊断治疗，对肝胆胰脾胃肠血管外科及各类肿瘤腹腔镜的应用均有较高造诣。在国家级及省级以上医学期刊发表专业论文 20 余篇。担任《中华临床医学实践杂志》《中华现代外科学杂志》《湖北民族学院学报（医学版）》等杂志编委。

尹应雄

尹应雄　1967 年 10 月出生，恩施市沐抚营上村人，大学本科，华中科技大学同济医学院 EMBA 高级研修班毕业，中共党员，主任医师，市中心医院副院长。1991 年 6 月，湖北中医学院骨伤专业毕业，分配到恩施市中心医院外科工作。1996 年，晋升为主治医师。2001 年 12 月，晋升为副主任医师。历任市中心医院外二科副主任、主任。2004 年 10 月，任市中心医院副院长。2009

年，晋升为主任医师。系恩施市中心医院一级学科带头人。2003 年6 月，率先在全州开展高位颈髓肿瘤切除术，填补恩施自治州在该领域上的空白。

张银高

张银高 1968 年8 月出生，恩施市盛家坝桅杆堡人，研究生学历，硕士学位，湖北民族学附属医院副院长、教授。1989 年6 月，湖北医科大学临床医疗系（本科）毕业。1989 年8 月至1995 年7 月，在湖北民族学院附属医院任外科医生。1995 年6 月，湖北医科大学研究生毕业，获硕士学位，先后任湖北民族学附属医院外科副主任、泌尿外科主任、临床医药研究所所长、副院长。系湖北民族学院学术骨干。从事泌尿外科及男科工作15 年，对泌尿系疾病和男科疾病有丰富的治疗经验。多次开展肾移植、全膀胱切除加肠代膀胱等高难度手术。曾在澳大利亚进修学习，在广州军区武汉总医院进修学习肾移植技术。在《中华外科杂志》和《中华实验外科杂志》上发表论文两篇，在省级杂志上发表论文14 篇，主持完成省级科研课题2 项。

阮珍义

阮珍义 1968 年9 月出生，恩施市三岔乡人，大学本科，中共党员，华中科技大学同济医学院 EMBA 硕士，主任医师，恩施市中心医院副院长。1991 年7 月，湖北中医学院骨伤专业毕业，分配到恩施市中医院外科工作。1993 年，在恩施州人民医院进修。1996 年，晋升为主治医师。2000 年，在广州军区武汉总医院神经外科进修。2002 年，晋升神经外科副主任医师。2003 年，任外二科副主任。2004 年，任医务科主任。2005 年，任外二科主任。2006 年，任外三科主任。2008 年3 月，兼任医务科副主任职务，主持医务科工作。2009 年，晋升神经外科主任医师，先后担任东门分院副院长、院长。2009 年9 月，任崔坝分院副院长。2010 年3 月，任恩施市中心医院副院长。2011 年10 月，完成华中科技大学同济医学院 EMHA 研修班学习并结业。系恩施市中心医院一级学科带头人。

李　敏

李　敏　女，1968年12月出生，恩施市崔家坝中街人，中共党员，大学本科学历，主任药师，恩施市中心医院药剂科主任。1990年7月，湖北中医学院中药系毕业，分配到湖北省恩施市中心医院工作。1996年，晋升为主管药师。2002年，晋升为副主任药师。2009年，晋升为主任药师。2003年，取得国家执业药师资格。2000年5月，任恩施市中心医院药剂科主任。2009年1月，任市中心医院经管办主任。2016年1月，任市中心医院药剂科主任。主要从事药品质量管理、临床药学医、院药事管理工作。主持编写《医院药剂科工作规范》，完成医院基本用药目录和农村合作医疗用药目录的编制，先后发表多篇学术论文，参加《半夏厚朴汤加味治疗海洛因依赖戒断症状的研究》科研课题获湖北省重大科学技术成果奖。

肖体现

肖体现　1969年3月出生，土家族，湖北咸丰县人，本科学历，中共党员，主任医师，恩施市中心医院东门分院外科主任。1990年6月，恩施医学专科学校临床医学专业毕业，分配到恩施市芭蕉区卫生院工作，历任该院住院部主任、副院长、院长。1998年，晋升主治医师。2000年，调入恩施市中心医院。2004年，任外一科副主任。2005年，在华中科技大学附属同济医院普外科进修（1年）。2008年，任东门分院外科主任。2009年，晋升副主任医师。2011年，在南方医科大学附属南方医院普外科进修胃肠微创外科（半年）。2013年，任恩施市中心医院普外科小儿外科主任。系恩施市中心医院一级学科带头人、湖北省肝胆疾病学会委员、湖北省抗癌协会大肠癌专业委员委员。擅长各种胃肠及胆道恶性肿瘤甲状腺疾病乳腺癌肛肠痔瘘疾病的手术治疗，2011年以来在胃肠肿瘤及胆道疾病的腹腔镜外科手术治疗方面走在全州前列。2010年，以副主编身份参编《新编实用临床医学》。2012年，主编《实用当代临床诊疗医学——普通外科学》。在省级核心期刊发表论文18篇。

蔡秀华

蔡秀华 1972年12月出生，土家族，恩施市沙地黄广田人，中共党员，大学本科，医学学士学位，市中心医院骨外科主任、骨科主任医师。1987年9月，就读于恩施市第一中学。1990年9月，就读于湖北中医学院骨伤系，本科毕业，获医学学士学位。1995年12月，分配到恩施市中心医院骨科工作。2000年12月，晋升为骨科主治医师。2005年12月，晋升为骨科副主任医师。2012年11月，晋升为骨科主任医师。系市中心医院一级学科带头人。曾在广州军区武汉总医院骨科、北京大学第三院骨科、南方医科大学南方医院脊柱骨科、武汉同济医院骨科进修学习。在创伤骨科脊柱外科关节外科等方面积累有较丰富的诊治经验。在国家级省级专业杂志上发表专业论文10余篇，参与或主持省级科研项目多项。

陈　玥

陈　玥 女，土家族，1975年2月出生，恩施市六角亭胜利街人，硕士研究生，中共党员。1998年7月，同济医科大学毕业，获医学学士学位。同年入伍，任解放军第161医院（武汉）儿科住院医师。2005年6月，人民解放军第一军医大学毕业，获医学硕士学位。2004年6月，任第161医院儿科主治医师。2008年5月，调解放军第421医院（广州）儿科。2009年带领科室成立新生儿科，填补该医院此项医疗空白，荣立三等功1次。2010年5月，加入中国共产党，同时被任命为解放军第421医院儿科行政副主任。2012年，获广州军区联勤部21分部嘉奖，授予优秀党员称号，被选为军区21分部第11次党代会代表。2014年12月，晋技术8级（正团）。2015年6月，晋文职4级（上校衔）。先后在《生命科学研究》《解放军医学杂志》《中国新药杂志》《第一军医大学学报》等期刊上发表医学论文10余篇。参与编撰《新生儿诊疗技术进展》《儿科急症救治临床指引》专著两本，翻译《WHO儿科常见疾病指南》专著1本。被聘为中国医师协会新生儿专业委员会营养专业委员、广东省康复医学会作业治疗组组委。2014年3月，参与《国内首例X-连锁淋巴细胞增生症诊断及基因检测方法研究》项目，获广州军区医疗成果三等奖。

七、文学艺术界人物

金如斋

金如斋（1905—1959 年）　原名金人和，恩施县城关镇南正街人。恩施县文化馆首任馆长、政协恩施县第一届委员会常务委员，地方知名文化人士。幼年入私塾读书 3 年，农业小学读书 2 年，后因家贫辍学，随父做厨工。潜心书法绘画研究，自学成才。抗日战争时期，与江南入施避难的工艺名师交游，颇得“苏扎”“苏裱”之法，所扎珍禽异兽，栩栩如生。民国三十二年（1943 年），师从恩施籍国画家姚应钊，专攻丹青山水，深得其传。民国三十五年（1946 年），应聘为湖北省立育幼院美术教师。新中国成立后，出任恩施县文化馆首任馆长。其间，经县政府保送入省立艺术学院深造。任职期间，创建图书馆和阅览室，集有新旧图书万余册，向名家故友征集文献、文物、字画、碑帖、印章 300 余件，不乏珍品。组建南剧团，整理并改革南剧，成功移植京剧《打渔杀家》《九件衣》等剧目。发掘整理地方民间传统戏曲木偶、皮影、傩戏、道情扬琴、莲湘及民歌、民乐、民间乐谱等，对傩戏《姜女下池》灯戏《雪山放羊》等进行修订。坚持带领剧团上山下乡为群众演出。数次率南剧演出团参加地、省、中南地区和首都戏曲会演，获得好评。《雪山放羊》剧本被编入《中国戏曲集成》。1957 年，调恩施专署文教局工作。1959 年 9 月，负责筹办地、县庆祝新中国成立 10 周年大典和专区 10 年建设成就展览会。因夜以继日连续工作 20 余日，积劳成疾，10 月 1 日于恩施病逝，终年 54 岁。

王隆钊

王隆钊（1916—1971 年）　恩施县城关镇南门人。幼年时家庭贫困，仅读 3 年私塾便辍学在家。青年时期学习说唱技艺。民国二十五年（1936 年），开始入堂表演。新中国成立后，王隆钊进入县文化馆工作，为民间文艺创作干部。凡下乡必带大鼓、渔鼓、三才板行头，哪里有群众，就在哪里“划地为台”演唱。一生笔耕不辍，创作大量文艺演唱作品，长篇鼓词《母女俩》，被北京《曲艺》杂志刊载；三才板专辑《播种船》《聚宝盆》等，由湖北人民出版社出版。先后在国家、省、地各级报刊上发表10余个剧本、300余首民歌、120余篇曲艺段子，作品源自亲身经历和感受，主题鲜明，地方特色浓厚，尤以丰富的语言和生动的形象见长，为群众所喜爱，被人称为“隆钊文艺”。1971年因病逝世，终年55岁。

蔡学让

蔡学让（1932—1997年） 湖南华容县人。恩施市文化馆原馆长，地方文化名人。1951年3月，在沔阳军分区636团政治处工作。1952年8月，湖北省军区干部文化学校学习。1955年6月，在恩施县白果区供销社工作。1958年3月，任恩施县白杨区文化站站长。1959年10月，任《清江报》社编辑。1961年10月，任恩施县文化馆创作员。1970年1月，下放到白果区两河乡务农。1975年3月，任白果区文化站站长。1981年9月，任恩施市文化馆馆长。1992年1月退休。一生致力于民族民间文化的挖掘整理。主持编撰《恩施市民间故事集》《恩施市歌谣集》《恩施市民间谚语集》《鄂西民间歌谣集》。发表多篇文艺论文，其中论文《我爱土家太阳排》荣获全国第二届报纸副刊文艺评论优秀作品奖。1987年，荣获湖北省“屈原文艺奖”三等奖。1988年，受到文化部和国家民委联合表彰。1991年7月，获“全国民间文学集成先进工作者”称号。1991年10月，省委宣传部、省文化厅授予其“民间文学屈原奖”一等奖。1991年12月，省人事厅省、文化厅授予其“全省文化系统模范工作者”称号。1997年因病逝世，享年65岁。

廖康清

廖康清（1936—2001年） 原名廖柱石，土家族，恩施市舞阳坝阳鹊坝人，大学文化，地方文化知名人士。1955年参加工作，先后在恩施屯堡、金子坝中学任教。1985年，调舞阳坝教育站任副站长。1988年，调恩施自治州地方志办公室，专门从事史志研究，是恩施州地方志初稿主要撰稿人之一。曾任全国少数民族美学研究学会会员，湖北省民族研究学会会员，湖北省民间文学艺术家协会会员，省地方志学会会员，鄂西语文学会副秘书长。主要成果专著有《鄂西民俗》《土家族民俗方言探微》《康清诗文集》；参编有《汉语同韵大词典》（任副主编），《州城事至丛话》《鄂西古今人物录》《中学生作文写作辅导》《成人高考语文指南》《赤土春色至老区新貌》；论文有《初中生作文两级分化的防治》《汉字与汉字的教学》《从土家族食俗谈鄂西旅游经济开发的战略设想》《从恩施城镇建设看恩施市向中等城市迈进的前景》；报告文学专辑有《辉煌十月》。获省级奖的作品有《我站在祖国地图前至改革形势一瞥》《昼夜现象告诉我们什么》《太平天国翼王石达开转战土家族地区评述》（合著）《土家族食俗与巴楚文化》；获中国作家协会新时期创造研讨会大赛银奖的作品有《土家族民情风俗审美散论》。担任过歌舞剧《土家婚礼》民俗顾问，该剧获全国“民族婚俗”调演金奖；参与电视剧《板党之乡》《走进大山》《文明之花别样红》创作；雕塑书画作品多次参加省展。2001 年 12 月因病逝世，享年 65 岁。

廖南山

廖南山（1928—2002 年）　恩施市白杨坪洞下槽人，小学文化，无党派人士，恩施州民间艺术大师。10 岁开始学折子戏，民国二十九年（1940 年），拜蒋吉安为师学木偶戏。民国三十六年（1947 年）出师，与师叔胡小街在龙凤坝杨海桃戏班唱戏。民国三十七年（1948 年）一月，给新任恩宜师管区司令伍兰如演出《四进士》，得到赏识，名气红遍恩施。同年 6 月，到洞下槽唱皮影戏，学灯戏，并在唐世东家入赘。1953 年，被聘为恩施县白杨文化站辅导教师。1955 年秋组建灯戏班，代表恩施县到武汉演《雪山放羊》获创作奖、表演奖，剧本内容选登在《湖北文艺》杂志上。1956 年秋，与唐世东，谭朝绪参加中南局戏剧观摩演出大会演出《苦中贤》获奖，受到邓小平、贺龙等中央领导人的接见。1958 年春，到武汉学习曲艺表演。学习结束后，回乡任白杨文化站站长。1959 年撰写《灯戏如何发展》一文发表在《恩施报》上。1961 年调恩施县文化馆工作。1962 年“精简”回乡后，1979 年复出，组队演出灯戏。廖倾其毕生精力，为恩施灯戏的传承与发展做出重大贡献，系恩施州民间艺术大师。2002 年因病逝世，享年 74 岁。

陈 航

陈 航（1964—2003 年） 土家族，恩施市板桥镇大木人，大专文化，中共党员。中国少数民族作家协会理事、湖北省作家协会会员、土家族诗人。1982 年 5 月，参加工作，在板桥供销社任会计。1990 年，调恩施市文化局工作，任办公室主任。1986 年始，陈开始从事文学创作，先后在《人民文学》《诗刊》《中国作家》《民族文学》《青年文学》《星星诗刊》《诗歌月刊》《长江文学》《芳草》、新加坡《海峡试刊》、香港《华人试刊》、台湾《葡萄园试刊》等刊物发表诗歌诗词作品 1500 余首，小说 10 余万字，获各种诗刊诗词大赛奖 100 余次。其作品收入《中国当代诗选》等读本，名录收入《中国当代青年作家名典》《湖北作家辞典》等典籍。著有诗集《山情》《爱神的眼眸》。2003 年 6 月因病逝世，终年 39 岁。

谭学朝

谭学朝（1926—2006 年） 艺名朝神，土家族，恩施市三岔鸦沐羽人，恩施州民间艺术大师。民国二十六年（1937 年）师从恩施著名傩戏艺人廖明池学艺，师傅看其聪慧好学，亦将傩面具技艺一并传授给他，成为“恩施傩戏”第 27 代传人，法号谭法一。民国三十八年（1949 年）被抓壮丁。1950 年回家务农。1953 年担任三岔区大和平乡文教卫生员。1955 年始，在家务农，农闲时表演傩戏傩祭。1979 年被恩施县三岔文化站聘用，担任出纳和民间艺术传承工作。1986 年当选为三岔区民间艺人协会会长。是一名难得的多才多艺民间艺术大师，精通“恩施傩戏”“恩施灯戏”“恩施莲湘”“恩施文耍耍”“恩施傩戏面具制作”多门民间艺术。先后制作傩戏面具 250 余件，其中部分为恩施州博物馆、湖北民院地方资料馆收藏。1987 年制作的 10 块面具参加全国首届民间艺术节。随后，由国家文化部选出“判官”“二郎神”“开山大将”“斗口灵官”4 块傩戏面具到西欧 16 国巡回展出。1993 年，组织师兄师弟 13

人历时两个月协助湖北民族学院完成恩施傩戏二十四堂法事全部资料的录制工作，为恩施研究非遗文化遗产恩施傩戏留下珍贵资料。1993 年至 2006 年，多次应邀进央视录制节目。多次接待中央民族大学、中央音乐学院，美国、日本、韩国、法国等国内外专家、教授、学者的造访。国家文化部副部长、我国著名文学家艺术评论家冯牧先生，在三岔文化站观看其表演和制作的面具时，曾挥毫题字“祖国民族文化的瑰宝”。2006 年因病逝世，享年 80 岁。

张汉卿

张汉卿（1944—2008 年） 土家族，恩施市红土稻池人，大学文化，中共党员，恩施市文联原副主席，地方知名文化人士。1970 年 7 月，武汉师范学院中文系毕业。1970 年 8 月，在恩施市文工团工作。1983 年 8 月至 2003 年 12 月，任市文化局副局长。其间曾任恩施市文联副主席。系中国少数民族音乐学会理事，亚太民族音乐学会会员，湖北省音乐家协会理论委员会委员，省音乐家协会少数民族音乐委员会常务副主任，恩施州音协副主席。从事土家族民间文艺研究多年，在《音乐研究》《民族文学》等发表论文散文多篇。参与编辑《中国民间歌曲集成·湖北卷》，参与创作拍摄风光艺术片《春满清江》，策划并撰写《抗日战争时期湖北省临时省会恩施文化风云录》等。曾发起并组织全国首届巴文化研讨会，首届土家音乐学术研讨会。2008 年 10 月因病逝世，享年 64 岁。

唐清顺

唐清顺（1945—2010 年） 恩施市屯堡石场坝人，曾供职于恩施市文化馆，地方文化名人。20 世纪 60 年代初，就读于恩施县大山顶约中，因家庭变故辍学，后随屯堡南戏团团长熊道权学习戏曲。1970 年至 1971 年，为屯堡公社晨光大队毛泽东思想宣传队骨干成员。1972 年，到屯堡联合公社广播站，任文艺专干。1978 年，调恩施县文化馆革命创作组，历任恩施县文化馆民族艺术科科长、文化馆副馆长、馆长，恩施市文化馆馆长。1989 年，调恩施市民贸局工作。2005 年退休。一生致力于民间文艺工作，对恩施民间文艺的搜集整理传承保护和编纂创作作出贡献。80 年代中期，创作恩施要要《女儿会》获湖北省第三届百花书会二等奖；曲艺作品《糊涂官断案》获湖北省第四届百花书会金奖；创作的恩施扬琴《爱的火花》获第三届全国少数民族曲艺展演最佳作品奖和表演二等奖；参与搜集整理的曲艺“恩施扬琴”2007 年被省人民政府公布为湖北省第一批非遗保护名录，并入选第二批国家级非遗保护名录。创作整理恩施灯戏被《中国戏曲·曲艺词典》条目收录。2010 年 2 月因病逝世，享年 65 岁。

孙邦固

孙邦固（1941—2012 年） 恩施市六角亭解放路人，大学文化，国家一级作曲家，国家级非物质文化遗产恩施扬琴省级传承人。1959 年 4 月，恩施师范学校毕业，开始从事文化艺术工作。1987 年，加入中国音乐家协会，为中国音乐家协会会员、中国曲艺音乐学会会员、湖北省音乐家协会理事、湖北省曲艺家协会会员、湖北省戏剧家协会会员等。长期从事作曲、指挥、器乐演奏和电视音乐作曲、编辑、制作工作。先后担任恩施自治州歌舞团团长、州文化局艺术创作研究室主任、恩施电视台文艺部主任、州文学艺术界联合会副主席。1995 年，赴中央音乐学院学习音乐电脑，开创恩施州电脑音乐创作的先河。一生创作歌剧、歌舞剧、曲艺、舞蹈、歌曲、器乐曲及电视音乐作品 500 余件，大部分作品由省、州专业及业余文艺团体上演，100 多件音乐作品由省级以上刊物刊载，或由省级以上电台电视台播放，并发表音乐论文多篇。30 余件作品获国家级省级大奖，其中混声三重唱《木叶情歌》1986 年获全国音乐舞蹈比赛创作三等奖；曲艺音乐《巴将军》1988 年获全国曲艺电视比赛音乐创作优秀奖；舞蹈音乐《火塘》1990 年获全国舞蹈比赛音乐创作二等奖；歌曲《敬你一碗酒》1996 年获中国音乐家协会等单位举办的“世纪之声”全国歌曲大赛银奖。曾参与《中国民间歌曲集成·湖北卷》《中国民间器乐集成·湖北卷》《中国曲艺音乐集成·湖北卷》《中国曲艺志·湖北卷》等编撰工作，并著有专著《恩施扬琴》。其小传入《中国音乐家辞典》《中国文艺家传记》《中国曲艺家辞典》等。2001 年 8 月退休。2012 年 11 月因病在北京逝世，享年 72 岁。

辛克靖

辛克靖（1934—2012 年） 四川广安县人，大学文化，恩施县文化馆原创作员。系中国美术家协会会员、世界艺术家协会理事、湖北省美术家协会理事、恩施州美术家协会主席。1956 年，华中师范大学美术系毕业，留校任教。1958 年，主动申请支援边远山区文化建设，调恩施县文化馆从事群众美术工作。1971 年，调恩施报社任美术编辑。1979 年，调恩施州文化局工作。1985 年，调回武汉城建学院任美术教。1994 年退休。代表作《万丈天涧送飞泉》《革命家史代代传》分别参加建国十周年全国美展和 1964 年全国美展，并选送出国展览。发表并出版美术作品近千幅，多次参加全国及国际美术作品展览，获金、银、铜及优秀奖多次。部分美术作品和论文被《世界美术集》（中国卷）、《中国美术选集》《中国建筑》（英文版）、《中国报道》（世界语）、《中国文学》（英语法语）等画册收编或刊物发表。出版有《中国古建筑装饰图案》（与夫人李静淑合作）《民族建筑线描艺术》《中国少数民族建筑艺术画集》和《辛克靖山水画作品选》等画集。新华社《中国建设报》《人民日报》海外版、中央电视台、湖北电视台等多家新闻谋体对他进行专题介绍及拍摄专题片，其传略入编《当代世界名人传》（中国卷）等多部典籍。2012 年因病逝世，享年 78 岁。

黄应柏

黄应柏（1941—2013 年） 笔名柏戈，民国三十年（1941 年），恩施市舞阳坝五峰山人，土家族，中共党员，副研究馆员，恩施市文化馆原馆长。中国少数民族音乐学会会员，湖北省音乐家协会会员，恩施州曲艺家协会副主席。地方知名音乐人士。1961 年，恩施地区师范毕业。1965 年，调入市文工团，历任乐队指挥、作曲、副团长。1974 年，在湖北艺术学院（现武汉音乐学院）作曲系进修。1978 年，任恩施市文艺创作组组长。1981 年，任市文化馆副馆长。1984 年，任市文化局艺术股股长。1988 年，任市文化馆馆长。2001 年退休。长期从事本土名族民间音乐的收集、整理、研究及创作，成果显著。编曲三才版《取名》获文化部第十一届“群星奖”优秀奖、第二届全国少数民族曲艺展演“最佳作品奖”；土家小曲表演唱《茶山春》恩施扬琴《爱的火花》恩施竹琴《女人不讲理》分别荣获第二届、第三届、第四届全国少数民族曲艺展演“三等奖”“最佳作品奖”“一等奖”；耍耍《担水》获第五届全国“四进社区”文艺展演银奖；恩施扬琴《镇船石》获第十届中国艺术节曲艺门类“群星奖”。主持完成《恩施市民间音乐集成》《恩施市民间舞蹈集成》《恩施市民间器乐集成》《恩施市民间曲艺集成》《恩施市民间文学集成》五大集成编撰工作。收集整理的“恩施耍耍”“恩施傩舞”“恩施灯戏”，分别入选《中国民间舞蹈集成年湖北卷》《中国民间戏曲音乐集成年湖北卷》。与程仕政合著的《恩施灯戏》，由湖北人民出版社公开出版发行。2006 年至 2012 年，先后承担“恩施傩戏”“恩施灯戏”“恩施耍耍”等 10 多项国家级、省级非遗保护名录的音乐整理工作，为恩施市的非物质文化遗产的保护与传承做出贡献。2013 年 8 月逝世，享年 72 岁。

蔡元亨

蔡元亨（1938—2013 年） 恩施市六角亭解放路人，教师，土家文化学者。恩施州文艺理论家协会原名誉主席，湖北民族学院南方少数民族研究中心兼职研究员。1985 年，开始研究土家文化，其学术研究文章先后在中央民族大学、华中科技大学、中南民族大学、湖北民族学院等高校学报和土家学刊楚俗研究等刊物发表，约计 30 万字。2001 年，所著《大魂之音：巴人精神秘史》由中央民族大学出版社出版，深受专家好评，荣获“湖北省第五届文艺（理论）明星奖”和 2001 年度州“五个一工程奖”。在文艺创作和思想理论研究方面效果显著，撰写的《南方你好 · 土家人打工生活纪实（系列)》在《恩施日报》连载。自 1997 年 3 月始，为《恩施日报 · 周末》所辟独家专栏撰稿 120 多篇，呼唤理性消费，社会反响强烈。之后与谭笑联合推出思想评论专辑《行为理性 · 夜雨（101 年)》。全书 101 篇文章，陆续在《恩施日报 · 周末》上发表。2007 年，完成长篇小说《大峡谷》（80 万字），在《恩施晚报》连载。该报同时以专栏形式连续刊发蔡撰写的《土家财神王百万》40 多期约 10 万多字。2012 年，完成长篇小说《逃城》（80 万字），在《恩施晚报》连载。

记实文学《老城旧事》《古城轶事》在《恩施日报》《恩施晚报》连载。蔡尤善词赋，先后撰写《恩施赋》《天路大赋》《清江源赋》《恩施大峡谷赋》等10余篇，铭文勒石。长期致力于学术研究和文艺创作，为弘扬和传播土家文化作出不懈的努力。省内外专家对他的评语是："蔡元亨同志身居山里而眼观天下，研究土家而独具慧眼，充满着热情执著与智慧，令人尊敬，值得肯定。"2013年4月因病逝世，享年75岁。

蒋品三

蒋品三（1921—2013年）　恩施市红土漆树坪人，国家级非遗项目恩施傩戏国家级代表性传承人。13岁随父蒋汉卿学习傩愿戏。18岁时，就能正式扮角演出。20岁后，便陆续参加红土、石窑11个傩坛的演出活动。1957年，牵头组建班子演出傩愿戏，频繁活跃在恩施、建始、宣恩、鹤峰四县周边地区。同年，与邓超群、梅云卿等，前往武汉参加全省民间文艺演出，演出傩愿戏《姜女下池》荣获二等奖。1958年，带队参加恩施专区举办的大型文艺演出，将傩愿戏再次搬上大舞台。20世纪80年代初，牵头组建漆树坪傩愿戏演艺班子，年均演出60余场次。2007年8月，被恩施州人民政府命名为民间艺术大师。2009年，被授予国家级非物质文化遗产项目恩施傩戏国家级代表性传承人称号。傩戏技艺精湛，主要剧目有《鲍家庄》《反五关》《青家庄》《打金银》以及《王货郎卖货》《瞧像》《小说媒》《打土地》《王瞎子闹店》《南山耕田》《白旗扫台》《修造》等。2013年11月因病逝世，享年92岁。

田玉先

田玉先（1939—2014年）　恩施市三岔鸦沐羽人，初中文化，务农，恩施州民间艺术大师。自小爱好民间文艺。1968年始，学习傩戏。1986年，加入恩施市三岔区民间艺人协会，与会员一起走乡串户演出民间舞蹈和民间戏剧。1990年5月，拜傩戏大师谭学朝为师学习傩戏。1992年，顺利为师"渡职"。2006年，成立"恩施市三岔乡傩戏传承表演队"，平均每年表演100场以上，受到广大群众的欢迎和喜爱。至2015年，表演队已有队员100多人，长期参与表演的有20多人。2011年，田组织人员将傩戏单行剧《大开山》从剧本唱腔到曲谱等内容挖掘整理。2010年6月，被恩施州人民政府公布为国家级非物质文化遗产项目恩施傩戏州级代表性传承人，翌年被恩施州人民政府命名为“民间艺术大师”。2014年8月因病逝世，享年75岁。

马识途

马识途 原名马千木，民国四年（1915年）1月出生，四川忠县人，中共党员，大学文化，四川省文联作协原主席，全国人大代表。抗日战争时期曾和妻子刘惠馨在恩施从事地下斗争。抗日战争前在南京中央大学工学院学习。民国二十七年（1938年）加入中国过共产党，长期从事党的组织宣传工作。民国三十年（1941年）到昆明西南联大中文系学习，民国三十四（1945年）毕业。民国三十八年（1949年）以后主要从事党的宣传工作，利用业余时间进行创作。1960年在《四川文艺》上发表短篇小说《老三姐》，以鲜明的人物形象和细腻的笔触引起文坛的注意。并在《人民文学》等刊物上连续发表《找红军》《接关系》《小交通员》等短篇小说。1966年出版长篇小说《清江壮歌》，小说叙述在白色恐怖年代，一个革命家庭悲欢离合的故事，这是作者根据亲身经历创作的一部小说。20世纪60年代，发表《最有办法的人》《挑女婿》等讽刺小说，批判旧社会遗留下来的腐朽思想。改革开放后创作激情奔涌，创作大量文学作品。长篇讽刺小说《夜谭十记》，以旧社会衙门里一群穷科员轮流讲故事的方式，反映旧中国千奇百怪的趣事，针砭时弊。还出版短篇小说集《找红军》，散文集《西游散记》《景行集》，长篇小说《巴蜀女杰》和《京华夜谭》等。其作品多选材于革命斗争的历史，十分注重故事性和传奇色彩，很受读者欢迎。

高承宗

高承宗 民国二十一年（1932年）3月出生，土家族，恩施市城关镇六角亭人，大专文化，中国书法家协会会员。1950年，在恩施专署工作。1952，到中国人民大学学习，毕业后留校工作，长期在校长办公室任职。幼承家学，攻读古文诗词，酷爱书法绘画，并得名师指导。数十年潜心研究书道画艺及书画理论，尤精楷行二书，其作品被国内外国大学、美术馆、社团、社会名人收藏数百件。1982 年，加入中国书法家协会。1986 年，经国家教委批准赴日本东京京都奈良等地大学及社团讲学。1996 年，在日本东京举办 3 次个人书画展，《东京新闻》《北京周报》均作报道。其作品参展多次获奖，书画生平列入《当代中国书法艺术大成》《中国美术年鉴》《中国古今书家辞典》《中国历代书法家人名大辞典》《中国书法家协会会员名鉴》等典籍，并获国内和香港国际拍卖有限公司拍卖资格。1992 年退休。

向大荣

向大荣 民国二十二年（1933 年）5 月出生，土家族，恩施市小渡船街道人，私塾九年，务农，省级非物质文化遗产项目“恩施耍耍”省级代表性传承人。14 岁学打“耍耍”，出于喜爱和天赋，更兼勤学苦练，师傅一招一式，一学就会，唱词学而不忘，跟师一年便可独立表演，而且不择角色，生旦两角均能熟练表演。为找搭档，16 岁就收同龄人潘财元为徒，从此搭配表演，主要活动于城郊乡村集镇。新中国成立之初，又收两名女徒弟，从此打破原来耍耍旦角男扮女装的模式，丰富“耍耍”表演艺术的风格。“文化大革命”期间，“耍耍”被视为“封资修”产物遭到封杀，个人也遭遇磨难，但其艺心未泯。20 世纪 80 年代初，向又邀约老同行重振旗鼓，打起“耍耍”。20 世纪 90 年代开始收徒，选定人员，精心传授，把一生所积 39 个传统唱段毫不保留地全部教于徒弟们。

向承福

向承福 民国二十二年（1933 年）8 月出生，土家族，恩施市沙地柳池人，小学文化，务农，恩施州民间艺术大师。13 岁起拜宣恩县沙道沟南戏艺人田雨清，学唱南戏唱腔表演木偶戏。1954 年，进入恩施县南剧团科班培训，在剧团中扮生角净角，有时还顶替青衣和丑角上场。后到建始县南剧团。1959 年，剧团解散，回乡务农。1980 年，沙地公社文化站组建“沙地民间木偶剧团”，与蒙怀玉等12人组班，在沙地巡回演出，并参加县（市）组织的民间文艺会演，期间带徒弟多人。1986年，率木偶剧团参加全市“三民”汇演，木偶戏《坐宫》获一等奖。2006年，领班参加全市春节“民间艺术荟萃”专场演出获金奖。现虽年过八旬，仍精心授徒，为木偶戏传承出力献策。

向开榜

向开榜 民国二十一年（1932年） 月出生，土家族，恩施市芭蕉高拱桥人，农民作家，湖北省农民作家协会会员。1958年，为芭蕉人民公社瓦屋管理区俱乐部文艺骨干，创作快板、三棒鼓、湖北大鼓、渔鼓莲香、彩莲船词曲等100多首，部分作品在省、地文艺刊物发表。创作的《毛泽东主席著作闪金光》曾在《诗刊》发表，多次参加省农民业余作者会议。1964年，以省农民作家会员的身份到北京参加全国农民业余创作会议，受到周恩来总理等中央领导接见，并合影留念。1986年至1988年，参与《恩施市民间故事集》《恩施市歌谣分册》《恩施市谚语集》搜集整理。讲述的民间故事有《接先生》《“烟先生”教学》等；讲唱民间歌谣有《采茶歌》《山歌不唱冷秋秋》《有请歌师唱起来》《老板还在睡懒觉》《高坡起屋门朝西》《情姐门前一架坡》《不见情哥带信来》《桑木扁担两头翘》《小郎不该打单身》《瞒到爹妈定终身》《一对鲤鱼腮对腮》《恋姣莫忘鸭子客》《郎唱山歌逗姐听》《十二月望郎》《五更唱古人》《颠倒歌》《隔架山来隔架崖》等。

邓玉书

邓玉书 民国三十年（1941年）8月出生，土家族，恩施市红土大河沟人，国家级非物质文化遗产项目“恩施傩戏”省级代表性传承人。1957年始，学习傩戏，先后师从傩戏艺人邓超祥、邓超海、梅云卿。1959年，登台演出。1980年牵头组建红土乡大河沟村傩戏表演团。1983年，配合文化部门完成“中国民族民间戏剧集成（湖北卷）”恩施傩戏采录任务。2006年，配合市文化部门完成“恩施傩戏”的“申遗”工作，提供大量“傩戏”珍贵资料。从艺50多年，演出傩戏2000余场，是恩施、鹤峰、建始、宣恩四县边界方圆几百里远近闻名的傩戏大师。2015 年，协助恩施市“非遗”传承保护中心将红土傩戏、三本半大戏及部分小戏整理成册。还精通锣鼓钹唢呐等各种乐器等。

汪南阶

汪南阶　民国三十一年（1942 年）12 月出生，土家族，恩施市红土大岩人，主任科员，政工师。中国少数民族作家学会会员，中国曲艺家协会湖北分会会员，湖北省作家协会会员。1956 年秋，就读于恩施县第三中学。1962 年秋高中毕业，回故乡阴坡任大队会计、共青团支部书记。1965 年秋至 1979 年冬，先后在红土民中大岩中学任教、红土公社文教组任工作员、红土公社文化站站长。1984 年 9 月始，先后任红土区委办公室主任、区委宣传委员、统战委员、纪委副书记等职。2003 年 2 月退休。1962 年始，在《中外诗星》《广西文学》《布谷鸟》《老区建设报》等 40 余家报刊发表各类文艺文学作品 600 余篇。恩施耍耍《小两口开车》在湖北省举办的“百花书会”中获优秀创作奖。《洋芋迷》《四季姐绣花》《家长会上》《夜走郧阳关》等曲艺演唱作品赴湖北省公演后，进入省电视台、省广播电台播放。其间，参加桂林、北京等地举办的文学笔会和创作经验交流会。1992 年 4 月，中国新诗讲习所授予其“优秀创作者与组织者”称号，并颁发荣誉证书。公开出版诗集《乡土恋歌》散文集《山村岁月》。其传略已辑入《中国当代艺术界名人录》《中华名流世家》等多部辞书。

何祖斌

何祖斌　民国三十二年（1943 年）2 月出生，恩施市六角亭小十街人，共产党员，大专文化，国家乒乓球队原男队教练，34 届奥地利国际乒乓球锦标赛男子单打冠军。1955 年考入恩施五中，后转入恩施二中。1958 年 12 月，由恩施专区教育局和专区体委选送湖北省乒乓球队。1961 年 10 月，调入国家乒乓球队。1962 年，天津全国优秀运动员比赛淘汰世界冠军张燮林，获单打第三名，男子双打决赛与马金豹合作战胜谭卓林、吴小明获冠军。1965 年，第二届全国运动会淘汰世界冠军徐寅生、周兰荪等知名选手，取得男单亚军。

1972年，参加第34届奥地利国际乒乓球锦标赛，获得男子单打、双打、团体三项冠军。1973年10月，任国家乒乓球队男队教练。1979年9月，任湖北省男队主教练。1982年9月，任天津市队总教练。1985年，被国家体委授予“新中国体育开拓者”勋章。2002年，国家体育总局中国乒乓球协会授予“中国乒乓球运动贡献奖”称号。2003年2月，在国家体育总局退休。

杨洪顺

杨洪顺 民国三十二年（1943年）3月出生，恩施市三岔乡三岔口人，初中文化，中共党员，省级非物质文化遗产项目“恩施三才板”省级代表性传承人。1961年，恩施八中毕业，回家务农。1961年至1972年，参加修建恩施小渡船红江石拱大桥，期间担任大桥指挥部共青团总支书记、石工连长。1972年至1973年，参加修建恩红公路，任营部宣传员。1974年至1981年，先后担任红星大队民兵连连长、大队会计、信贷员、“革委会”主任。1982年始，在三岔文化站工作，先后担任放映队队长、电影院经理、文艺创作组组长、三岔乡民间文艺家协会顾问等职务。1954年拜恩施县文化馆王隆钊为师学练三才板，从艺55年，创作三才板作品200多个，自编自导演出近3千场次。2013年4月，出版《杨洪顺恩施三才板作品选集》。

蔡章武

蔡章武 民国三十二年（1943年）8月出生，恩施市三岔乡三岔口人，大学本科，中共党员，中学语文特级教师。1963年7月，恩施高中毕业，考入武汉师范学院中文系。1968年毕业后，被分配到湖北省宣恩县沙道中学任教。1978年2月，调至宣恩中等师范学校任教。1981年，任宣恩师范教务主任。1985年，任宣恩县教师进修学校校长。1986年被评为湖北省教育系统劳动模范。1994年，任宣恩县职业技术教育中心主任。1997年获全国中等师范学校教师奖。2003年10月退休。从2007年起开始文学创作，先后出版长篇小说《五龙镇》《心向红旗坪》，诗词集《望尘集》《西贡斋赋稿》。其中《五龙镇》获恩施州第十届精神文明建设“五个一工程”奖。其诗词赋作品在全国及省级刊物上发表多篇。创作的诗词已收入《诗词家》杂志社编辑出版的《中华诗词十二家》。系中华诗词学会会员，中国楹联学会会员，中华当代文学学会会员，湖北省作家协会会员。

邓德森

邓德森　笔名邓捷、林牧，民国三十二（1943 年）11 月出生，重庆奉节县人，中共党员。恩施州作协原副主席，知名文化人士。1960 年利川三中毕业。1963 年恩施师范毕业。1981 年 8 月，武汉师院毕业。1963 年，在恩施县舞阳附小任教。1971 年，在恩施市二中任教。1986 年始，先后在市文联、市政研室、市委宣传部、市政协工作。1997 年，到惠州、深圳代课。1998 年 11 月退休。在省、地报刊发表特写《高山上的“土学校”就是好》、曲艺《幸福的时刻》《让车》等百余篇。20 世纪 80 年代起在《长江文艺》《清江》等发表短篇小说《车旅轶事》《教坛志异》《业余作者》《板党王与港商》《追回的梦》等；在《新村》《党员生活》《儿童之友》发表报告文学《“朝神”》《“硒”市长》《山之魂》《为民之官》《小城“三家村”》及儿童故事百余篇。20 世纪 80 年代发表《跳得最高的独腿姑娘》《从夹缝中生长的“微型杂文”》等数十篇文章。主编《山魂》《恩施文艺》《硒都恩施》等 10 余种刊物。先后发表杂文近 300 篇。

罗德玉

罗德玉　民国三十二年（1943 年）出生，土家族，恩施市六角亭高桥坝人，著名画家，湖北省美术家协会会员，湖北楚天画院院士，恩施州美术家协会第一、二届秘书长与常务副主席。1959 年 7 月，恩施五中毕业，考入湖北艺术学院美术系附中。1961 年 8 月，在高桥坝乡红日大队和高桥坝中小学任民办教师。1975 年 8 月，选拔推荐为工农兵学员，入湖北美术学院油画系学习。1978 年 8 月毕业，分配到恩施州文化馆工作。2003 年 9 月退休。多年来致力于群众文化艺术的组织辅导培训及创作研究工作，曾主持开展全州性各种类型的群众美术创作展览、写生观摩研讨等活动。数十次参与组织征集选送作品参加全国、全省美术作品展览和五届四省边区五地（州）美术摄影作品展，曾两次获湖北省文化厅“组织奖”。先后有100多件作品在省级或国家级报刊发表或展出，其中10多件作品在省级或国家级获奖。作品《笑语滔滔》《腊月》《集日》1984年在北京民族文化宫展出，《醉归》1984年入选湖北省第六届美展并获鼓励奖，《山寨乐章》1988年入选湖北省首届油画展览，1995年入编中国国际广播出版社出版的《中国美术书法界名人名作博览》，2002年入编人民画报社编辑出版的《走向世界的中国》，作品《密林悠悠》2003入编中国国土资源部编辑出版的《全国书画艺术展优秀作品集》，并获优秀奖和“优秀艺术家”称号；作品《老人》2011年入编中国民族艺术出版社的《中国写生作品选集》并获“优秀艺术家”称号；作品《百年梦盼》2012年入选中国铁道部与中国美术家协会联合举办的《大路展》（中国美术馆展出），获银奖并被收藏；《绿色的梦》《土家妹子》《百年梦盼》分别获湖北省“楚天群星奖”第三、七、十二届优秀奖。有专著《罗德玉油画作品选集》出版发行。

黎志祥

黎志祥 民国三十二年（1943年） 月出生，恩施市六角亭胜利街人，祖籍江西省高安市，中专文化，中共党员。1964年11月应征入伍。1968年7月，调湖北省军区文艺宣传队，任宣传队党支部书记。1969年9月，调恩施军分区宣传科。1973年，调鹤峰县人民武装部。1978年8月，转业到恩施报社从事新闻摄影工作。1985年，任恩施报社摄影部副主任。先后担任恩施州摄影家协会秘书长、副会长，州新闻学会副会长，中国地、市、州盟报新闻摄影研究会理事。其简历被收录入《中国摄影家大辞典》。先后多次受命采访拍摄中央或省、部领导包括胡耀邦、赵紫阳、王任重、邹家华等党和国家领导人来恩施州视察的新闻，为恩施改革开放以来留下大量珍贵的摄影图片。从事新闻宣传工作40余年载，4000多帧新闻图片在《恩施报》上发表，300多帧图片分别被《人民日报》《光明日报》《经济日报》《湖北日报》《民族团结》等报刊采用，200多帧图片获省级和省以上的各种奖励。2003年退休。

吴法乾

吴法乾 字默之，号盲翁，民国三十三年（1944 年）12 出生，湖南株洲市人，大学文化，研究馆员，民盟盟员，恩施市文化馆原副馆长。系中国书法家协会学术委员、中华诗词学会会员，湖北省书法家协会顾问。1964 年，湖北艺术学院美术系毕业。1964 年 8 月，在宣恩县文化館工作，任美术摄影组长。1981 年 12 月，调恩施市文化馆工作。2004 年 12 月退休。师从王霞宙、张振铎、汤文选、曹立庵等名家，攻书法、中国画、书法理论研究。曾参与《书法报》湖北省书学研究会的创办组建工作。1987 年，应邀赴京主持编纂《中国书法鉴赏大辞典》，该书 1992 年获国家图书二等奖。1998 年，应邀赴台交流讲学。书画作品多次参加省级以上展览，曾在新加坡、日本、韩国、马来西亚、澳大利亚、加拿大、欧洲及中国港澳台等国家和地区巡展。2007 年，书法作品收入文化部编著的《中国文艺大家作品集》。先后发表《米芾试论》《书法艺术的本质特征》和《“巴蛇”辩》等论文 100 余篇，其中《米芾试论》《书法的意象美及其它》获湖北省社科成果一等奖。参与编撰的著作有《中国当代书法赏析》等。

孟永香

孟永香 民国十三五年（1946 年）2 月出生，土家族，恩施市白杨坪洞下槽人，小学文化，务农，恩施州民间艺术大师，国家级非物质文化遗产项目灯戏国家级代表性传承人。6 岁拜廖南山、唐世东为师学习灯戏。7 岁时就能上台打花鼓唱灯戏段子。10 岁正式登台演出。先后学会全本的《雪山放羊》《神狗打柴》《栏算》《韩湘子化斋》《裁缝偷布》等 30 多出灯戏。在近 60 年的灯戏表演生涯中，逢年过节，都要为乡亲表演灯戏。在她和一批灯戏艺人的努力下，恩施灯戏影响力日渐扩大。2011 年 6 月，为全州新农村建设现场会演出灯戏节目《建设和谐新农村》《茶山新春》。2011 年 4 月 8 日，为中央电视台《民歌中国》栏目组表演灯戏《小说媒》《洞宾点单》。2013 年表演的灯戏《雪山放羊》获省级优秀奖。

周恩高

周恩高 民国三十六年（1947 年）10 月出生，恩施市六角亭胜利街人，大专文化，中共党员，恩施市文化馆副研究馆员。系湖北省美协会员，恩施州美协副主席。1960 年，在恩施县九中读书。1964 年，在恩施地区财经干部学校读书。1965 年，在恩施县红庙供销社任营业员物价员。1976 年，在恩施县（市）供销联社任广告美术创作员及设计员。1982 年 9 月，在湖北省轻工业学院美术系进修。1986 年，调入恩施市文化馆从事美术创作及美术辅导工作。1989 年 9 月，在华中科技大学（原武汉城市建设学院绘画系）读书。2004 年，在中国科技大学首届中国画高级人才研修班研修中国山水画创作及美学理论。1991 年，任恩施市文化馆副馆长。2007 年 10 月退休。早年随辛克靖学习绘画技能，后又师从全国著名画家、美术理论家周韶华先生。自 1986 年从事美术创作以来，有数十件作品在省级、国家级展出、出版获奖及出国展出。其中山水画《彩墨家山》获湖北省第九届楚天群星奖（政府奖）银奖；《土家天街》《天佑土家》分别获得全国第五届、第六届当代中国山水画大展创新奖和优秀奖，并获评“当代山水画艺术杰出成就奖”；《土家大墊纳远风》获第七届海峡两岸书画大展百强奖；《秋染土家》获国际亚细亚美术作品展优秀奖并应邀赴韩国进行学术交流；《土家云墊图》获中国书画百幅作品香港展银奖；《天地吉祥图》入展全国政协《美丽中国生态文明建设书画展》并收藏；《土家醉秋图》《苗山苍翠图》分别被湖北省文化厅中国科技大学收藏。论文《恩施土家族傩愿戏面具试论》获国家级二等奖。历时 24 年创作的“八百里清江“长卷《大美清江》由人民美术出版社出版并向全国发行。2014 年元旦期间，《周恩高个人美术作品展》在恩施州博物馆展出。出版专著《中国优秀美术家丛书年周恩高》等。

杨官汉

杨官汉 字元阶，号翰风堂主人，民国三十六年（1947 年）11 月出生，恩施市新塘下坝人，大专文化，中共党员，恩施市文化馆原馆长。系中国国画家协会理事、湖北省美术家协会理事、恩施自治州美术家协会主席、恩施市文联副主席、恩施市美术家书法家协会主席。1987年6月，恩施师范毕业，在新塘双河中学任教。1969年，调恩施地区展览馆工作。1970年，调恩施市文化馆任专职美术干部。1984年，任市文化馆副馆长。1985年，在湖北省美术院中国画研究室进修。1986年至2005年，任市文化馆馆长。2007年11月退休。1973年创作的《深山小栈》入选《全国中国画年连环画作品展览》，并由国家选送到日本等国展出，作品被中国美术馆收藏。而后，创作的100余件中国画作品入选全国、全省及国际美术作品展览，部分作品出版发表获奖或收藏。代表作《绣荷图》《渔姑》1986年在北京展出，同年《人民日报》发表。1991年《太阳从大山升起》入选庆祝中国共产党成立70周年湖北省美术作品展，获优秀奖。《赶节》入选纪念毛泽东同志《在延安文艺座谈会上的讲话》发表60周年全国美术作品展览，获湖北展区优秀作品奖。《撒尔嗬》入选2012年湖北省首届艺术节“文化奖”优秀作品展，作品结集出版。2013年《春酣图》入选全国中国画名家学术邀请展，作品结集出版。《武陵秋山图》入选法国巴黎国际艺术沙龙展暨中法艺术名家国际学术交流展，作品结集出版。《春在枝头》等多幅花鸟山水画捐赠给中国宋庆龄基金会拍卖，救助孤寡老人残障儿童，作品结集出版。曾出版专著《中国实力派画家精品选·杨官汉》。

甘茂华

甘茂华　笔名巴蛮子，民国三十六年（1947年）出生，土家族，恩施市六角亭小十街人，大专文化，中共党员，中国作家协会会员，土家族散文家、词作家。1966年高中毕业。1968年，赴江西高安后转山西长治插队当知青。历任车间党支部副书记、党委宣传部副部长、党校副校长。1985年，山西省委党校政工干部大专班毕业。1988年，调恩施州文联工作，任编辑；后任州作家企业家联谊会秘书长，州工商银行办公室主任。1993年，调宜昌市工行工作，先后任办公室主任、宣教科长、三峡工商银行办公室副主任等职。1979年始，发表作品。出版小说集《最美丽的》1部、散文集《龙船调的故乡》《女儿寨笔记》《鄂西风情录》《火塘夜话》《守望吊脚楼》《这方水土》等8部、歌词集1部。曾获屈原文学创作奖、首届湖北文学奖、第二届湖北少数民族文学奖、第十届全国“五个一工程奖”。

焦达贤

焦达贤 民国三十七年（1948 年）7 月出生，恩施市盛家坝岩硐门人，大专文化，中共党员，原恩施市文工团书记兼团长。系中国曲艺家协会会员，湖北省曲艺家协会副主席，恩施市曲艺家协会主席。1959 年，考入恩施市汉剧团。1960 年，师从闻洪烈老师学习打击乐。1980 年，任恩施市文工团副团长。1985 年，任恩施市文工团书记兼团长。创作大型古装汉剧《双揭榜》《樊梨花》等剧目；导演大型喜剧《孝顺儿女》《七十二家房客》《张灯结彩》等大型剧目。主演曲艺节目湖北大鼓《丰收场上》、利川小曲《书记三住青松榜》《薅草锣鼓》等节目。多次担任恩施市大型节庆活动总策划、总导演、总指挥、总监督。带领剧团参加全国多种文艺汇演比赛，其中《取名》《担水》《女儿会》《爱的火花》《镇船石》《耍亲亲》《女人不讲理》等一批节目获全省、全国金银铜奖。带领剧团参加全国第四届少数民族文艺汇演，参与创作策划的大型歌舞诗剧《嗯嘎·女儿会》获表演金奖。带领剧团出席上海世博会远赴香港、澳门、澳大利亚、法国等地演出。获国家文化部颁发的全国文化“四进社区”先进个人称号。2008 年 7 月退休。

贺孝贵

贺孝贵 民国三十七年（1948 年）8 月出生，恩施市舞阳坝窑湾人，中专文化，中共党员。系湖北省民间文艺家协会会员、湖北省荆楚文化研究会理事，地方知名文史专家。1964 年 10 月，作为城市知青，下乡到恩施县芭蕉区米田公社小河大队务农。1971 年 11 月，在恩施县饮食服务公司办公室工作。1973 年 10 月，在恩施县商业科政工股与办公室工作。1978 年 9 月，在恩施县文艺创作组工作，任文学创作员。1980 年 8 月，在恩施县（市）文化馆工作，先后任文艺刊物编辑与文博干部。1984 年 5 月，在恩施市文物管理所工作，先后任副所长、所长。1985 年，被评为全国文博系统先进工作者。1987 年 6 月，调市文化局工作，任副局长兼文管所长。1988 年 10 月，任市文化局局长。

1993 年 7 月，调市委宣传部工作，任副部长，兼任科教文卫战线党委副书记、纪检书记。1997 年 4 月，调市委统战部工作，任副部长。2003 年 11 月，调政治协商会议恩施市委员会办公室工作，任主任科员。2008 年 9 月退休。20 世纪 60 年代末开始从事文艺创作，先后在《中国政协报》《中国文物报》《中国日报》《湖北日报》《湖北文艺》《布谷鸟》等报刊杂志发表文章与图片千余篇（幅），超百万字。参与编辑《恩施名人》《走进恩施》《恩施州革命遗址》等书籍，专著《历史恩施》一书由西安出版社出版发行。

张永柱

张永柱 1949 年 12 月出生，土家族，恩施市三岔乡人，大学文化，中共党员，诗人，系高级记者，湖北省作家协会会员，中国乡土诗人协会理事。1974 年，考入华中师范大学中文系。1977 年毕业后分配到恩施报社，从事编辑记者工作，历任总编室主任、总编助理。1996 年始，任州人民广播电台副台长，《楚天声屏报》社长、总编。1997 年，被授予副高职称。其作品散见于中央和省级报刊，收入 10 多部集子。诗作《腾龙洞》《面对母亲弯曲的背影》《鄂西山云》《好久没收到你的脚步声了》和《外河园》组诗等获省、州一、二等奖；散文《天下第一杉》评为全国 15 篇佳作之一；《水》被华师大作为优秀范文；《山鸟》《天下第一杉》等被《中国文学》和中新社译成多种文字。个人词条和部分作品名称列入《中国当代青年作家名典》《中国专家大辞典》《湖北作家词典》等目录。

王金海

王金海 1950 年 5 月出生，恩施市三岔乡三岔口人，高中文化，中国民主同盟盟员，恩施市图书馆原副馆长，馆员。系湖北省群众文化学会会员，恩施州民间文艺家协会副秘书长，恩施市民间文艺家协会主席。1964 年，在恩施民中读书。1969 年，在三岔红星大队下乡劳动。1971 年，在三岔中小学任教。1979 年，任三岔乡文化站站长。1997 年，任恩施市图书馆副馆长。2010 年 10 月退休。主编出版书籍《民间偏方集》和《民间食谱》。民歌《夸儿媳》获文化部中国音乐家学会“当代农民之歌”评选的创作奖。创作改编傩舞《禾多多》在中央电视台播出，后被编入电视剧《没有织完的西兰卡普》。创作改编《祭河神》《打喷火》《还阳摊》《灵堂风波》等傩戏作品，多次进京展演。体育舞蹈《草把龙》在湖北省第五届少数民族传统体育运动会中获一等奖。《土家盆鼓舞》在全国第二届中老年广场舞蹈大赛中获二等奖。先后发表《摊戏面具朝神》《女儿会初探》等5万余字论文。2003年，撰写论文《贫困山区乡镇图书馆建设试论》被收录入湖北科学技术出版社出版的《数字时代的图书馆》专著，同时被中国图书馆学会收录于《中国科技理论成果丛书》，并获《新世纪优秀学科论文》特等奖。2006年，参与编撰《湖北省中小学生优秀作文集萃》。其小传由《世界华人文学艺术界名人录》一书收录。

张同新

张同新 1951年8月出生，恩施市六角亭胜利街人，中共党员，大学文化，恩施市文化馆原馆长。系恩施州戏剧家协会副主席兼秘书长。1971年7月参加恩施县文工团工作，任演员、乐队舞台文艺创作员。1986年7月，在华中师范大学中文系汉语言文学系学习，在校期间，加入中国共产党。1989年，调入恩施市文化局工作，历任办公室主任、社会文艺科长、文化市场管理办公室主任、恩施市非物质文化遗产保护中心副主任。2011年7月退休。潜心于舞台文艺创作，共创有各类舞台文艺作品1000余篇，其中获国家级奖励8篇，省级奖11篇。恩施《土家婚俗表演》获1992年中国少数民族婚俗表演优秀节目奖；恩施民歌表演唱《茶山春》获2005年全国农村题材文艺比赛金奖；恩施三才板《取名》获2007年中国第八届艺术节曲艺决赛金奖。担任主演和艺术顾问的电视剧《山道弯弯》获2007年全国党建片评比一等奖；参与策划创作的歌舞诗剧《嗯嘎女儿会》获2012年全国少数民族文艺汇演金奖。

邓　斌

邓　斌 1952年7月出生，土家族，恩施市红土石灰窑人，大学文化，中共党员，曾供职于恩施职业技术学院巴文化研究所。系中国作家协会会员、湖北省文艺理论家协会理事、恩施州文艺理论家协会主席、恩施州巴文化研究会副会长兼秘书长。1973 年 7 月，参加教育工作，先后任教于恩施市石窑中学、鹤峰县实验中学、鹤峰县第一高级中学、恩施职业技术学院。2012 年 7 月退休。1977 年始，在报刊发表文艺作品与评论文章 1100 多篇。出版有《凉月》《雨巷》《远去的诗魂》《邓斌评论集》《巴人河》《爱与忧患》《邓斌散文选》《家事马拉松》《盐水情殇》等多部长篇文学作品与个人作品集。主编或参与主编《苍山童谣》《中国恩施》《白虎文丛》《恩施民族文化》《绿色恩施》《巴风雅韵》等 50 多种图书。曾获第六届中国人口文化奖、第八届全国少数民族文学骏马奖、中国当代最佳散文创作奖、湖北省文化精品生产突出贡献奖等。

张佑林

张佑林　1953 年 1 月出生，土家族，恩施市崔家坝老街人，大学文化程度。正高职称。1972 年 9 月，参加工作。1973 年，加入中国共产党。1972 年 9 月，在神农架林区工作。1978 年，考入郧阳师专中文系学习。1981 年 7 月，在恩施二中任教，1982 年，任恩施市人民广播电台记者，1985 年，在恩施市委办公室工作。1986 年后，在恩施日报社工作，任报社党委委员、副总编，正高职称。2013 年 1 月退休。

叶　梅

叶　梅　女，原名房广兰，祖籍山东省东阿。1953 年出生，湖北巴东县人，土家族，大学文化，中共党员。一级编剧，当代著名作家。1969 年初中毕业后，到恩施县鸦鹊区幺牌公社幸福二队插队务农。1970 年始，先后在恩施县文工团担任编剧、大提琴演奏，县文化馆担任《枫叶》刊物编辑。1987 年 6 月，湖北大学汉语言文学专业毕业，在鄂西州委宣传部工作。曾任恩施州文联副主席、建始县副县长、州文化局副局长。1993 年始，任湖北省文联《艺术与时代》刊物主编、理论研究室主任、省作协副主席、党组副书记、省政协民宗委副主任。2006 年，调任中国作协《民族文学》杂志主编。系任中国作协第八届主席团委员、中国少数民族作家学会常务副会长、中国作协少数民族文学委员会副主任、中国散文学会副会长、中国国际笔会中心副会长。一级编剧，享受国务院特殊津贴，全国“三八”红旗手。担任《民族文学》主编以来，带领全社连续创办《民族文学》蒙古文、藏文、维吾尔文、哈萨克文、朝鲜文等5种少数民族文字版本，填补中国少数民族文学的空白；并以《民族文学》为桥梁和纽带，广泛团结和凝聚全国各民族作家、翻译家，不断推出新人和精品力作，在文学界产生良好反响。1973年始，进行戏剧、小说、报告文学、散文创作，著有《撒忧的龙船河》《五月飞蛾》《最后的土司》《九种声音》《第一种爱》《大对撞》《我的西兰卡普》《朝发苍梧》《大翔凤》《穿过拉梦的河流》等作品多部。曾获得《中国作家》优秀中篇小说奖、第二届湖北文学奖、第十二届中国人口文化奖银奖、第八届全国少数民族文学创作骏马奖、第五届“冰心散文奖”等。多次担任茅盾文学奖、鲁迅文学奖、全国“五个一工程”优秀作品奖等奖项评委，担任21世纪新星丛书编委，中国新时期少数民族文学大型丛书编委。主编的《金骏马》儿童文学丛书，入选全国100种优秀图书。

杨秀武

杨秀武 1955年5月出生，苗族，恩施市红土彭家垭人，中共党员。中国作家协会会员，中国少数民族作家学会理事，湖北省作协少数民族文学工作委员会副主任，恩施州文联副主席，恩施州作协主席。1965年，在红土中小学读书。1974年回乡务农。1975年，任彭家垭小学民办教师。1978年6月，恩施师专毕业，在恩施石窑中学任教。1985年始，调鹤峰县工作，先后任县委宣传部工作员、县文联副主席、县文化局局长、县委宣传部副部长、县旅游局局长等。2015年5月退休。20世纪80年代初，开始文学创作，已在《诗刊》《中国作家》《民族文学》《十月》《散文选刊》《诗选刊》《解放军文艺》《长江文艺》《人民日报》《光明日报》等全国近百家省以上报刊发表诗歌、散文、小说、报告文学、影视文学剧本近千首（篇）。出版《清江寻梦》《巴国俪歌》《亲吻清江》《杨秀武诗选》《带着清江上路》，长篇叙事诗《东方战神》，散文集《风流地风流人》《娄水之光》《旅游恩施》等多部诗歌散文集。诗歌散文入选全国 20 多部选集，部分作品被译成蒙藏维等少数民族母语。诗集《巴国俪歌》获第四届湖北文学奖荣誉奖、第七届湖北屈原文艺奖特等奖、第九届全国少数民族文学创作“骏马奖”。《老街人脸谱》获《散文选刊》原创版 2012 年年度奖。组诗《换一种活法》获“我的中国梦”全国少数民族作家征文一等奖。《老街三题》获《长江丛刊》2014 年年度散文奖。诗集《带着清江上路》获首届湖北省少数民族文艺政府奖。

肖华林

肖华林　1956 年 4 月出生，土家族，恩施市六角亭唐井湾人，中共党员，大学文化。曾供职于恩施市教委、市委办公室、市政协办公室、州公安局。系湖北省摄影家协会会员、恩施州摄影家协会理事。2001 年学习摄影，其《罡风雅韵》《晨渔》《警营故事》《娶亲路上》等摄影作品，先后在《人民日报》《湖北日报》《中国国家地理》《中国旅游摄影报》《人民公安报》《山东画报》《湖北民族画报》《绿色恩施》等报刊、画集刊载；摄影作品《罡风雅韵》先后获全国首届“低碳中国”金镜头奖，“美丽湖北，绿色畅想”一等奖和湖北省第九届屈原文艺奖，入展山西平遥国际摄影展。

卢　建

卢　建　1956 年 6 月出生，籍贯山东省胶南市，湖北建始县人，大专学历。系中国硬笔书法家协会会员、湖北省书法家协会四届理事会理事、民盟盟员、恩施州书法家协会副主席。1974 年 9 月，恩施地区第一中学（现恩施高中）学习。1974 年 10 月，芭蕉公社胜利大队六队插队知青。1977 年 3 月，县毛巾厂从事美术设计师工作。1984 年 9 月，武汉纺织大学（前武汉纺织工学院）读书。1986 年 10 月，回到市毛巾厂继续美术设计师工作。1988 年 9 月，在恩施市总工会工作。20 世纪 70 年代末，开始书法和艺术创作实践，在国际国内各类书法大展大赛中屡获奖项。在《书法报》《中国书画报》《书法导报》《美术报》《光明日报》《中国文化报》《现代书法》等全国 300 多家报刊发表书法篆刻作品，部分作品被海外华人和国内多家博物馆收藏。1987 年 11 月，行书条幅获湖北省书法大赛佳作奖。1991 年 9 月，行书作品入展湖北省第二届书法篆刻展览。1999 年 12 月，书法作品人名辞条入编《百年经典·中国书法全集》一书。2012 年 10 月，书法作品入选中韩书法交流展。2002 年 6 月，作品获“湘楚杯”全国书画大赛三等奖，被授予“中国当代书画艺术精英”称号。2014 年 5 月，书法作品在中央数字电视书画频道节目中展播。

曾亚琼

曾亚琼 女，1957 年 12 月出生，恩施市六角亭四维街人，土家族，大学文化。系中国曲艺家协会会员，恩施州曲艺家协会副主席，州舞蹈家协会副主席。1971 年至 1986 年，在恩施市文工团担任演员，曾在楚剧《不准出生的人》话剧《救救她》汉剧《宇宙锋》《一只绣花鞋》等多个剧目中担任主演。后调入恩施市舞阳小学任专职音乐教师 18 年。2004 年，调恩施市文体局（文联）工作。2007 年，恩施耍耍《担水》获全国第三届少数民族曲艺比赛金奖，恩施扬琴《爱的火花》获银奖和最佳作品奖。2009 年、2010 年、2012 年参与创作编排的土家族民俗节目《茅古斯》《摆手舞》等分别赴澳门澳大利亚法国进行文化交流演出。2010 年，恩施竹琴《女人不讲理》获第四届全国少数民族曲艺比赛金奖。2011 年，作品歌舞诗剧《嗯嘎女儿会》获全国第四届少数民族文艺会演表演金奖及多个最佳单项奖。2013 年，舞蹈作品《耍亲亲》获第十四届楚天群星奖金奖，恩施扬琴《镇船石》获第九届湖北省屈原文艺奖，湖北省第十二届曲艺百花书会表演创作双金奖，全国第五届少数民族曲艺展演创作双金奖，中国第十届艺术节暨第十六届群星奖。

黄知培

黄知培 1958 年 11 月出生，恩施市三岔汾水人，高中文化，中共党员，湖北省非物质文化遗产“恩施耍耍”代表性传承人。1970 年，在三岔中学学习。1976 年，回乡务农。1977 年春节，拜本村知名“文耍耍”艺人王当州为师，从事“文耍耍”表演。1990 年，拜恩施州民间艺术大师谭学朝为师，学习傩戏傩舞表演。1996 年，在恩施“女儿会”上与旦角程琼搭档表演耍耍

《夫妻打的逛三岔》，荣获表演一等奖。表演“耍耍”代表作有《夫妻观灯》《夫妻拜年》《回娘家》《逛莲花》等。1996 年至 1999 年，多次进京在中央电视台、北京文化宫和全国各地重大表演活动中表演傩舞《禾多多》傩祭《还阳傩》等傩戏、傩祭代表性节目。2010 年，表演“耍耍”《回娘家》在中央五台《民歌中国·仙居恩施》栏目播出。2012 年，表演小品《趴耳朵》在恩施州戏剧小品大赛中荣获表演二等奖。2010 年 12 月，被湖北省文化厅命名为省级“非遗”项目“恩施文耍耍”代表性传承人。

黄念清

黄念清　1959 年 2 月出生，土家族，恩施市沙地楠木园人，大学本科学历，词作家，湖北省群众艺术馆馆长（正县），湖北省非物质文化遗产保护中心主任，兼任中国音乐文学学会理事，中国群文学会常务理事，省舞台艺术重点创作人员，省演艺集团艺术委员会委员。1970 年，被招录为湖北省京剧团学员，成为培训班的一名小提琴手新生。1975 年，结业留团任演凑员，正式登台演出。1980 年，调湖北省歌剧团任演奏员。1984 年，考入武汉大学中文系。1986 年毕业，回省歌舞团任党委办公室主任科员。1990 年，调入省文化厅，先后在文化厅史志办公室、科教处、艺术处、社交处从事文艺集成、志书编纂、艺术管理、群众文化活动策划组织等工作。2010 年春，任省文化厅艺术处和社交处副处长。同年 12 月，任湖北省群艺馆馆长（正县），省非物质文化遗产保护中心主任。主要代表作品有歌曲《天下第一楼》（作词），获第八届中国艺术节“群星创作奖”；男女声对唱《群星耀中华》（作词）获第十届中国艺术节“群星奖”；歌曲《古琴台》（作词）获第九届中国艺术节“群星奖”；歌舞诗剧《嗯嘎女儿会》（编剧作词）获第四届全国少数民族文艺演编剧奖；歌舞《追爱》（作词），在 2012 年央视春节联欢晚会演出。2010 年，被文化部授予全国“群文之星”。2013 年，被文化部、全国总工会评为全国文化系统“艺德标兵”，同年享受省政府专项津站。

谈焱焱

谈焱焱　原名谭元德，1960 年 1 月出生，土家族，湖北巴东水布垭人，大专文化，中共党员，副研究馆员。系中国音乐家协会会员，湖北省音乐文学学会副会长，湖北省作家协会会员，恩施州音乐家协会副主席，恩施市文联副主席，恩施市音乐家协会主席。1976 年7 月，在巴东县长冲中学初中毕业后回乡务农。1978 年 12 月应征入伍，在解放军 00519 部队新兵连新训。1979 年 1 月，任解放军 00519 部队无线电报务培训队学员。1980 年 1 月，任解放军 00515 部队司令部报务员。1984 年 10 月转为志愿兵。1985 年 1 月，任武警部队黄金第一总队司令部电台报务员。1987 年 9 月，任武警部队黄金第一总队司令部电台台长。1989 年 10 月，任中共恩施市委办公室秘书。1994 年 3 月，任恩施市文化馆群文干部。2004 年 9 月，中共湖北省委党校行管专业毕业。1997 年以来，在国家级核心期刊《词刊》《歌曲》和中央电视台发表演播作词歌曲 60 余首，为武陵山地区创作民族风情和行业形象歌词 100 多首，其中 20 余首作词歌曲拍摄 MTV。有诗集《既然你爱我》《山泉》，歌词集《穿越梦想》，DVD 歌碟《神话一线牵》出版发行。2007 年 12 月，《祝福三峡》获得湖北省“五个一工程奖”。2009 年 12 月，《三峡我心中的故园》获得湖北省“屈原文艺奖”。2009 年 12 月，《要亲亲》获得湖北“楚天群星奖”金奖。2013 年 7 月，《大山里的土家娃》获得湖北省“金编钟奖”一等奖。2014 年 8 月，《甜甜的中国梦》获得中国文联“中国梦”题材全国原创歌曲“优秀作品奖”。

张思楚

张思楚 笔名张芾，1961 年2 月出生，土家族，恩施市红土彭家垭人，大专文化，中共党员。现任恩施市档案局（馆）长史志办公室主任。系中华诗词学会会员，中国楹联学会会员，恩施州诗词楹联学会副会长。20 世纪 70 年代末，在石窑初中、高中读书。1980 年 8 月，回家务农。1984 年 12 月，招聘为国家干部，先后在红土区大河沟乡、红土区工业办公室、石灰窑区工业办公室工作。1990 年 1 月始，先后任石灰窑区委办公室主任、区委委员，兼任大河沟乡党委书记、区委宣传委员、纪委书记，石灰窑乡党委副书记。1999 年 10 月始，任龙马乡党委副书记、乡长。2001 年 3 月，任太阳河乡党委书记。1998 年 9 月，在湖北省委党校经济管理函授专科读书，获大专文凭。2004 年 1 月始，任恩施市政府办公室副主任，市旅游局党组书记、副局长，市台湾事务办公室主任。2009 年 2 月至 2015 年 12 月，任市档案局（馆）长史志办公室主任。长期致力于传统诗词文化学习与创作。到 2015 年 12 月，在《中华诗词》《湖北诗词》《东坡赤壁诗词》等报刊发表诗词作品 500 首（阕），七绝《余祥林》《徐本禹》入选《新韵三百首》（赵京战主编，中国文联出版社出版）。2010 年 8 月，个人诗词作品集《萧斋吟韵》由湖北长江出版集团湖北人民出版社出版发行。主编《游历恩施》《夷水鉴心》（多辑）《海峡情思》《中国对联集成·恩施市卷》《樊增祥诗词选》等多部专辑。在史志编纂方面，校勘出版《恩施县志》（清嘉庆·同治版合卷），主持编纂出版《恩施县志》（1840—1982 年），《恩施市志》（1983—2003 年），《中国共产党恩施市历史》（第二卷），并指导审定统筹《恩施市乡镇街道志》丛书及多部部门（专业）志等。多篇史志学术论文在省级杂志刊载。

史延兵

史延兵 1962 年 1 月出生，籍贯陕西省延安市，恩施市小渡船街道人，大学文化，中共党员，国家射击队队员，国家级运动健将。1975 年 9 月，在恩施州民族体育运动学校学习。1979 年，入选湖北省射击队步枪运动员，后调入国家射击队。1993 年，从事教练工作。曾在香港国际射击锦标赛中为中国队独揽三枚金牌，在全国运动会和全国各类重大比赛中多次获得团体赛、个人冠亚军，多次破、平全国纪录。

商守善

商守善 1962 年 6 月出生，恩施市盛家坝麻茶沟人，中国民主同盟盟员，大学本科学历，副教授。长期从事美术教学工作。1981 年至 2010 年，先后在恩施市盛家坝中小学、恩施市职教中心、湖北民族学院任美术教师。系湖北省美术家协会会员，湖北省美育研究会理事，恩施土家族苗族自治州美术家协会副主席。其国画作品在全国、省大型美术作品展览中参展获奖。著有《写尽家山——商守善山水画艺术》一书。

曾　晖

曾　晖　1962年9月出生，湖北宣恩县长潭人，土家族，中国民盟盟员，大专文化，工艺美术师。系中国摄影著作权协会会员，湖北省摄影家协会会员，恩施市摄影家协会副主席。1975年9月，在宣恩县诺西和平中学读书。1980年，宣恩县诺西村务农。1983年始，在宣恩县印刷厂、宣恩县美术公司工作，任公司经理。1990年，创办恩施市清江摄影社，任总经理。1979年始，先后在《中国摄影报》《大众摄影》等摄影报刊杂志发表摄影作品千余幅。其中《月夜》等两幅作品和《土家汉子》等8幅作品分获中国群众文化学会首届“巴风楚韵”摄影大赛二等奖三等奖（2005年）；《石磨与看家狗》获中国摄影家协会网全国巡回展银奖（2006年）；《好日子》获湖北省摄影家协会“中外摄影家看恩施”摄影大赛优秀奖（2007年）；《坚守》获湖北省第23届摄影艺术展优秀作品奖（2009年）；《观众席》获中国摄影家协会“时代杯”全国摄影大展优秀奖（2011年）；《清江博浪》获新华社“寻找土家最美乡村”全国网络摄影大赛金质作品奖（2012年）。

卢　奎

卢　奎　1963年5月出生，恩施市六角亭城区人，大学文化，国家级运动健将。1978年，进入湖北省乒乓球队。1980年，进入国家青年乒乓球队。1981年，进入国家乒乓球队。1984年，初受国家体委委派前往奥地利，任奥地利国家乒乓球教练，当年年底返回国家乒乓球队。1986年，从国家乒乓球队回到湖北省乒乓球队。1988年，任湖北乒乓球队教练。1983年，获男子乒乓球单打全国第六名，与乔红搭档获混双全国前六名。1988年，在苏联参加国际乒乓球赛获男团第一名，混双第一名。1991年，辞职下海经商。

张凤娥

张凤娥　女，1963年6月出生，土家族，恩施市红土龙角坝人，高中文化。系湖北省民族民间音乐家协会会员，恩施州民间艺术大师。幼年受父母的熏陶，开始习唱山民歌。1980 年 6 月，石窑高中毕业。1981 年，被招聘到石窑文化站从事文艺宣传工作。2001 年自谋职业。参加各种演出活动 400 余场，能演唱恩施本地民歌近 200 首，尤以五句子歌、开台歌《陪十姊妹》石窑傩戏唱腔等最为熟练。2005 年 10 月，以穿号子《一根冬竹笋》获得湖北省少数民族地区首届民歌大赛金奖，并被组委会授予“最佳女歌手”。2007 年 12 月，获文化部原生态民歌大赛优秀奖。2009 年 9 月，获山西省“庆祝新中国成立 60 周年”原生态民歌展演优秀奖。2014 年 5 月，获贵州省山民歌展演优秀歌手奖。2015 年 4 月，获广西壮族自治区“三月三”全国山歌邀请赛最佳表演奖。

谢小平

谢小平　女，1963 年 9 月出生，土家族，恩施市太阳河头茶园人，初中文化，务农，省级非物质文化遗产项目“太阳河民歌”省级代表性传承人。自小跟随母亲周春玖（原重庆文工团演员）父亲谢先美（当地傩公）学唱民歌。青少年时期，经常参加村内及周边“陪十姊妹”等民俗活动，习练民歌。2000 年始，先后受聘于太阳河梭布垭石林风景区、恩施州城“天元宾馆”、武汉南湖花园“锅加锅”餐厅、监利县“广元府”宾馆及广东海南等地企业，演唱山区民歌。2004 年至 2008 年，先后 5 次参加中央电视台《魅力十二》《民歌·中国》栏目录制民歌，演唱《六口茶》《洋芋歌》《苏州打货杭州卖》《荷包歌》《九连环》《情妹妹坐在三等岩》《帕子歌》等，宣传推介土家族文化。致力于民间文化的保护和传承，和爱人周维寿一起千方百计收集山区民歌，已收集整理山区民歌 30 多本，1000 余首。另收集整理民歌唱书 10 本，约 40 万字。

邓　荣

邓　荣　艺名妙印，1963 年 11 月出生，恩施市龙凤镇人，大专文化，独立艺人。系湖北民族民间文化艺术研究中心研究员、中央党校国际文化艺术专业委员会艺术家、湖北省美术人才培养工程国画家、恩施州美术家协会副主席。1977 年 9 月，在龙凤五七高中学习。1983 年 9 月，在福州大学工艺美术学院学习。1987 年，在恩施市油漆工艺美术厂工作，任漆艺部主任。1995 年，为独立艺人。长期致力于国画的研究和创作，成果丰硕。1986 年漆画作品《猫》入展中国美术馆，并发表于《中国工艺美术》。1992 年，创作完成《土家风情》200 米巨幅现代工笔画；1996 年应邀赴美国纽约展出，被专家誉为“楚天一绝”，土家历史图像百科全书。2005 年，创作完成《这方水土》百米册页水墨画，被我国著名画家吴冠中、冯远称为西部绘画的精品力作。2007 年，参加“湖北省第十二届楚天群星奖”，作品《红色印象》获湖北省社会文化艺术政府金奖。2008 年，参加“2008 国际奥林匹克美术大展”，作品《好梦成真》获大奖，被国际奥委会永久收藏。2012 年作品《华夏之光》于英国伦敦展出，并被国际奥林匹克艺术中心永久收藏。2015 年作品《武陵梦 · 巴山魂》山水画，参加湖北省“百人美术作品展”。

吕金华

吕金华 1964 年 5 月出生，土家族，恩施市红土稻池人，大专文化，恩施市地方税务局工作。系湖北省作家协会会员，恩施州作家协会副主席，恩施市作家协会主席。1982 年 9 月，进入恩施师范专科学校中文系就读。1985 年 9 月，分配到新塘民族高中任教。1991 年，调入恩施市文联工作。1994 年 3 月，在恩施市文化局工作。1994 年 8 月，调入《恩施日报》驻恩施市记者站担任记者。1996 年 1 月，调入市地方税务局工作。1986 年，开始业余文学创作。1990 年，在《长江文艺》发表短篇小说处女作《绝调》。其后在《长江文艺》《中国作家》《民族文学》《边疆文学》《芳草》《当代作家》等刊物发表中短篇小说 100 多万字。1987 年，小小说《胖老汉与胖婆婆》获得“夷水杯”全国文学创作大赛二等奖。2009 年，中篇小说《新年好啊新年好》获第三届湖北少数民族文学奖。2008 年，出版小说集《绝调》。2010 年，中篇小说《黑手镯》获《民族文学》“我与恩施”征文小说奖。出版中篇小说集《与诉讼无关》。2011 年，中篇小说《黑烟》被《小说选刊》选载，其后，浙江绍兴新锐影视公司购买电视剧改编权。2012 年，中篇小说《黑烟》获第五届湖北文学奖。2014 年，出版长篇历史小说《容米桃花》。

杨　军

杨　军　1968 年 2 月出生，土家族，恩施市沙地神堂人，大学文化，民建会员。系中国音乐家协会会员、湖北省音乐家协会理事、湖北省音协民族音乐委员会常务副主任、恩施州文联副主席。1984 年，在沙地高中未毕业，被招入恩施州歌舞团。同年，师从宣恩县文工团团长刘宏祥学习笙演奏。1986 年初，考入恩施市民族文工团，从事器乐演奏工作，师从孙邦固和黄应柏学习音乐创作，自学钢琴、小号、长号、扬琴、葫芦丝等乐器，并在湖北民族学院中文系自学汉语言文学专业取得大专文凭。1995 年，调到恩施市水利电力局从事文化宣传工作。1999 年，到武汉音乐学院和中央音乐学院进修，师从著名作曲家王立平、田晓耕、王原平学习作曲。作品《七月七》荣获中国传统节庆歌曲创作大赛金奖；《华龙村之歌》在中央电视台歌曲创作大赛中荣获最佳作曲奖；《打糍粑》荣获全国原创歌曲创作比赛金奖；《美丽的恩施》荣获湖北新歌大赛暨“歌颂天下湖北美”十佳新歌奖；《三峡，我心中的故园》于 2009 年荣获湖北省屈原文艺奖；《清江恋歌》于 2012 年荣获文化部新歌创作大赛优秀奖（最高奖）；《大山里的土家娃》于 2013 年荣获湖北省“金编钟奖”金奖；《甜甜的中国梦》于 2014 年 8 月荣获全国“中国梦”歌曲创作大赛优秀作品奖；舞蹈音乐《莲湘闹春》于 2015 年 8 月荣获中国舞蹈大赛荷花奖最佳作品奖等。独立创作完成电视剧音乐《人民需要你》《大水井》；电影音乐《月季花·格桑花》；大型电影纪录片音乐《两位老人的故事》。在国家级刊物《中国民族博览》发表音乐论文 3 篇。在音乐核心期刊《歌曲》发表创作歌曲百余首，多首作品在央视播出。出版发行音乐作品《杨军专辑》。

谭学聪

谭学聪　1968 年 4 月出生，土家族，湖北巴东县人，高中文化，中共党员。系湖北省民间文艺家协会会员、恩施州文学艺术界联合会副主席、恩施州“民间艺术大师”国家级非遗项目“土家撒叶儿嗬”省级传承人。1980 年 9

月，在水布垭镇长岭中学读书。1983 年 9 月，在杨柳池高中读书。1987 年 8 月，回乡务农。1991 年 1 月，受聘在神农溪旅游景区工作。2007 年，组建成立“撒叶儿嗬组合”，参加第十四届全国青年歌手电视大奖赛，获原生态唱法金奖。2011 年，巴东县作为特殊人才予以转正。2012 年获第六届全国原生态民歌大赛多人组合金奖，第四届全国少数民族文艺会演表演金奖，广西桂林三月三歌圩节“全国山歌大王争霸”赛金奖。2013 年 3 月，调入恩施市非物质文化遗产保护传承展演中心工作。同年获湖北省精神文明建设“屈原文艺奖”人才奖。2015 年，参加湖南南山六月六山歌节“全国山歌王争霸赛”，获“山歌王”称号。《土家撒叶儿嗬》《石工号子》《薅草山歌》《螃蟹歌》《纤夫号子》等民间歌曲数次登上央视大舞台，并多次出国进行文化交流活动。同年荣获首届湖北省“少数民族文化政府奖”。

刘清华

刘清华 1968 年 11 月出生，土家族，恩施市芭蕉楠木园人，大学文化，中共党员，文博副研究馆员，恩施市文物事业管理局局长。1989 年 6 月，湖北大学历史档案图书专业毕业，分配到市文物管理所工作。1992 年 12 月，任副所长。2013 年 10 月，任市文物事业管理局局长。其撰写的《湖北恩施西瓜碑文考释》发表于《农业考古》，被收入《恩施市志》（1983—2013 年）。《智上白岩寨》获全国“三普”优秀征文奖。与人合著的《恩施土家女儿会演变揭秘》获第五届州社科三等奖。主持编制《恩施历史文化名城保护规划》《全国重点文物保护单位施州城址保护规划》。争取国家省州文物保护资金，实施文物修缮和展示利用项目。2015 年，完成南城门城楼，武圣宫，恩施地委、县委办公楼旧址等文物维修工程和连珠塔、叶挺将军囚居旧址环境整治工程，9 月 2 日，建成恩施抗战历史陈列馆并对外开放。之后完成窑湾医院，老城南门至西门城墙，回龙山城墙，文昌祠，饶应祺故居文物维修工程，成功举办南城门城楼、施州古城历史文化展览。

王珂青

王珂青 女，1969 年 5 月出生，恩施市小渡船街道人，大学文化，中共党员，中国跳伞队教练，世界跳伞锦标赛冠军，国际级运动健将。1981 年 9 月，在恩施舞阳中学读书。1984 年 6 月，入选湖北省跳伞队，任跳伞运动员。1998 年至 2006 年，入选中国跳伞队，任跳伞运动员。2002 年 11 月，任湖北省跳伞队教练员兼运动员。2010 年任中国跳伞队教练员。1993 年在第七届全运会中取得冠军。2012 年在全国体育大会中取得女子个人冠军。自入选中国跳伞队后，先后 4 次获得世界跳伞锦标赛冠军、亚军。2004 年，在世界锦标赛中获得含金量较重的女子个人定点冠军，并多次获得亚洲锦标赛冠军。被国家体育总局授予“国际级运动健将”。2005 年被新中国人事部、国家体育总局授予“全国体育系统先进工作者”称号，并受到时任党的总书记、国家主席胡锦涛同志接见。2008 年，成为奥运火炬手。曾被授予湖北省“三八”红旗手、“湖北省新长征突击手”“优秀女职工”称号，3 次当选“湖北省十佳”运动员，多次荣立二等功、三等功。

田龙兵

田龙兵 1969 年　月出生，恩施市芭蕉甘溪人，大学文化，残疾人体育健将，湖北省自强劳动模范。小学本村就读，初中入恩施市书院中学读书。1985 年，入恩施市业余体校学习，开始篮球训练。1987 年 8 月，进入武汉体院摔跤队。1991 年，武汉体育学院运动系本科毕业。1992 年，意外受伤致双目失明。1996 年，参加第四届全国残疾人运动会，获柔道冠军、铁饼亚军。1997 年至 2014 年，参加省级运动会共获金牌 18 枚、银牌 8 枚、铜牌 5 枚。1998 年，参加西班牙世界残疾人运动会，荣获柔道亚军。1999 年，参加泰国远南国际残疾人运动会，荣获柔道亚军、铁饼季军。2000 年，在澳大利亚残奥会上，荣获柔道亚军。2002 年，参加世界田径大奖，赛荣获标枪第二名。同年韩国残疾人亚运会上，荣获铁饼冠军、标枪冠军、铅球亚军。2002 年，被评为“湖北省自强劳动模范”。其传奇人生，被《中国体育报》《今古传奇》等报刊报道。曾多次受到党和国家领导人国家、残联主席邓朴方等领导的接见及合影留念。

甘　武

甘　武　1971年9月出生，苗族，湖北利川汪营人，大学文化，无党派人士，馆员，恩施市文体新广局文艺科科长。系湖北省民间文艺家协会会员，湖北省音乐家协会会员。1984年9月，在利川市汪营镇中学习。1987年9月，在利川市师范学校学习。1990年7月，在利川市民族实验小学任教。1991年10月，在利川市文化馆工作，任美术专干。1996年8月，在恩施市文化馆工作。2006年8月，任副馆长。2009年1月，任馆长。主编的《恩施市民间歌曲集》《恩施市太阳河山民歌》于2009年6月由湖北人民出版社出版；主编的《黄应柏整理编创民族民间音乐作品集》于2014年10月由长江文艺出版社出版；主编的《太阳河民间歌谣集》由长江出版社出版。作曲的歌曲《魅力家园》获得湖北省第十三届“楚天群星奖”铜奖。参与作曲的舞蹈《耍亲亲》获得湖北省第十三届“楚天群星奖”金奖。作曲的歌曲《伙计歌》获得第一届湖北艺术节暨第十五届楚天群星作品奖，在中央电视台播出。作曲的舞蹈《乐嘎乐》获“文化力量·民间精彩”湖北省第二届群众广场舞展演一等奖。2012年、2014年先后被湖北省文化厅授予“全省群众文化工作先进工作者”“湖北省非物质文化遗产保护优秀工作者”称号。

董祖斌

董祖斌　笔名草千里，1975年7月出生，土家族，恩施市新塘山花咀人，大学文化，中共党员，曾供职于恩施市文联。系中国少数民族作家学会会员、中国散文家协会会员、湖北省作协会员、恩施州作协常务副主席兼秘书长。1991年9月，就读于恩施市新塘民族高级中学。1994年9月，就读于恩施高中。1995年9月，就读于恩施州工业学校公关文秘专业。1997年，在恩施市环境卫生管理处工作，历任办公室文秘、主任，环卫处副主任。2003年，任恩施市建设局办公室副主任。2007年7月，任恩施市文联专职副主席。2008年12月，任恩施州文化馆党支部副书记、办公室主任。2010年5月，调恩施州文化市场综合执法支队，历任办公室主任、副支队长，其间借调州文联工作，任恩施州文联秘书长。在《民族文学》《长江文艺》《山西文学》《参花》等刊物上发表作品逾100万字；出版个人散文集《岁月栈道》《在路上》，旅游风情散文集《歌舞恩施》，长篇报告文学《星光》（与人合著）；参与撰写编辑《风情恩施》《恩施印象》《走进恩施》《硒与文化》等多部书籍；有多篇作品入选《大美中华》《中国散文精粹》《灵秀湖北》等多部选集。曾获中国散文家论坛征文一等奖、全国徐霞客散文旅游文学大奖广东省作协中秋征文奖等奖项40余次。

童 欣

童 欣 女，1982年5月出生，土家族，恩施市舞阳坝舞阳大街人，中共党员，运动心理学硕士，国家一级运动员，国家级运动健将，供职于湖北省射击运动管理中心。1996年2月，进入恩施州体校学习射击。1997年，进入湖北省射击队。1998年2月，调入湖北省射击运动管理中心。2007年，进入华中科技大学公共事业管理本科学习。2014年，进入武汉体育学院学习运动心理学。1998年成为射击专业运动员以来，多次参加射击比赛并获殊荣：2001年5月与队友一起获得全国射击锦标赛团体冠军。2002年获全国射击比赛总积分第一。2003年8月，获全国个人锦标赛气手枪项目冠军。2004年10月，获得全国射击总决赛冠军。2005年5月，获得全国团体个人锦标赛女子气手枪项目冠军。2009年4月，在韩国夺得世界杯射击比赛第一名，12月，在卡塔尔多哈举办的亚洲气枪锦标赛上获得团体第一名，个人第二名。2003至2005年，连续三年获得湖北省十佳运动员称号。2009年获得湖北省劳动模范、三八红旗手、五四青年奖章等荣誉。

包 涵

包 涵 女，1986年8月出生，土家族，恩施市盛家坝乡盛家坝社区人，大专文化，无党派人士，第四届全国少数民族文艺汇演最佳女演员。2001年9月，在恩施市中等技术职业学校学习。2004年9月，在湖北省江汉艺术职业学院学习。2006年6月，恩施市非物质文化遗产保护传承展演中心工作。先后参加第10届中国艺术节、全国少数民族文艺会演、世界非物质遗产大会第四届巴黎中国艺术节、文化部群星奖大赛、中国曲艺牡丹奖评选、中部六省曲艺大赛等重要演出活动，在多个剧目和节目中担任主演或主唱，获获多个奖项。2007年，参演的三才板《取名》获全国第八届群星奖。2008年，恩施扬琴《闹新房》参加湖北省“百花书会”演出获特别贡献奖。2011年，首届江南曲艺大赛恩施扬琴《镇船石》获银奖；同年主演土家风情歌舞诗剧《嗯嘎年女儿会》获湖北省“五个一”工程奖、湖北省第八届屈原文艺奖和全国第四届少数民族文艺会演表演金奖及最佳演员奖。2012年，主演恩施要要《担水》赴法国参加巴黎中国曲艺节获“卢浮”铜奖；同年男女对唱《哪门搞起》获第十届中国艺术节音乐类群星奖以及湖北省屈原文艺奖，第五届全国少数民族曲艺展演恩施扬琴《镇船石》荣获创作金奖表演金奖，并获得第八届中国曲艺牡丹奖提名奖。

李甜甜

李甜甜 女，1989年9月出生，恩施市崔家坝鸦鹊水人，大学文化，中共党员，国际级运动健将，皮划艇教练员，上海市徐汇区青少年体育运动学校教练。2001年9月，在崔坝民族中学学习。2004年7月，在湖北省水上运动管理中心训练（职业运动员）。2008年9月至2012年9月，在武汉体育学院学习训练。2013年7月，在上海市徐汇区青少年体育运动学校任教。2007年4月，浙江千岛湖全国皮划艇春季冠军赛女子单人划艇500米第一名、200米第一名。2008年4月，陕西省杨凌全国皮划艇春季冠军赛女子单人划艇500米第一名、200米第一名。2008年10月，上海全国皮划艇锦标赛女子单人划艇500米第一名、200米第一名。2009年4月，上海全国皮划艇春季冠军赛女子单人划艇500米第一名、200米第一名。2010年5月安徽省合肥第四届全国体育大会龙舟比赛女子组800米一等奖。2010年8月，波兰波兹南皮划艇世界锦标赛女子单人划艇200米第二名。2013年3月，广州全国皮划艇春季冠军赛女子单人划艇500米第一名、200米第一名。

谭家瑞

谭家瑞 1993年5月出生，土家族，恩施市龙凤镇人，国家拳击队员，一级运动员。2006年，进入恩施州体育运动学校读书。2008年9月，在湖北省体育运动学校学习。2010年，获湖北省拳击锦标赛冠军。2011年，获全国青少年拳击锦标赛冠军。2012年10月，进入湖北省专业拳击队集训。2013年，正式进入湖北省拳击队。2013年5月，调入国家青年拳击队。同年获全国青年拳击锦标赛冠军。2014年，调入国家拳击队。同年获国家队调赛冠军。2015年8月，受伤退役。9月，调恩施市体育运动学校任教练员。

八、其他各界人物

尹以琦

尹以琦（1905—1938年） 又名尹永涛，恩施县龙凤杉木坝人，民国初年赴冀就学，毕业于东北讲武堂，赴于学忠部任参谋。民国二十一年（1932年）入陆大参谋科深造，翌年返部任114师中校、副团长等职。抗日战争时期，随军转战冀鲁一带，曾于济南与敌作战，遭围困苦战脱险。民国二十七年（1938年）奉调皖宿县布防，与敌寇血战十余日，尹身受重伤入野战医院就治，复因医院遭敌机轰炸，裂口加剧，流血过多，不幸牺牲，英年33岁。

刘庚莲

刘庚莲（1940—1959年） 女，恩施县太阳河关口人。1956年9月，考入屯堡四中就读，任学校共青团支部书记。1959年4月30日中午12时，屯堡镇失火，刘与同学们一道奋不顾身地奔向火海，在烈火中抢救国家财产，被严重烧伤，经县医院抢救无效而牺牲，英年19岁。后被追认为中共党员，安葬于五峰山烈士陵园。

康朝泽

康朝泽（1908—1965 年） 又名康泽民，恩施县舞阳坝三孔桥人。康自幼读书，武昌武郡中学毕业。民国十六年（1927 年），考入黄埔军校第七期。民国十九年（1930 年），加入国民党部队从军，历任排长、连长、营长、团长、旅长。民国三十六年（1947 年），进国民党陆军大学深造。民国三十七年（1948 年）毕业后，任国民党国防部科员。1949 年 11 月，在四川成都起义投诚，人民政府安排其就地从教，本人谢绝，回老家务农。1957 年，被人民政府以“反革命罪”判刑入狱。1962 年，刑满释放。1965 年逝世，终年 57 岁。

胡海山

胡海山（1938—1974 年） 土家族，恩施县沙地落都人，初小文化。20 世纪 60 年代末，为响应毛泽东主席“农业学大寨”号召，组织民众致力于坡改梯、旱改水和开山引水，改变家乡贫困面貌。1970 年 2 月，历经一年时间，成功从坡顶一岩缝处掘洞引水，解决姚家坡 30 余户、120 余人的饮水困难。嗣后，和小队社员一道修灌溉渠道 1.5 千米，开垦水田 40 亩，家乡面貌初步得以改变。其事迹传开后，引起地区、县各级高度重视。一时间各地踊跃前来参观考察。胡应邀到省、地区和各县作典型经验介绍发言数十场次。同年，胡作为国庆观礼代表，赴北京登上天安门参加国庆观礼。湖北日报社、湖北广播电台记者联合特写《为革命开出万代幸福泉》的长篇通讯报道，省报、省台全文登载或播发，全国各大报刊纷纷转载。地、区县文工团将其事迹编排成话剧赴各地公演。1974 年 7 月因故逝世，时年 36 岁。

金景山

金景山（1899—1976 年） 又名满福，恩施县城关镇老城区人。少年时入恩施城基督教圣公会“圣司蒂芬小学”读书，受洗礼入教，加入“中华圣公会”。任中华圣公会会吏，后被教会派往南京金陵神学院学习。抗日战争爆发后，被调派成都华西协和神学院学习，毕业后任成都中华圣公会牧师，翌年升任会长。民国三十六年（1947 年），调任恩施中华圣公会会长。1952 年，因病离职。1976 年于恩施病世，享年 77 岁。

潘孝全

潘孝全（1917—1978 年） 字子臣，亲友昵称其“潘全娃”，恩施县城关镇人。出生于厨师世家。6 岁丧母，因家贫无力上学，随二叔和三叔学厨艺。成人后独立做小吃生意，或受雇做零时厨工。抗日战争期间，潘被恩施县政府抓壮丁，送入军队当兵，因其厨艺出众，调第六战区司令长官司令部，为代理司令长官孙连仲私人做厨师，因制作面点和烹调手艺精妙，甚得孙喜爱。孙调职后，潘被继任长官孙蔚如留用，抗日战争胜利后随孙蔚如到武汉。后六战区撤销，改设武汉行营，被行营主任程潜留用，直至程潜调职。厨艺愈益精巧，会制作 100 余种精致面点和南北风味不同的各种佳肴。新中国成立后，曾赴武昌参加全省厨艺比武大会，以“喜字包子”“千层酥饼”绝艺获得与他人并列第一名成绩，被授予“高级知识分子”称号。1978 年秋，赴十堰市参加全省厨艺大赛，以“凤凰抱蛋”“太公钓鱼”“青狮白象”等不常见的名肴参赛被大会评为特级厨师。潘孝全热心为后人传艺，曾先后于鄂西军分区、县劳动服务公司等单位举办的厨事训练班讲课，其艺徒和再传弟子遍及恩施地区。1978 年 10 月于恩施病逝，享年 61 岁。

龙国军

龙国军（1908—1986 年） 土家族，恩施市盛家坝二官寨人，中共党员，小学文化，二等一级残废军人。民国三十六年（1947 年）4 月前，在国民党部队服兵役 6 年。民国三十六年（1947 年）5 月，参加中国人民解放军第三野战军特种工兵四团任班长，参加淮海、“百万雄师过长江”等战役。民国三十八年（1949 年）5 月，在淮海战役中负伤。1950 年，参加中国人民志愿军赴朝作战。1953 年 6 月复员。1953 年 6 月至 1961 年 7 月，任二官寨乡乡长、乡党委书记、副书记、区民政员、恩施县社会福利综合厂党支部书记。1968 年退休，1983 年改为离休。民国三十八年（1949 年）4 月 20 日，荣获中国人民解放军华东军区颁发的渡江胜利纪念章；1951 年，荣获中国人民政治协商会议全国委员会颁发的纪念章。1956 年 7 月 18 日，出席全国烈军属荣复军人社会主义建设积极分子会议，荣获纪念章。1956 年 7 月，出席湖北省烈军属荣复军人社会主义建设积极分子大会，荣获湖北省人民委员会颁发的纪念章。1986 年逝世，享年 78 岁。

代尤政

代尤政（1961—1987 年） 土家族，恩施市板桥穿洞人，高中文化，中共党员。1979 年，高中毕业。1984 年，调入板桥区鹿院坪硫磺厂工作，先后担任药济员，实物保管，总会计。1987 年 1 月，任厂长。1987 年 4 月 5 日，硫磺厂发生严重的一氧化碳和硫化氢中毒事故，在抢险中，代尤政等一批青年奋不顾身，抢救集体财产和其他工人生命。因中毒抢救无效不幸逝世，英年 25 岁。

王指军

王指军（1928—2001 年） 曾用名，王秋党，河南唐河县人，原有初小肄业文化。民国三十四年（1945 年）在河北省汉龙堂参加新四军，在第五师十三旅三八团一营当战士。民国三十六年（1947 年）任副班长、班长。四月在河北省应城县加入中国共产党。因能吃苦耐劳，获劳动模范奖励一次；同年秋在湖北省荆门获战斗奖一次。民国三十七年（1948 年）任副排长、排长。民国三十八年（1949 年）任连党支部书记，随同部队解放恩施。因战斗负伤，享受三级残废待遇。民国三十八年（1949 年）4 月至 1952 年 6 月，在恩施教导队学习。1952 年 6 月，任来凤县兵役局参谋。1953 年 5 月，调恩施县兵役局工作，任助理员。1956 年 2 月，在湖北省四十三中学习。1958 年 7 月，转业到地方任工交、文教助理。1966 年，“四清”运动结束后，调鸦鹊区供销社工作。1983 年 9 月离休，享受副县级待遇。2001 年 5 月因病在恩施逝世，享年73岁。

沈德柽

沈德柽（1915—2003年）　恩施市太阳河武圣街人，大学文化，高级工程师。民国二十七年（1938年），西南联合大学工学院毕业。任成都国际电台技术员、工程师。民国三十四年（1945年）后，任美国西联电报公司实习员、工程师。民国三十七年（1948年）回国。新中国成立后，历任邮电部邮电科学研究院室副主任，邮电部第七研究所副总工程师、高级工程师，中国通信学会第一届副秘书长。在美国期间，合作研究成功传真机用的追逐同相方式。回国后，先后主持研制成功单路传真机、报纸传真机、中文电传机等。撰有《传真通信的国际水平》《电报通信的国际水平》等论文。2003年因病逝世，享年88岁。

吉显祺

吉显祺（1922—2007年）　恩施市太阳河双河岭人。民国二十四年（1935年），在龙凤坝张慎琰家学织布。民国二十八年（1939年），加入中国共产党。接受“鄂西特委”领导，从事当地秘密活动，公开职业为织布师傅。民国二十九年（1940年）秋，他在龙凤坝以破庙为教室创办工人夜校，吸纳手工业工人10余人为学员，宣传抗日救国思想和中国共产党的抗日主张。民国三十二年（1943年）1月，被国民党青训管理处抓捕，关在恩施城南门外清水塘40多天，公开身份为龙凤乡公所事务员，后由地下党组织托人担保释放。新中国成立后，在当地担任民办教师，曾多次被授予“优秀教师”称号。“文化大革命”中停止教学，受到错误批判。1989年，国家给予一次性补偿。2007年8月因病逝世，享年85岁。

田开文

田开文（1929—2010年）　土家族，恩施市盛家坝麻茶沟人，小学文化程度。民国十三五年（1946 年）12 月，被征集在国民党邱清泉部队（兵团）服兵役。民国三十七年（1948 年）12 月淮海战役解放，参加中国人民解放军，在二十军工兵营参加渡江侦察战上海战役。1950 年 10 月，参加抗美援朝，任炮兵师保卫员、炮兵连排长。1953 年 4 月回国，参加解放一江山岛、大卢山、小卢山、吉谷山等战斗。1956 年 7 月复员，安置在盛家坝粮油所工作。1981 年离休，在部队立三等功两次、四等功一次。荣获抗美援朝纪念章，渡江侦察胜利纪念章，全国胜利解放解放纪念章。2010 年因病逝世，享年 81 岁。

谭周志

谭周志（1920—2014 年） 土家族，恩施市盛家坝石栏人，中共党员，初小文化程度。民国三十七年（1948 年）4 月，被征集服国民兵役。民国三十八年（1949 年） 1 月天津解放，参加中国人民解放军，任第 38 军 114 师战士。1955 年 1 月转业，先后任石栏乡副乡长，乡长，石栏管理区主任。在参加解放西南、中南及抗美援朝战争中，立一等功两次、三等功一次。获解放西南纪念章，解放中南纪念章，抗美援朝纪念章，抗美援朝赴朝慰问团纪念章，朝鲜纪念章各一枚。2014 年 11 月在北京病逝，享年 94 岁。

郑大荣

郑大荣 民国八年（1919 年）2 月出生，四川巴中县人，小学文化，中共党员，恩施地区邮电局原副局长，离休老红军。民国二十二年（1933 年）7 月，参加中国工农红军第四方面军，转战四川、贵州等地，与红二（原红三军）六军团合围湘、黔、滇、康 30 余县城，后入河南驻马店、新野、许昌。民国二十四年（1935 年），参加二万五千里长征。民国二十五年（1936 年）10 月，到达陕北。民国二十八年（1939 年）9 月，加入中国共产党。民国三十三年（1944 年）9 月，赴东北参加抗日战争。民国十三五年（1946 年）10 月，参加解放战争，直至全国解放。历任战士、卫生员、后勤科长、中国人民解放军武汉高级炮校第一队队长、恩施县邮电局局长、恩施地区邮电局副局长。荣获民族独立自由勋章 1 枚，解放勋章 1 枚，二等功勋章 2 枚，三等功勋章 4 枚，中国抗日战争胜利 60 周年纪念章 1 枚。1966 年 3 月 2 日离休。

周诗南

周诗南 民国三十三年（1944 年）8 月出生，恩施市六角亭街道人，高中文化程度，中共党员，高级兽医师。1965 年 8 月始，在恩施县大集区兽医站先后任兽医、出纳、副站长、站长、党支部书记。1994 年 5 月，湖北省人事厅、农牧业厅授予其“湖北省畜牧培训优秀学员称号”。1991 年，获国家农业部颁发的畜牧工作纪念奖。

杨光瑞

杨光瑞 民国十三五年（1946 年）3 月出生，湖北建始苗坪人，大学文化，中共党员，国务院特殊津贴享受者。1970 年 7 月，武汉大学物理系毕业，分配在恩施县工具厂工作，先后担任工人、技术员、技术科长、副厂长、厂长，高级工程师。1985 年 12 月，加入中国共产党。1994 年 2 月，任恩施市经委主任、工交战线党委书记。1996 年 10 月，任恩施市人民政府市长助理。1997 年 8 月，任市总工会主席。2000 年 1 月，任恩施工具有限责任公司总经理。长期从事技术改造和企业管理工作，先后开发 3 大系列 60 多个品种的新产品，畅销全国各地，个别品种填补当时国内市场空白。1993 年 10 月，享受国务院政府特殊津贴。2006 年 3 月退休。

王　芳

王　芳 女，1973 年 11 月出生，土家族，恩施市舞阳坝土桥坝人，中国人民大学经济学学士，中国政法大学法律硕士，北京大学民商法硕士，中国知名婚姻家事法女律师。1995 年，在某商贸集团从事法律管理工作。1999 年，在北京市海淀区人民法院交流工作。2001 年，在北京市德润律师事务所工作。2005 年，在北京市中济律师事务所工作。2009 年，在北京市炜衡律师事务所工作。任全国律协民委婚姻家庭法论坛副主任，中国法学会婚姻家庭研究会理事，全国妇联维权专家组成员，全国妇联婚姻家庭研究会研究员，中华总工会女职委维权专家。系知名的婚姻法律师，成为行业的领军人物，是中央电视台《法律讲堂》多年来的主讲老师，还参与 CCTV 多档法制节目和新浪网、搜狐网及腾讯网、央视网的法律讲座嘉宾；也是婚姻家庭领域的财经专家，国内首位将婚姻家庭法律与理财相结合进行研究的法律人，独创“婚姻家庭财富风险管理”新课题。还积极参与律师协会的行业建设，牵头完成《律师承办婚姻家庭法律业务操作指引》《律师承办继承法业务操作指引》等重大课题。在全国最高人民法院起草《婚姻法司法解释（三）》之际，主持完成全国律协的《婚姻法司法解释（三）》建议稿，并通过全国律师协会上报给全国最高人民法院。

第六篇　中华人民共和国时期（三）

在恩施的社会主义建设中，各行各业人才辈出，为恩施的建设发展贡献出力量。

劳动模范是在社会主义建设事业中成绩卓著的劳动者。他们或爱祖国，坚决贯彻执行党的基本路线和各项方针政策，模范遵守国家法律法规，具有优秀的思想品质和职业道德，立足本职，在“创新、创先、创优、创最佳”中做出表率；或在环境保护、生产兴农、开拓农村市场、搞活农产品流通、发展经济、增加农民收入等方面做出突出贡献；或敢于探索，勇攀科研高峰；或在社会主义物质文明、政治文明、精神文明建设及其他方面做出重大贡献……

劳动价值体现社会精神价值。他们走在社会主义现代化建设的最前列，是中华民族的模范人物。

特将恩施市曾获得全国及省部级劳模称号人物辑录于此，这些劳模所体现出来的人文精神，代表着时代的价值观、道德观和精神风貌，展示出中华民族优秀儿女顽强拼搏、自强不息的崇高品格，体现出与时俱进、开拓创新的精神风貌。

一、省部级英模人物

卢高和

卢高和（1884—？年）　土家族，恩施县龙凤三合人，农民，湖北省林业劳动模范。民国五年（1916 年）开始从事马尾松、杉树、椿树的采种、育苗和造林工作，一直到老从未间断。新中国成立后，他不顾年老体弱，仍坚持上山育苗造林。除自家山上造林用苗外，还出售大量苗木，供给其他农户和集体造林，对低山地区的造林绿化作出贡献。1954 年以后，从互助合作组到人民公社化时期，特别是三年自然灾害，卢高和在极其困难的条件下，仍不计较个人报酬，坚持自己采种、自己育苗、自己造林的做法，从事育苗、造林工作，一心一意奉献自己一生追求的事业。40 年来，共培育出马尾松苗木 2000 多万株，产量高质量好，一年生苗平均在 20 公分以上，亩产平均达 60 万株左右，为恩施的马尾松、椿树的选种、育苗提供很好的经验，为恩施的林业发展做出贡献。1956 年被评为湖北省林业劳动模范，获得省人民政府奖章 1 枚。

詹传华

詹传华（1915—？年） 恩施县三岔口人，1954 年，参加工作。1960 年 3 月，加入中国共产党。在工作中积极主动，吃苦耐劳，埋头苦干，争挑重担；在劳动生产中出大力流大汗，在车间里大搞技术革新，攻克不少技术难关；在工作中不计时间，不计报酬；在生活上克勤克俭，艰苦朴素，严格要求自己，二十多年来从未动摇过。是恩施县十面红旗之一，先后 5 次荣获省、地、县级嘉奖。1958 年出席县级先进生产者代表大会。1959 年，出席省级、地级先进生产者大会和劳模大会，多次荣获“劳动模范”“先进工作者”等光荣称号。

袁传炳

袁传炳（1915—1974 年） 恩施县白杨坪麂子渡人，出身于贫苦农民家庭，年少失恃，12 岁，继父将袁送给猫儿坪熊家湾一熊姓人家放牛。民国二十四年（1935 年）秋，袁与东家女儿结婚。民国二十九年（1940 年），袁携妻女回麂子渡老家居住。1950 年，袁参加土地改革。1951 年秋，任乡农会副主席，12 月，加入中国共产党。1953 年 12 月，袁带领村民组建鸿建初级农业合作社。1954 年，袁与刘家坪“团结社”等初级社联合组成高级农业合作社，命名为鸿建农业合作社，为白杨区最早的农业社之一，实行统一规划，计划种植，年底收入的60%按劳分配，40%用于入股分红，该经验在全区推广。为改善农田灌溉条件，袁带领农民义务投工投劳，整修堰塘4口，维修堰沟1.5公里。先后引进优良稻种“三九九”试种双季稻，引进马铃薯种“苏联红”，玉米种“金黄后”，红薯种“胜利百号”等，全社粮食产量提高，农民收入增加。1955年，袁被评为恩施县劳动模范。1956年，被湖北省委、省政府授予“湖北省劳动模范”称号。1957年3月，被评为“全国农业劳动模范”。3月12日，袁传炳和史代富等出席全国劳动模范表彰大会，受到毛泽东主席、周恩来总理等党和国家领导人接见。1958年，袁任白杨坪公社麂子渡管理区鸿建大队党支部书记。1961年至1966年5月，任白杨区麂渡人民公社鸿建大队书记、公社副社长。1971年，参加恩施天楼地枕水电站工程（即车坝水库一级电站工程）建设。1974年2月因病逝世，终年59岁。

李绍南

李绍南（1930—1979年）　恩施县板桥新田人，小学文化。省级劳动模范，出席全国文教群英会代表。1956年，中共中央、国务院颁布《关于扫除文盲的决定》，强调扫盲教育必须同国家社会主义工业化和农业合作社的运动相结合。时任新田乡中坝村民办小学教师的李绍南，积极响应党中央、国务院的号召，投身于扫除青年文盲活动。他自治教具，自编教材，采取多种多样的教学形式，在新田乡中坝村开办农民夜校，组织青年开展扫盲教育。在教学方法上，采取编顺口溜的办法；在教学形式上，力求解决好生产、生活与学习的矛盾。经过实践摸索出一些适合成人特点，符合当地实际的教学形式。1960年5月，被评为湖北省劳动模范，同年7月1日出席全国文教群英会，受到毛泽东、刘少奇、周恩来等党和国家领导人的接见，国务院奖励精装《毛泽东选集》一套、金星钢笔一支、笔记本一个。后调到沐抚区公所负责抓扫盲工作。1979年12月逝世，终年49岁。

张华卿

张华卿（1929—1980年）　恩施县太阳河茶山河人。小学文化，中共党员，省级劳动模范。1952 年，任太阳区茶山乡乡长。1955 年，任茶山大队党支部书记。1959 年，任太阳河区副区长兼茶山管理区第一书记。1960 年，任太阳公社社长。在担任茶山乡乡长和茶山管理区书记期间，工作踏实肯干，雷厉风行。工作吃苦耐劳，带领干部群众日夜奋战，出色完成工作任务。1959 年，荣获“湖北省劳动模范”称号，并出席湖北省社会主义建设先进工作者代表大会。1961 年后，在家务农。1980 年 8 月逝世。

史代富

史代富（1919—1982 年） 恩施市小渡船五峰山人。土家族，幼年随父母于地主家干活。1949 年 11 月，参加工作。1950 年秋，担任村农会主席。1953 年，加入中国共产党。同年春，史领头在五峰山成立第一个农业互助组并担任组长。1954 年 2 月，创建灯塔农庄，担任主任，为恩施县第一个农业合作化组织。1957 年，史代富带头改组灯塔农庄为高级农业生产合作社。1958 年末，灯塔人民公社成立，原高级社改为灯塔大队，史任公社管委会副社长兼灯塔大队党支部书记。史团结党支部一班人，改变五峰山面貌。1958 年，该大队给国家交售茶叶 15 吨，向县城供应鲜果 150 吨，蔬菜 1000 吨，甘蔗甜瓜 10 吨，猪肉 5 万吨。20 世纪 60 年代初，该大队被划定为蔬菜基地，其蔬菜生产任务连年超额完成。1963 年，全大队成林苹果、梨子、柑橘等良种果树 2．5 万余株，茶树 20 万余蔸，以及乌柏、油桐等经济林木 1000 余株。粮食产量每亩由民国三十八年（1949 年）的 150 公斤递增到 1963 年的 382 公斤，亩平产值由 1954 年的 45 元，递增到 1963 年的 143 元。1954 年至 1963 年，该大队向国家交售的产品可换回大型拖拉机 45 台。全大队 70% 以上农户有存款，30% 以上的农户盖新房。20 世纪 60 年代至 80 年代初，史带领社员自力更生，修建公路，实现大队和各生产队之间队队通车，并与县、社公路衔接，交通运输方便；建储水池和水轮泵站，将清江河水引上山，解决农民生产、生活用水困难。随后，史代富筹集资金，架通输电线路，给社员家家安装电灯。大队还修建广播站、机器制茶厂、农副产品加工厂、粮食加工厂等。1957 年，史代富被评为全国农业劳模。3 月 12 日，出席全国劳动模范表彰大会，受到毛泽东主席、周恩来总理等党和国家领导人接见并合影留念。灯塔大队多次被评为全国农业先进集体单位。1962 年 1 月至 1966 年 5 月，史代富连续当选县政协第三、四、五届委员、县贫协副主任、施南镇贫协主任等职。史代富一生克勤克俭，始终保持劳动人民本色。作家余友三的长篇报告文学《“花果山”迷》发表于 1965 年 6 月《收获》大型文学杂志，向全国宣传史代富的事迹。1982 年 12 月在恩施病逝，享年 63 岁。

谢声佑

谢声佑（1926—1990 年）　恩施市芭蕉南河人，中共党员，二等甲级残疾军人，省劳动模范。自幼读过三年私塾，民国三十六年（1947 年）5 月被国民党抓壮丁。同年冬，所在全营反戈，参加中国人民解放军。民国三十八年（1949 年），解放大西南的战斗中负伤，同年 12 月加入中国共产党。由于作战英勇，曾三次获一等功。在战斗中，耳鼓膜破裂，导致耳聋。1950 年，至佳木斯，在中国人民志愿军后方医院，一边养伤一边参加护理工作。1955 年，被部队定为二等甲级残疾军人。在部队靠顽强的毅力学习，文化水平提高不少。1958 年复员，回恩施芭蕉参加地方工作，不顾自己身体残疾，积极投入地方文化宣传、扫盲工作。为宣传、扫盲工作编写宣传材料和文化课教材。他多次向《长江文艺》投稿，用稿率颇高。1964 年 5 月，被国家内务部评为全国盲聋哑人先进个人并出席全国盲聋哑人先进个人代表大会。1970 年，调恩施县社会福利院综合厂工作。两次被表彰为省劳动模范。被人们誉为“恩施的保尔”。1990 年 10 月逝世，享年 74 岁。

祝昌清

祝昌清（1939—1994 年）　土家族，恩施市红土溪人，初中文化，中共党员，高级经济师，部级劳动模范。1958 年任大队会计。1960 年 6 月，任乡财政员、区会计辅导员。1968 年，任农行红土营业所主任。1975 年，任农行石窑营业所主任。1989 年，任市农行会计股长。他在工作上，认真履行职责，坚持原则，开拓进取，带领一班人积极筹措资金，努力盘活沉淀旧货，把有限资金运用到支持地方发展和建设上，收到较好的社会效益和经济效益。因组织资金工作业绩突出，1989 年，被中国人民银行、中国金融工会授予“全国金融系统劳动模范”称号。1994 年 1 月因病逝世，终年 55 岁。

谭林才

谭林才（1947—1995 年） 土家族，恩施市舞阳坝长堰塘人，高中文化，中共党员，省级劳动模范。1963 年，回家务农。1972 年，在苍桑水库工地食堂任会计。1976 年，在大队纸厂任会计。1979 年，调大队陶瓷厂任会计。1982 年，任园艺场场长。谭上任后，采取措施稳住技术骨干，制定发展规划，更换优良品种，完善基础设施，橘园连年丰产，年最高产量达 250 吨。其间，为农户发展橘苗苗圃 20 多亩，义务传授技术，使园艺场成为恩施市橘桔示范基地。发家致富，除交足村承包费外，还为村委会捐款 4 万元，用于学校基础设施建设、无电生产队安装电灯和企业生产投入。1990 年，被湖北省委、省政府授予“湖北省劳动模范”称号。1993 年，当选为湖北省第八届人大代表。1995 年因病逝世，终年 48 岁。

黄光耀

黄光耀（1945—1995 年） 初中文化，恩施市崔家坝香炉坝人，最高人民检察院一等功获得者。1965 年 9 月参军。1968 年，加入中国共产党。1980 年，调恩施市检察院工作。1983 年，任市检察院监所检察科副科长。在工作中，常年坚持八小时工作之外加班加点，从不计较个人得失。院领导考虑到黄高度近视，安排在城区办案，被他谢绝，坚持到区乡下农村。黄严格执法，文明办案，先后对 4 名孕妇、23 名传染病患者、2 名精神病患者和 5 名不应羁押者依法予以纠正不当执法。13 年间，依法催办超期羁押案 713 件 1334 人，“促消”处理 675 件 126 人。配合公安机关检查监狱安全 120 余次，针对存在的安全隐患提出整改意见，有效防范越狱、逃跑等事故发生。注重将司法检察与法制教育相结合，以生动具体的事例动之以情，晓之以理，挽救失足者。配合公安机关打击牢头狱霸 21 次 51 人，查处重犯 25 人，给服刑和犯罪嫌疑人上法制课 12 场次，受教育 1700 余人。单个教育 900 余人次，41 名犯罪嫌疑人经黄教育后，主动坦白交待罪行，提供线索77条93人，一些疑难案件得以迅速侦破。在身患高血压、糖尿病、脑血栓等多种疾病情况下坚持工作。1995年12月8日，他和往常一样，提前上班，打开《检察日志》刚写下几个字，突然倒下，昏厥不醒，经抢救无效不幸逝世。终年50岁。为表彰其先进事迹，中共恩施市委、恩施州检察院党组、湖北省检察院党组分别作出“向黄光耀同志学习”的决定，最高人民检察院追记黄光耀一等功。

卢在武

卢在武（1953—1996年）　湖北建始景阳河人，高中文化，中共党员，革命烈士、全国公安系统二级英雄模范。1970年12月应征入伍，在部队服役，并加入中国共产党。1977年9月退伍，在建始县人武部工作。1984年8月，在恩施市红土区红土居委会工作；同年12月，招聘为国家干部。1985年4月，任红土区老村乡党委副书记。1986年8月，任红土区大岩乡乡长。1989年12月，任红土区苹锦乡乡长。1991年9月，调恩施市公安局红土派出所工作，先后任科员、副所长和所长，三级警督。工作期间特别是在公安工作中，忠于职守，赤诚为民，秉公执法，甘于奉献，为警清廉，不惧邪恶，出色完成工作任务，以维护社会秩序的稳定，保一方平安业绩赢得民众的赞誉。1996年8月28日上午9时许，红土区帅家垭村五组村民刘福堂与田泽富家因山林纠纷发生斗殴伤人事件，他接到报案后，带干警谭宏等人前往调查取证，当得知刘福堂私自制作炸药包并伺机对田泽富家行凶的情况后，遂耐心细致地做刘福堂及其家人的工作，劝其交出爆炸物品，刘福堂之子刘书东抗拒上交炸药包，并手持菜刀、羊角锄等凶器扑向谭宏行凶。危急时刻，为保护同志生命安全，卢在武挺身而出，令其放下凶器，刘书东不听劝阻，手持凶器疯狂地扑向执法干警，先是用羊角锄打向卢的头部，后乘卢昏倒在地时夺走手枪，向卢的头部开枪，致卢当场牺牲。终年43岁。1997年3月1日，被湖北省人民政府追认为革命烈士。8月28日，被公安部追授为全国公安系统二级英雄模范。

姚银臣

姚银臣（1939—1998年）　恩施市板桥大木村人，小学文化，省级劳动模范。1959年4月，在中国人民解放军安徽省芜湖市空军地勤部队服役。1967年5月，加入中国共产党。其间多次被评为优秀战士、五好战士。1970年6月，被恩施县人民医院招聘为救护车司机。在工作岗位上，他兢兢业业、勤勤恳恳，听从指挥，不论是严冬酷署还是深更半夜，医院办公室随叫随到，从不缺岗缺位；驾驶技术精湛，从未出过安全事故，无数个生命垂危的患者因他的尽职尽责、争分夺秒而挽救过来。他大爱深情，每到一乡镇医院接送病人，不是护士，却干着护士的工作，从床上将病人抬上车到县医院后，又将病人从车上抬进急救室；大公无私，空闲的时侯，医院里丢弃的纸盒杂物他都一一收集起来，该销毁的销毁，能变卖的则拉到废品门市变卖，所变卖的钱全部交医院财务室。他衣着简朴，不多言语，生活朴实。他的思想品德和工作态度得到医院的领导、员工及患者一致称赞。1981年6月被评为湖北省劳动模范。1998年1月因病逝世。终年58岁。

张庭柏

张庭柏（1928—1999年） 恩施市龙凤杉木坝人，初小文化程度，中共党员。省级劳动模范。1951年3月，参加工作。1953年7月，加入中国共产党。1951年3月始，先后担任杉木公社、店子公社、猫子公社副书记。自参加工作以来，工作中处处以身作则，身先士卒，兢兢业业为党为人民工作，受到组织的肯定，群众的好评。1959年，被评为湖北省劳动模范。1980年退休。1999年2月逝世，享年82岁。

王在权

王在权（1941—2002年） 恩施市三岔王家人，中共党员，高中文化，省级劳动模范。1961年，在恩施县白果坝王家小学任教。1964年，任三岔阳鹤公社高潮大队农民技术员，负责玉米品杂一代制种，提供玉米种子400多公斤，有力推动全公社品杂普及工作。当年被推选为省级劳动模范。1965年参加工作，为“四清运动”工作队员。1967年，任三岔阳河公社社长，后改任公社水管站站长。1999年因病内退。2002年因病逝世，享年61岁。

向修荣

向修荣（1931—2006 年）　民国二十年（1931 年）8 月出生，土家族，高中文化，恩施县三岔茅坝人。1952 年至 1959 年，任恩施县三岔区红十月大队主任。20 世纪 60 年代初期，在阳天坪任教，后回家务农。1956 年春至 1959 年夏，他带领全大队群众，发扬“大禹治水”的精神，先修改河道，再营造稻田。在改造河道造稻田过程中，几年如一日，又当指挥员，又是施工员，不论春夏秋冬都坚持吃住在地，完成红十月老二队的治理工程，改河修渠 2500 米，营造高产稳产稻田近 100 亩。1959 年，被评为湖北省劳动模范。2006 年因病逝世，享年 75 岁。

向义极

向义极（1954—2011 年）　土家族，恩施市崔家坝滚龙坝人，初中文化程度，中共党员，省级劳动模范。1972 年，在崔坝初中毕业后回家务农。1975 年，在宣恩县酒厂学习煮酒技术。1976 年，回家当个体司机。1979 年始，兴办酒厂酿酒。20 世纪 80 年代，以养猪带动乡邻致富，出栏商品猪从 10 多头到 80 多头，年收入达万元以上。1989 年，向发家不忘乡亲，自己出资聘请保教员，免费招收 3～5 岁幼儿 15 名，在自家办幼儿园。20 世纪 90 年代初，向开始扩大养猪规模，猪场自建、猪源自繁、防疫自理、饲料自配，年均出栏商品猪 200 多头。20 多年来，向国家缴纳税收 40 多万元，成为远近闻名的养猪大户。多次受到省、州表彰。1999 年，当选为滚龙坝村支部书记。2000 年，滚龙坝村作为全市首批启动的文明新村建设试点，向带头建沼气池，美化庭院，并义务为村民运水泥、砂石，对 2．5 千米村公路进行黑色化升级，村容村貌改善，村民生活水平提高。2001 年，被省人事厅授予“乡土拔尖人才”称号。2002 年 3 月，被省委、省政府授予“湖北省劳动模范”称号。2003 年，当选为鸦鹊水村支部副书记。2011 年因病逝世，终年 58 岁。

廖康福

廖康福（1917—2013 年） 土家族，恩施市新塘木栗园人。1952 年，参加工作。1954 年，加入中国共产党。1969 年代表湖北省参加国庆 20 周年庆典，受到毛泽东、周恩来等中央领导的接见。1973 年 12 月，被评为省劳动模范。1952 年，廖康福任木栗园乡乡长，带头捐资 80 万元（旧币），组织村民创办学校，并经常对孩子们进行爱国主义教育。1956 年始，担任乡党支部书记，先后两次组织干部、村民修桥铺路。1964 年，廖康福捐出 150 元，带领党员干部田开举等人，修建扯根坡公路（现被称为“恩施天路”）最艰难的大路湾路段。到 1968 年，在廖康福的带领下，木栗园修通青岩湾、大湾、龙家台、石家岩等处 13 条水渠，总长 2150 米。1969 年，为能利用石家岩的水能资源，廖康福等人买回 1 台 120 千瓦的水轮机发电供电，木栗园的村民终于结束用松烛桐油照明的历史。1983 年，廖康福退休，依旧在农村种田，过着简朴的生活，他最宝贵的财富就是两木箱满《毛泽东选集》《邓小平文选》等书籍以及《党员生活》《半月谈》等杂志。1988 年，他还捐资 800 元在家乡泉塘河修建 1 座钢丝桥。1995 年又捐资 1200 元，在河坪河修起 1 座 70 多米长的钢丝桥。廖康福的事迹特写《一辈子都做好事的人》，入选中央文献出版社 1998 年 5 月出版的《当代优秀共产党员风采》一书。2013 年 12 月逝世，享年 96 岁。

余世珍

余世珍（1929—2015 年） 土家族，恩施市沙地柳池人，中共党员。1952 年参加工作，任柳池乡乡长。1956 年，被评为全省劳动模范。1957 年，任杨柳池乡（大队）书记。1961 年，任柳池公社副书记。1966 年 10 月，任杨柳池大队支部书记。1981 年退休。2015 年 12 月逝世，享年 86 岁。

温香成

温香成 民国四年（1913 年）出生，恩施县城关镇人，1956 年 3 月加入中国共产党。省级劳动模范。1952 年，在恩施县红星针织厂参加工作。他干活时，无论大小轻重，都抢在别人前头，而且细心谨慎，善于钻研。为提高生产效率，降低消耗，节约资金，他通过经验的积累，成功改创窑锅。这一成果运用后，一次工序可节约资金 3.8 元、浆纱子的面粉 20 斤，每年节约资金 900 多元、粮食 5200 多斤。1956 年担任厂长。1963 年，担任厂党支部书记。1956 年 8 月，被评为湖北省劳动模范。1975 年退休。

刘善体

刘善体　民国八年（1919 年）9 月出生，恩施市白杨坪人，全国劳动模范。新中国成立之初，任恩施县白杨坪乡农会主席。1951 年，任大队主任。1955 年 7 月，在恩施县饮食服务公司工作。1962 年，调恩施县食品公司工作，主要负责兴办头道水养猪场。1964 年，搭棚建场房，实行生猪集中饲养，经营规模扩大，生猪数量增多，年生猪出栏量最高达 4 万头以上。为解决猪饲料问题，刘兴办起酒厂。头道水养猪场系各县给省里上交肥猪的中转站，每年各县生猪拉到头道水养猪场，保肥催膘后，再运往武汉。最多库存量达到 2000 多头。建场初职工 18 人。1979 年 58 人。1977 年，被任命为食品公司副经理。1978 年 7 月，被评为全国劳动模范。1979 年 9 退休。

张启茂

张启茂　民国十一年（1922 年）五月出生，中共党员，四川巫山县人。恩施县白杨坪供销社鹿子渡分社职工。1956 年 10 月，被评为全国劳动模范，于北京怀仁堂受到毛泽东、刘少奇、朱德等党和国家领导人接见并合影留念。

陈玉芝

陈玉芝　女，民国十五年（1926 年）8 月出生，河北任丘县人。省级劳动模范。1950 年 11 月，随丈夫先后在湖北新堤、汉口、恩施等地生活。1952 年 6 月，在恩施地方电信培训班学习，并加入中国共产党。1952 年 10 月，在恩施地区中心邮电局监察室任办事员。1953 年 9 月，在恩施地区中心邮电局任收发员。1956 年 10 月，在邮电局发行组任推广员。1957 年 11 月。在邮电局舞阳坝支局任负责人。1959 年 10 月。在恩施地区中心邮电局邮电学校任负责人。1961 年 11 月，当选为恩施地区邮电局工会主席。1963 年 12 月，在恩施地区邮电局营业室任主任。1972 年 10 月，任恩施县邮电局办公室主任。1978 年 9 月，任县邮电局工会主席。1979 年 6 月，被评为湖北省劳动模范。

刘远坤

刘远坤 民国十六年（1927 年）3 月出生，土家族，恩施市三岔乡三岔口人，初中文化，省级劳动模范。民国三十八年（1949 年）春参加工作。1954 年 7 月，加入中国共产党。1959 年，被评为省级劳动模范。20 世纪 70 年代中期，改行到企业。历任三岔人民公社燕子坝乡、大河乡乡长，农田基本建设领导小组书记，三岔供销社食品所副主任。1980 年 4 月退休。

赵正灼

赵正灼 民国十六年（1927 年）7 月出生，土家族，恩施市新塘上坝人，小学文化，中共党员，省级劳动模范。1984 年，筹措启动资金 3000 元，组织农民 20 多人，承包下坝大队集体林药场土地 1000 多亩，开荒植树种药。当年种植厚朴树苗 3. 28 万根，育厚朴苗 6 万多根，种植黄连、川乌等药材 10 亩。到 1989 年，林药场厚朴、黄柏木本药材留存 13 万株，黄连、党参、贝母等草本药材留存 60 多亩，价值 70 余元，还清林药场原欠贷款 3. 1 万元。热心公益事业，帮扶困难户，捐资发展教育，在他的带动下，村级集体经济得到发展。1989 年，被省委、省政府授予“省劳动模范”称号。

杨宝坚

杨宝坚 民国十八年（1929 年）出生，湖北松滋县人，大学文化，中共党员，部级劳动模范。1950 年，参加工作，在恩施市一中任教。1990 年退休。

他忠诚党的教育事业，全面贯彻党的教育方针，工作认真负责，勤勤恳恳，任劳任怨；积极投身教学改革，突出教学重点，突破教学难点，写下数万字实验笔记和教具改进资料，为学校节省大笔资金；教学方法多样，风格独特，多次在国家级刊物上发表学术论文。1986 年，被授予“湖北省教育系统劳动模范”称号。1989 年，被国家教委、国家人事部授予“全国教育系统劳动模范”称号。

陈大雍

陈大雍　民国十九年（1930 年）3 月出生，籍贯不详。中共党员，省级劳动模范。民国三十六年（1947 年）8 月，鹤峰县中学毕业。民国三十六年（1947 年）9 月，在恩施县三岔区三岔乡小学任教。1949 年 11 月，在恩施七里坪粮管所工作。1950 年 4 月经商，1952 年 1 月，到恩施师范干训班学习。1952 年 8 月始，先后在恩施县白杨区中心小学、沐抚区木贡小学、太阳区中心小学、恩施第十二中学、恩施三中、三岔区阳天坪小学等校任教，历任教辅员、校长、总务主任等职务。1960 年 5 月，被评为全省劳动模范，在湖北省人民政府召开的群英会上，受到毛泽东主席接见。1973 年 9 月始，先后在三岔区、新塘区教育站工作，历任教研员、副站长、站长、党支部书记等职。1988 年 9 月，在恩施市第二中学任教，任总务主任。1990 年 3 月退休。

周福生

周福生　民国十九年（1930 年）5 月出生，籍贯不详。中共党员，省级劳动模范。1954 年参加工作，恩施县粮食加工厂糕点工，一直在生产一线从事技术操作和粮食加工技术改造工作。他在“干中学、学中干”，生产一线操作技能和业务水平得到了质的飞跃，勇于创造，在粮食加工过程中率先使用酵母菌加速发酵过程，从而大大缩短制作露黄豆酱的时间，还改进滚刀切法以及变明火灶烤房为暗火灶烤房，加速粮食加工的制作流程，节省制作成本，降低粮食染菌的机率，为企业在激烈竞争中获得优势做出贡献。先后多次被评为恩施县粮食加工厂优秀共产党员、恩施市粮食加工厂先进个人。1959 年，荣获湖北省财贸先进工作者和湖北省劳动模范称号。

赖昌尧

赖昌尧 民国十九年（1930年）6月出生，恩施市舞阳坝五峰山人，省级劳动模范。1950年参加工作，先后在恩施地区贸易公司、土产公司巴东办事处、恩施县商业局工作。1952年至1954年，连续3年被评为先进个人。1955年，加入中国共产党，同年被评为巴东县建设社会主义青年积极分子。1956年，被评为湖北省劳动模范，出席中商部全国财产管理职工代表会和省劳模大会，受到毛泽东主席的接见。1959年，调入恩施县商业局工作。1977年、1978年、1980年被评为先进工作者。

田崇珍

田崇珍 女，民国十九年（1930年）7月出生，籍贯不详。1952年2月，参加工作。1957年在恩施县新华书店工作时，被评为全省书店系统先进工作者并出席代表大会；同年4月加入中国共产党。1960年5月，任恩施县新华书店副股长，被评为湖北省文教战线先进工作者，出席全省文教卫体先代会，受到毛泽东主席的接见。

周代富

周代富 民国十九年（1930年）9月出生，恩施市白杨坪康家坝人，中共党员，省级劳动模范。1951年1月，参加工作。1957年，到白杨区康家大队办钢铁厂，工作成绩出色。1959年，被评为省级劳动模范。此后担任熊家公社管委会主任、白杨公社书记、管理区副书记等职务。1991年7月退休。

陈自春

陈自春 民国二十二年（1933年）1月出生，土家族，恩施市白杨坪人。

省级劳动模范。1951 年，在沙地乡参加工作。1952 年，任沙地区团委书记。1953 年，加入中国共产党。1954 年，任沙地区委副书记。1956 年，任新塘区委副书记。1957 年，被选送地委党校学习，其间不幸患上脊髓前角灰白质炎，四肢完全不能动弹。1959 年，身体基本恢复，被组织安排到县中医院任院长。他引进医术过硬、作风过硬的中医骨干和药房、后勤管理人员，大胆进行人事调整，短短几个月时间，使单位风气得到根本改变，医院收入大幅提高。1960 年冬，被评为湖北省劳动模范，出席省表彰会时得到毛泽东主席接见。1963 年，县中医院合并到县医院，任县医院院长。1964 年，调市卫生局任副局长。1977 年 12 月，在市广播站工作。1982 年 1 月，任电影公司专职书记。1993 年 1 月退休。

黄元静

黄元静　女，民国二十二年（1933 年）出生，湖北巴东县人，中共党员，省级劳动模范。1952 年，从宜昌师范参加工作，任宜昌第十中学教导主任。1960 年，在宜昌被评为湖北省劳动模范，在武汉洪山大礼堂受到毛泽东主席和杨尚昆等中央领导同志的接见。1961 年，随夫调到恩施，历任恩施市（县）五峰山小学教导主任、七里坪小学校长、高桥坝小学校长。曾多次被评为市、州优秀教师、优秀党员、先进工作者。1988 年退休。

尹少荣

尹少荣　民国二十三年（1934 年）10 月出生，湖北武汉汉阳区人，初中文化，省级劳动模范。1949 年 12 月，参加工作，在洪湖县新堤镇联合加工厂工作。1955 年 12 月，为响应党的号召，支援山区建设，来到恩施专区八一面粉厂（1981 年改为恩施市面粉厂）工作，曾先后担任面粉车间班长（车间主任）、厂长、书记、顾问等职。任技术工人期间，懂机械懂技术，维修、翻砂、拉丝技术全由尹一人负责，集车、电、钳、刨工于一身，成为厂技术骨干。尹年轻好学，肯钻研，带领车间工人大胆进行技术革新，改进生产工艺，提高产品出品率，降低能源消耗，使面粉产量由原来的班产量（8 小时）1.2 万斤提到高2万斤，出品率由70多斤提高到81斤，后来又提高到85斤，在同等原料数量的基础上，每年多产出面粉10多万斤。1959年，被表彰为湖北省劳动模范。同年8月，加入中国共产党。1994年10月退休。

张德芳

张德芳 民国二十四年（1935年）2月出生，恩施市沙地楠木园人，中共党员，全省农业劳动模范。1951年5月，任沙地区太平村农会主席。1953年11月，任沙地区太平乡乡长兼文书。1954年3月，任沙地区宣传干事。1957年8月，任沙地区胜淌大队（管理区）党支部（总支）书记。1958年4月，被省委、省政府授予“全省农业劳动模范”称号。1960年1月，任沙地区秋木管理区总支书记。1961年6月，任沙地区特产站长，工交干事等职。1966年10月，任沙地区供销社生产组长。1976年11月，任恩施县（市）石油公司土桥坝加油站长、工作员等职。1995年3月退休。

李继炎

李继炎 民国二十四年（1935年）7月出生，恩施市白杨坪人，小学文化，中共党员，省、部级劳动模范。1951年10月，参加工作。1952年，安排到利川参加土改。1953年，调专署保险公司工作，后调入专署百货公司工作。1959年，调恩施县工业局工作。1962年，调县副食品公司工作。1975年，调小渡船商场工作。1987年，被湖北省人民政府授予“湖北省劳动模范”称号。1989年，被国家商业部、人事部授予“全国商业系统劳动模范”称号。1995年退休。

黄永明

黄永明 民国二十四年（1935年）11月出生，土家族，恩施市红土苹锦人，高中文化，中共党员，部级劳动模范。1951年1月，加入中国人民解放军，历任战士、文书、班长、排长、干事、人武部科长。1976年转业支边，先后任黑龙江省集贤县化肥厂党委副书记，佳木斯市升平煤矿党委副书记，集贤县工交党委书记、县纪检委员会副书记。1983 年始，调任恩施市民政局副局长、局长。从军期间，先后荣立二等功 1 次、三等功 1 次、嘉奖 11 次。1988 年 1 月，被国家民政部授于“全国民政系统劳动模范”称号。1995 年 11 月退休。

马桂松

马桂松　民国二十五年（1936 年）4 月出生，山东平渡门村镇人，中专文化，中共党员，省级劳动模范。1980 年 6 月，在恩施县橡胶厂工作，负责生产技术。1982 年，任县橡胶厂厂长。在任厂长期间，把企业扩大再生产和职工利益放在首位，关心职工生产生活，带领技术人员，不断探求、研发新产品，使一个面临破产的企业起死回生。1988 年，复合面料的新型胶鞋经与武汉轻工业产品出口公司签订出口合同，产品畅销欧洲、非洲等 11 个国家和地区。1990 年，产销两旺，年产值近千万元。复合面料研究成果获得全省星火计划奖和产品成果二等奖，复合面料新产品获湖北省轻工委“金鹤杯”奖。1991 年 2 月，被省委、省政府授予“湖北省劳动模范”称号。1996 年 4 月退休。

赵尔和

赵尔和　民国二十五年（1936 年）7 月出生，恩施市白杨坪洞下槽人，小学文化，中共党员，省级劳动模范。1954 年始，先后担任白杨区洞下槽大队（村）会计、主任、支部书记。担任大队（村）干部期间，工作认真负责，吃苦耐劳，敢想敢干，带领群众修筑 1 条长 4 千米的河堤，使几千亩水田得到灌溉；在南门沟修建 1 座小型水电站，使村民告别点煤油灯历史。20 世纪 80 年代初，带领群众改变传统种养，调整产业结构，开辟山坡发展茶叶 4000 余亩，建立茶厂加工销售，当地贫穷落后面貌得到改变，老百姓生活逐步富裕。1983 年，被省委、省政府授予“劳动模范”称号。1998 年 2 月退休。

朱贤鑫

朱贤鑫 民国二十五年（1936 年）11 月出生，土家族，湖北五峰县人，大专文化，中共党员，部级劳动模范。1958 年 4 月，武汉师专毕业，分配到恩施县二中任教。1962 年，调恩施县屯堡高中任教。1982 年，恩施市一中任语文教师、班主任。他工作敬业，治学严谨，秉承“关爱每个学生，给每个学生以希望”的教育理念，实践“突出重点，分散难点，分类训练，整体推进”备考策略，探索出一整套规范的教育教学管理经验，起到较好的示范作用。由于教学成绩突出，赢得学生喜爱，同事信赖，社会好评。1995 年 9 月，被国家教委、国家人事部授予“全国教育系统劳动模范”称号。1996 年 11 月退休。

王光荣

王光荣 民国二十六年（1937 年）1 月出生，湖北当阳县人，中共党员。省级劳动模范。1955 年 7 月，宜昌高农毕业，分配到省农业厅工作。1956 年 1 月，调恩施专署园艺场任技术员。1984 年，任恩施市林业局长。1986 年，任市特产局长。任恩施专署园艺场技术员后，王认真研究果树引种栽培技术，发展苹果、柑橘、梨、桃树等果树栽培。一方面发展果树苗圃，出售幼苗；一方面利用土地大量栽植果树。3 年时间使场里扭亏为盈。1958 年，柑橘亩产 1 万余斤，花生亩产 8 百余斤。当年，王光荣被评为湖北省劳动模范。1959 年，被恩施地区树立为 30 面红旗之一。1997 年 1 月退休。

蔡万明

蔡万明 民国二十六年（1937 年）出生，恩施市龙凤坝二坡人，高小文化程度，中共党员。1956 年参加工作，任恩施龙凤粮管所票证统计员。他工作积极，勤勤恳恳，全心全意为党工作，为人民服务。坚持原则，一丝不苟，出色的完成各项任务，在平凡的工作岗位上，作出不平凡的成绩，连续三年被评为恩施粮食系统模范和先进工作者。1964 年，被评为湖北省财贸系统先进工作者，出席全省财贸系统先进代表大会。

王佩芳

王佩芳　女，民国二十六年（1937 年）出生，籍贯不详。中共党员，全国劳动模范。1957 年 8 月，在恩施县红土区工作。恩施县卫生科确定在红土区先行开展基层保健员培训与新法接生试点，同时试行妇女“四期”保护工作。在医疗设施极差的条件下，遇到婴儿被羊水阻塞气管时，王总是冒着被疾病感染的危险，用口去吸婴儿口腔中的羊水。3 年期间经她抢救的危重产妇和婴儿约 20 余例。她以自己的实际行动打动那些迷信和旧法接生的群众，使新法接生和妇女“四期”保护被广大群众所接受。她首先在每个生产大队培训 1 名保健员，并建立起妇女保健站，使广大妇女和婴幼儿的健康得到一定的保障。她这一创举在恩施全县进行推广。1959 年，被评为湖北省文教卫战线卫生方面红旗手。1960 年 6 月，被评为全国劳动模范，受到湖北省原省长张体学的嘉奖令奖励，并受到毛泽东主席、刘少奇副主席和周恩来总理等党和国家领导人的接见和宴请。1979 年，调到县妇幼保健院工作。1984 年，调到宜昌市妇幼保健院工作，任妇女保健科主任。1992 年退休。

黄吉华

黄吉华　女，民国二十七年（1938 年）出生，湖南常德市人，中共党员。湖北民族学院教授，省级劳动模范。1960 年，华中农学院园艺系果树蔬菜专业毕业，分配到华农参加蔬菜师资培训（高教部委托）。1961 年，赴青海农牧学院任教。1963 年，调湖北省恩施地区园艺场任技术员、科研组组长。1978 年，被评为湖北省科学技术先进工作者、湖北省劳动模范。1982 年，调恩施市园林局。1983 年，任特产局副局长。1984 年，调鄂西大学（现湖北民族学院）特产系，任该系副主任。主持省科委重点科研项目“杨梅品种选优及丰产栽培技术研究”，经鉴定达到国内领先水平。1994 年，被评为湖北省优秀教师。1995 年，享受省人民政府专项津贴。1998 年退休。

龚泽柱

龚泽柱 女，民国二十八年（1939 年）出生，籍贯不详。土家族，大专文化，中共党员，省级劳动模范。1962 年，湖北省化工专科学校毕业。1963 年，参加工作，先后在恩施地区皮革厂、恩施市塑料一厂工作。1983 年，任市塑料一厂质检科长。在任质检科长期间，她坚持和执行一系列质量管理工作条例，严格按产品技术标准实施产品质量管理，运用全面质量管理（TQC）的有关方法、图表、工具，对产品质量进行分析，有效保证质量。1988 年，塑料一厂生产的聚乙烯地膜，在全省同行业评比中获得第二名，龚被湖北省二轻工业局授予“全省二轻系统优秀质量管理工作者”称号。1993 年，被省委、省政府授予“湖北省劳动模范”称号。

杨义萍

杨义萍 女，民国二十八年（1939 年）出生，恩施市城区人，中共党员，省级劳动模范。1958 年，牵头兴办街道幼儿园，以一腔热情，让孩子们在幼儿园愉快地生活、健康地成长，得到家长称赞。1961 年，该园合并为管理区幼儿园，办园规模扩大，工作人员增至 13 人。杨工作担子更重，人更辛苦，日夜辛勤操劳，总是将平凡琐碎的工作融入为社会、为人民服务之中，彰显慈母般的伟大。其办园事迹越传越远，参观学习者络绎不绝，省、地新闻媒体相继报道。原省长张体学在恩施考察工作时，专门抽出时间看望，夸赞幼儿园办得好，为百姓做好事、实事。1960 年 5 月，被湖北省人民政府授予“劳动模范”称号，在洪山礼堂受到毛泽东主席等领导的亲切接见。同年 5 月下旬，被共青团中央授予“全国少儿先进工作者”称号，获得团中央颁发的荣誉证书和奖章。1962 年，杨义萍被安排到房管所任房管员。1964 年，加入中国共产党。1994 年退休。

张中雄

张中雄 民国二十九年（1940 年）1 月出生，湖南长沙市人，大专文化，中共党员，高级工程师，省级劳动模范，国务院特殊津贴享受者。1959年，武汉机械学校毕业，分配在恩施县机电设备厂工作。1968年8月，调恩施县轴承厂工作，历任技术科长、副厂长。1983年，担任市轴承厂厂长。张坚持企业改革，加强企业管理，合理利用人才，有效促进企业经济效益增长。至1988年，轴承厂产品从80万套递增到372万套，产值从250万元增加到710万元，利润从4年2万元上升到241万元，全员劳动生产率实现7385元；产品全项合格率95.3%，主要产品荣获省优、部优称号，产品寿命、精准度及振动值等技术质量指标达到国内同行业先进水平。1988年，市轴承厂被评为省级先进企业。1989年，张中雄被湖北省委、省政府授予“劳动模范”称号。1996年，享受国务院特殊津贴。2000年1月退休。

伍慰安

伍慰安 民国二十九年（1940年）6月出生，恩施市龙凤八龙坪人，小学文化，中共党员，省级劳动模范。1959年参加生产劳动。1975年始，先后任龙凤区金龙大队、区农科站、八龙坪村党支部书记。其任职期间，伍带领群众修河堤、筑沟渠、建塘堰，使全村540亩“望天收”田变成旱涝保收的良田；组织群众修公路、安装变压器，解决行路难、用电难问题。20世纪80年代初，率先兴办砖厂、耐火材料厂、酒厂、塑料厂、饮料厂、电瓶厂、食品加工厂等10多家村级企业，成为当地免收“三提五统”第一村。其事迹多次在党报党刊上报道。1983年，被省委、省政府授予“湖北省劳动模范”称号。1992年，转为国家干部，担任龙凤街道副书记兼八龙坪村党支部书记。1996年退休。

万秀全

万秀全 民国三十年（1941年）8月出生，恩施市盛家坝车蓼坝人，初中文化，中共党员，部级劳动模范。1958年7月，参加工作。1969年始，先后任供销社副主任、主任。在工作中，万深入调查研究，拓展农村市场，成立“农资工作站”，建立“庄稼医院”，设供销分店，方便群众购置生产资料、生活资料和农机具维修，支援农业生产建设。1992年，带领职工承包安乐屯村120亩茶园，精心管理。1997年，采摘茶叶1．25万公斤，茶园基地逐步成为安乐屯村农民增收的支柱产业。至1996年，供销社消化亏损包袱23万元，上缴国家税金146万元，实现利润61万元，新增固定资产57年6万元，流动资金22万元。1997年5月，被国家人事部、全国供销总社授予“全国供销系统劳动模范”称号。2001年9月退休。

卢正英

卢正英 女，民国三十一年（1942年）6月出生，恩施市六角亭街道人，大专文化，中共党员，部级劳动模范。1963年参加工作，先后任和平街小学、书院中学校长。在教学期间，形成自己的教学风格，因材施教，以身示范，关心爱护学生。为提高教学素养，先后钻研苏霍姆林斯基等教育名家的论著，写下几十万字的笔记。两次为省文改会和省教研室主讲语文公开课，10多篇教学论文及评议教案在省级教育报刊上发表。任校长期间，坚持制度化管理与人性化管理相结合，调动和发挥教职员工的积极性，学校面貌发生较大变化。1993年4月，被国家教委、国家人事部、教育总工会授予“全国教育系统劳动模范”称号。2097年6月退休。

廖习珍

廖习珍 女，民国三十二年（1943年）8月出生，恩施市六角亭胜利街人，中专文化，中共党员，部级劳动模范。1960年，恩施州工业学校毕业。1961年，在恩施县红庙化工厂工作。同年，调恩施县人民银行，任储蓄代办员。1972年，转为正式干部。1985年3月，恩施人行、工行分设，廖被分配到恩施市工商银行舞阳储蓄所任副主任。1987年，调市工行储蓄股任副股长。1989年，任栖枫桥储蓄所主任。1992年，被中国人民银行、中国金融工会授予“全国金融系统劳动模范”称号。1998年8月退休。

詹庆玉

詹庆玉　女，民国三十四年（1945 年）5 月出生，恩施市板桥新田人，小学文化，省级劳动模范。20 世纪 70 年代初，开始从事缝纫业。80 年代后，作为干部家属，带头致富，重点发展养殖业和种植业。1985 年至 1990 年，年出售猪崽 120 余头，收入 2 万多元；年种植党参 4 亩，收入 1 万元；加上缝纫收入，家庭年收入 3 年 5 万元左右，属当地“女强人”。她勤劳朴实，乐善好施，多年无偿向贫困户提供物资、资金和技术支持。1987 年、1991 年、1994 年连续三届当选为恩施市人民代表大会代表。1990 年 3 月，被湖北省人民政府授予“三八红旗手”称号。同年 5 月，被省委、省政府授予“湖北省劳动模范”称号。

张兆桃

张兆桃　女，民国三十四年（1945 年）6 月出生，恩施市崔家坝中村人，初中文化，中共党员，省级劳动模范。在任小队妇女队长期间，带领群众采取规范化耕作方法，推广玉米新品种，实行科学种田，增产粮食产量，解决吃饭困难。1973 年始，任鸦鹊区中村大队党支部书记。带领群众向山要田，把 700 余亩低产田改造成高产梯田，被人们称为“铁姑娘”。在发展粮食生产的同时，注重发展漆树、烟叶和油菜等经济作物，每年向国家上交菜籽油 1 万多斤，被称为“万斤油”大队。1983 年，被湖北省人民政府授予“劳动模范”称号。

唐兴明

唐兴明　民国十三五年（1946 年）10 月出生，土家族，恩施市芭蕉坟前坝人，初中文化，中共党员，省级劳动模范。1964 年 12 月，初中毕业，作为知识青年上山下乡到芭蕉落户。1967 年，返城待业。1976 年 9 月，回到芭蕉坟前坝大队，先后任卫生员、保管员、小学教师、赤脚医生和农业技术员等。

十一届三中全会后，担任乡农业技术员，先后四次到农校学习农业技术，把学到的农业技术知识运用到生产实践中去，实现技术革新，科学种田。在包谷生产上，推广良种研制和育苗移栽技术；在水稻生产上，推广寸水返青、浅水分蘖、深水打泡、湿润结籽科学管理技术。粮食单产提高，农民收入增加。1983 年 3 月，被省委、省政府授予“湖北省劳动模范”称号。

谭世品

谭世品 民国三十六年（1947 年）2 月出生，恩施市芭蕉灯笼坝人，初中文化，省级劳动模范。1979 年，任芭蕉农技站农民技术员。1981 年，转为农技干部。1983 年，在芭蕉茶科站工作。谭在名优绿茶采摘、加工、泡制、培训和无性系良种繁育方面取得成功，率先推行茶苗密植速生技术，实行无性系两种茶栽培，为芭蕉茶叶发展在技术上起到示范作用。多次举办无性系良种茶叶繁育技术员培训，推广良种茶叶繁育技术。组织设计制作的翠菊茶品牌，在全省名优茶评比中被评为三等奖。1991 年，被省委、省政府授予“湖北省劳动模范”称号。1997 年 2 月退休。

黄立菊

黄立菊 女，土家族，民国三十六年（1947 年）7 月出生，恩施市沙地楠木园人，中共党员，大专文化。部级劳动模范。1966 年 10 月，任沙地区副区长。1968 年 5 月始，先后在白果区革委会、地区造纸厂工作。1978 年，调恩施市自来水公司，任副厂长、副经理。1985 年 6 月，任公司工会主席。1990 年 4 月，被国家建设部授予“全国建设系统劳动模范”称号。2002 年退休。

向修远

向修远 民国三十七年（1948 年）9 月出生，土家族，恩施市沐抚高台人，小学文化，中共党员，省级劳动模范。1978 年，任恩施县沐抚公社团井大队党支部书记。1983 年始，向以分散办场、集中统销的方法，带领全村 10

个小组办起养猪场，吸收 60 多个劳动力为饲养员，年出栏肥猪 2000 多头，农民增收 6 万余元，集体经济得到发展。到 1985 年，在他的带领下，全村 50 多户贫困户通过养猪，实现脱贫。1991 年，全村实行自带伙食、集中吃饭、集中劳力、集中劳动“三集中”的方法，开展坡地改梯田运动，农田基本建设的经验在全市推广。同年 2 月，被省委、省政府授予“湖北省劳动模范”称号。

张必斗

张必斗　民国三十七年（1948 年）10 月出生，土家族，恩施市白果两河口人，中专文化，中共党员，省级劳动模范，湖北省第六届人大代表。1976 年 7 月加入中国共产党。1972 年始，担任白果公社新胜大队民办教师。1975 年 5 月，任新胜大队六生产队队长。1976 年始，任新胜大队党支部书记、主任，兼任乡村医生，电影放映员。1983 年，被湖北省委、省政府授予劳动模范。1983 年 4 月，当选为湖北省第六届人民代表。1984 年 12 月，招聘为国家干部，先后在两河口乡油竹坪乡、乌池坝乡、白果坝镇任党委书记、乡长职务。1998 年，任白果乡社会事务办公室主任。1999 年，任两河口管理区副书记，白果乡农技站站长。2002 年，任白果乡农办主任兼魔芋生产办公室主任。2006 年，任两河口村副书记。2008 年 10 月退休。

罗幸祥

罗幸祥　1949 年 10 月出生，恩施市芭蕉戽口人，初中文化，助理农艺师，高级经济师，省级劳动模范。1971 年始，先后担任芭蕉茶厂技术员、厂长。首次在芭蕉老茶区建成 500 亩密植速生丰产样板茶园，使当地由传统的四边花、条植茶转变为大面积密植丰产速生茶园，为芭蕉在茶叶种植上的改造升级起到引路带头作用。同时，引进资金 65 万元，兴建具备相当规模的茶叶初精制加工厂，改变传统的半手工式毛茶加工，使芭蕉区的茶叶生产形成种植、加工、销售一条龙，增加茶农收益。1983 年，被省委、省政府授予“湖北省劳动模范”称号。

梅群英

梅群英（生年不详） 女，湖北宣恩县人，新中国成立后，先后在恩施清江旅社和市综合公司东风旅社工作，任东风旅社组长。多次被评为恩施县和恩施地区先进工作者。1959 年，被评为省劳动模范。1977 年，代表东风客栈出席省财贸先进工作者代表大会。1979 年，省“革命委员会”给她补发《劳动模范荣誉纪念证》。1980 年被评为省财贸系统先进工作者，获省人民政府颁发的铜质镀金奖章，并授予“劳动模范”称号。《恩施报》多次登载过梅群英的先进事迹。

刘谢元

刘谢元（生年不详） 籍贯不详，中共党员，省级劳动模范。1955 年，在恩施县国营沐抚炼磺厂工作。1959 年 10 月，调炼磺工种工作，直接管理三座“中大一”“中大二”“中大三”骨干炉。刘坚决实行“薄料、分层、厚底火、油照管”操作方法，并一直住在工棚，每晚对炼磺炉检查三四次，做到“四勤两快一及时”（即勤检查、勤搜渣、勤调剂风量、勤处理问题，出磺快、加料快和备料及时），一方面全力加大生产，一方面加强技术管理，开展学比赶运动，建立架炉师轮休制、架炉集中制、专人负责制。上任三月，硫磺出矿率高达 35. 11%，创造土法炼磺中型炉出磺率最高记录，较上任当月增加 15. 71 个百分点。平均出磺率达到 27. 08%，炼磺厂同型号炉大面积均衡高产。曾先后 15 次被评为县、地级先进生产者，3 次被评为地、省级劳动模范。1959 年 9 月，当选为湖北省工交财贸英模并出席代表大会。

王祖富

王祖富 1950 年 10 月出生，湖北巴东县人，大学文化，中共党员，部级劳动模范。1968 年 11 月，参加工作，先后任恩施市化肥厂工程师、厂长，市总工会副主席。在化肥厂工作期间，尽职尽责，钻研化工技术，实践中积累丰富的经验，发明“统筹开车法”“低变触媒硫化新工艺”“合成触媒不纯化换内件”，获得恩施州科技奖；“低温变换触媒硫化新工艺及操作技术”“耐硫一氧化碳变换催化剂的硫化方法”，获国家专利，为企业节约资金100万元。1993年4月，被国家化工部授予“全国化工系统劳动模范”称号。2010年10月退休。

杨廷见

杨廷见　1951年9月出生，恩施市沙地神堂人，初中文化，省级劳动模范。年轻时从事中医、兽医工作。后从事中药材栽培研究，将野生药材培育成家生药材，并在周边大面积推广，为社会带来经济效益。1982年，被评为全省劳动模范。

徐仕祥

徐仕祥　1954年6月出生，恩施市芭蕉朱砂溪人，高中文化，中共党员，省级劳动模范。1984年3月，被聘为朱砂溪乡农业技术员。徐工作勤奋好学，吃苦耐劳，扎实推进全乡农业技术推广。在杂交水稻、地膜育秧、两段育秧工程中，把握重要环节，实行分类指导，秧苗发芽率达到93%，为全乡2695亩水田增产增收打下基础。水稻单产由1984年前的230公斤，提高到1990年的490公斤，总产翻一番，解决了群众吃饭问题。1991年2月，被省委、省政府授予“湖北省劳动模范”称号。

舒称鹄

舒称鹄　1955年8月出生，恩施市新塘河溪人，高中文化，中共党员，部级劳动模范。1973年高中毕业，先后参加集体劳动和任大队民办教师。1976年2月，在双河信用社工作，任社主任。1984年，任双河农行营业所主任，并转为银行正式干部。他作风正派，为人正直，坚持刻苦学习，钻研金融业务，在实际工作中灵活运用，金融业务开展较活跃。当年存款余额达69万元，完成计划的267.6%。1984年4月，被中国农业银行授予“全国金融劳动模范”称号。1997年7月，调龙凤信用社任主任。2000年3月，调七里坪信用社工作。2015年8月退休。

杨通万

杨通万 1955年10月出生，侗族，恩施市芭蕉人，初中文化，省级劳动模范。1979年，辞去电站工作回到农村，在种好责任田基础上，率先在家乡兴办粮食加工厂和养猪场，勤劳致富，赢得较好收益。1982年，将饲养的30头肥猪、收获的5000多公斤粮食，全部按照统筹价销售给国家，与市场价相比个人收入损失1万元以上。1983年，被省委、省政府授予“湖北省劳动模范”称号。

邓慎明

邓慎明 1956年2月出生，土家族，恩施市沙地黄广田人，高中文化，中共党员，省级劳动模范。1978年6月高中毕业后，参加市乡公路养护工作，先后担任恩施市公路段公路站核算员、班长、站长、党支部委员。邓30余年如一日，坚守在养护生产第一线，时时处处严格要求自己，积极参与公路行业改革和文明建没，发挥一个共产党员的先锋模范作用。所在站班连年超额完成养护生产任务，被上级业务主管部门授予“文明单位”“十佳道班等殊荣”；个人连续多年被市政府、州公路局评为先进工作者，优委共产党员。在实际养护工作中，不管是刮风下雨还是酷暑寒冬，他始终坚持以身作则，带头上路，脏活重活抢着干。在一次油路坑槽修补施工过程中，千余斤的油籽抄盘将其左手指碾断3根，公司领导要他住院治疗，他只是在当地诊所包扎一下，仍然和工友们一道坚持战斗在养护生产第一线，没有耽误过一天生产。2004年，邓慎明被省人民政府授予“湖北省劳动模范”荣誉称号。2006年4月退休。

吕经平

吕经平 1956年4月出生，恩施市小渡船航空路人，高中文化，中共党员，部级劳动模范。1977 年，被招收到江汉油田建南气矿井队工作，先后担任钻工、副司钻、生活管理员、炊事班长。1978 年始，所在队被石油部江汉油田抽到新疆参加会战。1985 年 10 月始，担任 32827 队队长，曾打出一口日产气 10 万立方的高产气井，改写新疆无天然气的历史。同时在同一地域打出一口优质油井，获得地层、油层第一手资料。创造该地区搬家安装最快、班进尺、月进尺、单井完钻最高纪录，获指挥部“生产”“生活”“思想政治工作”三面红旗。1987 年 3 月，井喷着火，面对井喷事故，果断指挥，在 10 多位老百姓帮助下，仅用十几分钟时间，成功扑灭几十米高的烈烟，创下无专业消防队的情况下成功扑灭井喷，无一伤亡的奇迹。1988 年度，再次被评为全国石油系统金牌队。1989 年度，32827 队被能源部授予“先进集体”称号，被授予“全国石油系统劳动模范”称号。

蔡秀莲

蔡秀莲 1957 年 11 月出生，恩施市沙地椿木槽人，初中文化，外出务工农民，全国劳动模范。1995 年始，任广东省茂名市耀明企业集团有限公司农民工领导小组组长。20 多年来他树立政治意识、大局意识和责任意识，每年根据公司糖业生产需要，从家乡组织带领 100～150 人的农民工为公司尽心尽力生产。代表农民工与公司签订劳动合同，争取待遇，义务护理、关心照顾生病工人。多方为公司排忧解难，促进公司的快速发展。2010 年，公司实现年产甘蔗 70 万吨、白糖 7 万余吨、酒精 1 万吨，实现销售收入 5 亿多元，上缴税金 3000 多万元。2012 年，公司被评为广东省“优秀民营企业”，蔡秀莲个人被评为“广东省劳动模范”。2015 年被评为“全国劳动模范”。

曹代权

曹代权 1958 年 3 月出生，初中文化，恩施市六角亭街道人，中共党员，省级劳动模范。1982 年，参加公路养护工作。1985 年始，任恩施市公路段峡口道班班长、三一八工区长、养护公司机械部主任。他以养路为业，以养好路为荣，以身作则，率先垂范，提高公路养护水平。每次分配工作都要求到最累最艰苦的地方，每次分配的任务他总是最先完成，养护的路面质量总是最好，每天的工作时间都坚持在 9 个小时以上。默默奉献，从无怨言，也从未向组织上提出过任何个人要求。1994 年，峡口道班被评为全省“十佳道班”；曹代权被省委、省政府授予“湖北省劳动模范”称号。

李纯斌

李纯斌 1958 年 6 月出生，恩施市白杨坪鹿子渡人，大专文化，中共党员，省级劳动模范。1977 年参加工作。1982 年，调恩施环卫处工作，先后任车队队长、小渡船环卫所所长、环卫处办公室主任。在环卫工作 20 多年中，兢兢业业，默默无闻，每天坚持上路段检查，半夜和保洁工人一道清扫街道，亲自开吸粪车，清运垃圾，一次，因驾驶翻斗车出现故障，被破碎的车窗玻璃划破一只眼睛，导致失明，也未对单位提出任何要求。对市民的服务求助有求必应，关心职工生活，对车辆实行油耗控制，为单位节约资金近 10 万元。2002 年 3 月，被省委、省政府授予“湖北省劳动模范”称号。

田小丽

田小丽 女，1959 年 9 月出生，土家族，恩施市小渡船街道人，中高中文化，共党员，省级劳动模范。1976 年 8 月，作为知识青年上山下乡到白果区参加劳动。1980 年 4 月，招工到恩施市轴承厂，任磨工车间内圆生产线操作工人。进厂以来，虚心学习，刻苦钻研，工作兢兢业业，任劳任怨，为多出产品，出优质产品，加班加点，忘我劳动。1981 年，她所负责部分产品质量，即达到部颁标准和国家标准，被评为全市质量标兵，并接连夺得“产量之最”“质量之最”称号，超额完成生产任务，被人们称为“走在时间前面的人”。1982 年 5 月，出席共青团湖北省代表大会。1983 年 2 月，被省委、省政府授予“湖北省劳动模范”称号。

龚伦祥

龚伦祥 1961 年 12 月出生，高中文化，恩施市三岔四方碑人，中共党员，省级劳动模范。1981 年 10 月，在恩施县国营东风煤矿工作。1984 年，在恩施市水泥厂工作，先后任电工班长、水电车间主任。2001 年，在恩施富民水泥有限公司工作，任水电车间主任、水泥制成车间主任。工作认真负责，无节假日休息，无上下班概念，勤勤恳恳，默默无闻，一丝不苟，随时保证水电机械设备的正常运转，是全厂公认的“老黄牛”“永动机”。1998 年 4 月，被省委、省政府授予“湖北省劳动模范”称号。

周　巍

周　巍　1968 年 7 月出生，土家族，恩施市红土乡红土溪人，中共党员，省级劳动模范。1998 年 6 月，加入中共共产党。1988 年 12 月，通过公务员招考进入恩施市人民法院工作，任市法院三岔法庭书记员。1992 年 4 月，任市法院双河法庭助理审判员、审判员。1999 年 3 月明确副科级。1999 年 6 月，任市人民法院三岔法庭副庭长。2002 年 3 月，任市法院崔坝法庭副庭长。2005 年 3 月，任市法院民一庭副庭长。2008 年 8 月，任市法院执行局副局长。在执行局工作期间，被省委、省政府授予省劳动模范光荣称号。

袁　亮

袁　亮　1979 年 3 月出生，恩施市板桥新田人，大学文化，中共党员，省级劳动模范。1998 年 6 月，恩施州农校农学专业毕业，分配到龙马乡农技站从事农技推广工作。2005 年始，在龙凤镇农业服务中心从事农村能源工作。袁十几年如一日，努力钻研业务知识，踏踏实实为老百姓服务，为恩施市的农村能源事业作出突出贡献。工作上吃苦耐劳，不怕脏不怕累，热忱服务群众，每年他几乎有一半时间是在沼气池里度过的。为使老百姓用好沼气，率先在全镇实行包建设、包管理、包服务的“三包”责任制。通过他多年来的辛苦付出，使龙凤镇上万口沼气池使用率高达 90% 以上。他曾下过 1700 多口沼气池，行程近 12 万公里，跑坏 2 台面包车，更换 3 辆抽粪车，得到群众和各级领导好评。其事迹先后被《人民日报》《农民日报》《湖北日报》等多家媒体典型报道。2015 年 4 月，获得“湖北省劳动模范”称号。

谭桂英

谭桂英 女，1982 年 1 月出生，土家族，恩施市沐抚营上村人，大专学历，恩施生态文化旅游发展有限公司市场营销部导服组高级主管，省级劳动模范。1997 年 9 月，在恩施职业技术学院读中专。2000 年 8 月，回乡待业。2002 年 8 月，在广东省新荣塑胶制品厂从事文员工作。2004 年 6 月，在广东省联泰制衣厂从事质检工作。2006 年 11 月回乡务农。2008 年 3 月，在恩施大峡谷峡谷轩酒店从事前台服务工作。2009 年 9 月，在恩施晨晖导服公司从事导游工作。2011 年 3 月，取得国家旅游局颁发的导游证。2012 年 6 月，在恩施大峡谷景区从事导游工作。2014 年，荣获湖北省国资委“灵秀湖北最美导游”称号。2015 年 5 月，被授予“湖北省劳动模范”称号，获得五一劳动奖章。

二、留学国外成功人士

向天钟

向天钟（1884—1951 年） 字子美，土家族，恩施县鸦鹊水人，清末秀才，中国同盟会会员。光绪三十年（1904 年），考取官费学校留学日本，于东京早稻田大学法科毕业。民国初年（1912 年），任湖北省长公署咨议，夏口、安陆等县地方审判厅推事等。后于武昌、恩施执行律师业务，曾任恩施县参议会参议员。1951 年因病逝世，享年 67 岁。

黄以瑚

黄以瑚（1885—1951 年） 字致和，恩施县龙凤向家村人，清末秀才，同盟会会员。官费留学日本，在东京帝国大学农科森林系毕业。先后任山西大学堂教授、辽宁黑山农林试验所所长、民国陆军部编译官、铁道部编译、湖北农专教授等职。1951 年于恩施病逝，享年 66 岁。

谭华荣

谭华荣　1954 年 1 月出生，土家族，恩施市红土平锦人，博士生导师，中共党员，国务院政府特殊津贴享受者。1978 年 9 月，四川大学生化专业毕业，在中科院微生物研究所任实习研究员。1985 年 10 月，赴日本国大阪大学留学。1986 年 10 月，任微生物研究所助理研究员。1988 年，10 月，赴英国东安格利亚大学和 John Innes 研究所攻读博士研究生。1991 年 12 月，任微生物研究所副研究员。1993 年 7 月，享受国务院政府特殊津贴。1994 年，先后任微生物研究所研究员、微生物分子遗传研究室主任，首批入选中国科学院“百人计划”。1995 年 5 月，被批准为博士生导师。1999 年 8 月，获“国家杰出青年科学基金”资助。2000 年至 2003 年，先后任微生物所副所长、学位委员会主任、学术委员会主任、党委书记。在国际上首次发现与链霉菌分化有关的两个发育调控启动子，进行调控分子机制的研究。在链霉菌中发现多个与分化有关的新基因，进行基因功能及其作用的分子机制研究。克隆有重要应用价值的尼可霉素生物合成的全部基因簇，完成全序列分析及相关基因的功能研究。在国内首先完成腾冲嗜热菌的全基因组序列分析。发表论文 90 余篇，SCI 收录论文 40 余篇。承担国家基础研究“973”计划、国家高技术研究“863”计划、国家基金委重点项目及中国科学院重要方向项目多项。

郭绍东

郭绍东　1962 年 3 月出生，土家族，恩施市新塘横拦溪人。1982 年 6 月，恩施市双河中学毕业。1985 年 6 月，恩施高中毕业。1985 年 9 月至 1992 年 6 月，进入华中农业大学，完成四年本科及三年研究生教育。1992 年 9，进入北京大学生物系接受博士研究生教育。1995 年，进入中科院遗传及发育生物学研究所从事两年博士后研究。1997 年，进入美国芝加哥伊利诺伊大学从事生物医学研究。2001 年，进入哈佛大学继续科学研究工作。旅居美国。在科学研究生涯中取得一定成果。

向亚锋

向亚锋 1963年10月，土家族，恩施市崔家坝鸦鹊水人，研究生学历。1985年参加工作。1985年至1998年，任武汉大学讲师。1998年至2003年12月，出国赴日本，在东京电子系统中心工作。

赵先然

赵先然 1966年3月出生，土家族，恩施市沙地麦淌人，大学本科，硕士研究生学历，美国斯伦贝州公司亚太区首席专家。1984年，在江汉石油学院读书。1988年9月，在北京石油勘探开发科学研究院攻读硕士学位。1991年7月，任中国石油集团科学研究院地球物理研究所工程师、副主任。1995年，任斯伦贝州中国公司首席工程师。2000年，任斯伦贝州美国公司工程师。2012年，任斯伦贝州公司亚太区首席专家。2016年，任斯伦贝州公司北亚区数据综合集成及服务部总经理，北京、中国亚太首席专家，中国区部门总经理，应邀为泰国及国内部分主要大学作主旨学术报告。

吴　军

吴　军 1968年4月出生，侗族，恩施市盛家坝石栏人。幼年勤奋好学，天赋聪明。1990年，南京气象学院毕业，入国家气象局攻读硕士。1993年毕业，就职于国家气象局。1996年，赴美国马里兰大学留学。2000年，获气象研究和计算机科学双科硕士，谋职于美国大气海洋管理局，任高级气候软件工程师。定居美国马里兰州。

邱珊珊

邱珊珊 女，1977年9月出生，土家族，恩施市沙地黄广田人，中共党员。受聘美国福特总部任高级经济分析师。1997年秋，在华中师范大学数学系（本科）读书。2001 年，在本校数学系读研究生，攻读硕士学位。2004 年秋，毕业留校，任辅导员。2005 年秋，考入美国密歇根州立大学，攻读工程学数学博士学位，被评为韦恩大学优秀留学生。2008 年秋，受聘到美国福特总部工作，担任世界经济风险师，同时被聘为中国上海宝马公司走向分析师，向国家和相关单位提供世界经济动向学术研究报告。旅居美国底特律。

孙　豳

孙　豳　女，1979 年 9 月出生，土家族，恩施市板桥大木人，材料化学博士，法学博士，中国小米公司法务部主任。1987 年 9 月，在板桥初级中学读书。1990 年 9 月，在恩施高级中学读书。1994 年 9 月，在华中师范大学读书。1997 年 9 月，在北京大学读研究生。2003 年 2 月，在美国维斯康星大学读化学材料博士。2007 年 9 月，在美国维斯康星大学读法学博士。2000 年，在美国华盛顿任专利执业律师。2013 年至 2015 年，任北京京东方专利业务总负责人。

胡　荣

胡　荣　女，1988 年 12 月出生，恩施市板桥老鸹石人，中共党员，硕士学位。浙江诺丁汉大学国际汉语教师。2001 年 9 月，在恩施市板桥镇初级中学读书；2004 年 9 月，在恩施市第一高级中学读书。2007 年 9 月至 2011 年 6 月，在西北大学外国语学院（英语专业读书）。2012 年 9 月至 2016 年 6 月，在厦门大学海外教育学院就读研究生。2013 年 11 月至 2015 年 7 月，在英国卡迪夫大学孔子学院国际汉语任教师。2016 年 8 月，任浙江宁波诺丁汉大学国际汉语教师。定居住浙江宁波。

三、其他人物

王　权

王　权（1909—1950 年）　谱名王本然，字之善，恩施县沙地白果坝人。民国十四年（1925 年），考入冯玉祥主办的西北干部学校读书，并在其部下任职。民国二十五年（1931 年），赴蒋介石所办的豫鄂皖三省地方团队干部训练班受训，毕业后受任恩施县自卫队中队长。后入南京陆军军官大学第二期参谋班学习，毕业后任国民军政兵役署上校人事科长。抗日战争时期，先后任四川资中团管区司令，庐永师管区少将副司令兼出国部队检查站主任，成都军区少将参谋。民国三十七年（1948 年），回恩施竞选国大代表落选。1950 年。被人民政府依法处决，终年 41 岁。

徐子尚

徐子尚（1892—1950 年）　原名德叔，恩施县崔家坝香炉坝人，武昌高等师范学堂毕业，在北平任教 10 余年。韩复榘任河南省主席时，徐应县长考试榜列第一名，为韩所赏识。先后任开封、临清、滕县、清平等 9 县县长。纂修《临清县志》成书。抗日战争期间，任恩施县临时参议会副议长、议长等。1950 年，因“反革命案”，徐被依法处决，终年 58 岁。

李子尚

李子尚（1892—1950 年）　字以行，恩施县城关六角亭人，国民党员。民国二十六年（1937 年），回恩施任国民党鄂西党务指导员办事处干事、恩施县党部干事、常务监察委员，利川、宣恩两县国民党执行委员会书记等职。民国二十九年（1940 年），在南山游击干部训练班受训毕业，任恩施专署任科长、恩施县田粮科长，恩施县参议会副议长、议长等。民国三十八年（1949年），国民党川湘鄂黔边区绥靖主任公署及湖北省政府逃迁恩施，李勾结宋希濂、朱鼎卿及地方土劣王献谷、邓濂溪等，联合各帮汉流、各封建会道门等组织，成立恩施县人民反共行动策进委员会，李为首领。1950年冬，李被依法处决，终年58岁。

沈尚浔

沈尚浔（1889—1950年）　号沈久儒，恩施县太阳河武圣街人。民国七年（1918年），赴日本法律科就读毕业。民国十二年（1922年）始，任四川省奉节县承审、代理县长、达县承审员、四川第十五行政督查专员公署科员等职。曾任太阳河团防团总，在任期间横行乡里，将有仇隙的刘恒平、刘长伟、谌光碧杀害而引起公愤。经刘氏组织百余乡民到县政府请愿数日后，被罢免团总职务。民国三十六年（1947年），任恩施县军事法庭案审员。因负命案，1950年被人民政府枪毙。

唐鸾生

唐鸾生（1887—1951年）　又名唐代厚，恩施县盛家坝下营坝人，春山学校毕业。早年碌理农耕数年，置产十余契。民国八年（1919年），出游川鄂，开阔眼界。逾年返梓，捐资兴学，移化民风。民国二十七年（1938年），任国民政权恩宣咸利四县边区办事处主任，平息混乱，威震四方。民国三十年（1941年），唐任大集乡长。届时，正值抗日期间，其救方理政，恪尽职守，组织大集街民成立剧协团，学唱南戏。明令“唱戏者，免兵役”，致剧团活动有声有色。街道居民饮水困难，组织街民修石梯，下街北丝栗树坨天坑取水饮用。民国三十三年（1944年），当选恩施县参议员。民国三十七年（1938年），任黄泥塘、芭蕉、见天坝、桅杆、大集五乡民团支队长。对当地社会安定、文化有一定贡献。1951年因病逝世，享年64岁。

王献谷

王献谷（1893—1951年） 原名王寿琛，恩施县城关南正街人。宣统元年（1909年），入施南府中学一年肄业。父王宾如，清末廪生，曾任恩施县商会会长、商办施鹤森林公司总董。民国九年（1920年），王充任恩施县商团副团长、城市团防副总指挥等。民国十二年（1923年），赴宜昌成立济安公司，经营鸦片。后赴武汉与老牌鸦片商李紫云、赵典之等联系，打通汉宜间鸦片贩运渠道，遂在沙市设立庆安公司，营运范围扩大，鸦片经营业务跃居宜昌首位，被推荐为宜昌特业工会主席，并被委任为宜昌禁烟督察所所长。后攀结北洋军卢金山、张允明、宋大霈、于学忠，川军杨森、范绍曾、郭勋祺，蒋军徐源泉等军阀头领。民国十九年（1930年），王献谷勾结来凤县土霸王向卓安，领武装400余人进据恩施，并由向派亲信杨少芹充任恩施县长。国民党湖北省政府所派县长曾恤民，两次来县就任，均被王指使暴徒驱逐。致同年六月，曾恤民愤约川东土著武装甘占元等率4000余人，围攻恩施县城10天9夜，城郊横遭劫掠。民国二十四年（1935年），王献谷加入国民党，被委任为行辕运输委员会委员和建设委员会设计委员。民国二十九年（1940年）秋，王回恩施，充任湖北省临时参议会第一届和第二届参议员。民国三十六年（1947年）秋，王当选国民党“制宪国大”代表。民国三十七年（1948年）夏，王出席南京国大代表会议，后被蒋介石委任为宪政促进委员会委员。民国三十八年（1949年）七月，国民党湖北省主席兼湖北绥靖总司令朱鼎卿和川鄂湘黔边区绥靖主任宋希濂先后溃退恩施。朱鼎卿依据王献谷的谋议，将鄂西八县的地方武装编成两个绥靖旅，以期与中国人民解放军作最后对抗。十月，人民解放军大军压境，王献谷仓惶逃往四川，企图混入起义川军郭勋祺部逃避罪责。1951年，被人民政府逮捕归案。6月30日，被依法处决。终年58岁。

廖洪举

廖洪举（1901—1950年） 原名廖朋，又名廖洪顺，化名廖宏，初中文化，恩施县城关胜利街人。民国十二年（1923年），廖从军，先后为恩施警备司令部警士、班长。民国二十九年（1940年），加入国民党中央执行委员会调查统计局（简称“中统”）组织，接受特殊训练。民国三十一年（1942年）始，先后任警备司令部龙凤坝、茅田、晓关等站站长。民国三十六年（1947年）始，成为改组后的国民党中央党员通讯局、国民政府民政部调查局骨干，从事情报、侦察、监视、绑架、暗杀、迫害中共人员和爱国进步人士等活动。廖为境内最大的汉流组织营盛宫龙头大爷、会道门文善堂头目，同时出任恩施县参议员、县商会监事、旅栈业公会理事长等职。民国三十八年（1949年）七月，国民党湖北省政府溃退恩施。十月，省主席朱鼎卿召集恩施“永、同、仁、义”等汉流公口主要骨干会议，成立湖北省恩施县人民反共行动委员会。廖被推举为会议主席及恩施县人民反共自卫行动纵队司令等。同时，国民党川湘鄂边区绥靖公署主任兼绥靖总部司令官宋希濂入施，廖被宋委任为属部十五军高参。廖数次令谍报队员孟庆新、麦正科窜至东乡新塘，与冯玉墀（恩施县反共纵队第三支队队长）、林云峰（新塘乡乡长）等联络，合谋建立反动武装“游击根据地”，开辟“第二战场”，抵抗解放军进军。新中国成立后，廖抗拒人民政府通告，散布谣言，蛊惑人心，扰乱金融秩序。1949年12月20日，与冯玉墀等密谋，策划于1950年2月10日发动反革命暴乱，企图颠覆新生的人民政权。1950年1月，廖被公安机关抓获。8月9日，经恩施县人民法庭审判，恩施专署核准，被执行枪决。时年49岁。

童恢亚

童恢亚（1913—1950年） 恩施县白果见天坝人，三青团员、国民党员。恩施简师毕业，曾任小学教员、校长。后在军统局息峰训练班受训。先后任军统局恩施站站长，财政部湖北缉私处恩施查缉所股长，三青团恩施分团部书记、干事，国民党恩施县党部秘书等职。参与国民党在恩施特务机关，破坏中共地下党组织，迫害共产党员及进步人士。1950年冬被依法处决，时年37岁。

刘天培

刘天培（1915—1950年） 又名刘迪，字资甫，恩施县白杨坪集镇人，国民党党员。出身于封建地主家庭，自幼进私塾随本乡革三先生读书。民国二十二年（1933 年）恩施十三中求学。翌年考入国民党庐山战干团学军事，毕业时正值抗日战争爆发，刘怀抗日救国心，与同仁到长沙高中，动员学生积极抗日，并组建地方武装。后到长沙师范学校，动员学生抗日。历时三个月，由学生、贫民 300 多人组成一支抗日队伍，刘历任排长、连长、副团长。为部队给养和武器装备，三次策划偷袭长沙日军粮库、军火库，成功夺得大批粮食和武器弹药。刘率部作战屡屡击败日军，日军遂收买黑社会人员三次刺杀未果。民国三十二年（1943 年），部队增至 1500 人，升任副司令。抗日战争胜利，刘的队伍被国民党军队收编，续任副司令。此时，共产党积极争取其部，刘徘徊未决，后弃戎回乡。民国三十五年（1946 年）秋，刘举家回到白杨。民国三十六年（1947 年），任国民党白杨坪乡长，兼白杨小学校长。民国三十八年（1949 年）初，刘任国民党恩施县副县长、绥靖 43 团副团长，待命剿共。11 月 6 日，恩施解放。是日下午，国民党恩施县县长彭时斌与刘率部出西门至乡下，计划去大集、板桥、木贡一带游击。当晚宿营白果。第二天驻罗针田，彭要刘到利川。彭走后，刘带余部到马者，两天后到板桥。11 月 15 日，刘接到中共恩施县县长张树林的劝降信后，召集排以上军官开会，决定把部队开到白杨坪投降。16 日，副营长李华堂带刘的投诚信到屯堡区署，郭区长、县大队队长张汉华接待李，看信后，表示欢迎。17 日，李回木贡时，刘已把部队带走，留下联络地点，要李赶到白杨坪。18 日，郭区长写信要李面见张县长。张县长令李到白杨找刘，这时刘经龙马茶园沟到太阳红藤坝，再次接到张县长的信，刘决定把部队开到恩施。22 日，刘残部行至太阳茅湖塘，突遇张县长部队，双方交战，刘的队伍被打散。当晚刘到白杨坪投降，交出枪支 69 支和手榴弹。1950 年 11 月 19 日，因恶霸一案，在当地群众的强烈要求下，县人民法院将刘判处死刑。同年 12 月 7 日，在龙凤坝凉水井被处决，时年 36 岁。1985 年 2 月 13 日，根据中央对国民党起义人员“既往不咎”和历史问题造成错杀、错判、错处应一律纠正的决定，市人民法院复查改判，撤销刘天培 1950 年 11 月 19 日刑事判决，不追究刑事责任，恢复起义人员身份。同年 8 月 30 日，中国人民解放军武汉军区派人探访，为其家属送达恩施市人民政府颁发的《刘天培同志投诚证明书》。

袁济安

袁济安（1893—1951年） 号巨骧，湖北沔阳县人。保定军官学校及陆军大学毕业。北伐时任第19军第二师师长。民国十四年（1925年），任湖北陆军第二师五团团长。民国十六年（1927年），任国民革命军第15军三师三旅少将旅长。翌年三月，任湖北省清乡督办公署参谋长。民国二十二年（1933年）二月，任湖北省第十区行政督察专员兼保安司令；六月，兼任恩施县县长。民国二十六年（1937年）三月，任四川省第15区行政督察专员兼保安司令；十二月调任湖北省第七区行政督察专员兼保安司令，兼任恩施县县长。民国二十八年（1939年）五月，任军事委员会少将参议。民国三十二年（1943年），任军法执行总监部中将总务组长。民国三十四年（1945年）六月，任国防部中将部员。翌年，任武汉行辕中将高参。民国三十七年（1948年），任长沙绥靖公署中将高参。民国三十八年（1949年）十月脱离军职，十一月，于重庆被俘虏。1951年，于武昌被依法处决，时年58岁。

金 石

金 石（1904—1950年） 原名金裕汉，字仲章，原籍恩施县芭蕉高拱桥，后住恩施县城。民国十五年（1926年）春在省立十三中学毕业后，赴宜昌谋求工作，经同学介绍，加入国民党，随后回恩施。在国共合作时期，宣传革命，组织施鹤同学会等。民国十六年（1927年）2月，与朱光钦等重新组建恩施县党部，开展革命活动，担任党部秘书兼农协筹委、妇协秘书和审判土劣委员等。旋因驻军叛变附蒋，即撤回武汉，后入董必武等主办的党务干校学习，并加入共青团。在宜昌参加党团联系会议后，受命回施鹤开展革命活动。在咸丰与共产党员杨维藩组织咸丰龙潭司农民暴动和利川汪家营神兵起事等革命活动。民国十七年（1928年）冬，因施南及荆宜等地革命组织相继被蒋介石破坏，与组织失去联系，遂改名为金石，往投五峰县长张干卿，充任该县府秘书。以后回恩施担任小学教师，曾任国民党县教育局长，后弃教经商。在抗日战争时期，做过施宜警备司令部法官、湖北省政府秘书处编译室科员。民国三十五年（1946 年）春，被选为湖北省参议员。1950 年，被恩施县人民法庭逮捕处决，时年 46 岁。

冯玉墀

冯玉墀（1910—1950 年） 又称冯玉池，恩施县济安（双河）粟谷湾（现属宣恩县椿木营）人，出生于地主家庭，幼读私塾数年，后入汉流组织，先后于东乡团总傅卫风、冯兰臣部下供职。民国二十一年（1932 年），被县政府调任县警察第三大队长。民国二十二年（1933 年），冯玉墀被县政府委任为恩施义勇大队大队长，与以贺龙所领导的红军队伍为敌。红三军七师主力进驻苏区双河桥境内后，冯杀害红三军七师连长何明宜（甘坪人）。不久红军主力西进，冯数次组织对苏区偷袭。红军撤退后，冯返回双河桥一带，杀戮红军游击队员、农会干部、积极分子近百人。民国二十三年（1934 年）二月，冯经湖北第七行政区专员袁济安保送至庐山中央军校“特训班”第一期受训，结业后充任恩施县自卫队中队长。冯在地方作恶多端，抗日期间被冤主向湖北省政府告发，于捕解途中逃脱，潜回粟谷湾老巢称霸，贿通县长林人俊，被委任为济安（双河）乡长。又贿通专员张笃侁，被调升新塘区区长。民国三十六年（1947 年），纠合全区乡土武装数百人，于恩鹤边境狙击中原突围之解放军李人林部。新中国成立前夕，冯充任湖北绥靖第十五旅后备第二营营长、恩施县反共自卫行动纵队第三支队队长、湘西土著武装瞿波平部支队长、宋希濂部十五军补充团团长等职。新中国成立后，与恩施县绥靖团副团长刘天培、营长刘海帆、支队长钟介卿、廖洪举等密谋，企图组织暴乱。1950 年 8 月 8 日，经恩施县人民法庭捕获处决，时年 40 岁。

叶滌亚

叶滌亚（1915—1950 年） 原名叶宗城，恩施县城关小十街人，国民党员、三青团员，中央警官学校毕业。曾任恩施县农会理事长、县参议员、三青团恩施分团部干事长、恩施县党部副书记长等。叶紧密配合中统、军统特务及地方军警系统，监视中共地下活动，与恶霸王献谷等勾结，拉拢地方青年，扶持恶势力与其他封建势力争霸。1950 年冬，叶被依法处决，时年 35 岁。

邓濂溪

邓濂溪（1903—1951 年）　学名邓秋杰，恩施县白果坝人。曾读私塾数年，后入十三中学（初中）读书。父邓际云，清末秀才，为恩施西乡大地主，曾任恩施县教育局长、西乡团防团总等。邓濂溪年轻时即在团防公所供事。民国十九年（1930 年），红军主力撤离恩施境内，邓濂溪乘机带领团丁将红军游击队政治委员杨某某及战士童继美、熊尉然等 10 余人杀害。后继任其父“团总”职位，率团丁数十人，连同省保安团两连兵力，开赴桅杆堡、盛家坝、见天坝、大集场等乡镇“围剿”，杀死农民贺老幺、陈松山等 20 余人，并在牛滚垱焚毁民房 5 栋。民国二十一年（1932 年），邓调升县自卫队分队长、中队长，分别以“剿匪”“惩办土匪”为名，先后将农民谭长福、谭长孟、张元柱、张元良、向开万、谭老许、段三娃等人杀害于白果坝街头。民国二十一年（1932 年），被保送到武昌鄂豫皖三省团队干部训练班受训，结业后任恩施县常备队中队长。抗日战争时期，出任县财务委员会主任委员、县参议员、县参议会副议长。邓依仗其权势，兼营商业，牟取暴利，家财剧增。至民国三十八年（1949 年），拥有水旱田课 1000 余石，城乡房屋 20 余幢，见天坝一带山林蓄成材杉树近 4 万棵。新中国成立前夕，任湖北绥靖第 15 旅副旅长，将恩、建、巴、利 4 县地方武装改编为绥靖团，统一指挥，妄图阻止鄂西南解放。1949 年 10 月，人民解放军兵临鄂西，邓席卷家私，逃窜至重庆，继续反革命活动。1951 年，被人民政府逮捕归案。同年 6 月 30 日，被依法处决，时年 48 岁。

周文杰

周文杰（1919—1952 年）　恩施县白果金龙坝人。民国三十年（1941 年），周文杰参加国民革命军。民国三十六年（1947 年），周任南京国民政府国防部警卫团的排长。民国三十六年（1947 年）2 月 6 日，南京国民政府军事法庭，对“南京大屠杀”的主犯谷寿夫进行公审。3 月 10 日，南京军事法庭判处谷寿夫死刑，谷寿夫不服上诉，4 月 25 日，蒋介石批示维持原判。4 月 26 日，周文杰等根据密令，将谷寿夫押赴南京雨花台刑场，对谷寿夫执行死刑。周于民国三十六年（1947 年）夏，回到家乡。新中国成立后，周用实际行动支持配合人民政府开展土改运动。1952 年，周被划定为历史反革命分子遭处决，时年 33 岁。

向兴光

向兴光（1910—1951 年） 字宗臣，土家族，恩施县鸦鹊水人，中华民国庐山战干团毕业。民国二十五年（1936 年）前，在国民党部队当兵，曾在鄂豫、皖、赣四省团干受过训。民国二十六年（1937 年），抗日战争爆发后，驻恩施湖北保安旅十七团调往武汉整编，向任十七团一连二排排长。部队整编后，赴前线抗战，因怕死开小差逃跑回家。后加入“汉流”组织，任正“龙头大哥”。民国二十七年（1938 年）11 月，任鸦鹊水联保主任职务。民国二十九年（1940 年），改联保制为乡（镇）公所制，向任鸦鹊乡乡长。向利用手中权利和武力，横行乡里，大肆搜刮民财、奸污妇女、欺压百姓，并长期进行反共活动。民国三十六年（1947 年），在恩施县北崔坝、沙地、麦淌、鸦鹊、熊家五乡成立“反共自卫绥靖营”，向任营长。民国三十七年（1948 年）6 月，组织成立“反共自卫”组织“自治社”，与共产党公开对抗。民国三十八年（1949 年）10 月，解放鸦鹊时，向组织反动武装企图与解放军抗衡，解放军势如破竹，向见仓皇而逃。1951 年清匪反霸时，向由县人民政府公审，被依法处决。时年 41 岁。

崔登凯

崔登凯（1910—1951 年），又名崔鼎甲，恩施县崔家坝人。幼年上私塾读书。民国二十三年（1934 年），崔伙同徐紫林、徐太和、陈楚宝、袁宴林、刘澄斋、杜文庵、徐子精、徐子和、刘吉斋等人组成“十人堂”即“十大股”，网罗一班“刀刀客”（土匪）恣肆妄为，横行乡里。已卸任的联保主任陈尽臣与在职的联保主任和“十人堂”有仇，并扬言要劫场霸市。以崔为首的“十人堂”，命手下“刀刀客”崔子忠、徐子仲、崔显志、吕翕如等将陈尽臣、王开芝夫妇杀害。随后，“刀刀客”抢劫钱财，将崔坝街一孤老婆婆杀害。使崔坝变得阴森可怕，人们称崔是“哑巴阎王”“杀人不眨眼”的魔鬼。民国二十六年（1939 年），崔接任联保主任。民国二十九年（1940 年），任乡公所乡长，与鸦鹊乡向兴光（宗臣）遥相呼应，草菅人命。民国三十六年（1947 年），恩施县北五乡“反共自卫绥靖营”成立，崔坝成立“反共绥靖连”，崔任连长。民国三十七年（1948 年）7 月，崔带领“反共自卫连”200 多人到鸦鹊营部接受“反共自卫旅”旅长邓濂溪、团长刘天培检阅，并在鸦鹊水进行游行。崔还在崔坝辖区强行捉兵拉夫、收缴粮款、捆绑吊打，人们敢怒不敢言。1951 年，清匪反霸时，崔被人民政府公审后依法处决，时年 41 岁。

聂崇佑

聂崇佑（1890—1971 年）　恩施县桅杆堡齐家营人，圣教信徒。早年崇神信巫，广交友朋。以狮安圣、天龙圣为基地，聚集信士宣扬忠义，设坛结盟，培植随从；训猛练勇，对抗官府横征暴敛。民国九年（1920 年），驻恩施靖国军逼粮逼款，骚抢群众财物，激起民愤，恩施境内神兵四起，同靖国军作斗争。聂效法黑洞神兵，设坛于石门坝狮安圣，扮神拜将，组织神兵 400 余人，自封“聂观音”，宣扬“爱护百姓，信奉神灵，不贪财色”，专杀灰狗儿（指靖国军）。会同黑洞神兵，一举歼灭靖国军驻芭蕉胡耀安团。援鄂川军党康华部得知胡耀安团遭神兵攻击，派兵驰援。党康华亲自指挥。聂获悉，设伏迎战。党康华所带川军行至高阡坝，埋伏神兵一踊而出，长枪短刀并举，杀向川军。川军一百多人措手不及，全部被歼。聂所带神兵大获全胜。接着，又扛着“天下无敌”大旗，向靖国军驻地恩施进攻。靖国军驻恩施司令兰天蔚派兵抵抗，交战于恩施城南门外石家坡谭家坝。兰营不敌，官兵全被歼灭。靖国军自知无力抵抗，于当日夜晚退出恩施城，神兵得胜还乡。靖国军退出恩施后，北洋军第十八混成旅长兼施宜镇守使赵荣华率部驻防恩施，买通地方团防，共同围剿神兵，烧毁石门、石栏一带民房一百多栋，杀死神兵一百多人。聂同属下分散藏匿，后复出，主事农耕兼作木工。1971 年因病逝世，享年 81 岁。

郑子阳

郑子阳（1909—1985 年） 原名郑盛葵，恩施市六角亭胜利街人。国民党员，汉流舵爷。省立十三中学、西南游击干部训练班及中央训练团毕业。曾任小学校长、县府科长、湖北省军管区参谋、代理恩宜师管区副司令、恩施县田粮处处长、专员公署秘书等职。民国二十五年（1936 年），民国三十七年（1948 年）两度竞选“国大代表”，与地方各派封建势力争夺不止。民国三十八年（1949 年）解放恩施前夕，任守军宋希廉部第五绥靖分区政务组长，随后任利川县长。利川解放时，率领武装投诚人民解放军。因罪恶为人民不赦，1951 年被捕判刑，在沙洋劳动改造。1975 年，经人民政府核准释放，随其子定居黄石市。后任黄石市人民政协委员。1985 年因病逝世，终年 77 岁。

皮静英

皮静英（1907—1988 年） 女，原名皮先珠，恩施市六角亭西后街人。国民党党员，北京女师大毕业，曾任湖北省教育学院及湖北第二女子师范学校教师、县参议员、湖北省妇女会理事、三青团湖北支团部女青年组组长、支团部干事、国民党湖北省党部常委、国民党“制宪国大”代表等。新中国建立后，加入中国国民党“革命委员会”，迁居北京。1986 年，选为北京西城区人大代表。1988 年 2 月在北京病逝，享年 82 岁。

沈德柯

沈德柯（1914—？年） 字伯施，号执甫，民国三年（1914 年）9 月出生，恩施县太阳河武圣街人，大专文化，抗日英雄。沈自幼习武，考入杭州空军学校，毕业后驾机参加抗日战争。后到保定陆军学校、南京中央警官学校接受训练，结业后被委任为三台县警察局长。民国三十年（1941 年）初，受军统安排打入日军内部，担任北平宪兵队翻译。在与日本特务川岛芳子（中文名，金壁辉）接触中，为军统获取大量日军情报，并掌握川岛芳子的行踪。日本宪兵队怀疑其身份欲实施抓捕，沈趁机杀死两名日本宪兵后撤往太原。接到国民党第十一战区长官司令部逮捕川岛芳子的命令，沈带领行动小组逮捕川岛芳子。民国三十四年（1945 年），日本投降后，沈担任北平警察局侦讯股长，军统上校。民国三十八年（1949 年）1 月，调任上海水上警察局长，监管国民党人员物资运台事务。沈到台湾后，被国民党怀疑为共产党间谍而拘禁。在绿岛接受审查数月，因查无实据而获释。沈利用一身武功，在台湾、香港、东南亚等地开办武馆谋生，后在香港定居。1992 年 5 月，沈由香港回到北京与家人团聚。1994 年，北京档案馆展出沈德柯行动小组逮捕川岛芳子的新闻报道和相关资料，民革北京市委领导作为签署逮捕令见证人，评价沈德柯为“抗日英雄”。

附　　录

恩施市（县）历届（次）实职正副县级任职情况统计表（一）

姓　名	性别	任职单位	职　务	任职起止时间
王英先		中共恩施县委	书　记	1949.09—1952.11
石　源		中共恩施县委	书　记	1953.07—1953.12
阮季平		中共恩施县委	书　记	1953.12—1955.12
杨　艺		中共恩施县委	书　记	1955.12—1956.05
阮季平		中共恩施县委	第二书记	1953.07—1953.12
石　源		中共恩施县委	副书记	1952.11—1953.07
赵德三		中共恩施县委	副书记	1953.07—1954.09
王敏先		中共恩施县委	副书记	1955.07—1956.05
刘新顺		中共恩施县委	副书记	1955.07—1956.05
杨　艺		中共恩施县委	书　记	1956.05—1958.04
王敏先		中共恩施县委	第一副书记	1956.05—1958.04
刘新顺		中共恩施县委	第二副书记	1956.05—1958.04
徐　谦		中共恩施县委	第一书记	1958.04—1959.10
尚怀庆		中共恩施县委	书记处书记	1958.04—1959.10
杨　艺		中共恩施县委	书记处书记	1958.04—1959.10
王敏先		中共恩施县委	书记处书记	1958.04—1959.10
刘新顺		中共恩施县委	书记处书记	1958.04—1959.10

续表

姓 名	性别	任职单位	职 务	任职起止时间
徐 谦		中共恩施县委	第一书记	1959. 10—1962. 08
杨 艺		中共恩施县委	书记处书记	1959. 10—1962. 08
王敏先		中共恩施县委	书记处书记	1959. 10—1962. 08
刘新顺		中共恩施县委	书记处书记	1959. 10—1962. 08
杨泽贞		中共恩施县委	书记处书记	1960. 07—1962. 08
贾长庚		中共恩施县委	书记处书记	1960. 07—1962. 08
欧振华		中共恩施县委	书记处书记	1960. 08—1961. 01
高兴利		中共恩施县委	书记处书记	1961. 12—1962. 08
杨 艺		中共恩施县委	书 记	1962. 08—1963. 02
王敏先		中共恩施县委	副书记	1962. 08—1963. 02
刘新顺		中共恩施县委	副书记	1962. 08—1963. 02
贾长庚		中共恩施县委	副书记	1962. 08—1963. 02
杨 艺		中共恩施县委	书 记	1963. 02—1965. 09
刘新顺		中共恩施县委	书 记	1965. 09—1966. 05
刘新顺		中共恩施县委	副书记	1963. 02—1965. 09
贾长庚		中共恩施县委	副书记	1963. 02—1964. 11
徐国钦		中共恩施县委	副书记	1965. 01—1966. 05
徐成根		中共恩施县委	副书记	1965. 09—1966. 05
刘新顺		中共恩施县委	书 记	1966. 06—?
徐国钦		中共恩施县委	副书记	1966. 06—?
徐成根		中共恩施县委	副书记	1966. 06—?
曾茂廷		中共恩施县委	书 记	1971. 05—1973. 01
及树华		中共恩施县委	副书记	1971. 05—1973. 01
刘双亭		中共恩施县委	副书记	1971. 05—1973. 01
苏大章		中共恩施县委	副书记	1972. 08—1973. 01
刘元香	女	中共恩施县委	副书记	1972. 12—1973. 01
及树华		中共恩施县委	第一书记	1973. 01—1976. 10
曾茂廷		中共恩施县委	书 记	1973. 01—1974. 11
苏大章		中共恩施县委	副书记	1973. 01—1975. 04
刘元香	女	中共恩施县委	副书记	1973. 01—1976. 10
宋光红		中共恩施县委	副书记	1974. 09—1976. 10

续表

姓　名	性别	任职单位	职　务	任职起止时间
方先寿		中共恩施县委	副书记	1974. 10—1976. 10
崔延平		中共恩施县委	副书记	1975. 04—1976. 08
柳昌权		中共恩施县委	副书记	1976. 09—1976. 10
万茂林		中共恩施县委	副书记	1976. 09—1976. 10
郭同新		中共恩施县委	书　记	1979. 07—1982. 10
刘元香	女	中共恩施县委	副书记	1979. 07—1982. 10
胡元春		中共恩施县委	副书记	1979. 07—1972. 10
宋光红		中共恩施县委	副书记	1979. 07—1982. 10
徐国钦		中共恩施县委	副书记	1979. 07—1982. 04
武道煊		中共恩施县委	副书记	1979. 07—1982. 04
郭同新		中共恩施县委	书　记	1982. 10—1983. 12
胡元春		中共恩施县委	副书记	1982. 10—1983. 12
柳昌权		中共恩施县委	副书记	1982. 10—1983. 12
徐国钦		中共恩施市委	书　记	1982. 04—1983. 12
彭焕章		中共恩施市委	副书记	1982. 04—1983. 12
武道煊		中共恩施市委	副书记	1982. 04—1983. 12
田期玉		中共恩施市委	副书记	1982. 04—1983. 12
李贵生		中共恩施市委	书　记	1984. 01—1985. 12
吕成宗		中共恩施市委	副书记	1984. 01—1985. 12
武道煊		中共恩施市委	副书记	1984. 01—1985. 03
柳昌权		中共恩施市委	副书记	1984. 01—1985. 03
朱永松		中共恩施市委	副书记	1984. 01—1985. 12
杨家志		中共恩施市委	副书记	1984. 01—1985. 12
陈行高		中共恩施市委	副书记	1985. 03—1985. 12
易英仲		中共恩施市委	副书记	1985. 03—1985. 12
蔡万顺		中共恩施市委	副书记	1985. 03—1985. 12
李贵生		中共恩施市委	书　记	1985. 12—1988. 10
吕成宗		中共恩施市委	书　记	1988. 10—1989. 01
吕成宗		中共恩施市委	副书记	1985. 12—1988. 10
朱永松		中共恩施市委	副书记	1985. 12—1988. 12
陈行高		中共恩施市委	副书记	1985. 12—1988. 12

续表

姓　名	性别	任职单位	职　务	任职起止时间
易英仲		中共恩施市委	副书记	1985. 12—1989. 01
蔡万顺		中共恩施市委	副书记	1985. 12—1989. 01
吕成宗		中共恩施市委	书　记	1989. 01—1991. 03
杨家志		中共恩施市委	书　记	1991. 03—1991. 07
蔡万顺		中共恩施市委	副书记	1989. 01—1990. 10
刘诗伟		中共恩施市委	副书记	1989. 01—1989. 05
商金平		中共恩施市委	副书记	1989. 01—1991. 07
赵世玉		中共恩施市委	副书记	1989. 05—1991. 07
黄振益		中共恩施市委	副书记	1991. 01—1991. 07
杨家志		中共恩施市委	书　记	1991. 07—1993. 07
胡荫安		中共恩施市委	书　记	1993. 07—1993. 11
商金平		中共恩施市委	副书记	1991. 07—1992. 01
刘诗伟		中共恩施市委	副书记	1991. 07—1993. 11
赵世玉		中共恩施市委	副书记	1991. 07—1993. 11
黄振益		中共恩施市委	副书记	1991. 07—1993. 11
胡荫安		中共恩施市委	副书记	1992. 01—1993. 06
冯国亮		中共恩施市委	副书记	1992. 03—1993. 11
胡荫安		中共恩施市委	书　记	1993. 11—1997. 04
曾祥国		中共恩施市委	书　记	1997. 04—1998. 12
黄振益		中共恩施市委	副书记	1993. 11—1994. 12
刘诗伟		中共恩施市委	副书记	1993. 11—1996. 11
冯国亮		中共恩施市委	副书记	1993. 11—1996. 07
吴绍春		中共恩施市委	副书记	1993. 11—1998. 12
徐恩平		中共恩施市委	副书记	1994. 12—1998. 05
吴希宁		中共恩施市委	副书记	1996. 11—1998. 12
吕金施		中共恩施市委	副书记	1997. 05—1998. 06
吴武元		中共恩施市委	副书记	1998. 11—1998. 12
田凤培		中共恩施市委	副书记	1998. 11—1998. 12
曾祥国		中共恩施市委	书　记	1999. 01—2003. 05
吴希宁		中共恩施市委	书　记	2003. 06—2003. 12
吴希宁		中共恩施市委	副书记	1999. 01—2003. 05

续表

姓　名	性别	任职单位	职　务	任职起止时间
吴武元		中共恩施市委	副书记	1991. 01—2000. 10
田凤培		中共恩施市委	副书记	1999. 01—2003. 12
胡其龙		中共恩施市委	副书记	2000. 10—2003. 11
刘宗烈		中共恩施市委	副书记	2002. 04—2003. 12
程贤文		中共恩施市委	副书记	2003. 05—2003. 12
邓升志		中共恩施市委	副书记	2003. 11—2003. 12
张安俊		中共恩施市委	副书记	2003. 12—2006. 11
吴希宁		中共恩施市委	书　记	2001. 01—2006. 10
谭文骄		中共恩施市委	书　记	2006. 10—11
程贤文		中共恩施市委	副书记	2004. 01—2006. 10
田凤培		中共恩施市委	副书记	2004. 01—2006. 03
邓升志		中共恩施市委	副书记	2004. 01—2006. 11
秦　斌		中共恩施市委	副书记	2006. 10—11
钱乃成		中共恩施市委	副书记	2006. 10—11
谭文骄		中共恩施市委	书　记	2006. 11—2008. 12
秦　斌		中共恩施市委	副书记	2006. 11—2008. 12
李国庆		中共恩施市委	副书记	2006. 11—2008. 12
钱乃成		中共恩施市委	副书记	2006. 11—2007. 5
郜志中		中共恩施市委	副书记	2007. 2—2008. 12
谭文骄		中共恩施市委	书　记	2009. 01—2011. 10
向前进		中共恩施市委	书　记	2011. 10—11
秦　斌		中共恩施市委	副书记	2009. 01—2011. 10
郜志中		中共恩施市委	副书记	2009. 01—2011. 11
李国庆		中共恩施市委	副书记	2009. 01—2011. 11
陈江龙		中共恩施市委	副书记	2010. 06—2011. 11
刘　凡		中共恩施市委	副书记	2011. 01—11
向前进		中共恩施市委	书　记	2011. 11—2013. 12
李国庆		中共恩施市委	副书记	2011. 11—2013. 12
郜志中		中共恩施市委	副书记	2011. 11—2013. 07
陈江龙		中共恩施市委	副书记	2011. 11—2012. 05
郑晓斌		中共恩施市委	副书记	2013. 07—12

续表

姓　名	性别	任职单位	职　务	任职起止时间
胡平江		中共恩施市委	副书记	2011. 11—2013. 12
向前进		中共恩施市委	书　记	2014. 01—2015. 12

恩施市（县）历届（次）实职正副县级任职情况统计表（二）

姓　名	性别	任职单位	职　务	任职起止时间	备注
武道煊		恩施市人大	主　任	1983. 03—1983. 12	
邓相臣		恩施市人大	副主任	1983. 03—1983. 12	
曾碧莹	女	恩施市人大	副主任	1983. 03—1983. 12	
胡元春		恩施市人大	主　任	1984. 01—1987. 11	
杨家隆		恩施市人大	副主任	1984. 01—1987. 11	
王明玉		恩施市人大	副主任	1984. 01—1987. 11	
孟郁成		恩施市人大	副主任	1984. 01—1987. 11	
邓相臣		恩施市人大	副主任	1984. 01—1987. 11	
曾碧莹	女	恩施市人大	副主任	1984. 01—1987. 11	
向诗才		恩施市人大	副主任	1986. 05—1987. 11	
王明玉		恩施市人大	主　任	1987. 12—1991. 01	
向诗才		恩施市人大	副主任	1987. 12—1991. 01	
邓相臣		恩施市人大	副主任	1987. 12—1991. 01	
孟郁成		恩施市人大	副主任	1987. 12—1991. 01	
李明柱		恩施市人大	副主任	1987. 12—1991. 01	
杜庆余		恩施市人大	副主任	1988. 06—1991. 01	
陈行高		恩施市人大	副主任	1989. 03—1991. 01	
向诗才		恩施市人大	主　任	1991. 02—1994. 01	
李必敬		恩施市人大	副主任	1991. 02—1994. 01	
杜庆余		恩施市人大	副主任	1991. 02—1994. 01	
何孝政		恩施市人大	副主任	1991. 02—1994. 01	
陈行高		恩施市人大	副主任	1991. 02—1992. 03	
向海滨		恩施市人大	副主任	1992. 03—1994. 01	
李明柱		恩施市人大	副主任	1993. 04—1994. 01	
向诗才		恩施市人大	主　任	1994. 01—1998. 12	
何孝政		恩施市人大	副主任	1994. 01—1998. 12	

续表

姓　名	性别	任职单位	职　务	任职起止时间	备注
李必敬		恩施市人大	副主任	1994. 01—1996. 11	
向海滨		恩施市人大	副主任	1994. 01—1998. 12	
李明柱		恩施市人大	副主任	1994. 01—1998. 12	
谭儒全		恩施市人大	副主任	1994. 01—1997. 07	停职
章曼云	女	恩施市人大	副主任	1994. 01—1998. 12	
温庆煜		恩施市人大	副主任	1996. 03—1998. 12	
伍绍春		恩施市人大	主　任	1999. 01—2003. 12	
何孝政		恩施市人大	副主任	1999. 01—2003. 12	
李俊林		恩施市人大	副主任	1999. 01—2003. 12	
王和泉		恩施市人大	副主任	1999. 01—2003. 12	
肖文必		恩施市人大	副主任	1999. 01—2003. 12	
蒲元忠		恩施市人大	副主任	1999. 01—2003. 12	
吴希宁		恩施市人大	主　任	2004. 01—2006. 11	
郭银龙		恩施市人大	副主任	2004. 01—2006. 11	
王和泉		恩施市人大	副主任	2004. 01—2006. 11	
刘平富		恩施市人大	副主任	2004. 01—2005. 09	
周德金		恩施市人大	副主任	2004. 01—2006. 11	
黄永耀		恩施市人大	副主任	2004. 01—2006. 11	
向仕莲	女	恩施市人大	副主任	2004. 01—2006. 11	
谭文骄		恩施市人大	主　任	2006. 12—2008. 12	
李明东		恩施市人大	副主任	2006. 12—2008. 12	
侯　萍	女	恩施市人大	副主任	2006. 12—2008. 12	
周德金		恩施市人大	副主任	2006. 12—2008. 12	
黄永耀		恩施市人大	副主任	2006. 12—2008. 12	
许　强		恩施市人大	副主任	2006. 12—2008. 12	
刘少华		恩施市人大	副主任	2006. 12—2008. 12	
谭文骄		恩施市人大	主　任	2009. 01—2011. 10	
李明东		恩施市人大	副主任	2009. 01—2010. 11	常务
蔡　平		恩施市人大	副主任	2011. 01—11	常务
侯　萍	女	恩施市人大	副主任	2009. 01—2011. 11	
周德金		恩施市人大	副主任	2009. 01—2011. 11	

续表

姓　名	性别	任职单位	职　务	任职起止时间	备注
黄永耀		恩施市人大	副主任	2009. 01—2011. 11	
许　强		恩施市人大	副主任	2009. 01—2011. 11	
刘少华		恩施市人大	副主任	2009. 01—2011. 11	
邵永政		恩施市人大	副主任	2011. 01—11	
洪　波		恩施市人大	副主任	2011. 01—11	
刘　凡		恩施市人大	主　任	2011. 11—2013. 12	
侯　萍	女	恩施市人大	副主任	2011. 11—2013. 12	
黄永耀		恩施市人大	副主任	2011. 11—2013. 12	
许　强		恩施市人大	副主任	2011. 11—2013. 12	
邵永政		恩施市人大	副主任	2011. 11—2013. 12	
洪　波		恩施市人大	副主任	2011. 11—2013. 12	
余秋红	女	恩施市人大	副主任	2011. 11—2013. 12	

恩施市（县）历届（次）实职正副县级任职情况统计表（三）

姓名	性别	任职单位	职　务	任职起止时间	备注
张树林		恩施县人民政府	县　长	1949. 11—1950. 03	
郭　甫		恩施县人民政府	县　长	1950. 04—1953. 07	
岳启运		恩施县人民政府	县　长	1953. 07—1954. 01	
李益孟		恩施县人民政府	县　长	1954. 01—1954. 06	
左　杜		恩施县人民政府	副县长	1952. 12—1953. 08	
乐茗苑		恩施县人民政府	副县长	1953. 07—1954. 06	
李益孟		恩施县人民政府	县　长	1954. 06—1956. 07	
贾长庚		恩施县人民政府	县　长	1956. 07—1956. 12	
乐茗苑		恩施县人民政府	副县长	1954. 06—1956. 02	
刘新顺		恩施县人民政府	副县长	1955. 02—1955. 07	
贾长庚		恩施县人民政府	县　长	1956. 12—1958. 05	
刘永扬		恩施县人民政府	副县长	1956. 12—1958. 05	
王明玉		恩施县人民政府	副县长	1956. 12—1958. 05	
李嘉海		恩施县人民政府	副县长	1956. 12—1958. 05	
尚怀庆		恩施县人民政府	县　长	1958. 05—1960. 07	
高兴利		恩施县人民政府	县　长	1960. 07—1962. 01	
高兴利		恩施县人民政府	副县长	1958. 05—1960. 07	
刘永扬		恩施县人民政府	副县长	1958. 05—1962. 01	
王明玉		恩施县人民政府	副县长	1958. 05—1962. 01	
李嘉海		恩施县人民政府	副县长	1958. 05—1962. 01	
高兴利		恩施县人民政府	县　长	1962. 01—1963. 06	
吴保忠		恩施县人民政府	副县长	1962. 01—1963. 06	
李嘉海		恩施县人民政府	副县长	1962. 01—1963. 06	
归天麟		恩施县人民政府	副县长	1962. 01—1963. 06	
高兴利		恩施县人民政府	县　长	1963. 06—1965. 01	
郑建涛		恩施县人民政府	代县长	1965. 01—1965. 12	代

续表

姓名	性别	任职单位	职　务	任职起止时间	备注
吴保忠		恩施县人民政府	副县长	1963.06—1965.12	
归天麟		恩施县人民政府	副县长	1963.06—1965.12	
李嘉诲		恩施县人民政府	副县长	1963.06—1965.12	
郑建涛		恩施县人民政府	代县长	1965.12—1966.01	代
苏大章		恩施县人民政府	县　长	1966.01—1966.05	
吴保忠		恩施县人民政府	副县长	1965.12—1966.05	
归天麟		恩施县人民政府	副县长	1965.12—1966.05	
李嘉诲		恩施县人民政府	副县长	1965.12—1966.05	
郑建涛		恩施县人民政府	副县长	1966.01—1966.05	
王明玉		恩施县人民政府	副县长	1966.01—1966.05	
苏大章		恩施县人民政府	县　长	1966.05—?	"文革"
郑建涛		恩施县人民政府	副县长	1966.05—?	
吴保忠		恩施县人民政府	副县长	1966.05—?	
归天麟		恩施县人民政府	副县长	1966.05—?	
李嘉诲		恩施县人民政府	副县长	1966.05—?	
王明玉		恩施县人民政府	副县长	1966.05—?	
王承铎		恩施县革委会	主　任	1968.01—1970.04	"文革"
曾茂廷		恩施县革委会	主　任	1970.04—1973.01	
及树华		恩施县革委会	主　任	1973.01—1976.10	
王保之		恩施县革委会	副主任	1970.01—1971.05	第一副主任
胡庆龙		恩施县革委会	副主任	1968.01—1970.02	
吴保忠		恩施县革委会	副主任	1968.01—1976.10	
刘新顺		恩施县革委会	副主任	1970.01—1970.05	
尤福如		恩施县革委会	副主任	1970.01—1976.10	
徐成根		恩施县革委会	副主任	1970.01—1971.04	
张怀友		恩施县革委会	副主任	1970.04—1970.07	
苏大章		恩施县革委会	副主任	1970.04—1976.10	
刘振民		恩施县革委会	副主任	1970.04—1976.10	
刘双亭		恩施县革委会	副主任	1970.04—1976.10	
刘元香	女	恩施县革委会	副主任	1971.01—1976.10	
及树华		恩施县革委会	副主任	1971.05—1973.01	

续表

姓名	性别	任职单位	职　务	任职起止时间	备注
申志扬		恩施县革委会	副主任	1972. 07—1973. 02	
胡元春		恩施县革委会	副主任	1972. 11—1976. 10	
谭定魁		恩施县革委会	副主任	1973. 01—1976. 10	
郑建涛		恩施县革委会	副主任	1974. 01—1976. 10	
宋金镜		恩施县革委会	副主任	1975. 04—1976. 10	
崔延平		恩施县革委会	副主任	1975. 06—1975. 11	
万茂林		恩施县革委会	副主任	1975. 12—1976. 10	
及树华		恩施县革委会	主　任	1976. 10—1978. 05	
郭同新		恩施县革委会	主　任	1978. 05—1979. 08	
徐国钦		恩施县革委会	主　任	1979. 08—1980. 12	
刘元香	女	恩施县革委会	副主任	1976. 10—1979. 08	
万茂林		恩施县革委会	副主任	1976. 10—1979. 05	
刘振民		恩施县革委会	副主任	1976. 10—1978. 12	
胡元春		恩施县革委会	副主任	1976. 10—1979. 08	
宋金镜		恩施县革委会	副主任	1976. 10—1978. 08	
柳昌权		恩施县革委会	副主任	1977. 11—1979. 08	
武道煊		恩施县革委会	副主任	1978. 06—1979. 08	
杨家隆		恩施县革委会	副主任	1978. 06—1980. 12	
向正旺		恩施县革委会	副主任	1978. 06—1980. 12	
李先池		恩施县革委会	副主任	1978. 06—1980. 12	
龚　征		恩施县革委会	副主任	1979. 10—1980. 12	
孟郁成		恩施县革委会	副主任	1979. 10—1980. 12	
邓相臣		恩施县革委会	副主任	1979. 10—1980. 12	
胡元春		恩施县人民政府	县　长	1980. 12—1983. 12	
杨乾之		恩施县人民政府	副县长	1980. 12—1982. 11	
王荣远		恩施县人民政府	副县长	1980. 12—1983. 12	
李先池		恩施县人民政府	副县长	1980. 12—1983. 12	
龚　征		恩施县人民政府	副县长	1980. 12—1982. 04	
邓相臣		恩施县人民政府	副县长	1980. 12—1982. 04	
闫继增		恩施县人民政府	副县长	1982. 02—1983. 12	
朱纯宣		恩施县人民政府	副县长	1982. 03—1982. 10	

续表

姓名	性别	任职单位	职　务	任职起止时间	备注
张廷钦		恩施县人民政府	副县长	1982. 04—1983. 12	
黄长富		恩施县人民政府	副县长	1982. 10—1983. 12	
宋光红		恩施县人民政府	副县长	1982. 10—1983. 12	
彭焕章		恩施市人民政府	市　长	1982. 04—1983. 12	
龚　征		恩施市人民政府	副市长	1982. 04—1983. 12	
江汉臣		恩施市人民政府	副市长	1982. 04—1983. 12	
向远福		恩施市人民政府	副市长	1982. 04—1983. 12	
邓相臣		恩施市人民政府	副市长	1982. 04—1983. 03	
夏绪炳		恩施市人民政府	副市长	1982. 04—1983. 12	
吕成宗		恩施市人民政府	市　长	1984. 04—1987. 11	
夏绪炳		恩施市人民政府	副市长	1984. 01—1985. 03	
李先池		恩施市人民政府	副市长	1984. 01—1984. 07	
李淑恒	女	恩施市人民政府	副市长	1984. 01—1985. 03	
谭世湘		恩施市人民政府	副市长	1984. 04—1987. 11	
何渭滨		恩施市人民政府	副市长	1984. 01—1987. 01	
李栋培		恩施市人民政府	副市长	1984. 11—1987. 11	
何孝政		恩施市人民政府	副市长	1984. 11—1987. 11	
陈永富		恩施市人民政府	副市长	1985. 03—1987. 11	
周昌林	女	恩施市人民政府	副市长	1985. 03—1987. 01	
张　纲		恩施市人民政府	副市长	1986. 07—1987. 11	省下派
吕成宗		恩施市人民政府	市　长	1987. 12—1989. 05	
商金平		恩施市人民政府	市　长	1989. 05—1991. 01	1990. 03 前代
陈永富		恩施市人民政府	副市长	1987. 12—1989. 12	
李高轩		恩施市人民政府	副市长	1987. 12—1991. 01	
何孝政		恩施市人民政府	副市长	1987. 12—1991. 01	
谭世湘		恩施市人民政府	副市长	1987. 12—1991. 01	
张　刚		恩施市人民政府	副市长	1987. 12—1998. 10	
冯立志		恩施市人民政府	副市长	1988. 04—1990. 05	
徐恩平		恩施市人民政府	副市长	1988. 10—1991. 01	
向金阶		恩施市人民政府	副市长	1988. 10—1991. 01	
商金平		恩施市人民政府	副市长	1989. 05—1990. 03	

续表

姓名	性别	任职单位	职 务	任职起止时间	备注
张传德		恩施市人民政府	副市长	1989. 12—1991. 01	
黄振益		恩施市人民政府	副市长	1990. 05—1991. 01	
向海滨		恩施市人民政府	副市长	1990. 05—1991. 01	
邬本超		恩施市人民政府	副市长	1990. 05—1991. 01	
商金平		恩施市人民政府	市 长	1991. 02—1992. 02	
胡荫安		恩施市人民政府	市 长	1992. 02—1993. 07	1992. 03 前代
黄振益		恩施市人民政府	市 长	1991. 07—1994. 01	代
徐恩平		恩施市人民政府	副市长	1991. 02—1993. 11	
向金阶		恩施市人民政府	副市长	1991. 02—1993. 12	
向海滨		恩施市人民政府	副市长	1991. 02—1992. 03	
谭儒全		恩施市人民政府	副市长	1991. 02—1994. 01	
雷昌桃	女	恩施市人民政府	副市长	1991. 02—1993. 07	
李俊林		恩施市人民政府	副市长	1991. 02—1994. 01	
邬本超		恩施市人民政府	副市长	1991. 02—1994. 01	
吴武元		恩施市人民政府	副市长	1991. 09—1994. 01	
谭大自		恩施市人民政府	副市长	1991. 09—1994. 01	
胡荫安		恩施市人民政府	副市长	1992. 02—1992. 03	
黄振益		恩施市人民政府	副市长	1992. 03—1994. 01	
何东平		恩施市人民政府	副市长	1992. 11—1994. 01	
温庆煜		恩施市人民政府	副市长	1993. 12—1994. 01	
黄振益		恩施市人民政府	市 长	1994. 01—1995. 01	
徐恩平		恩施市人民政府	市 长	1995. 01—1998. 05	1995. 03 前代
吴希宁		恩施市人民政府	市 长	1998. 05—1998. 12	代
吕金施		恩施市人民政府	副市长	1994. 01—1997. 05	
吴武元		恩施市人民政府	副市长	1994. 01—1998. 12	
谭大自		恩施市人民政府	副市长	1994. 01—1997. 09	
李俊林		恩施市人民政府	副市长	1994. 01—1998. 12	
温庆煜		恩施市人民政府	副市长	1994. 01—1996. 03	
杜寿昌		恩施市人民政府	副市长	1994. 01—1997. 09	
陈玉明	女	恩施市人民政府	副市长	1994. 01—1998. 12	
邬本超		恩施市人民政府	副市长	1994. 01—1998. 12	

续表

姓名	性别	任职单位	职　务	任职起止时间	备注
何东平		恩施市人民政府	副市长	1994. 01—1995. 09	
李玉森		恩施市人民政府	副市长	1994. 09—1995. 01	
甘立友		恩施市人民政府	副市长	1996. 03—1998. 12	
夏志斌		恩施市人民政府	副市长	1993. 06—1997. 05	
黄树立		恩施市人民政府	副市长	1997. 05—1998. 11	
李明东		恩施市人民政府	副市长	1997. 09—1998. 12	
陈运中		恩施市人民政府	副市长	1998. 01—1998. 12	
吴希宁		恩施市人民政府	副市长	1998. 05—1998. 12	
尚贤军		恩施市人民政府	副市长	1998. 05—1998. 12	
雷继优		恩施市人民政府	副市长	1998. 11—1998. 12	
孔祥恩		恩施市人民政府	副市长	1998. 11—1998. 12	
吴希宁		恩施市人民政府	市　长	1999. 01—2003. 05	
程贤文		恩施市人民政府	代市长	2003. 05—12	
孔祥恩		恩施市人民政府	副市长	1999. 01—2002. 07	
李明东		恩施市人民政府	副市长	1999. 01—2003. 12	
陈晓燕	女	恩施市人民政府	副市长	1999. 01—2002. 05	
胡永进		恩施市人民政府	副市长	1999. 01—2003. 05	
雷继优		恩施市人民政府	副市长	1999. 01—2003. 11	
陈运中		恩施市人民政府	副市长	1999. 01—2000. 08	
秦　斌		恩施市人民政府	副市长	1999. 09—2003. 12	
陶兴无		恩施市人民政府	副市长	2000. 08—2003. 3	
张安俊		恩施市人民政府	副市长	2002. 07—2003. 12	
何义发		恩施市人民政府	副市长	2003. 03—12	
方　强		恩施市人民政府	副市长	2003. 05—12	
冯晓俊		恩施市人民政府	副市长	2003. 11—12	
程贤文		恩施市人民政府	市　长	2004. 01—2006. 10	
秦　斌		恩施市人民政府	副市长	2004. 01—2006. 11	
王怀东		恩施市人民政府	副市长	2004. 01—2006. 11	
肖家魁		恩施市人民政府	副市长	2004. 01—2006. 11	
方　强		恩施市人民政府	副市长	2004. 01—2005. 04	
冯晓俊		恩施市人民政府	副市长	2004. 01—2006. 12	

续表

姓名	性别	任职单位	职　务	任职起止时间	备注
何义发		恩施市人民政府	副市长	2004.01—2005.08	
卓万俊		恩施市人民政府	副市长	2005.09—2006.11	
秦　斌		恩施市人民政府	市　长	2006.12—2008.12	
蔡　平		恩施市人民政府	副市长	2006.12—2008.12	
肖家魁		恩施市人民政府	副市长	2006.12—2008.12	
何　慧		恩施市人民政府	副市长	2006.12—2008.12	
向仕莲		恩施市人民政府	副市长	2006.12—2008.12	
章　言		恩施市人民政府	副市长	2006.12—2008.12	
童　军		恩施市人民政府	副市长	2007.09—2008.12	
殷小东		恩施市人民政府	副市长	2008.02—12	
王永能		恩施市人民政府	副市长	2008.06—12	
秦　斌		恩施市人民政府	市　长	2009.01—2011.10	
李国庆		恩施市人民政府	代市长	2011.10—11	
蔡　平		恩施市人民政府	副市长	2009.01—2010.12	常务
胡平江		恩施市人民政府	副市长	2011.01—10	常务
张渊平		恩施市人民政府	副市长	2011.10—11	常务
肖家奎		恩施市人民政府	副市长	2009.01—2011.10	
何　慧		恩施市人民政府	副市长	2009.01—2010.10	
廖泽熙		恩施市人民政府	副市长	2010.09—2011.11	
向仕莲	女	恩施市人民政府	副市长	2009.01—2011.10	
陶　军		恩施市人民政府	副市长	2009.11—2011.11	
陶文胜		恩施市人民政府	副市长	2010.03—2011.10	
谭祖明		恩施市人民政府	副市长	2010.03—2011.03	
朱保华		恩施市人民政府	副市长	2010.03—2011.07	
杨洪安		恩施市人民政府	副市长	2011.11—11	
黄　波		恩施市人民政府	副市长	2011.10—11	
尹　剑		恩施市人民政府	副市长	2011.01—11	
张献宏	女	恩施市人民政府	副市长	2011.10—11	
章　言		恩施市人民政府	副市长	2009.01—09	
殷晓东		恩施市人民政府	副市长	2009.01—2010.09	
杨秀奎		恩施市人民政府	副市长	2009.02—12	

续表

姓名	性别	任职单位	职　务	任职起止时间	备注
杨　跃		恩施市人民政府	副市长	2009. 05—12	
李国庆		恩施市人民政府	市　长	2011. 11—2013. 12	
张渊平		恩施市人民政府	副市长	2011. 11—2013. 12	常务
廖泽熙		恩施市人民政府	副市长	2011. 11—2013. 12	
陶　军		恩施市人民政府	副市长	2011. 11—2013. 07	
杨洪安		恩施市人民政府	副市长	2011. 11—2013. 12	
黄　波		恩施市人民政府	副市长	2011. 11—2013. 12	
张献宏	女	恩施市人民政府	副市长	2011. 11—2013. 12	
尹　剑		恩施市人民政府	副市长	2011. 11—2013. 07	
朱卫东		恩施市人民政府	副市长	2012. 04—2013. 12	
管书华		恩施市人民政府	副市长	2012. 04—2013. 12	
陈志波		恩施市人民政府	副市长	2012. 11—2013. 12	
谭德安		恩施市人民政府	副市长	2012. 11—2013. 12	
黄国华		恩施市人民政府	副市长	2013. 06—12	
周法进		恩施市人民政府	副市长	2013. 11—12	
张　伟		恩施市人民政府	副市长	2013. 12—12	
林险峰		恩施市人民政府	市长助理	2013. 06—12	

恩施市（县）历届（次）实职正副县级任职情况统计表（四）

姓　名	性别	任职单位	职　务	任职起止时间	任职期限	备注
杨　艺		恩施县政协	主　席	1956. 08—1959. 07	第一届	
贾长庚		恩施县政协	副主席	1956. 08—1959. 07		
李巩一		恩施县政协	副主席	1956. 08—1959. 07		
刘厚章		恩施县政协	副主席	1956. 08—1959. 07		
李嘉诲		恩施县政协	副主席	1956. 08—1959. 07		
杨　艺		恩施县政协	主　席	1959. 07—1962. 01	第二届	
李富云		恩施县政协	副主席	1959. 07—1962. 01		
高兴利		恩施县政协	副主席	1959. 07—1962. 01		
李嘉诲		恩施县政协	副主席	1959. 07—1962. 01		
刘厚章		恩施县政协	副主席	1959. 07—1962. 01		
李巩一		恩施县政协	副主席	1959. 07—1962. 01		
杨　艺		恩施县政协	主　席	1962. 01—1963. 06	第三届	
李富云		恩施县政协	副主席	1962. 01—1963. 06		
高兴利		恩施县政协	副主席	1962. 01—1963. 06		
李嘉诲		恩施县政协	副主席	1962. 01—1963. 06		
刘厚章		恩施县政协	副主席	1962. 01—1963. 06		
李巩一		恩施县政协	副主席	1962. 01—1963. 06		
杨　艺		恩施县政协	主　席	1963. 06—1965. 12	第四届	
王明玉		恩施县政协	副主席	1963. 06—1965. 12		
高兴利		恩施县政协	副主席	1963. 06—1965. 12		
李嘉诲		恩施县政协	副主席	1963. 06—1965. 12		
刘厚章		恩施县政协	副主席	1963. 06—1965. 12		
李巩一		恩施县政协	副主席	1963. 06—1965. 12		
刘新顺		恩施县政协	主　席	1965. 12—1966. 05	第五届	
徐成根		恩施县政协	副主席	1965. 12—1966. 05		
苏大章		恩施县政协	副主席	1965. 12—1966. 05		

续表

姓　名	性别	任职单位	职　务	任职起止时间	任职期限	备注
黄鹤翱		恩施县政协	副主席	1965. 12—1966. 05		
李嘉诲		恩施县政协	副主席	1965. 12—1966. 05		
李巩一		恩施县政协	副主席	1965. 12—1966. 05		
刘厚章		恩施县政协	副主席	1965. 12—1966. 05		
徐国钦		恩施县政协	主　席	1980. 12—1982. 11		第六届
宋金镜		恩施县政协	主　席	1982. 11—1983. 12		
归天麟		恩施县政协	副主席	1980. 12—1983. 12		
吴国顺		恩施县政协	副主席	1980. 12—1983. 12		
黄鹤翱		恩施县政协	副主席	1980. 12—1983. 12		
杨荣耀		恩施县政协	副主席	1980. 12—1983. 12		
李嘉诲		恩施县政协	副主席	1980. 12—1982. 12		
刘厚章		恩施县政协	副主席	1980. 12—1982. 11		
吴定源		恩施县政协	副主席	1980. 12—1982. 11		
吉宗元		恩施县政协	副主席	1982. 11—1983. 12		
宋金镜		恩施市政协	主　席	1984. 06—1987. 11		第一届
归天麟		恩施市政协	副主席	1984. 06—1987. 11		
王启彦		恩施市政协	副主席	1984. 06—1987. 11		
黄鹤翱		恩施市政协	副主席	1984. 06—1987. 11		
张廷钦		恩施市政协	副主席	1984. 06—1987. 11		
杜庆余		恩施市政协	副主席	1984. 06—1987. 11		
贾继章		恩施市政协	副主席	1984. 06—1987. 11		
刘义琦		恩施市政协	副主席	1984. 06—1987. 11		
李淑恒	女	恩施市政协	副主席	1985. 05—1987. 11		
田兴启		恩施市政协	副主席	1986. 03—1987. 11		
高开群		恩施市政协	副主席	1986. 03—1987. 11		
李明柱		恩施市政协	副主席	1986. 03—1987. 11		
宋金镜		恩施市政协	主　席	1987. 12—1991. 01	4	第二届
田兴启		恩施市政协	副主席	1987. 12—1991. 01	4	
张廷钦		恩施市政协	副主席	1987. 12—1991. 01	4	
高开群		恩施市政协	副主席	1987. 12—1991. 01		
王建军		恩施市政协	副主席	1987. 12—1991. 01		

续表

姓　名	性别	任职单位	职　务	任职起止时间	任职期限	备注
王家声		恩施市政协	副主席	1987. 12—1991. 01		
刘义琦		恩施市政协	副主席	1987. 12—1991. 01		
贾继章		恩施市政协	副主席	1987. 12—1991. 01		
陈沛源		恩施市政协	副主席	1989. 03—1991. 01		
谭世湘		恩施市政协	主　席	1991. 02—1993. 10		三届
高开群		恩施市政协	副主席	1991. 02—1994. 01		
刘石林		恩施市政协	副主席	1991. 02—1994. 01		
王建军		恩施市政协	副主席	1991. 02—1993. 8		
王家声		恩施市政协	副主席	1991. 02—1994. 01		
刘义琦		恩施市政协	副主席	1991. 02—1994. 01		
彭应国		恩施市政协	副主席	1991. 02—1994. 01		
谭明煊		恩施市政协	副主席	1992. 03—1994. 01		
刘诗伟		恩施市政协	主　席	1994. 01—1997. 03		第四届
吴绍春		恩施市政协	主　席	1997. 03—1998. 12		
高开群		恩施市政协	副主席	1994. 01—1997. 03		
谭明煊		恩施市政协	副主席	1994. 01—1998. 12		
王家声		恩施市政协	副主席	1994. 01—1998. 12		
龙昌亮		恩施市政协	副主席	1994. 01—1998. 12		
于德安		恩施市政协	副主席	1994. 01—1998. 12		
肖金玉	女	恩施市政协	副主席	1994. 01—1996. 03		
郑世孝		恩施市政协	副主席	1997. 03—1998. 12		
陈晓燕	女	恩施市政协	副主席	1997. 03—1998. 12		
甘立友		恩施市政协	主　席	1999. 01—2003. 12		第五届
崔登甲		恩施市政协	副主席	1999. 01—2003. 12		
伍蔚森		恩施市政协	副主席	1999. 01—2003. 12		
龙昌亮		恩施市政协	副主席	1999. 01—2003. 12		
于德安		恩施市政协	副主席	1999. 01—2001. 01		
王庭斌		恩施市政协	副主席	1999. 01—2003. 12		
刘宗烈		恩施市政协	主　席	2004. 01—2006. 12		六届
向成舟		恩施市政协	副主席	2004. 01—2006. 12		
王庭斌		恩施市政协	副主席	2004. 01—2005. 01		

续表

姓　名	性别	任职单位	职　务	任职起止时间	任职期限	备注
尤连胜		恩施市政协	副主席	2004. 01—2006. 12		
孟明星		恩施市政协	副主席	2004. 01—2006. 12		
许强		恩施市政协	副主席	2004. 01—2006. 12		
刘宗烈		恩施市政协	主　席	2006. 12—2008. 12		七届
向成舟		恩施市政协	副主席	2006. 12—2008. 12		
尤连胜		恩施市政协	副主席	2006. 12—2008. 12		
孟明星		恩施市政协	副主席	2006. 12—2008. 12		
金德军		恩施市政协	副主席	2006. 12—2008. 12		
赵　萍		恩施市政协	副主席	2008. 01—2008. 12		
刘宗烈		恩施市政协	主　席	2009. 01—2010. 01		
刘　羽		恩施市政协	主　席	2010. 01—2011. 11		
向成舟		恩施市政协	副主席	2009. 01—2011. 11		
尤连胜		恩施市政协	副主席	2009. 01—2011. 11		
孟明星		恩施市政协	副主席	2009. 01—2011. 11		
金德钧		恩施市政协	副主席	2009. 01—2011. 11		
赵　萍	女	恩施市政协	副主席	2009. 01—2011. 11		
刘　羽		恩施市政协	副主席	2011. 11—2013. 12		
金德钧		恩施市政协	副主席	2011. 11—2013. 12		
赵　萍	女	恩施市政协	副主席	2011. 11—2013. 12		
崔显琦		恩施市政协	副主席	2011. 11—2013. 12		
向　煦		恩施市政协	副主席	2011. 11—2013. 12		
王国玮		恩施市政协	副主席	2011. 11—2013. 12		

恩施市（县）历届（次）
省党代表、省人大代表、省政协委员当选情况部分统计表（五）

姓　名	性别	单　位	当选类别	界　次	当选时间	备注
赖一炳		恩县商会	省人大代表	第一届	1954	
赖一炳		恩施县商会	省人大代表	第一届	1954	
刘厚章		州一中	省政协委员	第三届	1963	
雷华英	女	城关镇	省人大代表	第	1964	
刘元香	女	恩施地区	全国人大代表	第四、五届	1973、1978	
刘元香	女	州政协	全国人大代表	第四、五届	1973、1978	
曾碧莹	女	市实验小学	全国人大代表	第六届	1983	
谭林才		长堰塘村	省人大代表	第八届	1993	
丁文英	女	舞阳教育站	省人大代表	第八届	1993	
丁文英	女	舞阳教育站	省人大代表	第八届	1993	
王明玉		市人大常委会	省人大代表	第七届		
向诗才		市人大常委会	省人大代表	第八届		
谭林才		长堰塘村	省人大代表	第八届	1993	
王庭斌		恩施民盟	省人大代表	第九、十、十一、十二届	1998 至 2017	
冯　俐	女	帅巴人酒店	省人大代表	第十一、十三届		
方舋英	女	旗峰社区	党代会代表	第八次	2002	
陈晓燕	女	市中心医院	全国人大代表	第十届、十一届	2003	
邓祥光		沙地乡政府	省党代表	第九届	2007	
邓祥光		沙地乡政府	全国党代表	十八大	2012	
邓祥光		沙地乡政府	省党代表	第十届全	2012	

恩施市（县）历次个人受省部级及以上表彰情况部分统计表（六）

姓名	性别	单位	职务	表彰部门	表彰类型	表彰时间	备注
张启茂		太阳供销社	营业员	全国供销合作总社	先进工作者	1956.06	
史代富		五峰山村	支部书记	国务院	劳动模范	1957	
范开美		沙地水平管理区	书记	省委	农村先进工作者	1959.01	
张发卿		太阳区公所	副区长	省委、省政府	劳动模范	1959.06	
周代富		董家店村	基层干部	省委、省政府	劳动模范	1959.12	
李绍南		板桥镇	教师	省政府	劳动模范	1960	
杨荣林	女	土桥大队	妇联主任	全国妇联	三八红旗手	1960	
李青山		市人民政府	市长助理	省委	优秀党员	1973.07	
胡道宇	女	三岔乡政府	科员	团中央	全国新长征突击手	1978.05	
周雪梅	女	板桥小学	教师	全国妇联	三八红旗手	1979.04	
姚银臣		县医院	司机	省政府	劳动模范	1981.06	
谭秀松		沙地卫生院	书记、院长	省委	先进党员	1982	
金德钧				团中央、国家民委	全国各族青年团结进步先进个人	1983	
李卓秀	女	沙地乡黄广田村	村民	全国妇联	五好家庭	1983.03	
滕振波		恩施市农业局	农艺师	国家民委、劳动人事部、国家科委	少数民族地区长期从事科学技术优秀干部	1983.07	
滕振波		恩施市农业局	农艺师	农牧渔业部	长期坚持农牧渔业技术推广工作做出优秀成绩的科技工作者		
刘作敬 姚成广 万明发 王山小 秦传贤 张业顺 张合年				国家民委、劳动人事部、科技协会	少数民族地区长期从事科技工作荣誉	1983	
张　全		州电力公司		全国水利电力系统	劳动模范	1984	
袁先昌	女	龙凤供销社	营业员	全国供销合作总社	三八红旗手	1985	
王山小				国家水利电力部	献身水利、水保事业25年荣誉	1985	

续表

姓名	性别	单　位	职　务	表彰部门	表彰类型	表彰时间	备注
向海斌		市人大常委会	退休干部	省委、省政府	湖北省山区先进工作者	1985.12	
徐仕潮 张业顺 张合年 黄宏绪				国家水利电力部	献身水利、水保事业26年荣誉	1986	
付礼和		市中心医院	退休职工	省政府	湖北省卫生文明先进工作者	1986	
杨家鑫		舞阳小学	校长	教育部	部级劳模	1986	
黄永明		市民政局	局长	民政部	儒子牛奖	1986.11	“儒子牛”奖是民政部最高荣誉奖
胡魁锐		七里区	副区长	国家体委	体育工作先进	1987	
金增植		恩施市电力公司		国家水利电力部	水利工作先进工作者	1987	
吴超翠	女	沙地乡黄广田村	赤脚医生	国家民委	先进个人	1987.12	
金增植		恩施市电力公司		湖北省	山区优秀工作者	1988	
金增植		芭蕉区水电管理站兼市水土保持站	站　长	国家水利部	全国优秀区乡水利水保员	1989.01	
徐平远				湖北省人民政府	电力设施保护先进工作者	1991	
黄兴昌				全国	全国电力系统营业工作先进工作者	1992	
姚　萍	女	市统计局	科　长	国家统计局	先进工作者	1992.03	
詹庆玉	女	板桥镇新田村	农民	省政府	劳动模范	1992.08	
陈平轩	女	市人大常委会	财经委副主任委员	国家广电总局	十七大安全播出先进个人二等功	1993年	
王洪熙				全国	全国优秀工会工作者	1993	
何孝政		市人大常委会	退休干部	国家烟草专卖局	烟叶生产收购先进工作者	1994.12	
姚　萍	女	市统计局	科　长	国家统计局	先进工作者	1994.12	
姚　萍	女	市统计局	科　长	国家统计局	先进工作者	1995.02	
姚　萍	女	市统计局	科　长	国家统计局	先进工作者	1996.03	

续表

姓名	性别	单　位	职　务	表彰部门	表彰类型	表彰时间	备注
杜能立		市水电局	副局长	水利部、国家计委、中国水利电力工会全国委员会	全国第二批农村水电初级电气化建设先进工作者	1996.05	
宁光远		市水电局	副局长	水利部、国家计委、中国水利电力工会全国委员会	全国第二批农村水电初级电气化建设先进工作者	1996.05	
王山小		市水电局	总工程师	水利部、国家计委、中国水利电力工会全国委员会	全国第二批农村水电初级电气化建设先进工作者	1996.05	
吴先政		市司法局	司法所长	中宣部、司法部	全国普法先进个人	1996.10	
王山小				水利部、国家计委、国家水电工会	全国第二批农村水电初级电气化县建设先进工作者	1996	
周国成		沙地乡城建办	主　任	国家建设部	先进个人	1996	
叶友太				全国水利系统	全国水利系统模范工人	1996	
李　萍	女	市建设局	建工科副科长	建设部、国家统计局	全国市政普查先进个人	1996	
丁新建		市建设局	公用科工作人员	建设部　国家统计局	全国市政普查先进个人	1996	
黄光耀		市人民检察院	监所检察科副科长	最高人民检察院	最高人民检察院表彰为一等功	1996	
冉绍鹏		太阳区公所	副书记	省委、省政府、省军区	抗洪抢险先进个人	1996.10	
戴平安		太阳河乡梭步希望小学	校　长	国家教委	全国希望工程园丁奖	1997.04	
姚　萍	女	市统计局	科　长	国家统计局	先进工作者	1997.02	
万秀全		盛家坝供销社	主　任	人事部、全国供销总社	劳动模范	1997.03	
张国强		市民政局	救灾救济科科长	省政府	全省五保供养“福星工程”先进工作者	1997	
佘亚平	女			全国总工会	全国优秀工会工作者	1998	
张国强		市民政局	救灾救济科科长	省委、省政府	全省抗洪救灾先进工作者	1998	

续表

姓名	性别	单　位	职　务	表彰部门	表彰类型	表彰时间	备注
李纯斌		市环卫处	管理人员	省委、省政府	2001 年度省级劳模	2002. 04	
杨继富		太阳河乡政府	副主任	国家计生委	人口荣誉证章	2002. 06	
刘应生		太阳河乡政府	计生专干	国家计生委	人口荣誉证章	2002. 06	
何培珍	女	太阳河乡政府	计生专干	国家计生委	人口荣誉证章	2002. 06	
黄开桂	女	太阳河乡政府	计生专干	国家计生委	人口荣誉证章	2002. 06	
周萍枝	女	市人大常委会	正科级干部	国家计生委	全国计划生育优秀工作者	2002	
谭昌祚		市民政局	优抚安置科科长	省委、省政府、省军区	拥军优属先进个人	2003. 03	
王丕香	女	小渡船街道	民政办公室主任	省委、省政府、省军区	拥军优属先进个人	2003. 03	
夏燕妮	女	市中心医院	主任医师	省委	全省防治非典先进集体	2003	
曾召全					湖北省技术能手	2003	
刘少华		市人大常委会	退休干部	省委、省政府	湖北省农村税费改革试点先进个人	2005. 06	
姚　萍	女	市统计局	副局长	国家统计局	先进个人	2005. 12	
刘才伟		市司法局	法援中心主任	司法部	全国第四届法律援助先进个人	2007. 09	
黄大权		市环卫处		人事部、建设部	全国建设系统劳动模范	2007. 12	
李　磊		市人民法院	审判员	省政府	省卷烟打假市场整顿先进个人	2008. 01	
毛启录		太阳河乡水利水产服务中心	主　任	国家农林水工会委员会	五一劳动奖章	2008. 01	
郭永伦		太阳河乡政府	副书记	省政府	全国第二次农业普查先进个人	2008. 01	
李高茂		市人民法院	审判员	省政府	省卷烟打假市场整顿先进个人	2009. 01	
周　巍		市人民法院	政治处主任	省委、省政府	省劳动模范	2009. 04	
谭大政		市人大常委会	正科级干部	省委、省政府	全省落实党风廉政建设责任制先进工作者	2009. 01	
黄东新		恩施市国土资源局	恩施市土地收储中心副主任	人力资源和社会保障部、国土资源部	国土资源管理先进个人	2010	

续表

姓名	性别	单 位	职 务	表彰部门	表彰类型	表彰时间	备注
李长寿		沙地乡鹤峰口村	书 记	省 委	优秀党务工作者	2010.06	
罗 勋		市水政执法大队借调市防汛抗旱指挥部办公室工作	副主任科员	省委、省政府、省军区	全省防汛抗洪先进个人	2010.12	
吴自云	女	芭蕉工商所	执法队队长	省政府	湖北省三八红旗手	2011.03	
文 理		恩施市国土资源局	局党组成员、恩施市地灾防治监测中心主任	国土资源部	地质灾害监测防治优秀监测员	2011.10	
计 虹	女	市司法局	司法所长	人社部、司法部	全国司法行政系统先进工作者	2011.10	
李金辉	女	市人民法院	财务人员	最高人民法院	全国法院系统优秀财务人员	2012.06	
计 虹	女	市司法局	司法所长	司法部	全国人民调解能手	2012.08	
黄耕耘	女	沙地乡社区党支部	书 记	省 委	优秀党员	2012.06	
席险峰	女	恩施市不动产登记中心	副主任	国家林业局、人力资源和社会保障部	全国林业系统先进工作者	2012.12	
彭美虹		市城监大队	噪音中队中队长	住建部	先进工作者	2012.12	
李正刚				省政府、全国总工会	湖北省五一劳动奖章 全国五一劳动奖章	2012	
侯显立				全国总工会	全国优秀工会工作者	2012	
宋功贵		太阳河乡梭步希望小学	校 长	省政府	楚天园丁奖	2013.02	
吴自云	女	芭蕉工商所	执法队队长	国家工商局	优秀工作行政管理人员	2013.12	
吴自云	女	恩施市工商局 芭蕉工商所	执法队队长	省委、省政府	一等功，表彰为湖北省第二届“人民满意的公务员”	2014	
徐 卫		恩施市人民政府	副市长	国务院	“第六次民主团结进步模范个人”	2014	
龙兆开	女	市司法局	司法所长	司法部	全国模范司法所长	2015.11	

后 记

《恩施市人物录》经过编纂人员历时三年的辛勤工作，数易其稿，终于出版问世了。

近年来，恩施市相继编纂出版《恩施县志》《恩施市志》以及乡镇志和部分部门志。恩施市委、市人民政府决定编纂《恩施市人物录》，确是恩施市又一大幸事。恩施市历史悠久，人文荟萃。在漫长的岁月长河中，在恩施这块热土上，孕育出数不清的仁人志士，创造了灿烂的本土文化，形成了深厚的文化底蕴，编纂《恩施市人物录》就成为历史的必然。

《恩施市人物录》以马克思列宁主义、毛泽东思想、邓小平理论、“三个代表”重要思想、科学发展观、习近平新时代中国特色社会主义思想为指导，坚持辩证唯物主义和历史唯物主义的立场、观点和方法，本着生不立传和自愿入志的原则，以实事求是的精神正确处理和准确记载史实。力求使志书成为一部集思想性、资料性、知识性、可读性、实用性为一体的工具书。

《恩施市人物录》入志时限，上溯至可查时期，下至2015年12月底，以本籍人物（包括在本地与在外地工作）为主，客籍人物（主要为来本地工作）为辅。入志对象为境内著名社会活动家，革命烈士，英雄模范，党政军界正县（团）级领导，各界别正高（教授）职称人物或有突出贡献者，国内外科技、学术成就、成果突出者及其他产生过重大影响的历史人物。

2017年3月8日，恩施市史志办公室以恩市史志文［2017］2号文件印发《恩施市人物志》征集编纂方案，得到全市各乡镇、街道、市直各部门的大力支持。同时，编辑部特聘崔家坝镇人民政府外宣办工作人员崔显实担任执行编辑。4月21日，编辑部一改过去传统的联络方式，创建《恩施市人物录》编纂工作QQ群，及时发布消息、收集资料、互通信息、公布编纂工作进度。

2017年6月16日，市史志办公室对乡镇（街道），市直各部门工作人员进行业务培训，资料收集工作正式启动。6月19日，在中国硒都网发布《关于公开征集《恩施市人物志》入志对象的通知》。各乡镇（街道）及时向入志人物对象发了专函。各乡镇（街道），市直各相关单位（部门）抽出专人负责此项工作。

随后，编辑人员开始查阅相关资料，或者向曾在恩施市工作的老领导征询，确定入志人物对象。同时，通过网络，搜寻、筛选恩施市籍贯在外工作符合入志的人物对象并联系。

2017年7月，编辑部通过资料收集，1200多人符合入志条件。编辑人员在审核材料后，严格按编撰方案分篇目组稿。在掌握第一手的基础上，完成入志人物简介整理，形成初稿本。根据编辑部确定，初稿本采用按人物姓氏音序排序。10月，编辑部验收初稿本后，提出按规范文本修改人物简历（传略）的同时，继续收集可以入志的对象资料，做到尽量不遗漏。

2018年2月，编纂委员会决定在原入志标准的基础上，增加担任市委、人大、政府、政协“四大家”实职副县级领导入志。编辑人员翻阅全部《中国共产党恩施市组织史料》，用表格将需要收录的人物一一罗列，形成清单。并到恩施州委组织部、恩施州档案馆，查阅干部履历等资料，完成增补人员简介编写。

2018年7月，编辑人员在数易其稿的基础上，形成《恩施市人物志（评审本）》，经编辑部审定后，正式组成评审委员会进行审读。9月28日，《恩施市人物志》评审会在市档案馆四楼会议室召开。参加评审会议的特邀评委有州文化局原局长、市委原副书记刘诗伟，市人大常委会原副主任蒲元忠，市政协委员会原副主席郑世孝，市公安局正县级干部杜北平，市档案局（馆）原局（馆）长史志办公室原主任张思楚，市史志办公室原主任张明达，市水利水产局原办公室主任、恩施市志特聘编辑谭光平等出席会议。参加评审会议的有市档案局（馆）长史志办公室主任张远虑，市档案局（馆）副局（馆）长史志办公室副主任赵明权，市史志办公室党史科、地方志科科长熊璞和特邀编辑崔显实等。

会议认为，近两年来，市史志办公室高度重视编纂工作，无论是从人力、物力、还是财力上，都给予了大力的支持和保障。编辑组广泛搜集史料，甄辩资料，分门排类，布篇谋局，数易其稿，终于完成了这部书稿的编修。志稿观点正确，客观真实地记述了时间断限内恩施市（县）各时期、各阶段历史人物和现代人物，也从一定侧面记录了其在各时期、各阶段所产生的历史贡献。志稿资料翔实，内容准确，特点鲜明，体裁得当，层次清晰严谨。志稿具体、客观、真实地反映了恩施市（县）人物活动和人文变化，较好地体现了恩施市（县）人物与人文的特色和个性，是一部集真实性、可读性和教育性于一体的志书初稿，填补了恩施市人物录的一项空白。会议最后通过表决，一致同意《恩施市人物志》按评审意见修改后，送市政府批准出版。

2019 年 2 月，编辑人员充分结合评审意见和建议，从统一志体标准、完善文本内容、增补人物资料、校准行文规范等方面入手，对书稿进一步修改，形成出版送审稿。此间，为准确定位书稿，经过编纂委员会认真研究，决定将书名修改为《恩施市人物录》；排序规则改为逝世人物按卒年排序，在世人物按生年排序。将篇章结构调整为清朝前及清朝时期、中华民国时期、中华人民共和国时期等六篇。

3 月，《恩施市人物录》进入出版环节。同时，恩施市自来水公司退休职工、原副总经理陈佐汉应邀参与统稿，经四次推敲修改将《人物录》第一篇第一部分“恩施县历任知县名录”栏目名称改为“清朝历任知县、教谕、训导名录”，使其入录届别有所扩展，时限延至宣统二年（1910 年），人物增加 52 人，其中知县 8 人、教谕 35 人、训导 9 人；第二部分“辛亥革命前著名人士”增加有代表性的历史人物 10 人；第五篇“政界人物”增加 2 人；至此，《恩施市人物录》共入录 1468 人，其中第一篇民国前各历史时期 166 人，第二篇中华民国时期 86 人，第三篇新民主主义革命时期 416 人，第四篇中华人民共和国时期（一）170 人，第五篇中华人民共和国时期（二）523 人，第六篇中华人民共和国时期（三）106 人。

由于被收录人物分布在天南海北甚至海外，有的离开恩施几十年，有的工作数经变动，无法取得联系。有的人物虽然取得联系，由于种种原因，不愿提供个人资料。使《恩施市人物录》无法做到全部收录，实乃编者之憾。

在编纂过程中，得到各乡镇（街道）和市直各单位的大力支持，得到恩施市多位离退休老领导的积极协助，在此一并表示诚挚的谢意！

由于编辑人员水平有限，书中难免有遗漏和不妥之处，诚请专家、读者批评指正。

编委会

2019 年 12 月